W0068375

Otto Lilienthal
Leben und Werk

Eine Biographie

Von
Karl-Dieter Seifert
Dr. Michael Waßermann

Urban-Verlag Hamburg

Die Deutsche Bibliothek — CIP-Einheitsaufnahme
Seifert, Karl-Dieter:
Otto Lilienthal — Leben und Werk: Eine Biographie/
Von Karl-Dieter Seifert; Michael Waßermann — Hamburg; Wien: Urban, 1992
NE: Waßermann, Michael

Impressum
© URBAN-VERLAG Hamburg/Wien GmbH, 2000 Hamburg 70
Auflage 1992
Layout Christine Baumann
Satz und Lithografie DSD, Hamburg
Druck und Einband PASSAVIA, Passau
Printed in Germany
ISBN 3-924562-02-4

Inhalt

Kinderjahre

Es war am 23. Mai 1848, als Otto Lilienthal in Anklam geboren wurde, einer Stadt mit damals noch achttausendachthundert Einwohnern, am Peenestrom gelegen. Ackerbau, Viehwirtschaft und Handwerk waren die hauptsächlichen Erwerbsquellen der Bürger, hinzu kamen Handel, Schiffahrt und Fischerei.

Vater Gustav war Tuchhändler. Er folgte nicht den Traditionen seiner Vorfahren, die vor allem Gutsbesitzer und -pächter, Forstmann, Landwirt, Mühlenbesitzer oder Offizier waren. Im Jahre 1847 hatte der Dreißigjährige die acht Jahre jüngere Caroline Pohle geheiratet. Sieben Kinder sollten sie miteinander haben, doch nur drei von ihnen wuchsen auf.

Der Vater war ein unruhiger, an sehr verschiedenen Dingen interessierter Mann, dem der Kaufmannsberuf keine Erfüllung brachte. Man kannte ihn als einen guten Sänger, als kräftigen, mutigen Sportler. Otto erinnert sich später: »Sein technisches Interesse und seine Geschicklichkeit für mechanische Einrichtungen zeigten sich besonders bei dem von meinem Vater gleichzeitig betriebenen Torfstich auf der ihm gehörenden Peene-Wiese. Mit Eifer arbeitete er an der Entwässerung der Torfgruben mittels Windmühlen sowie an der Verbesserung der Transportmittel… Das wissenschaftliche Interesse meines Vaters lenkte sich besonders auf die Mathematik.«[1] Und er fährt fort: »Mein Vater unterzog sich der ihm als Tuchhändler sehr fernstehenden Aufgabe, ein Lehrbuch der Rechenkunst zu schreiben. Eine Veröffentlichung desselben ist nicht erfolgt.«[2]

Das erste Lebensjahr Ottos war von der bürgerlich-demokratischen Revolution geprägt, die auch nach Anklam wirkte. Gustav Lilienthal trat im April 1848 als zwölfter von über einhundert Bürgern dem »Constitutionellen Club« der Stadt bei. Die Mitglieder — in der Hauptsache Kaufleute, Handwerker und Beamte — priesen »den heldenmütigen März-Kampf und erkennen in dem Sturz des absoluten Systems den Beginn einer hoffnungsvollen Zukunft«. Sie waren für »die Vorzüge des constitutionellen Königthums im Gegensatz zur absoluten Monarchie sowie der Republik« und hielten sich zudem für berufen, durch »rege Besprechung der politischen Tagesfragen… unmittelbar an der Berathung des Staatswohls und des Landesgesetzes… theilzunehmen«.[3] Ihre Gegner sahen sie in den Grundbesitzern und Begüterten, die an ihren althergebrachten Vorrechten festhalten wollten oder Furcht vor dem Neuen hatten.

Doch dieses Engagement schlug zwei Jahre später auch auf den Kaufmann Lilienthal zurück. Die zahlungsfähige Kundschaft blieb aus, komplizierte damit die wirtschaftliche Lage des Tuchhändlers. Dieser mußte 1852 das große Haus Peenestraße 8 verkaufen und ein Jahr später Konkurs anmelden. Er resignierte verbittert bei Alkohol und Kartenspiel. Gleich vielen anderen Mitstreitern von 1848 wollte er mit der Familie nach Amerika auswandern. Im Jahre 1861 verstarb er inmitten der Vorbereitungen.

Es war die einzige Anzeige dieser Art, die 1848 im »Pommerschen Volks- und Anzeige-Blatt« erschien

Caroline Lilienthal, 1864

Peenestraße 35,
um 1930

Schwester Marie

Nun trug die Mutter allein die Verantwortung für ihre drei Kinder, den dreizehnjährigen Otto, den um ein Jahr jüngeren Gustav und die erst fünf Jahre alte Marie. Großmutter Pohle — die in diesem Jahr nach Anklam zog — und der Vormund, Onkel Wilhelm Lilienthal, später dann der Freund des Vaters, Kaufmann und Konsul Carl Mehlhorn, standen ihr zur Seite.

Caroline kam aus einer Familie, in der die Männer vornehmlich Ärzte, Handwerker oder Künstler waren. Sie selbst hatte in Berlin und Dresden eine Ausbildung als Sängerin genossen. Sechsunddreißig Jahre alt, sorgte sie lebenstüchtig in einem kleineren Haus in der Peenestraße 35, näher am Strom gelegen, für die Familie. Gesangslehrerin, Putzmacherin und Zimmervermieterin — so sicherte sie den bescheidenen Lebensunterhalt und die Ausbildung ihrer Kinder.

Die drei wuchsen frei und naturverbunden, liebevoll umsorgt und musisch angeregt heran. Otto war kein Musterschüler, seine Leistungen schwankten. So erhielt er ein Jahr nach dem Tod des Vaters eine Auszeichnung zum Geburtstag des Königs, zuvor vermerkt der Protokollband der Lehrerkonferenz Faulheit.[4] Es gab wohl anderes, was die Jungen interessierte. »Mein Bruder Gustav«, so Otto in der Familienchronik, »war mein zweites Ich; nicht nur, daß wir von früher Jugend Freud und Leid gemeinsam teilten, alle dummen Streiche gemeinsam ausführten. Selbst auch unsere weitere Selbsterziehung steuerte der gleichen Weltanschauung zu.«[5]

In den Kindern, besonders im Ältesten, paarten sich Eigenschaften und Begabungen der Eltern auf glücklichste Weise. Technisches Interesse — es mündete schließlich in den Bau eines Tretrades — und Freude an der Natur gingen miteinander daher. Die Peene, die großen Wiesen und Wälder boten viele Möglichkeiten zu Spiel und Beobachtungen der Natur.[6]

Und da gab es manchen, der die Jungen für die Natur zu begeistern wußte. Rudolf Tancre, sechs Jahre älterer Mitschüler, machte sich später einen Namen als Naturalienhändler und Naturwissenschaftler. Beider Väter waren befreundet, Vater Lilienthal Pate einer Schwester Rudolfs. Die Familie von Ottos Urgroßmutter wiederum besaß mehrere Rittergüter; so Friedrich v. Homeyer, Generalforstmeister, Mitglied im Deutschen Bundesrat, das Gut Murchin. Ihm gehörten übrigens auch Torfwiesen in Anklam entlang der Peene. Zu den Mitschülern der Lilienthals zählte auch der Neffe des Ornithologen Eugen Ferdinand v. Homeyer, Gutsherr zu Nerdin, ebenfalls unweit der Peenestadt. Sie alle mögen das Interesse der Jungen geweckt haben.

Dazu kam ein Bericht über die Abenteuer des berühmten italienischen Ballonfahrers Comte Francesco Zambeccari (1762-1812). Die darin enthaltene Schilderung des Segelfluges eines großen Vogels begeisterte die Brüder.

In Anklam und Umgebung nistete der Weißstorch an zahlreichen Stellen. Er bevorzugte das offene Gelände mit niedrigem Bewuchs, die morastigen, von kleinen Baumgruppen und Feldgehölzen durchsetzten Wiesen auf beiden Seiten des Flusses. Hier und auf den ausgedehnten, übersichtlichen Weidekoppeln der Karlsburger Heide fanden die Jungen ausreichend Gelegenheit, Bewegungs- und Verhaltensweise dieser Vögel zu beobachten.

Der Abflug der Störche gegen den Wind, über die Köpfe der nahe herangeschlichenen Jungen hinweg, Landen und Verhalten bei böigem Wind interessierten ebenso wie der Ruderflug mit den schweren Schlägen der oft über zwei Meter klafternden Schwingen, der mit Gleiten und Segeln wechselte.

War die »Sucht nach Bravourstücken… ein echt Lilienthalscher Zug«, wie es in Ottos Familienchronik heißt, so mag auch hier der Drang begründet sein, der beide Jungen zu Versuchen anregte. Sie bauten im Alter von vierzehn und dreizehn Jahren nach intensiven Naturbeobachtungen ein erstes Flügelpaar, dem Vogelflügel ähnliche Schwingen, etwa zwei Meter lang und einen Meter breit. Ein mütterlicher Zuschuß half, da die Einnahmen aus dem Verkauf der Schmetterlingssammlung für das Baumaterial nicht reichten. Die Flügel waren mühsam aus Buchenspanbrettchen, den »Federn«, zusammengeleimt. An der Unterseite befanden sich Riemen zur Befestigung an den Armen.

Im Dunkeln liefen die Jungen — wie Vögel mit den Schwingen schlagend — gegen den Wind eine Anhöhe hinab. Vergebens. Doch der Mißerfolg entmutigte nicht. Noch war es Spiel, der Wunsch zu fliegen, Phantasie von Kindern.

Zu dieser Zeit besuchte Otto im sechsten Jahr das Anklamer Gymnasium, das, im Jahre 1847 gegründet, zahlreiche Familien in die Stadt zog. Seine Interessen richteten sich jedoch nicht auf Sprachen: Griechisch und Latein mit schlechten Zensuren, schon besser Französisch. Als er 1864 sein Abgangszeugnis erhielt, hieß es »nur geringes, nur mittelmäßiges… wenig sicher« und »nicht hinreichend sicher«. In Mathematik urteilte dagegen sein Lehrer Gustav Spörer, ein international anerkannter Forscher der Periodizität der Sonnenflecken, die Leistungen mit »im ganzen befriedigende Kenntnisse erlangt«.[7]

Die künstlerischen Begabungen Ottos fielen dagegen auf: als Solosänger bei Schulfeiern, mit talentierten Zeichnungen und einem modellierten Selbstporträt.

Das Gymnasium lag Otto Lilienthal nicht. Für eine künstlerische Ausbildung fehlten der Mutter die Mittel. Recht überraschend erscheint so im Jahresbericht des Vormundes: »Zum Maschinenbauer bestimmt.«[8]

Das Tretrad der Brüder. Beide Mitfahrer traten einzeln oder gemeinsam auf die gleiche Welle. »Der Wagen hatte zwei Räder von 2 cm Durchmesser und ein hinteres Steuerrad«, schrieb Gustav. »Da keinerlei Federung angebracht war, waren die Erschütterungen auf dem Pflaster fürchterlich. Auf der Charlottenburger Chaussee konnte man die Pferdebahn überholen.«

Die Brüder im Jahre 1862

Bleistiftzeichnung von Otto Lilienthal aus dem Jahre 1868

Studium und Praxis

Maschinenbau studierte man in Preußen am Gewerbeinstitut in Berlin. Das Reifezeugnis einer der Provinzial-Gewerbeschulen hatte bei der Studienbewerbung angesichts der mathematischen, naturwissenschaftlichen und technischen Orientierung der Ausbildung größere Chancen.

So schickt die Mutter ihren Sohn Otto vom Oktober 1864 bis zum August 1866 auf die Provinzial-Gewerbeschule nach Potsdam, wo Verwandte in der Bäckerstraße ihn bei sich aufnehmen. Der Unterricht in Physik, Maschinenbau, Konstruktionslehre und Zeichnen entspricht den Begabungen und Neigungen des nun sechzehnjährigen. Im Zeugnis der Reife erhält er das Prädikat »Mit Auszeichnung«. »Vorzüglich gut« ist ein mehrmals gegebenes Urteil.[1]

Die Potsdamer Zeit eröffnet dem Schüler auf vielfältige Weise neue Eindrücke in technische Fragen. Das regt ihn zum Bau einer Wanduhr an. Er entwirft einen ersten Rotationsapparat, an dessen Armen ebene Flächen bewegt werden. Otto untersucht deren Widerstand im Luftstrom in Abhängigkeit von der Geschwindigkeit.[2] Beobachtungen des Vogelfluges, eigene Versuche mit den Flügeln, das hatte ihn in starkem Maße an der Flugfrage interessiert. Sollte es dem Menschen nicht vergönnt sein, sich wie ein Vogel in das Luftreich zu erheben?

Vorerst gilt es vor allem, auf dem Bildungsweg zum Ingenieur fortzuschreiten. Im Regulativ für die Studienaufnahme des Gewerbeinstituts wird gefordert, daß »Mechaniker, welche an den praktischen Uebungen in den Werkstätten theilnehmen wollen... wenigstens ein Jahr lang regelmässig praktische Arbeiten als ihre Hauptbeschäftigung getrieben haben. Denselben steht auch nach Beendigung des gesammten Lehrganges frei, die Arbeit in den mechanischen Werkstätten noch ein Jahr lang fortzusetzen.«[3]

Dieses Praktikum absolvierte Lilienthal in der renommierten Maschinenfabrik von Louis Schwartzkopff in Berlin. Hier übt er den Umgang mit Schraubstock und Drehbank, erwirbt Fertigkeiten im Zeichenbüro. Es ist eine Auszeichnung für ihn, schließlich im Konstruktionsbüro unter Anleitung von Oberingenieur Emil Kaselowsky zu arbeiten, einem Ingenieur von großer Begabung und bekannten Schüler des Technikwissenschaftlers Jacob Ferdinand Redtenbacher (1809-1863).[4]

Redtenbacher gehörte zu jenen, die erkannt hatten, daß konstruktives und technologisches Wissen mit theoretischen Grundlagen gepaart sein mußte. Schon in der Ausbildung sollten den Studenten diese Zusammenhänge vermittelt werden. Kaselowsky — ebenso wie Eugen Langen (der von Redtenbacher entscheidende Anregungen für seine Mitwirkung an der Entwicklung des Ottos-Motors erhalten hatte, Carl Benz, Franz Reuleaux und andere — gehörte zur ersten Generation der Redtenbacher-Schüler, die erhaltenes Wissen

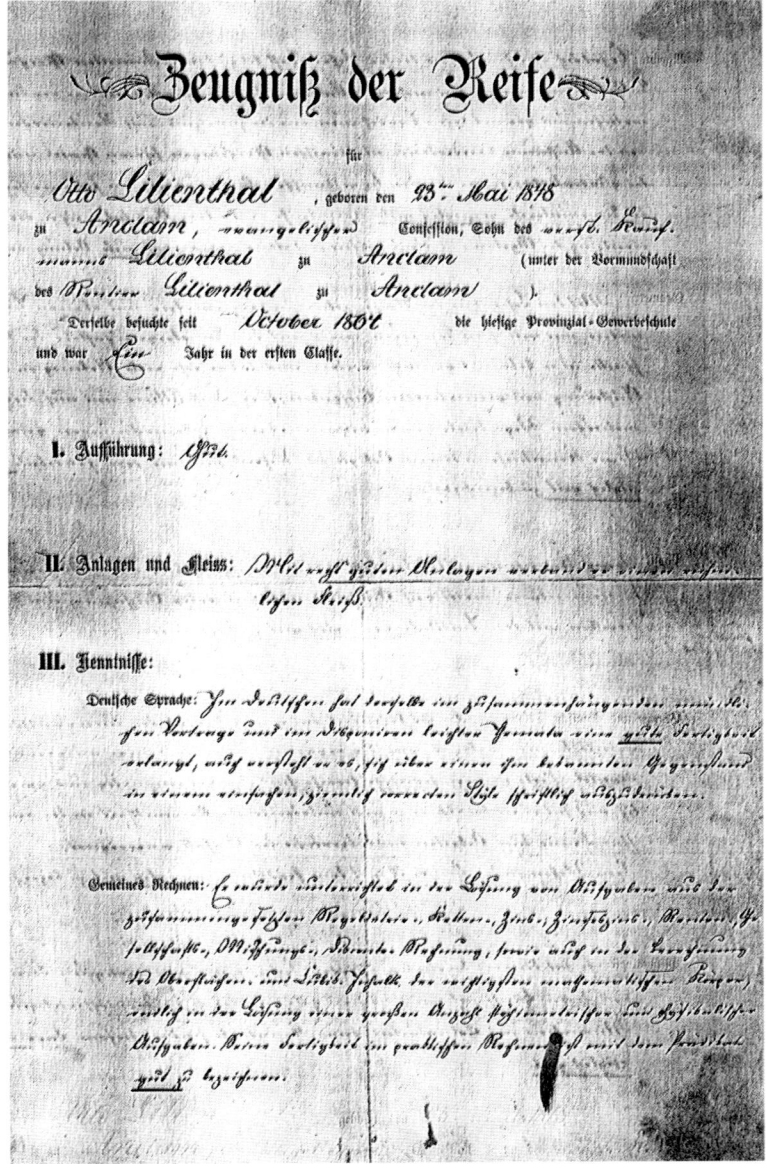

Zeugnis der Provinzial-Gewerbeschule

weiterentwickelten und es direkt oder indirekt der nächsten Generation vermittelten, so auch Otto Lilienthal. Erstmals erlangt der Praktikant bei Louis Schwartzkopff Einblicke in den modernen Stil des Konstruierens, der von der Konzeption »Theorie mit Berücksichtigung der Erfahrung« getragen war. Das folgende Studium vertieft die gewonnenen Erkenntnisse, die sein Schaffen später maßgeblich beeinflussen sollen.

Doch auch in anderer Hinsicht prägt dieses Jahr den jungen Praktikanten lebenslang. Ende der sechziger Jahre hatte sich Berlin »aus einem steifen Paradeplatz... in das geschäftige Zentrum des deutschen Maschinenbaus verwandelt«.[5] Rascher industrieller Aufschwung, Ausbau des Eisenbahn-, Schiffahrts- und Straßennetzes sowie territoriale Ausdehnung ließen Berlin zu jener Zeit zur bedeutendsten deutschen Großstadt wachsen.

Franz Reuleaux

*I*n die Stadt strömten vor allem arbeitssuchende Handwerksgesellen, Manufakturarbeiter, ruinierte Kleinbürger, Schichten des Landproletariats. Sie nahmen den Gegensatz von vornehmen Villenvierteln und ständig enger zusammengebauten Mietskasernen schnell wahr.

»Als ich nach Berlin kam«, erzählt Lilienthal später, »hatte ich nur noch einen Taler in der Tasche… Ich mietete mir eine Schlafstelle, zusammen mit einem Droschken- und einem Rollkutscher. Der Droschkenkutscher fuhr nachts aus, so daß ich das Bett nur mit dem Rollkutscher« (der Frachtgüter mit einem Pferdefuhrwerk transportierte) »zu teilen brauchte. Am Oranienburger Tor saß ein Invalide, bei dem ich mir täglich mein Kommißbrot kaufte… Vom ersten höheren Wochenlohn, den ich erhielt, schenkte ich dem Invaliden… vor Freude einen Taler.«[6]

Als er im September 1867 sein Praktikum bei Schwartzkopff beendet, hat er auch aus dem Zusammenleben mit Arbeitern starke Eindrücke empfangen, bleibende Erinnerungen, die die weitere Herausbildung sozialer Haltungen fortdauernd beeinflussen.

Die Ferien in Anklam nutzt Otto, um auf dem Dachboden des mütterlichen Hauses ein Flügelschlaggerät zu bauen und zu erproben. Bruder Gustav, bereits ein Jahr in der Maurerlehre, ist mit von der Partie.

Im Oktober nimmt Otto Lilienthal das Studium an der Königlichen Gewerbeakademie auf, die ein Jahr zuvor aus dem von Peter Christian Wilhelm Beuth im Jahre 1821 gegründeten Gewerbeinstitut, einer der ersten Fach- und Fortbildungsschulen für Gewerbetreibende in Preußen, hervorgegangen war und einen ausgezeichneten Ruf besaß. Beuth war in seinen Gründungsideen stark von den Vorstellungen des englischen ökonomischen Liberalismus geprägt. Sie enthielten drei Elemente: Verstärkung der Fachausbildung, Verarbeitung der neuesten wissenschaftlichen und technischen Erkenntnisse und Förderung von jeglicher Initiative, die diese Erkenntnisse in die Praxis umsetzen wollte.

*D*ie Studenten erzog man in der Tradition des von Beuth verehrten englischen Ökonomen Adam Smith (1723-1790). Als Verkünder des »wirtschaftlichen Individualismus« und »Prediger des freien Spiels der Kräfte« wurde so in der staatlich gelenkten preußischen Gewerbeförderung »zum unwiderlegbaren Naturgesetz, daß die vollständige Freiheit des Handelns jedem Einzelnen gegenüber gegeben, auch der Allgemeinheit am besten fromme«.[7]

Lilienthals Lehrer sind bedeutende Wissenschaftler, im Maschinenbau Franz Reuleaux — der Begründer der Kinematik —, in Mathematik Elwin Bruno Christoffel. Beide Professoren waren kurz zuvor von der Polytechnischen Hochschule Zürich nach Berlin gekommen. Franz Reuleaux (1829-1905), Direktor der Akademie, leitet zugleich die für Lilienthal wichtige Abteilung Maschinenbau und Ingenieurwesen. Das Studium verläuft nach festen Regeln: Vorgeschrieben sind in der Woche sechsunddreißig Stunden theoretischer Unterricht sowie praktische Arbeiten in den Werkstätten.

Eigentlich hätte Otto laut Stipendienverordnung für die Gewerbeakademie als Absolvent einer Provinzial-Gewerbeschule mit dem abgelegten Reifezeugnis »Mit Auszeichnung bestanden« Anspruch auf ein Stipendium gehabt. Da die Akademie noch nicht im Rang einer akademischen Bildungsstätte war, bleibt ihm auch das Familienstipendium — die Stiftung eines Vorfahren des Vaters aus dem Jahre 1675, Pagenkopsches Stipendium genannt — versagt. Seine finanzielle Situation ändert sich erst, als die Gewerbeakademie durch das Testament des Bankiers Jacob Salinger über eine weitere Stiftung verfügen konnte, aus der ein Stipendium wie ein Staatsstipendium vergeben wurde. Drei der insgesamt fünfhundertdreiundsechzig Studenten, darunter Otto Lilienthal, erhalten ab April 1869 aus dieser Stiftung jährlich die vorgesehenen zweihundert Taler, er dann auch im letzten Studienjahr, weil Direktor Reuleaux in einem Brief an den Minister für Handel, Gewerbe und öffentliche Arbeiten dem Studenten Lilienthal »recht gute, ja in einzelnen Disziplinen vorzügliche Leistungen« bescheinigte.[8]

Mit Hilfe dieses Geldes wurde auch dem Bruder Gustav nach Abschluß der Maurerlehre ein Studium in Berlin ermöglicht. Er kommt im Herbst 1868 in die Stadt und besucht bis 1870 die Schinkelsche Bauakademie. Gustav bringt das in Kindertagen gebaute Tretrad mit, daß sogar polizeilich gemeldet werden muß.[9]

Ein Jahr später bauen die Brüder ein Experimentiergerät, das sie im September 1869 in den Ferien bei ihrem Onkel auf dem Gut in Demnitz, einem Ortsteil von Altwigshagen (Kreis Ückermünde), erproben. Der Jugendtraum, es dem Vogel gleichzutun, hatte sich bei Otto weiter verfestigt und findet durch das Studium unerwartet neue Nahrung. Die Mittel für diese Versuche mögen aus dem Verkauf des Tretrades geflossen sein, denn ein Vermögen war das Stipendium freilich nicht. Otto kommentiert: »Hinzu kam, daß wir als junge, vollkommen unbemittelte Leute uns so zu sagen am Frühstück pfennigweise die Mittel absparen mußten, um unsere Experimente durchführen zu können, während wir zeitweise durch den Kampf ums Dasein sogar gänzlich an unseren flugtechnischen Arbeiten verhindert wurden.«[10]

Zahlreiche weitere Versuche werden unternommen. So baut Otto Flugmodelle mit unterschiedlichen Antrieben. Eines wird von vier Spiralfedern getrieben. Wie schon beim ersten Flügelpaar in Anklam hält er die Flügelform für die günstigste, deren Breite zum Ende hin zunimmt. Auch weiterhin werden Vögel beobachtet. Der Vergleich mit den eigenen Schlagflügelversuchen wirft die Frage auf, wieso ein größerer Vogel fliegen kann, der die Flügel nur langsam bewegt. Die Antwort bleibt vorerst offen.

Das Abgangszeugnis vom Juli 1870 bestätigt erneut die große Begabung Ottos. Viermal erreicht er die Bewertung »vorzüglich«, besonders auf den Gebieten, in denen das Entwerfen von Maschinen Studiengegenstand war.[11] Zweimal erhält er diese Note bei Professor Reuleaux. Dessen Angebot, als Assistent an der Akademie zu bleiben, lehnt Otto jedoch ab. Er hat andere Pläne, denn er sieht, das Herangehen der damaligen Theoretiker an das Flugproblem kann nicht zur Lösung führen. Als Praktiker, als Ingenieur mit einem anderen methodischen Verständnis will er zum Erfolg gelangen. Damit handelt Lilienthal der wissenschaftlich-technischen Situation entsprechend und — wie die Zukunft beweisen sollte — auch richtig.

Doch ersteinmal lassen sich seine Pläne nicht verwirklichen, denn inmitten der Abschlußprüfungen kommt die Nachricht vom Ausbruch des deutsch-französischen Krieges. Der preußische Ministerpräsident Bismarck hatte durch diplomatische Winkelzüge erreicht, daß Frankreich am Juli 1870 Preußen den Krieg erklärt, Preußen in den Augen der Öffentlichkeit damit als der Angegriffene gilt. Begeistert ziehen auch zweihundert Freiwillige von der Gewerbeakademie ins Feld, dreißig von ihnen kehren nicht zurück.

Otto Lilienthal wird am 22. Juli als Garde-Füsilier eingekleidet. Er gehört damit zu einer Sondertruppe, die als leichte Infanterie mit dem vermeintlich modernsten Gewehr ausgerüstet ist. Doch in den Kampfhandlungen laufen die nach dem Reglement in vorderster Linie aufrecht vorgehenden preußischen Füsiliere zunächst in das fast doppelt soweit reichende französische Gewehrfeuer hinein. Am 23. Dezember überlebt Lilienthal vor den Toren von Paris, in Le Bourget, ein derartiges Gefecht. Die Stimmung unter den Kameraden beschreibt er in einem Brief an die Familie mit den Worten »Wir wünschen nichts mehr als den Frieden«.[12]

In dem von den deutschen Truppen eingeschlossenen Paris werden alle Möglichkeiten des Widerstandes mobilisiert. Dazu gehört auch der Einsatz von sechsundsechzig Ballonen. Vom September 1870 bis zum Januar 1871 verlassen damit einhundertvierundsechzig Personen die Stadt, werden unter anderem über eintausend Kilogramm Postsachen befördert. Die von den Belagerern ironisierend »Soldaten ohne Marschbefehl« genannten Ballone fliegen, wenn der Wind in dieser Richtung bläst, auch über die Stellungen nördlich von Paris, in denen das Regiment Lilienthals liegt.

Während die interessierte Welt die französischen Ballonfahrer bewundert, der deutsche Generalstab vergeblich versucht, eine Luftschiffertruppe zu organisieren, festigt sich, wie Feldpostbriefe Lilienthals überliefern,

Otto Lilienthal im Jahre 1870

bei ihm der Standpunkt, daß dem Ballon nicht die Zukunft gehöre. Sein Interesse wendet sich nur noch mehr dem Vogelflug zu, in dem er Ansatz- und Ausgangspunkte künftigen Menschenfluges sieht. Voller kreativer Gedanken äußert er, im Juli 1871 als Unteroffizier entlassen, gegenüber dem Bruder: »Jetzt werden wir es machen«, denn er gewann so manche Erkenntnis beim gedanklichen Durcharbeiten der bisherigen Versuche. Zunächst aber steht der Start ins Berufsleben bevor.

Inzwischen sind Großmutter Pohle und Schwester Marie nach Berlin übersiedelt. Gemeinsam wohnen sie alle in der Albrechtstraße 12a, nahe dem Spreeufer; ideal, um den Flug der Möwen aus nächster Nähe beobachten zu können. Bald sollte auch die Mutter kommen. Doch inmitten der Umzugsvorbereitungen stirbt sie am 6. Februar 1872 an einer Lungenentzündung.

Von einem Tag zum anderen Reichshauptstadt geworden, profitiert Preußens alte Residenzstadt in besonderem Maße von der am 28. Januar 1871 erfolgten Proklamation des Deutschen Reiches. Nach dem Krieg erlebt die Berliner Wirtschaft einen stürmischen Aufschwung. Hier vollzieht sich die für eine ganze Reihe von Ländern im letzten Drittel des 19. Jahrhunderts charakteristische schnelle Entwicklung der Verbindung von Fabrikproduktion mit Wissenschaft und Technik sehr eindrucksvoll.

ten waren. Die Fabrik produziert Dampfschiffe, kleine Dampf- und auch Werkzeugmaschinen, hydraulische Systeme auf der Grundlage des Wasserdrucks. In den siebziger Jahren erobert sie sich bei der Herstellung von Bergwerksausrüstungen eine führende Rolle.

Der Firmengründer Carl Hoppe gehört noch zur ersten Generation der Berliner Maschinenfabrikanten und spielt im öffentlichen Leben der Stadt eine Rolle. Er baut Wohnungen für die bei ihm beschäftigten vierhundert Arbeiter und zählt als Ehrenmitglied im »Verein zur Beförderung des Gewerbefleißes in Preußen« zu den führenden Köpfen preußischer Gewerbeförderung.

Im Auftrag der Firma reist Lilienthal in den Jahren 1875 bis 1878 mehrmals in verschiedene Bergbaugebiete. Er verfaßt Montageinstruktionen, so für eine Streckenfördermaschine im Eduardschacht in Eisleben, konstruiert die unterirdische Wasserhaltungsmaschine für die Steinkohlengrube Mathilde. Im Kohlenrevier von Potschappel und Zauckeroda im Plauenschen Grund bei Dresden und später auch im Steinsalzbergwerk Wieliczka bei Kraków soll er Schrämmaschinen einführen. Mit deren Einsatz erstrebt man eine ökonomischere Rohstoffgewinnung. Während der Bergmann noch traditionell mit der Keilhaue arbeitet, schneidet die Schrämmaschine in den Lagerstätten eine vertikale Kerbe oder einen schrägen Schlitz, so daß der darüberbefindliche Rohstoff oder das Gestein leichter gelöst werden kann. Mit größerem Abbaufortschritt ist auch eine Erleichterung der Arbeit des Hauers verbunden. Derartige Maschinen existieren bereits in vielen Ausführungen.

Nach kurzer Tätigkeit in der Maschinenfabrik Weber findet der dreiundzwanzigjährige Lilienthal Arbeit als Konstruktionsingenieur in der Maschinenfabrik Carl Hoppe. Dieser Betrieb nahm zu jener Zeit eine führende Rolle unter den Berliner Maschinenfabriken ein. Das im Jahre 1844 gegründete Familienunternehmen hatte sich um 1870 auf dem Markt durchgesetzt. Typisch für die damalige Situation übernahm es alle einschlägigen Aufträge, die zu erhal

Die von Hoppe gebaute Maschine, 1877 für Preußen patentiert, wird mit komprimierter Luft angetrieben und führt zweihundertvierzig Schläge je Minute aus. Otto spricht von einem Monstrum und überzeugt Hoppe von der Unbrauchbarkeit der Konstruktion. Diese Erkenntnis gewinnt er auch im Vergleich mit einer eigenen Entwicklung.

Im Streben nach selbständiger wirtschaftlicher Existenz versucht er ab 1875, mit einer wesentlich kleineren, einer Handschrämmaschine Konkurrenten vom Markt zu verdrängen. Hervorstechende Merkmale sind geringe Masse, schnelle Installation, einfache Bedienung. Ein großes, waagerecht angeordnetes Rad trägt zwei nach außen stehende Schneidstähle. Sie können Schlitze von drei Zentimeter Stärke bis zu fünfundsiebzig Zentimeter Tiefe in Kohle, Steinsalz und weiches Gestein vortreiben. Unter dem Namen seines Bruders beantragt Otto am 10. November 1876 ein Patent im Königreich Sachsen.[13] Bei Hoppe läßt er sich zeitweilig beurlauben.

Am 9. Februar 1877 wird das Patent für die Dauer von fünf Jahren erteilt. Es ist das erste von insgesamt zwanzig Patenten, die er im Laufe seines Lebens erwirbt. Bei Versuchen im Schacht von Zauckeroda, mit eintausendvierhundert Beschäftigten der damals größte im Königreich Sachsen, lernt der junge Ingenieur 1876 den Obersteiger Hermann Fischer kennen, der sich für die Schrämmaschine interessiert und bei der Erprobung hilft.

Erfahrungen führen zu einem zweiten Typ, wobei Fischer, zugleich Schmiedemeister, Schneidestähle fertigt, die anstelle des Rades durch eine endlose Kette aus Gußstahl getragen werden. Sie laufen über zwei Kettenräder, von denen das vordere mittels einer Schraube bis zur Achse ins Gestein vorgetrieben und durch eine zweite seitwärts bewegt werden kann. Doch der erhoffte geschäftliche Erfolg bleibt aus. Eine Wirtschaftskrise lähmt in der zweiten Hälfte der siebziger Jahre den Absatz. Nur drei Maschinen werden 1877 und 1878 in der Mechanischen Werkstätte von H. Seidel in der Berliner Linienstraße 158 gefertigt und vom Konstrukteur nach Zauckeroda, Zwickau und Wieliczka verkauft.[14]

In Wieliczka weilt er mehrfach Wochen und Monate zur Erprobung und Montage, sowohl mit einer eigenen Maschine als mit einer von Hoppe. Galizien – das war damals das Armenhaus Europas. Davon schreibt er in seinen Briefen. Wieder ist es eine soziale Schule für den jungen Ingenieur, der die Schilderungen des Schriftstellers Karl Emil Franzos (1948-1904) findet. Auf einer der langen Eisenbahnfahrten will es der Zufall, daß beide ein Abteil miteinander teilen und ins Gespräch kommen. Jahre später, in einem Briefwechsel 1894, erinnern sie sich dessen.

Aus der gemeinsamen Arbeit mit dem Obersteiger entwickelt sich ein freundschaftliches Verhältnis zur Familie. Gesang, gesellige Abende tragen dazu bei. Und noch ein Grund führt den jungen Ingenieur gern ins Haus Fischers – die neunzehnjährige Tochter Agnes, die Otto am 11. Juni 1878 heiratet.

In der Berliner Dreizimmerwohnung Brunnenstraße 40 hat die junge Frau vorerst auch Schwager Gustav und Schwägerin Marie zu versorgen, nachdem die Groß-

Agnes Fischer

mutter verstorben war. Die Brüder entwickeln in dieser Zeit einen Steinbaukasten und werden zu Pionieren in der Geschichte dieses beliebten und verbreiteten Spielzeugs sowie der damit verbundenen Industrie. Es gelang ihnen aber nicht, auf diesem Wege die erstrebte wirtschaftliche Selbständigkeit zu erreichen.

Der Architekt und künstlerisch engagierte Gustav Lilienthal – ein »unruhiger Geist« – arbeitet nach dem Studium als Angestellter bei verschiedenen Baufirmen in Berlin, Prag und London. Im Herbst 1876 eröffnet er in Berlin eine »Kunstwerkstatt für weibliche Handarbeit«. Dadurch kommt er in Kontakt mit dem Ehepaar Georgens – er Pädagoge, sie Schriftstellerin –, das sich in vielfacher Hinsicht mit Reformen in der Bildungs- und Erziehungsarbeit beschäftigte. Es entsteht der Gedanke des Steinbaukastens, an sich nichts grundsätzlich neues, wie es das auf den Pädagogen Friedrich Fröbel (1782-1852) zurückgehende Systemspiel mit Kugel, Würfel, Walze aus Holz zeigte.

Den Brüdern gelingt es, sich ein in einem alten technischen Handbuch gefundenes Verfahren nutzbar zu machen. Monatelang wird das richtige Mischungsverhältnis von Sand, Kreide und Firnis ermittelt, gilt es die richtige Farbtönung für die Würfel, Pyramiden, Prismen, Säulen, Bögen und Dachaufsätze zu bestimmen. Otto übernimmt die Herstellung der Gußformen und die Konstruktion einer maschinellen

Lilienthal-Steinbaukasten

Einrichtung für das Pressen der Ausgangsmasse. Gustav sorgt für einen variantenreichen Inhalt in jedem Kasten und für die Gestaltung der Verpackung.

Nach vergeblichen Versuchen Gustav Lilienthals, die Baukästen in Berliner Geschäften zu verkaufen, erklären sich die Brüder auf Anraten Georgens bereit, die Erfindung für einen geringen Betrag an Friedrich Adolph Richter zu verkaufen. Sie sind zu diesem Schritt gezwungen. Monatelang Experimente brauchten ihre Ersparnisse auf, Rechnungen konnten nicht mehr beglichen werden.

Richter, ein erfolgreicher Fabrikant, läßt sich 1881 das Verfahren zur Herstellung künstlicher Steine patentieren. Im gleichen Jahr beginnt in Rudolstadt die Produktion des bald weltweit verbreiteten »Anker-Steinbaukasten«. Großangelegte Werbung, durch Georgens verbürgte Anerkennung als pädagogisch wertvolles Spielzeug und die Fähigkeit Richters, aus dem Steinbaukasten ein Systemspielzeug zu entwickeln, begünstigen den Erfolg. Der Fabrikant mehrt seine Gewinne, die Brüder Lilienthal erzielen aus dem Verkauf ihrer Rechte ganze eintausend Mark Gewinn.

Erforschung der Gesetze des Luftwiderstandes

Die gründliche Beschäftigung mit Naturwissenschaften und Technik vermittelt Otto Lilienthal die Erkenntnis von der außerordentlichen Differenziertheit zeitgenössischer theoretischer und praktischer flugtechnischer Auffassungen. Mit der klassischen Luftwiderstandsformel Isaac Newtons (1643-1772) konfrontiert, die vom Widerstand einer ebenen Fläche senkrecht zum Wind ausging, begreift er: »Die genauere Kenntnis dieses Luftwiderstandes erstreckt sich nun leider nur auf wenige, ganz einfache Anwendungsfälle, und man kann sagen, daß nur derjenige Luftwiderstand wirklich allgemein bekannt ist, welcher entsteht, wenn eine dünne, ebene Platte senkrecht zu ihrer Flächenausdehnung durch die Luft bewegt wird.«[1]

In der Tat hatte der Franzose Jean le Rond d'Alembert (1717-1783) die Unbrauchbarkeit dieser Formel bei Anstellwinkeln unter fünfzig Grad festgestellt. Die Widerstandsforschung, welche im 17. und 18. Jahrhundert starke Anregungen durch die Mechanik, die Ballistik und den Schiffbau erfahren hatte, stellte der Technik zwar praktisch anwendbare Angaben für Hochbauten zur Verfügung, aber darüberhinaus gab es in den technischen Handbüchern außerordentlich unterschiedliche Angaben.

Mitte des 19. Jahrhunderts wurde dieser Mangel zusehends sichtbarer, zumal Versuche mit Ballonen und lenkbaren Luftschiffen ohne Erfolg blieben. So gelang es Henry Giffard (1825-1882) nicht, den Ballon mit Hilfe einer Dampfmaschine lenkbar zu machen. Der historische Wert seiner Versuche bestand jedoch darin, daß an der Luftfahrtentwicklung nun wieder verstärkt Physiker und Techniker zu arbeiten begannen. Sie blieb nicht mehr Artisten und Sensationshaschern überlassen.

Technische Möglichkeiten, die aus der Entwicklung des Kraftmaschinenbaus resultierten, wurden aufgegriffen. Neue Fragestellungen zum theoretischen Vorlauf und Forderungen nach experimentariellen Untersuchungen entstanden.

Der Mißerfolg mit den ersten Lenkluftschiffen führte auch dazu, daß Techniker in einigen Ländern Europas sich wieder auf das alte natürliche Vorbild, den Vogel, konzentrierten. Man wollte das Flugproblem mechanisch lösen. »Schwerer als Luft« wurde die Losung.

Im Jahre 1842 ließ sich der Engländer William Samuel Henson (1805-1885) den Entwurf eines Drachenflugzeuges patentieren, das bereits alle wesentlichen Teile des heutigen Flugzeuges umfaßte. Bemerkenswert war der Vorschlag, eine unter kleinem Winkel gegen die Bewegungsrichtung gestellte Fläche und zwei Propeller anzuwenden. Ein bemannter Flugapparat sollte unmittelbar zum freien Flug gebracht werden. Aber das miß-

lang nicht nur ihm, sondern auch vielen anderen danach, so 1883 Moshaiski, 1894 Maxim, 1897 Ader und 1903 Langley. Eine allgemeine Erkenntnis war, daß noch ganz andere Fragen gelöst werden mußten als beim Ballon. Das Problem der Eigenstabilität wurde zunehmend sichtbar.

Flugtechnische Vereine entstanden im Ergebnis dieser Entwicklung in Frankreich, Großbritannien, in den USA, in Rußland und anderen Ländern — nicht in Deutschland. Im Jahre 1866 wurde in Großbritannien die »Aeronautical Society of Great Britain« gegründet, die schon zwei Jahre später weltweites Aufsehen durch eine Schau der Luftschiffahrt zur Weltausstellung in London erregte. In Frankreich erschien seit 1868 die flugtechnische Zeitschrift »L'aeronaute«.

Während des preußisch-österreichischen Krieges bat der Ingenieur und Luftschiffkonstrukteur Paul Hänlein (1835-1905) im Jahre 1866 die preußische Regierung um finanzielle Unterstützung für seine Projekte. Die Technische Deputation für Gewerbe, ihr gehörte auch Franz Reuleaux an, hatte solche Vorschläge in Form von Gutachten zu bewerten. Sie lehnte ab, da »noch keineswegs mit ausreichender Genauigkeit die Widerstände der Bewegung eines Körpers in der Luft« bekannt waren.

Der preußische Kriegsminister Albrecht v. Roon (1803-1879) hielt jedoch die bislang nicht vorhandene »Locomotionsmaschine« und die fehlende Kenntnis der Gesetze, welchen »die Bewegungen der Körper in der Luft unterliegen«, für nicht ausreichende Gründe, um noch länger auf konkrete Untersuchungen der anstehenden Fragen zu warten. Er meinte, daß die Technik Maschinen mit den benötigten Eigenschaften bereits zu entwickeln begonnen habe. Die Privatindustrie würde aber nicht die Mittel zur Erforschung der »Bewegungswiderstände im Medium Luft« aufbringen, also keine Grundlagenforschung betreiben. Es bleibe daher nur übrig, daß der »Staat... dieses wichtige Problem durch qualifizierte Kräfte selbst in die Hand nimmt, wodurch zugleich die Garantie geboten würde, daß die Versuche eine streng wissenschaftliche Basis und Ordnung nicht verlassen.«[2]

Mit dieser Meinung setzte er die Bildung einer Regierungskommission durch, die im November 1867 unter Leitung des Mitglieds der Königlichen Akademie der Wissenschaften, des Ordinarius der Berliner Physik Heinrich Gustav Magnus (1802-1870) gebildet wurde. Zu ihr gehörten der damals bekannteste Experimentator auf dem Gebiet der Strömungsmechanik, das Akademiemitglied Oberbaudirektor Gotthilf Heinrich Ludwig Hagen

Hermann von Helmholtz

Lehrern und Kommilitonen bekannt. Der »vornehmste Vertreter des mathematischen Lehrstuhles an der Berliner Gewerbeakademie in den sechziger Jahren…«, so berichtet er später, »liess mir sagen, es könne ja nicht schaden, wenn ich mir mit solchen Berechnungen die Zeit vertriebe, ich möchte aber um Himmelswillen kein Geld für solche Sachen ausgeben.«[4] Die Warnung kam zu spät, wie wir wissen.

Es waren nicht nur die geschilderten Mißerfolge anderer, gewonnene Einblicke in die Unhaltbarkeit ihrer Theorie, sondern auch seine Beobachtungen des Vogelfluges, die maßgeblich den Weg Otto Lilienthals bestimmten. Er begriff, daß nicht der »geniale Einfall«, sondern nur konsequente, zielstrebige wissenschaftliche Arbeit zum Erfolg führen würde. Das unterscheidet ihn von vielen zeitgenössischen Konstrukteuren.

Die Beobachtungen des Vogelfluges in der Natur, Versuche, diese mit dem Gedicht und der Zeichnung emotional zu vermitteln, mit Waage und Maßband rationell zu analysieren, werden für ihn wichtige Inhalte jahrelanger Tätigkeit. Im Vogelflug findet er immer wieder Anregung für weitere Forschungen, Motive für nicht nachlassende Bemühungen, ohne zu einem Anhänger der reinen Ornitopter zu werden. Jene wollten − wie Henson den reinen Motorflug − den reinen Schwingenflug unter Umgehung des Gleitfluges erreichen.

Kennzeichnend für Lilienthals Arbeiten ist zunächst, daß er sehr ausführlich Anatomie und Morphologie der Vögel und anderer fliegender Tiere studiert. Dazu kommen Untersuchungen und Beobachtungen zur Physiologie und Verhaltensbiologie. Moderne Auffassungen zur Chemie der Muskeltätigkeit sind ihm ebenso geläufig wie der damals aktuelle Wissensstand der Botaniker über die Eigenschaften und den Reichtum an Varianten von beflügelten Pflanzensamen. Ergebnis dieser Studien, die ständig weitergeführt und mit dem Fortgang seiner experimentellen Erkenntnisse verglichen werden, bildet die Einsicht, daß keine spezifischen »biologischen Faktoren« für die Möglichkeit des Fluges in der Natur existieren. Die »Natur« bilde sich »aus dem ewigen Spiel der Kräfte an der gleichfalls ewigen Materie«.[5]

»Es ist vielmehr anzunehmen«, folgert er, »daß bei den fliegenden Tieren die freie Erhebung von der Erde und das Beharren in der Luft, sowie die schnelle Fortbewegung in der Luft mit Hilfe mechanischer Vorgänge stattfindet, welche möglicher Weise auch künstlich erzeugt und mittelst geeigneter Vorrichtungen auch von Wesen ausgeführt werden können, welche nicht gerade zum Fliegen geboren sind.«[6]

Die Auffassung, »daß wirklich kein Naturgesetz vorhanden ist, welches wie ein unüberwindbarer Riegel sich der Lösung des Fliegeproblems vorschiebt,«[7] ist seine theoretische Basis.

Was aber sind nun die Eigentümlichkeiten der Luftwiderstandserscheinungen? Welche Kräfte wirken, wie setzen sie sich zusammen, was vermag der Mensch mit seinen Kräften? Wie groß ist letztlich die Kraftanstrengung, die erforderliche Arbeitsleistung? Damit sind die wichtigsten Fragen für die fundamentalen Untersuchungen gestellt.

»Alles Fliegen beruht auf Erzeugung von Luftwiderstand, alle Flugarbeit besteht in Überwindung von Luftwiderstand.

(1797-1884), der Direktor der Kriegsakademie, der Mathematiker Prof. Karl Heinrich Schellbach (1805-1892), von der Königlichen Gewerbeakademie Prof. Franz Reuleaux und Dr. Großmann. An die Stelle des ausscheidenden Hagen trag wenig später von der Berliner Universität der Mathematiker Prof. Karl Weierstraß (1815-1897). Nach Magnus' Tod übernahm Reuleaux von 1870 bis 1872 kommissarisch die Leitung, dann verpflichtete die Regierung Hermann v. Helmholtz (1821-1894).

Der Auftrag der Kommission war in ihrem Namen enthalten: »Kommission zur Ausarbeitung eines Programms für Versuche, welche die Gesetze des Luftwiderstandes mit Rücksicht auf die in Anwendung gekommene Herstellung steuerbarer Luftfahrzeuge zu ermitteln bestimmt ist«. In ihrem Auftrag und von ihr finanziert begann im Jahre 1869 Prof. Adolf Hörmann (1835-1906), Lehrer für Mechanik und Maschinenbau an der Gewerbeakademie, mit experimentellen Arbeiten zur Messung des Luftwiderstandes in deren mechanischen Werkstätten, wo die Kommission ein Rotationsmeßgerät aufgestellt hatte.[3] Da diese Ausbildungs- und Versuchsstätten dem entsprachen, was später in technischen Bildungsstätten »Technika« genannt wurde, kam der Student Otto Lilienthal mit der Tätigkeit der Regierungskommission in Berührung, zumal er Vorlesungen von Reuleaux, Großmann und Hörmann besuchte. Seine Interessen und Aktivitäten für eine technische Lösung des Menschenfluges − sicher auch die Versuche mit den Experimentiergeräten − sind

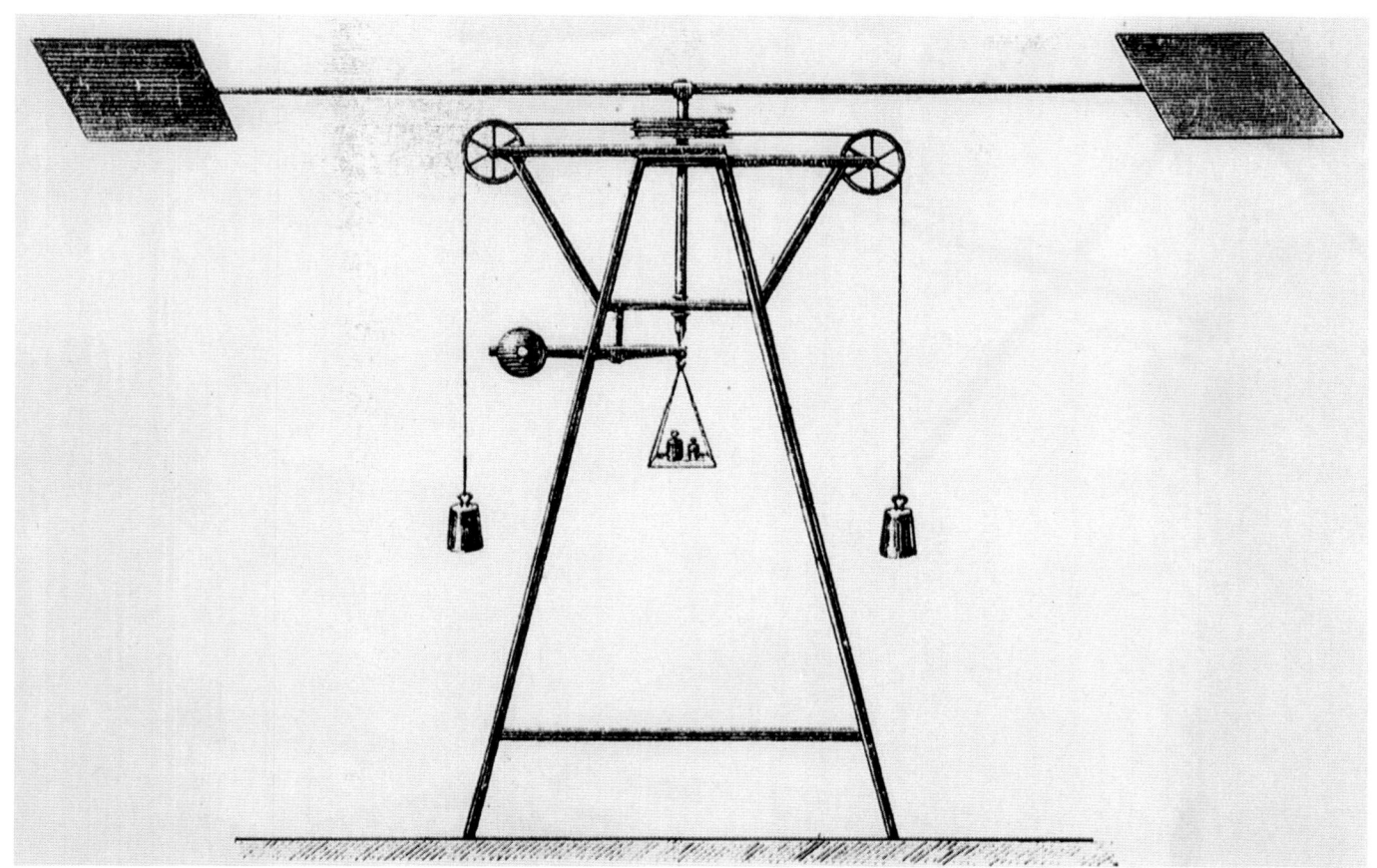

Der Luftwiderstand muß immer in genügender Stärke erzeugt werden, aber er muß mit möglichst geringer Arbeitsgeschwindigkeit überwunden werden können, damit die zu seiner Überwindung nötige, also zum Fliegen erforderliche Arbeit eine möglichst geringe wird.

H ierin wurzelt die Überzeugung, daß unsere Erkenntnis der wirklichen mechanischen Vorgänge beim Vogelfluge nur gefördert werden kann, wenn wir die Gesetze des Luftwiderstandes erfolgreich erforschen, sowie die Überzeugung, daß diese Kenntnis uns dann auch die Mittel an die Hand giebt, erfolgreich auf dem Gebiete der Flugtechnik thätig zu sein; denn der Vogelflug ist eben eine verhältnismäßig wenig Kraft erfordernde Fliegemethode, und wenn wir diese richtig erkannt haben, so werden wir auch die Mittel finden, uns ihre Vorteile nutzbar zu machen.«[8] Somit bilden für ihn die Gesetze des Luftwiderstandes die Fundamente der Flugtechnik. Unter Luftwiderstand versteht Lilienthal die Resultierende aus Widerstand und Auftrieb, die Luftkraftresultierende.

Nach den bereits erwähnten Experimenten zur Bestimmung des Zusammenhanges von Luftwiderstand und Geschwindigkeit am Rotationsmeßapparat im Jahre 1866 führt Otto Lilienthal, unterstützt von seinem Bruder Gustav, in den Jahren 1867 und 1868 neue Versuche durch. Es geht darum, »den für die Flugtechnik wichtigen Fall zu untersuchen, wo der Luftwiderstand, wie beim Flügelsschlage, dadurch erzeugt wird, daß eine Fläche plötzlich aus der Ruhe in eine größere Geschwindigkeit versetzt wird.«[9]

Im Sommer 1869 experimentiert er mit einem Flügelschlaggerät an einer Scheunenwand in Demnitz gewissermaßen im Wind. Dieser Apparat bestand aus einem doppelten Flügelsystem, einem mittleren breiten und zwei äußeren schmalen Flügelpaaren, die die gleiche Fläche hatten und sich gegeneinander bewegten. Befestigt wurde er an einem über zwei Rollen geführten Seil mit einem Gewicht am anderen Ende.

Lilienthal berichtet: »Man konnte nun, wenn das Gegengewicht genau so schwer war, als der Apparat mit dem Mann, sich sehr leicht mit dem Apparat heben; denn es brauchte nur ein geringer Auftrieb durch die bewegten Flügel hervorgerufen zu werden, um die Rollenreibung und Steifigkeit des Seiles zu überwinden. Wenn man dann das Gewicht nach und nach verringerte, so konnte man feststellen, wieviel man überhaupt im Stande ist, mit diesem Apparat an Hebekraft zu gewinnen.«[10] Und er ermittelt weiter, »wie groß sich dabei der durch Flügelschläge erzielte Luftwiderstand einstellt.«[11] Erzeugt wurden die Flügelschläge durch abwechselndes Ausstoßen der Beine.

Bereits 1867 hatten die Brüder auf dem Dachboden der Anklamer Peenestraße Versuche mit einem Experimentierapparat unternommen, der nur über zwei Flügelpaare verfügte. Sie wurden »durch gleichzeitiges Ausstoßen beider Füße herabgeschlagen und durch Anziehen der Füße sowohl, wie mit den Händen wieder gehoben... Die Leistung mit diesem... Apparat war eine wesentlich geringere... weil es für den Organismus des Menschen offenbar unnatürlich ist, die Beinkraft durch gleichzeitiges Ausstoßen beider Füße zu verwerten.«[12]

In der weiteren Auswertung kommt Lilienthal zur Erkenntnis, daß die Schlagbewegungen der Vögel den Kraftaufwand beim Fliegen bedeutend verkleinern. Die Flugmethode der Vögel und der anderen fliegenden Tiere besitzt dadurch einen großen Vorteil, »welcher fortfällt, wenn das Princip des Vogelfluges nicht benutzt wird, wie z. B. bei Anwendung von rotierenden Schraubenflügeln, die unter allen Umständen mehr Kraft verbrauchen, als der geschlagene Vogelflügel. Daß aber

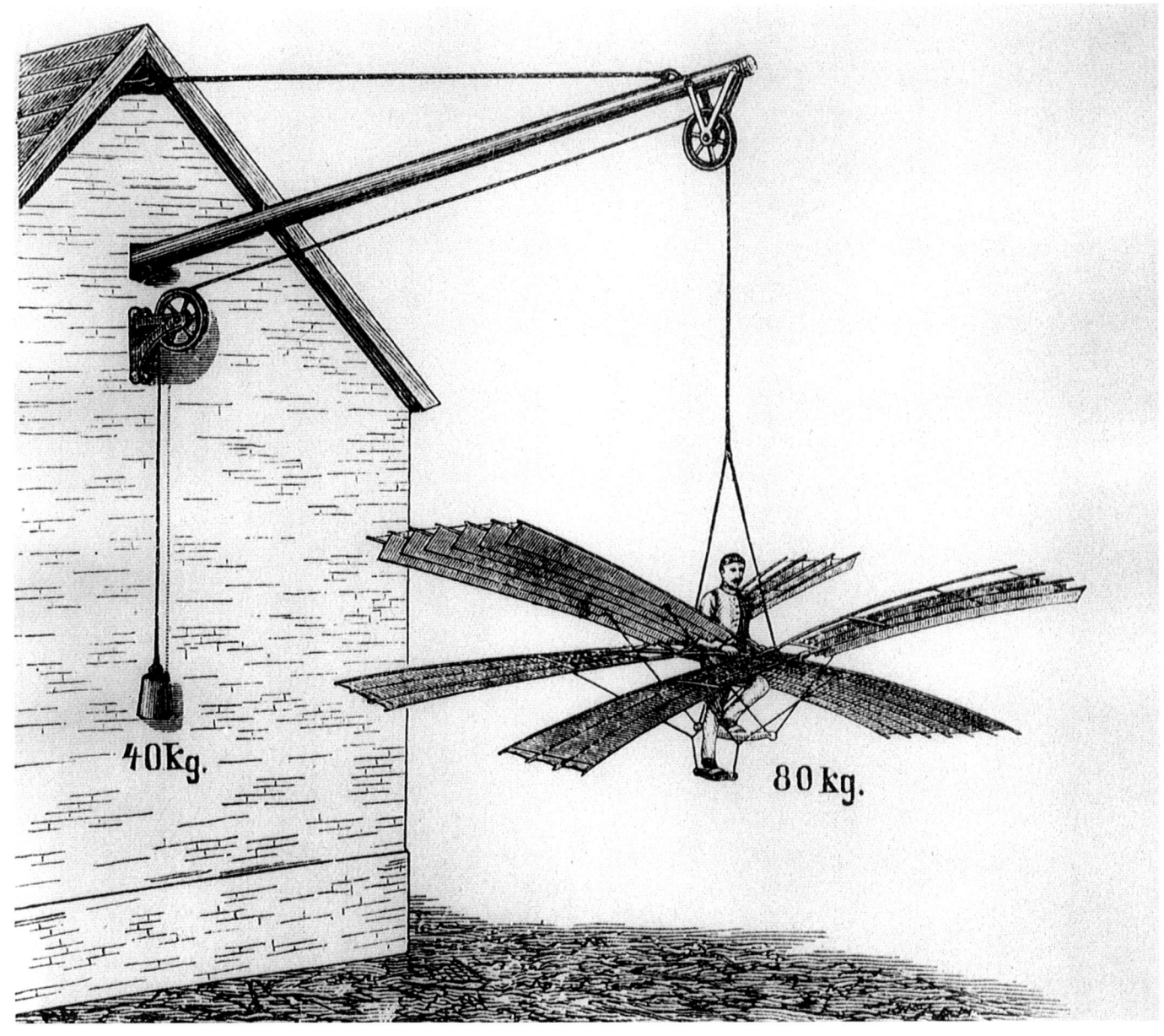

*Flügelschlagmeß-
gerät aus dem
Jahre 1868, an
der Scheune von
Demnitz hängend*

dieser Vorteil des Flügelschlages kein Privilegium der Vogelwelt und der fliegenden Thiere überhaupt ist,« wird durch das Experiment bewiesen.[13]

Damit konnte er an die ersten Leistungen des Wiener Uhrmachers Jacob Degen aus dem Jahre 1808 anknüpfen. Mit einem Schwingenflugapparat hatte jener versucht, zum wissenschaftlichen Erkenntnisgewinn beizutragen und zu beweisen, »welch einen bedeutenden Teil ein Mensch von dem Gewicht seines Körpers zu heben im Stande ist«.[14] Der mehrmals demonstrierte experimentelle Erfolg verleitete Degen dann jedoch dazu, den wissenschaftlichen Charakter der Forschung aufzugeben. Mit Schaustellungen wollte er nun berühmt werden.

Ganz anders verhielt sich Lilienthal, der eigene Experimente stets einer kritischen Wertung unterzog und bemängelte, daß er nicht in der Lage war, eine ausreichende Anzahl von Versuchen zu ermöglichen. Deshalb konstruiert er ein über zwei Meter hohes Flügelschlagmeßgerät, mit dem sich Versuchsserien durchführen lassen.

Während der erzwungenen Unterbrechung der Versuche durch den Krieg 1870/71 geht Lilienthal noch einmal den Gedankengängen nach, die ihn bei seinen Ver-

suchen bewegt hatten, ordnet sie und hält sie schriftlich fest. In dieser Zeit erreicht er ein tieferes Verständnis darüber, »was den Vogel zum fliegenden Individuum macht. Wir haben die ganze Sache schon vorher erkannt, bis auf eine Erscheinung, und diese gerade hat, nachdem ich sie genauer untersucht, mich zum Ziel geführt, daß heißt sie hat mich den Vogelflug verstehen gelernt.« Aus diesem Zusammenhang heraus findet er zu neuen konstruktiven Überlegungen für seine Apparate. »Jetzt weiß ich auch, warum der Flügel der Vögel seine größte Breite nicht am Ende hat, während wir nach unseren früheren Theorien die Flügel unserer Apparate gerade am Ende am breitesten machten.«[15]

Seine Gedanken münden in eine neue Versuchsperiode, um »die Eigentümlichkeiten der Luftwiderstandserscheinungen näher kennen zu lernen, und dadurch zur weiteren Forschung in der Ergründung der für die Flugtechnik wichtigsten Fundamentalsätze anzuregen.«[16] Es sind zunächst technisch-methodische Besonderheiten, die Lilienthals Arbeiten auf diesem Gebiet unter zeitgenössischen ähnlichen Untersuchungen herausragen lassen. Alle Experimentiergeräte und Vorrichtungen müssen von ihm selbst entwickelt und gebaut werden. Entscheidend ist weiterhin, daß er über Gelegenheitsexperimente seiner Vorgänger und einiger

Zeitgenossen hinausgeht und Serienversuche vornimmt. Sie schaffen die Möglichkeit, mit immer gleichen Verfahren die verschiedensten Fälle systematisch und vergleichbar zu testen.

Mit dem Flügelschlagmeßgerät ermittelt er den Luftwiderstand bei Schlagbewegungen der Flügel. Wieder steht die Beobachtung der Natur Pate. Die Analyse der Flügelbewegungen und seine Kenntnis der Mechanik veranlassen ihn, den Vogelflügel als Hebelarm zu definieren und so den Punkt zu ermitteln, in dem die Kräfte angreifen — das Zentrum des Luftwiderstandes. Verglichen mit Versuchen am Rotationsmeßgerät stellt er später fest, daß durch Flügelschläge bei einer Fläche von einem Zehntel Quadratmeter neunmal mehr Luftwiderstand erzeugt wird als bei rotierenden ebenen Flächen.

Lilienthal befaßt sich mit dem Verhältnis der Zeiten für Auf- und Niederschlag des Flügels. Untersuchungen an Tauben führen hier weiter und verweisen sogar auf zwanzigfache Werte. Schließlich kommt er zu Resultaten für das Fliegen auf der Stelle — die erste Art zu fliegen, die er analysiert. Aber die physische Kraft des Menschen, muß er folgern, ist dafür zu gering.

S odann untersucht der Forscher das Flugverhalten von Sperlingen, Störchen, Möwen und vielen anderen Vögeln. Damit leistet er zugleich wesentliches für die Entstehung der Flugbiophysik unserer Tage und wirkt bis in die vierziger Jahre unseres Jahrhunderts anregend für Spezialuntersuchungen in der Ornithologie und Physiologie.[17]

Angesichts des so leicht aussehenden Vorwärtsfliegens der Vögel hofften viele Konstrukteure, eben in diesem Vorwärtsfliegen die Möglichkeiten zur Kraftersparnis für den Flug zu finden, auch Otto Lilienthal. Er glaubt erkannt zu haben, daß es möglich sein müßte, dadurch

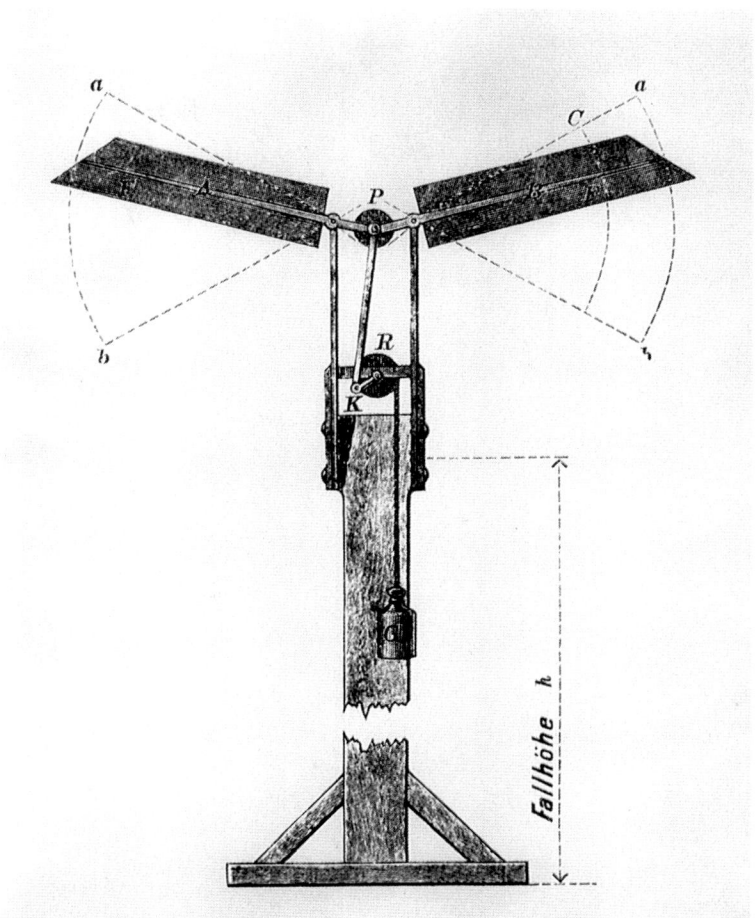

Flügelschlagmeßgerät für Flächen von 0,1 qm

Arbeit in Form von Niederschlägen der Flügel zu sparen. Mit Hilfe verschiedener Apparate, zwischen 1871 und 1873 gebaut, will er gemeinsam mit Bruder Gustav den Beweis antreten.

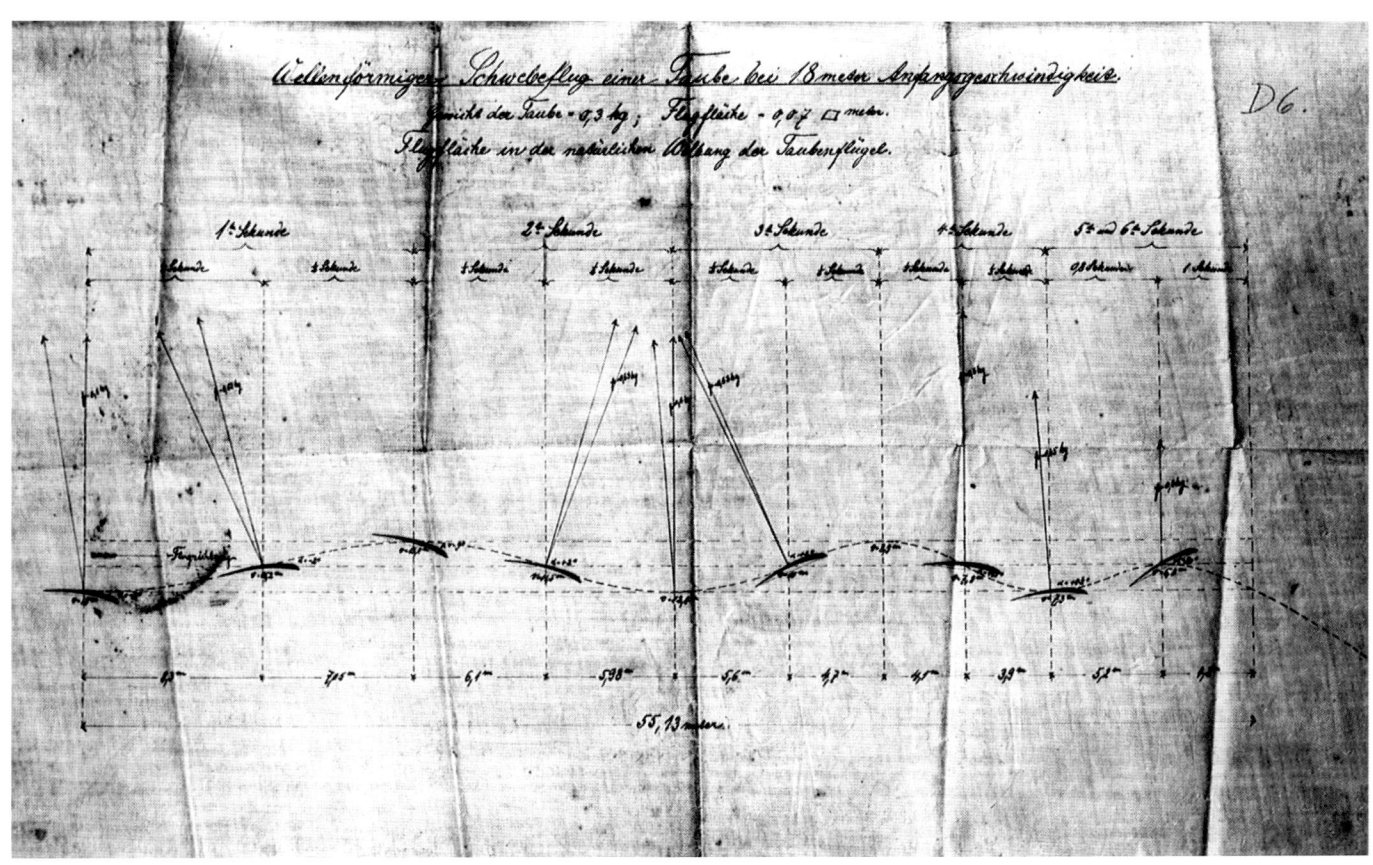

Berechnung des wellenförmigen Schwebefluges einer Taube

Messungen und Berechnungen zu Flugfläche und Masse eines Sperlings. Offenbar wurden die Konturen eines auf dem Rücken liegenden Sperlings nachgezeichnet

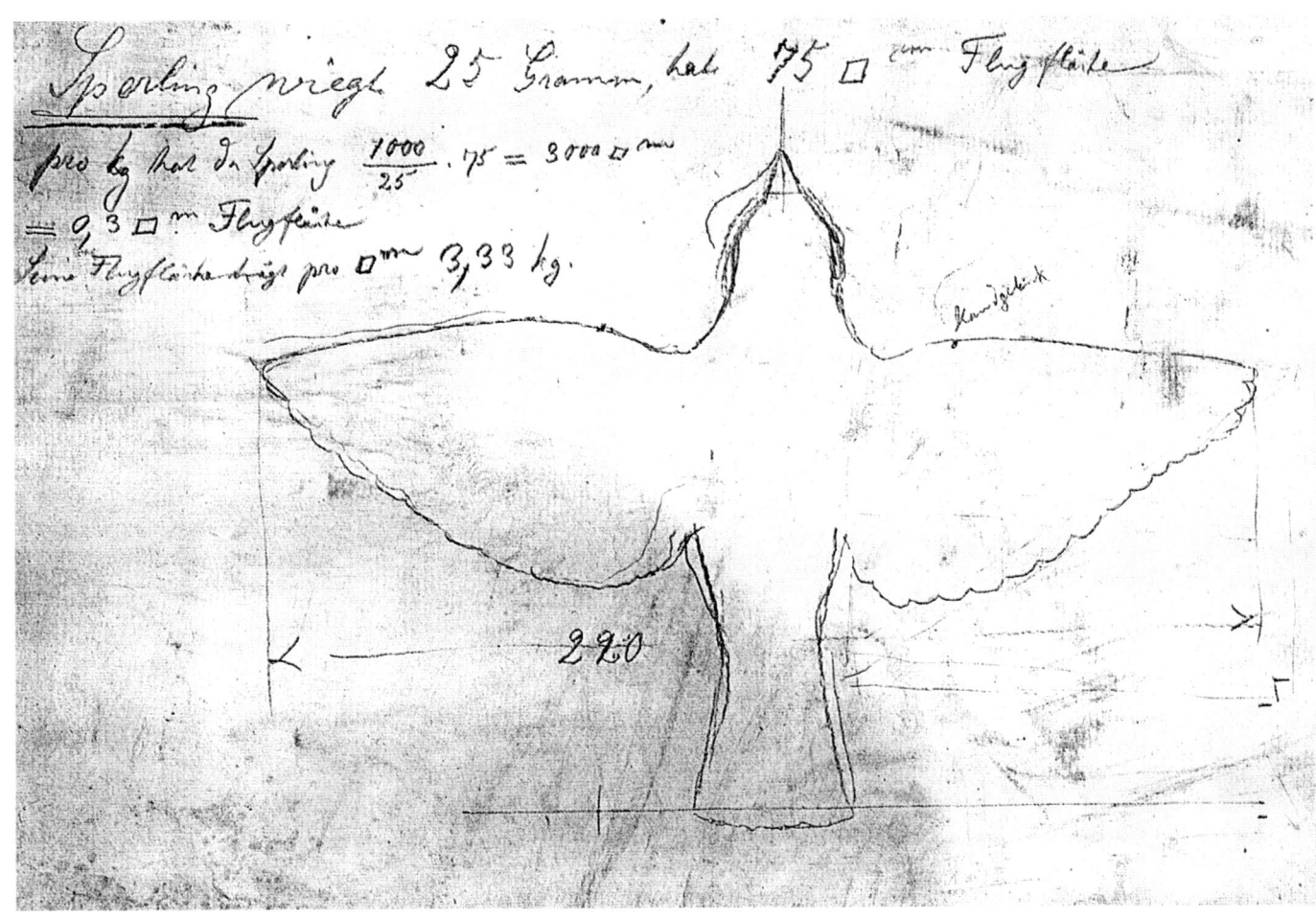

Es entstehen weitere Flugmodelle, so eines mit Schlagflügeln, bewegt durch eine Stahlspirale, dann ein fliegender Storch, angetrieben durch einen kleinen Dampfkessel. Kenntnisse des Maschinenbauers schlagen sich hier nieder. Die Modelle fliegen letztlich. Doch jeder Flug verläuft anders, keiner wiederholt sich. Dies geschieht bereits vor den Vorführungen von Alphonse Penaud (1850-1880) in Paris im Jahre 1871, der mit seinem Gleitflugmodell als erster erfolgreicher Modellflieger in die Luftfahrtgeschichte einging. Hier zeigte sich der Vorteil des Bestehens eines aeronautischen Vereins, der solche Ergebnisse in die Öffentlichkeit trug. Er fehlte eben in Deutschland, und das führte mit dazu, daß die Lilienthalsche Leistung nicht bekannt wurde.

Am Ende der Modellversuche — die nur eine Versuchsetappe auf dem Weg zum Menschenflug waren — bleibt die keineswegs resignierende Feststellung: »Wir waren nicht imstande, den Nachweis zu führen, daß durch Vorwärtsfliegen sich Arbeit ersparen läßt, und wenn wir auch durch diese Versuche um manche Erfahrung bereichert wurden, so mußten wir das Hauptergebnis doch als ein negatives bezeichnen, indem diese Versuche nicht eine Verminderung der Flugarbeit durch Vorwärtsfliegen ergaben.« Man war also von falschen Voraussetzungen ausgegangen, da sie »Luftwiderstände in Rechnung gezogen hatten, die in Wirklichkeit gar nicht existieren.«[18]

Die Schlußfolgerung Otto Lilienthals lautet: »Nur durch wirkliche Kraftmessungen können wir brauchbare Zahlenwerte erhalten, die zur Aufklärung der Vorgänge bei Vogelfluge beitragen und der Flugtechnik von Nutzen sind.«[19]

Zuerst nutzt er dazu eine bereits von ihm erprobte Methode: Messungen mit dem Rotationsmeßgerät, an dem die Eigenschaften bewegter Flächen in ruhender Luft untersucht werden. Ähnliche Apparate wandten in den Jahren 1869 bis mindestens 1874 Prof. Hörmann an der Gewerbeakademie und Prof. Schellbach an, der seine Konstruktion mit Unterstützung von Prof. Wilhelm Foerster (1832 - 1921), Astronom, Direktor der Berliner Sternwarte und ausgezeichneter Wissenschaftsorganisator, und Johann Georg Halske (1814-1890), dem herausragenden Mechaniker, schuf.

Es bewertet auch die Leistung des jungen Ingenieurs Lilienthal, wenn Schellbach, sich auf Halske beziehend, feststellt: »... ich muß gestehen, daß ich kaum ohne seine Hilfe an die Ausführung eines so schwierigen Unternehmens hätte denken können.«[20] Ludwig Prandtl (1875-1953), der hervorragende deutsche Aerodynamiker, hob im Jahre 1938 hervor, Lilienthal habe mit seinen selbstgebauten Meßgeräten eine Güte erreicht, »die erst durch die modernen Arbeiten am Windkanal hat übertroffen werden können.«[21] Dabei konnte er sich auf Nachmessungen stützen, die von seinem Lehrer Prof. Föppl angestellt worden waren.

Wenn von ruhender Luft gesprochen wurde, war sich Lilienthal darüber im klaren, daß es sich hierbei nur um einen angestrebten Idealzustand handeln kann. In einem Kreis von zwei Metern Durchmesser kam die Versuchsfläche von einem Zehntel Quadratmeter schon nach einer halben Umdrehung in die durchschnittene Luft. Zunächst vermittelten diese Experimente Fähigkeiten in der Benutzung des Gerätes. Dann gaben sie die Möglichkeit, die Größe der Widerstände und ihre Druckrichtung zu ermitteln.

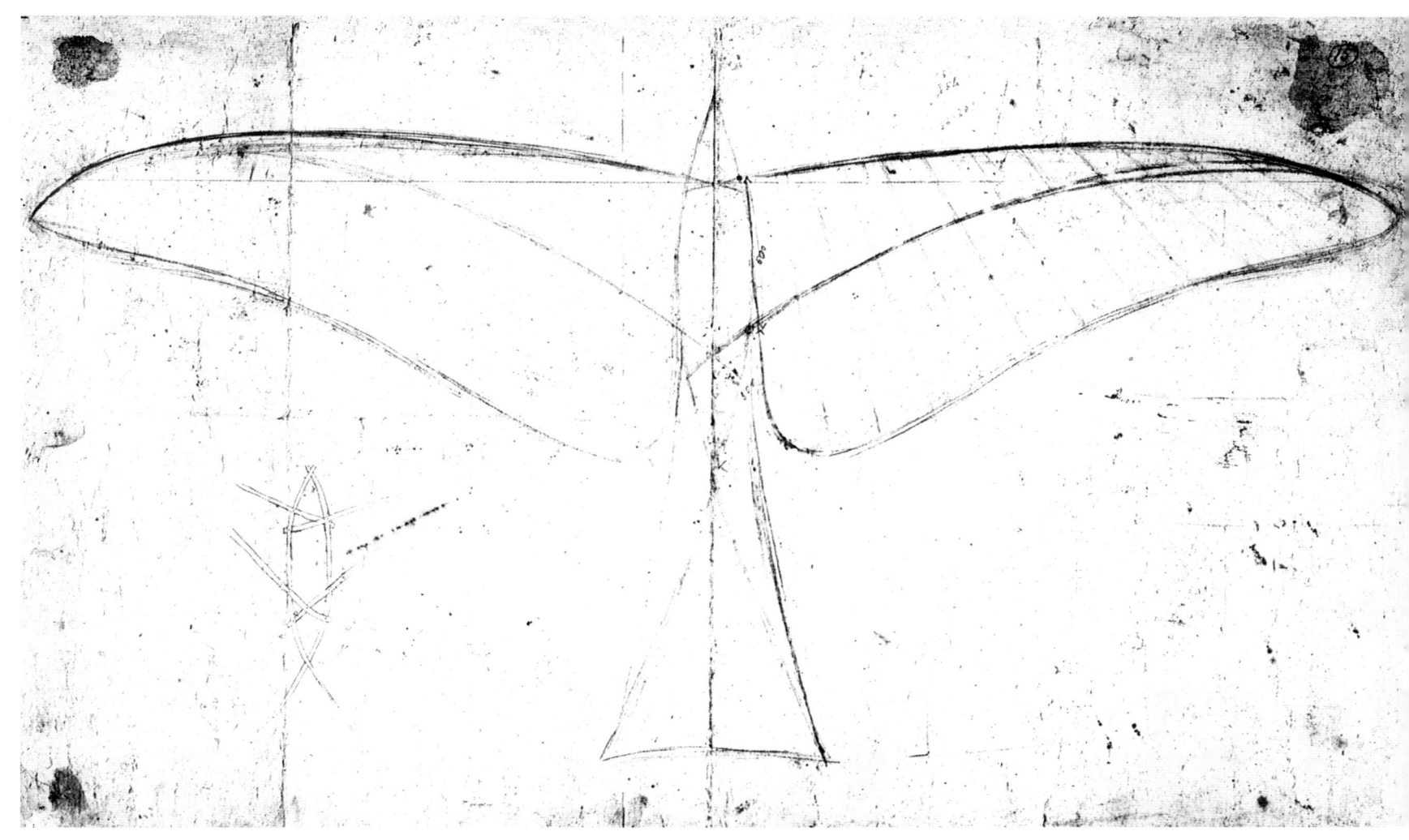

Flugmodell in Form eines Storches

Aus den Messungen heraus vergleicht Otto den notwendigen Kraftaufwand beim Vorwärtsfliegen mit ebenen Flächen mit dem beim Flug auf der Stelle. Und er vermag auch rechnerisch nachzuweisen, »daß das Vorwärtsfliegen mit ebenen Flächen kaum einen nennenswerten Vorteil zur Kraftersparnis gewährt.«[22] Damit widerlegt er die in der flugtechnischen Literatur zahlreich vorhandenen Angaben über angebliche Vorteile beim Fliegen mit ebenen Flächen und beweist, daß diese auf falschen Voraussetzungen und Trugschlüssen basieren.

»Wenn nun die Aussichten hoffnungslos sind, mit ebenen Flächen jemals auf eine Flugmethode zu kommen, welche mit großer Arbeitsersparnis vor sich gehen kann, und daher durch den Menschen zur Ausführung gelangen könnte,« schlußfolgert er, »so bleibt eben nur übrig, zu versuchen, ob denn das Heil in der Anwendung nicht ebener Flügel sich finden läßt.«[23]

Es ist ganz offensichtlich. Die natürlichen Flügel der Vögel sind den ebenen Flugflächen überlegen. Naturbeobachtungen und Experimente mit Vogelflügeln geben Aufschlüsse. Wenn Raubvögel eine ansehnliche Beute tragen – die vom Habicht getragene Taube wiegt fast halb soviel wie der Habicht –, dann sind sie verschwenderisch mit Flugfähigkeit ausgestattet, findet er dabei. Er beschneidet die Flügel von Tauben, bindet deren Schwungfedern zusammen, ermittelt, wann sie immer noch fliegen können. Die Form der Flugfläche muß großen Einfluß haben, »und wir wissen alle, daß der Vogel-flügel keine ebene Fläche ist, sondern eine etwas gewölbte Form hat.«[24]

Daraus leitet Lilienthal die Inhalte für eine qualitativ neue Versuchsserie im Sommer 1873 ab. Mit verschiedenen gekrümmten Flächen beginnt er in der Turnhalle Wilhelmstraße 117 zu experimentieren, wiederum assistiert von seinem Bruder, vielleicht auch von Marie. Das Ziel besteht darin, herauszufinden, ob es Flächenformen gibt, »welche, als Flügel beim Vorwärtsfliegen bewegt, mehr hebende aber weniger hemmende Wirkung hervorrufen als die unter gleichen Verhältnissen angewendete ebene Flugfläche.«[25]

Was sie anfangs »kaum zu glauben wagten«, wird mit diesen Experimenten bestätigt. Es stellt sich heraus, »daß unter allen diesen Versuchsflächen die einfach gekrümmten Flächen unseren Bestrebungen am besten entsprachen… Der Wind, welcher unter unseren Flächen hindurchstreicht, darf nicht auf ebene Flächen stoßen, sondern muß Flächen vorfinden, denen er sich anschmiegen kann, und an diese Flächen wird er allmählig seine lebendige Kraft zur Tragewirkung bei möglichst geringer zurücktreibender Wirkung abgeben. Die gewölbte Fläche bringt den Vorteil, den man der ebenen zugeschrieben hatte.«[26] Später erkennt Lilienthal: Statt der hemmenden, tritt eine treibende Komponente auf, die Richtung des Luftwiderstandes liegt vor der Normalen, also in Flugrichtung treibend.

21

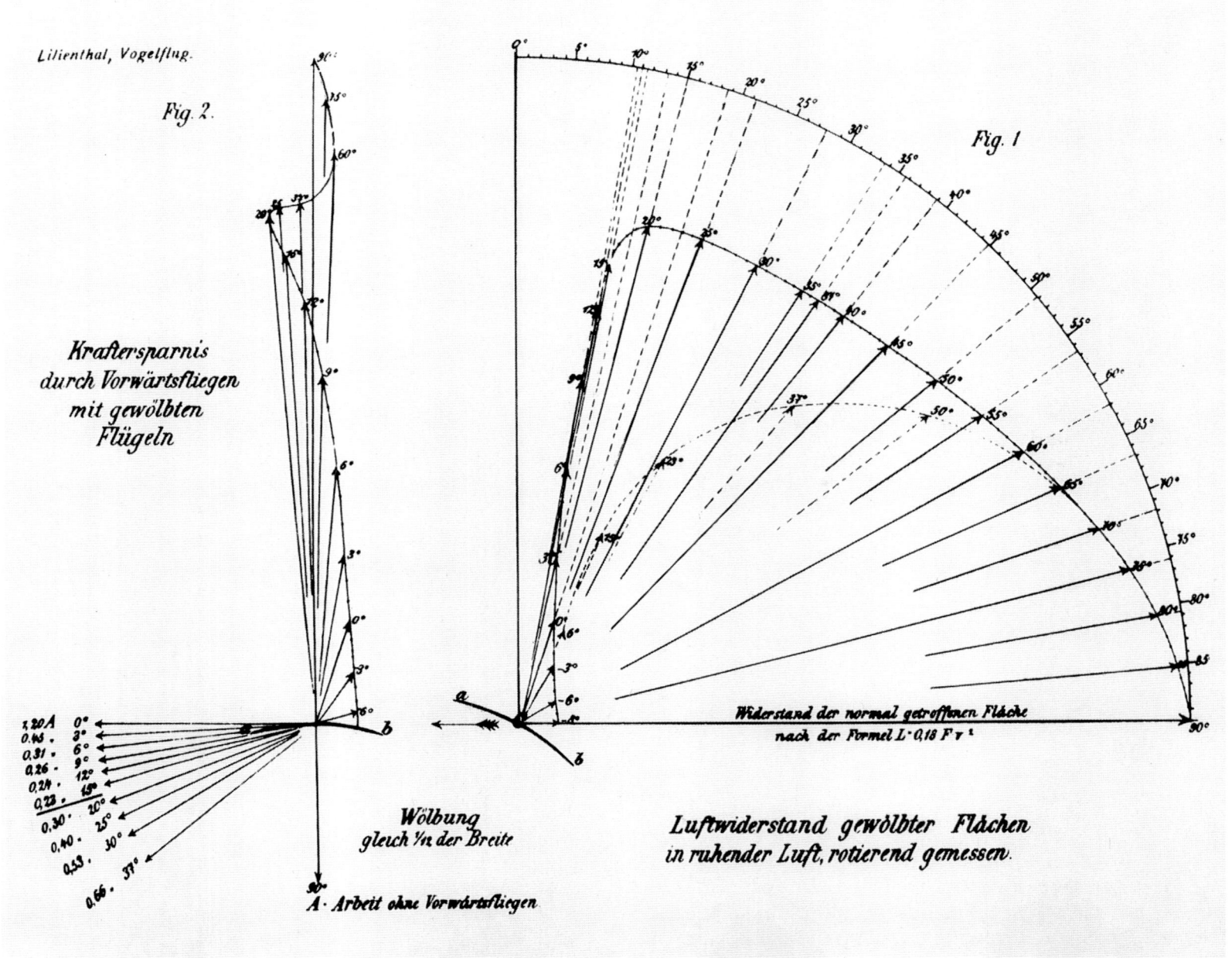

Fig. 2.

Kraftersparnis
durch Vorwärtsfliegen
mit gewölbten
Flügeln

Fig. 1

Wölbung
gleich 1/12 der Breite

Widerstand der normal getroffenen Fläche
nach der Formel $L \cdot 0{,}13\,F\,v^2$

Luftwiderstand gewölbter Flächen
in ruhender Luft, rotierend gemessen.

A · Arbeit ohne Vorwärtsfliegen

Diagramm des Lufwiderstandes gewölbter Flächen, in ruhender Luft rotierend gemessen

Damit hat Otto Lilienthal die Überlegenheit gewölbter Flächen erkannt und bewiesen – ein Verdienst, das zugleich auch anderen unabhängig voneinander zukam. Er fand aus der Logik eigener Untersuchungen und mittels eines selbstgeschaffenen Instrumentariums zur gleichen Erkenntnis. Das ermöglicht ihm, gegenüber seinen Vorgängern, Serienversuche unter den verschiedensten äußeren Bedingungen vorzunehmen. Und der Forscher erkennt nicht nur die Bedeutung der gewölbten Flächen, sondern wendet sie in der Praxis an.

Der Engländer Horatio F. Philipps (1845-1926) erwarb dafür 1884 ein Patent. Francois H. Wenham (1824-1908) hatte schon 1866 Erkenntnisse zur Bedeutung gewölbter Flächen gewonnen. Auch Sir Georg Cayley (1773-1857) führte Versuche am Rundlaufgerät mit ebenen und gewölbten Flächen aus. Er verstand, die wissenschaftlichen Erkenntnisse seiner Zeit auf die Flugtechnik anzuwenden und stand in einer langen Tradition mit seiner Auffassung von der Nachahmung der Natur.

Über eine gewissermaßen primitive Nachahmung gelangte Cayley hinaus, als er sich auf eigene Forschung stützend vom direkten Vorbild der Natur löste. So trennte er – und das war bedeutsam – die Bildung des Auftriebs und des Vortriebs voneinander. Zu seinen weiteren wesentlichen Resultaten, schon Anfang des 19. Jahrhunderts veröffentlicht, gehört, den Gleitflug der Vögel sowie dessen wichtigste aerodynamischen und flugmechanischen Grundlagen erkannt und erläutert zu haben. Es gelang ihm, den Segelflug der Vögel auf natürliche Ursachen, also auf nachahmbare zurückzuführen, jedoch ohne die Rolle des Aufwindes zu verstehen. Schließlich schuf er die technisch begründete Konzeption für ein entwicklungsfähiges Gleitflugzeug.

Vermutlich erst im Jahre 1877 werden die Brüder Lilienthal mit Cayleys Auffassungen bekannt durch eine Veröffentlichung in den Jahresberichten der »Aeronautical Society of Great Britain«. Zu dieser Zeit waren sie beispielsweise durch Versuche mit gewölbten Flächen schon über seinen Erkenntnisstand hinausgelangt. Andererseits ist aber auch nicht auszuschließen, daß Otto Anregungen für die Konstruktion seiner Flugapparate erhielt.

22

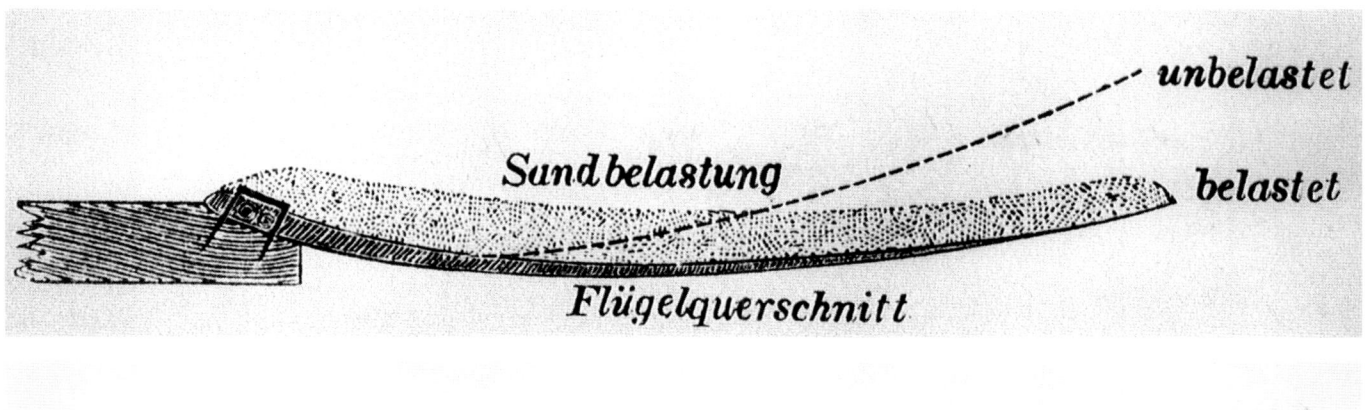

Messung der Wölbung eines Vogelflügels

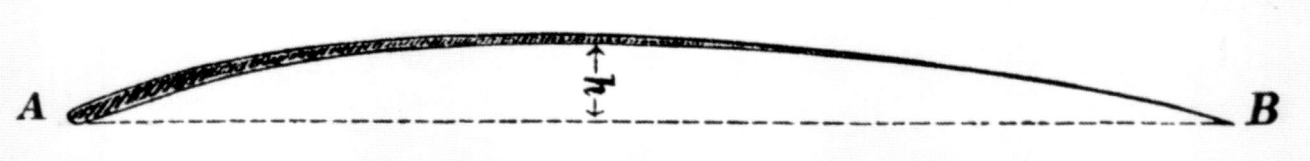

Pfeilhöhe des Vogelflügels

Lilienthal vollzieht vieles nach und führt Erkenntnisse weiter. Er legt seine Versuchsergebnisse nieder. Während er die Entstehung des Auftriebs durch die unterschiedlichen Druckverhältnisse unter und über dem gewölbten Profil richtig erfaßt, irrt er sich mit der Theorie von der auftriebserzeugenden Wellenbildung. Sie sollte aus der am Profil nach unten geführten Luft resultieren.

Natürlich weckt auch die Frage nach der Stärke der Wölbung seinen Forscherdrang. Wieder ist es der Vogelflügel, der getreu seiner Maxime als unverzichtbares Vorbild dient. Der Luftwiderstand, folgert er, wird jeden Flügel beim Niederschlag »gerader« machen als in der Ruhelage. Er befestigt einen Vogelflügel umgekehrt an der Flügelwurzel und füllt ihm mit Sand in der halben Größe der Körpermasse. Damit ergibt sich eine Wölbung wie beim Niederschlag. Den Abstand von der Geraden zwischen Anfang und Ende des Profils und der größten Wölbung des Querschnitts bezeichnet Lilienthal als Pfeilhöhe. Im Verlauf der Versuche kommt er dann zu Angaben, die besonders in Beziehung zur Geschwindigkeit heuristische Bedeutung hatten.

»Wir müssen daher eine Höhlung von 1/12 der Breite als die günstigste Wölbung eines Flügels bezeichnen, wenigstens bei den für diese Messungen angewendeten Geschwindigkeiten, welche bis zu 12 Meter pro Sekunde betrugen. Es ist möglich, daß bei noch größeren Geschwindigkeiten etwas schwächere Wölbungen die vorteilhaftesten Verhältnisse geben; die Andeutung hier für war vorhanden.«[27]

Bei den Versuchen kommt Lilienthal noch einmal auf seine Gedanken zur Kontur der Flügel zurück. Überlegungen zum Verhalten der Luftteilchen bei der Umströmung geneigter Flächen führen zur Einsicht, »daß in der Vermeidung von Wirbelbewegungen dasjenige Princip verborgen liegt, welches uns vielleicht einmal in den Stand versetzt, die Luft wirklich zu durchfliegen.«[28]

Er analysiert die Geräusche der durch die Luft geführten Flächen und folgert aus seiner Wellentheorie, daß die Flugflächen seitlich zugespitzt sein müssen, damit die Luft ohne Wirbelbildung über die Flügelspitzen aus-

laufen kann. Schattenrisse der Flügelkonturen von Vögeln bestätigen ihm seine Auffassung, die in der Beobachtung der Wirkung zweifellos richtig war.

Sieben Jahre nach Beginn der experimentellen Arbeiten besitzt Lilienthal für den weiteren Fortschritt in der Flugtechnik nicht nur bedeutungsvolle Erkenntnisse, sondern auch Vorstellungen über weitere Aufgaben. Erfreut nutzt er Ende des Jahre 1873 die Gelegenheit, erstmals in der Öffentlichkeit seine Erkenntnisse vorzutragen. Adolf Slaby (1849-1913), zu dieser Zeit als Lehrer für Mathematik und Mechanik an der Potsdamer Gewerbeschule tätig, vermittelt ihm vermutlich einen Vortrag vor dem Gewerbeverein der Stadt. Beide kennen sich vom Studium an der Gewerbeakademie her. Sie waren im gleichen Semester, und Slaby gehörte ebenfalls zu den leistungsfähigen, von Reuleaux geförderten Studenten. Lilienthal steht auch mit dem Direktor seiner ehemaligen Schule, Langhoff, in Verbindung, der ihn in Naturwissen-

Konturen von Vogelflügeln

Adolf Slaby

schaften unterrichtete. Noch 1889 übersendet er diesem ein Exemplar seines Buches »Der Vogelflug als Grundlage der Fliegekunst«.[29]

Die Einladung zum Vortrag über die »Theorie des Vogelfluges« steht im aktuellen Bezug zur wissenschaftlichen Diskussion dieses Jahres. Vor dem Hintergrund der 1872 von Dupuy de Lome (1816-1885), dem Chefkonstrukteur der französischen Marine, mit Unterstützung der französischen Akademie der Wissenschaften angestellten Versuche zur Lenkbarmachung des Ballons und bevorstehender Versuchsfahrten von Hänleins Luftschiff in Brünn (Brno) kommt es zu einer Neubewertung solcher Bestrebungen.

Im »Verein Deutscher Ingenieure« verbreitet Franz Grashof (1826-1893) die Auffassung, daß die Luftschiffahrt »nie eine solche kulturgeschichtliche Bedeutung erlangen könne, die mit der unserer Verkehrsmittel zu Land und zu Wasser irgendwie vergleichbar wäre«. Nur für außergewöhnliche Aufgaben, wozu dann wissenschaftliche, militärische und postalische Anwendungen gehören, würde sie Bedeutung erlangen können.[30].

Der Kriegsminister, nun auch vom Generalpostmeister Heinrich v. Stephan (1831-1897) unterstützt, drängt die Regierungskommission unter Helmholtz zur Vorlage von Ergebnissen. Im Jahre 1872 erscheinen deshalb in verschiedenen Zeitschriften die von Helmholtz verfaßten »Theoretischen Betrachtungen über lenkbare Luftballons«. Am 26. Juli 1873 liest dieser dann in einer Gesamtsitzung der Königlich preußischen Akademie der Wissenschaften »über ein Theorem, geometrisch ähnliche Bewegungen flüssiger Körper betreffend, nebst Anwendung auf das Problem, Luftballons zu lenken«.[31] Diese Arbeit wird sofort rege und kontrovers diskutiert und hat auch in den nächsten Jahren entwicklungsfördernde Bedeutung.

Helmholtz ging von der Situation aus, daß es gesicherte und übereinstimmende Informationen über den Luftwiderstand für die Luftfahrt noch nicht gab. 1870 war Professor Hörmann zu der Auffassung gekommen, daß sich »durch umgetriebene schraubenförmig gestellte Windflügel… Kräfte,… die zur Fortbewegung eines Luftballons ausreichen könnten, nicht erzielen lassen«.[32]

Für die mathematische Beschreibung standen Helmholtz nur spärliche theoretische und experimentelle Unterlagen zur Verfügung. Er schuf daher eine Ähnlichkeitstheorie, in der er davon ausging, daß für Schiffe reiche Erfahrungen vorlagen, um den vielfältigen Konstruktionen eine gewünschte Geschwindigkeit zu erteilen. Die besten Formen der Schiffsrümpfe, für Größe und Gestalt der Antriebsschrauben waren ermittelt. Für die Fortbewegung in der Luft konnten, abgesehen von den wenig erfolgreichen Versuchen mit der Lenkbarkeit des Ballons, nur die Vögel als Beispiele für derartige »Fortbewegungsmaschinen« gelten. Diese Überlegungen führten Helmholtz dazu, durch Anwendung der allgemeinen, für Flüssigkeiten und Gase geltenden hydrodynamischen Gleichungen die an Schiffen gemachten Erfahrungen auf die Anforderungen in der Luft zu übertragen. Er zeigte auf streng mathematischem Wege, daß es möglich ist, Beobachtungsresultate aus der Schiffahrt auf die Luftfahrt zu übertragen.

Im Ergebnis folgerte Helmholtz, die Größe der Vögel müsse eine Grenze haben, »wenn nicht die Muskeln in der Richtung weiter ausgebildet werden können, daß sie bei derselben Masse noch mehr Arbeit leisten können als jetzt«. Die Natur hat deshalb wahrscheinlich »im Modell der großen Geier… schon die Grenze erreicht,… welche… für die Größe eines Geschöpfes erreicht werden kann, welches sich durch Flügel selbst heben und längere Zeit in der Höhe halten soll«. Für den Menschen sei es daher kaum wahrscheinlich, »durch den allergeschicktesten flügelähnlichen Mechanismus, den er durch seine eigene Muskelkraft zu bewegen hätte,… sein eigenes Gewicht in die Höhe zu heben und dort zu erhalten«.[33]

Durch den Vergleich des Ballons und der Schiffe kam er desweiteren zu dem Resultat, daß man Ballone durch mechanische Mittel, die den zur Fortbewegung der Schiffe gebrauchen ähnlich sind, vorwärts treiben und lenken kann. Einschränkend, den Optimismus vieler Konstrukteure dämpfend, hob er aber hervor, daß »alle bisher konstruierten Kraftmaschinen zu schwer sind im Verhältnis zur Arbeitsgröße, die sie entwickeln können, als daß man hoffen könnte mit ihrer Hilfe einen Ballon auch nur gegen einen mäßigen Wind forttreiben zu können«.[34] Mit dieser Arbeit lieferte er den Beweis, daß die Lehre vom »Fehlen des festen Stützpunktes« in der dünnen Luft dasselbe ist wie die Lehre »vom Abscheu vor dem leeren Raum«, nämlich nicht haltbar.

Angesichts dieser Arbeit von Helmholtz steht Lilienthal bei seinem Vortrag vor einer schwierigen Aufgabe, gewissermaßen in Konfrontation mit dem führenden Wissenschaftler. Er deutet anhand einer gründlichen Analyse die fast einhundertjährige Existenz des Ballons mitsamt der erfolglosen Versuche als Beweis dafür, daß der Ballon nur eine Hindernis auf dem Weg zum Menschenflug sei. Dem stellt er das »Prinzip des künstlich erzeugten Luftwiderstandes« gegenüber, »dessen sich alle fliegenden Thiere bedienen, indem sie mit Hilfe ihrer Flugwerkzeuge und ihrer Muskelkraft in der sie umgebenden Luft einen Stützpunkt zum Tragen ihres Gewichtes finden«. Die Luft sei ein so dünnes Medium, daß die physikalischen Kenntnisse schon eine verhältnismäßig hohe Stufe erreichen müßten, um die Luft überhaupt als Körper erfassen zu können. »So lange auch nicht ein mathematischer Beweis geführt werden kann, nachdem ein aktives Fliegen wirklich unmöglich wäre, so lange ist der immer weiter forschende Mensch verpflichtet entweder diesen Beweis oder die Kunst des Fliegens selbst zu finden«, setzt er in diesem Vortrag Helmholtz entgegen, sehr zu recht, wie sich später erweisen sollte. Erstmals betont er hier: »Die Fliegekunst ist wenig geeignet, nach Art des Schießpulvers erfunden zu werden.« Und er befaßt sich mit den Eigenheiten fliegender Tiere wie Möwen, Tauben, Schmetterlinge und Fledermäusen.[35]

Zwei Monate vor diesem Vortrag war Otto zusammen mit Gustav, der sich seit Ende September 1873 in England aufhielt, Mitglied der »Aeronautical Society of Great Britain« geworden. Er lernt deren Zeitschrift kennen und nimmt sie als Nachweis dafür, daß es auch in anderen Ländern Bestrebungen gibt, den Vogelflug zu studieren und dessen mechanische Nachahmung den Menschen nutzbar zu machen.

Otto Lilienthal war in seinen bisherigen Versuchen, gestützt auf seine soliden Kenntnisse der Mechanik, zu der Erkenntnis gelangt, daß das Vorwärtsfliegen mit gewölbten Flächen gegenüber dem Flug mittels Flügelschlägen auf der Stelle drei Viertel der errechneten Arbeit spart. Das reicht nicht für den Menschenflug, muß er feststellen. Immerhin sind noch vier Zehntel Pferdestärken erforderlich, die der Mensch nur kurzfristig leisten kann.

Aber welche Rolle spielt nun der Wind? Eine neue Meßmethode ist notwendig. Dieses Mal wird nicht mit bewegten Flächen in ruhender Luft, sondern mit ruhenden Flächen in bewegter Luft experimentiert. Die Umkehrung erfordert auch ein neues Meßgerät. Jetzt trifft der Wind die Flächen, und die Ergebnisse kommen dem praktischen Flug immer näher. Diese Versuche beginnen 1874 und erweisen sich gegenüber den bisherigen als schwieriger.

Der Forscher zieht mit seinen Helfern, und zwei waren unbedingt erforderlich, auf eine weite baumlose Ebene zwischen Charlottenburg und Spandau. Dazu führen sie das zweieinhalb Meter hohe pyramidenförmige Grundgerät und andere Ausrüstungen mit sich. Ein doppelarmiger Hebel trägt an einer Seite die Versuchsfläche, an der anderen ein Gegengewicht. Er ist so reibungsfrei wie möglich gelagert.

Kombiniert mit einer Federwaage läßt sich mit diesem Gerät der »horizontale Winddruck« und die »verti-

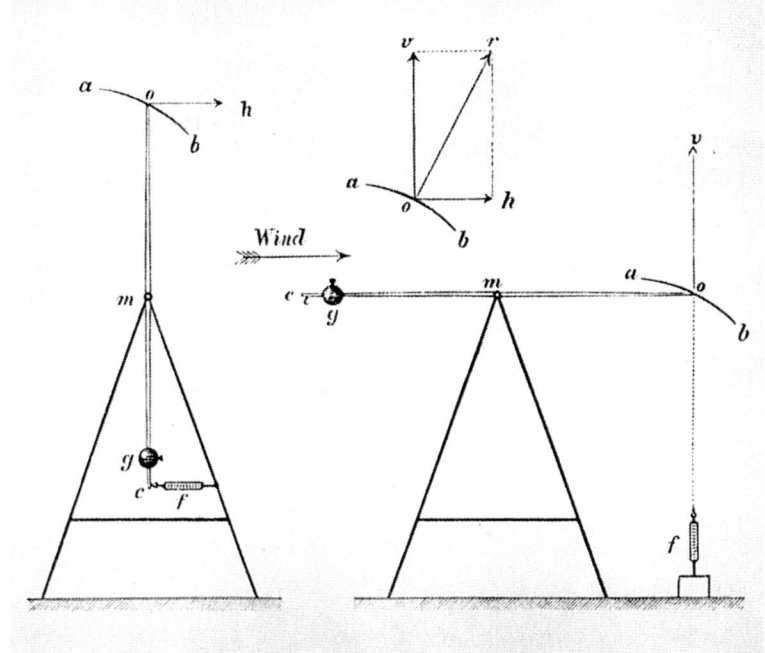

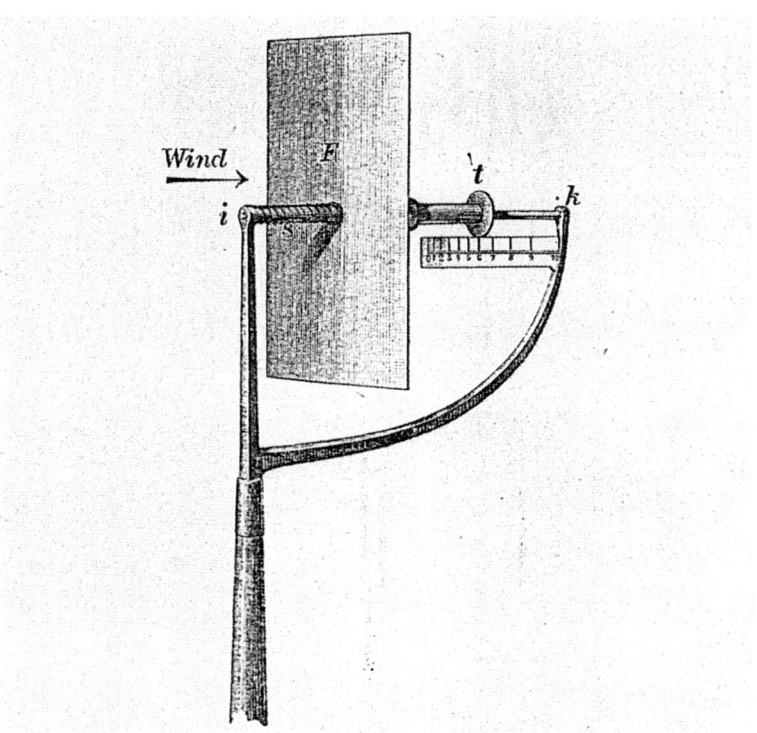

Geräte zur Messung im Wind sowie der Windgeschwindigkeit; links: Messung des horizontalen Winddrucks, Mitte: der vertikalen Hebewirkung des Windes, rechts: der Windgeschwindigkeit. g: Gegengewicht zum Ausbalancieren des Hebelarmes um m; f: Federwaage zum direkten Ablesen der Kraft o b bzw. o v, der Wirkung des Windes; F: Holzrahmen mit Papierbespannung, auf der Stange i k leicht verschiebbar und mit dem Teller t verbunden. Die Spirale s verbindet die Tafel mit i. An der Skala kann man unter t die augenblickliche Windgeschwindigkeit ablesen

kale Hebewirkung des Windes« messen. Fast in jeder Sekunde herrschen andere Windstärken an den Versuchsflächen. Das erfordert zusätzlich eine zeitgleiche Messung der Windgeschwindigkeit. Größere Meßreihen werden notwendig, um dann durch die Bildung von Mittelwerten zu brauchbaren Zahlen zu kommen. Mit Bruder und Schwester ermittelt Otto die Werte gemeinsam. Einer liest die Windgeschwindigkeit, der andere beobachtet die Federwaage und der dritte notiert die ihm zugerufenen Ergebnisse. Zu Hause muß Otto dann

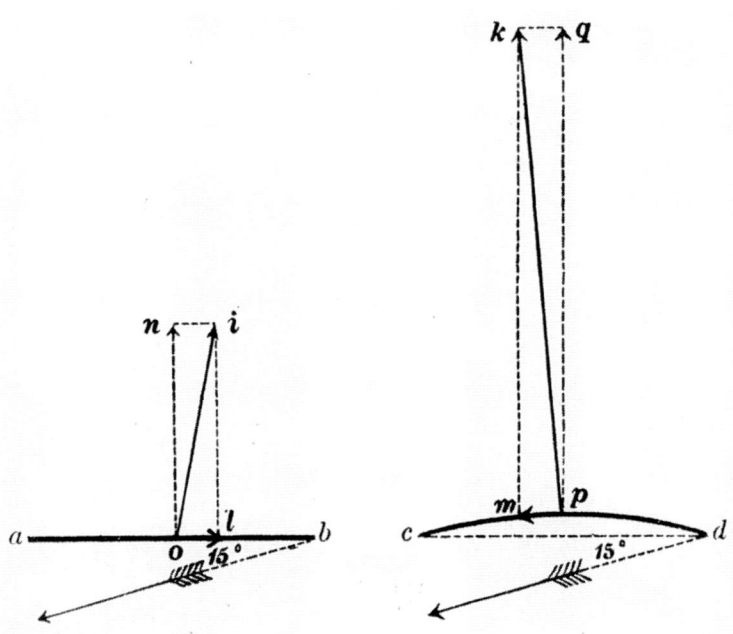

Richtung des Luftwiderstandes gewölbter und ebener Flächen. Beide Flächen sind im Interesse der besseren Anschaulichkeit waagerecht gezeichnet. Bei gleicher Geschwindigkeit ist der Luftwiderstand der gewölbten Fläche p k nicht nur größer als der der ebenen o i, sondern wirkt in der Komponente p m sogar treibend gegenüber der hemmenden Komponente o l

aber »aus den gemessenen horizontalen und vertikalen Komponenten für die verschiedenen Flächenneigungen den wirklichen Luftwiderstand konstruieren«.[36] Es ist eine langwierige und aufwendige Arbeit. Die bestätigt unter Bedingungen, die den natürlichen besser angepaßt sind als beim Rotationsmeßgerät, überzeugend die Vorteile gewölbter Flächen.

Otto glaubt erkannt zu haben, daß ein Unterschied im Luftwiderstand entsteht, »wenn man einmal eine Fläche mit gewisser Geschwindigkeit rotieren läßt, das andere Mal dieselbe Fläche unter gleichem Winkel einem Wind von derselben Geschwindigkeit entgegenhält«.[37] Er faßt die Ergebnisse erneut in Diagrammen zusammen als sogenannte Polare. Damit führt er ein

wichtiges Element in die Strömungslehre ein, die grafische Darstellung des Verhältnisses von Auftrieb und Wiederstand bei verschiedenen Anstellwinkeln, eingetragen in ein Koordinatensystem. Der russische Aerodynamiker Prof. Shukowski (1847-1921) prägt später dafür den Begriff »Lilienthal-Polarkurve«.

Viele tägliche Beobachtungen bestätigen Lilienthal das erarbeitete Wissen über das Verhalten von gewölbten Flächen im Wind. Zum Trocknen auf die Leine gehängte Wäsche, Segel der Schiffe und Flügel holländischer Windmühlen beweisen ihm aerodynamische Vorteile der Flächenwölbung.

Lilienthal kommt in diesem Zusammenhang nicht ohne eine gewisse Ironie auf die vergleichenden Betrachtungen von Helmholtz zu Hydromechanik und Verhalten in der Luft zurück. »Schon im kleinsten Maßstabe, sagen wir in der gefüllten Kaffeetassen, kann man sich hierüber schon einigen Eindruck verschaffen, wenn man fühlt, wie der seitlich hin und her bewegte Theelöffel das deutlich erkennbare Bestreben hat, nach der Richtung seiner Wölbung hin auszuweichen.« Und er folgert, daß dies auch in gewissem Grade für die Bewegung ebener und gewölbter Flächen im Wasser zutreffe. Daraus abgeleitet stellt er die Frage: »Sollte nun nicht die Theorie der Schiffsschraube auch noch eine Lücke darin enthalten, daß diese Querschnittswölbung nicht genügend gewürdigt ist?«[38]

Experimente mit gewölbten Flächen in der Luft bilden den Abschluß dieser Versuchsperiode. Das längere freie Schweben eines großen Drachen, bei dem die Wölbung starr konstruiert war, festigt im September 1874 die »Überzeugung, daß der Segelflug nicht bloß für die Vögel da ist, sondern daß wenigstens die Möglichkeit vorhanden ist, daß auch der Mensch auf künstliche Weise diese Art des Fluges, die nur ein geschicktes Lenken, aber kein kraftvolles Bewegen der Fittige erfordert, hervorrufen kann.«[39]

Damit unterbricht der Forscher ersteinmal seine Versuche. In den Vordergrund tritt die berufliche Entwicklung, die zur materiellen Grundlage für weitere flugtechnische Arbeiten werden mußte.

Protokoll von Luftwiderstandsmessungen aus dem Jahre 1874

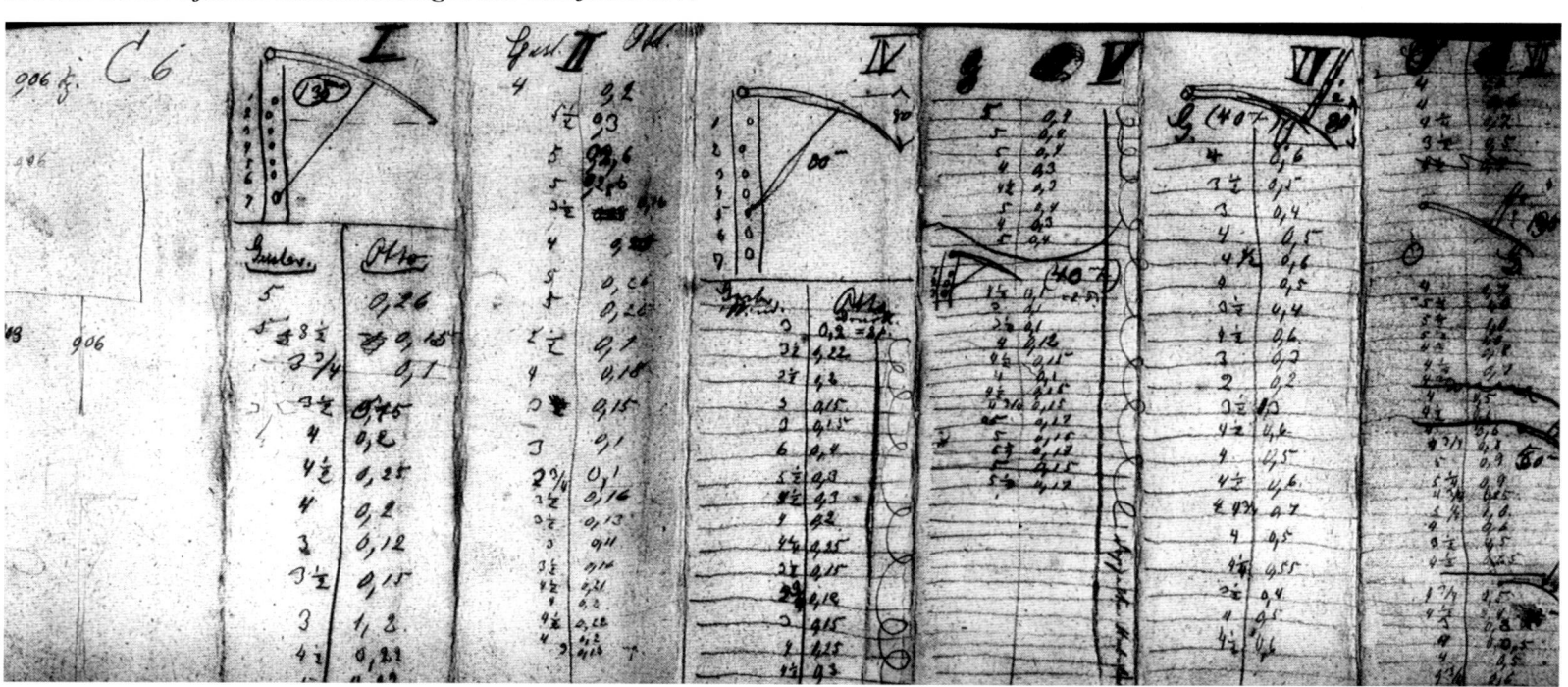

Maschinenbauer und Fabrikant

Gefahrlose und preiswerte Antriebsquellen vor allem für das Kleingewerbe, auch in Wohnhäusern aufzustellen, waren gefragt und beschäftigten zahlreiche Ingenieure. Der Druck der Großindustrie auf das Handwerk machte die Frage in Deutschland noch aktueller, da diesem durch höhere Löhne Arbeitskräfte und durch niedrigere Preise für bestimmte Erzeugnisse der Markt entzogen wurde.

»Der Vortheil der Maschine muss auch dem Handwerk erschlossen werden«, konstatierte im Jahre 1880 Dr. Adolf Slaby, nun Dozent an der inzwischen zur Technischen Hochschule gewordenen Gewerbeakademie. »Und in der That hat sich die kleine Dampfmaschine in der Größe von 1 bis zu 5 Pferdestärken, bei der der Kessel fertig mit der Maschine montirt ohne Einmauerung zur Aufstellung gelangt, einen segenreichen Wirkungskreis erworben.« Aber eines stand dem Aufstellen in bewohnten Häusern entgegen. »Denn, mag man den Dampfkessel auch mit den erdenklichsten Vorsichtsmaßregeln umgeben und mit Sicherheitsapparaten ausstatten – ein ungezähmtes reissendes Thier in zerbrechlichem Käfig bleibt der Dampf dennoch.«[1]

Hier sieht Lilienthal mit dem Blick auf die kommerzielle Verwertung seiner Ideen einen Ansatzpunkt. Die Kleindampfmaschine mußte gefahrlos wie Gasmotoren und Heißluftmaschinen sein, wie diese wenig Wartung benötigen sowie sich schnell in und außer Betrieb setzen lassen. Die Idee eines Modellmotors, den er als Embryo der neuen Lösung bezeichnet, bietet alle Voraussetzungen.

Im Jahre 1872 baut er einen derartigen Antrieb, den er später wie folgt beschreibt: »Die von mir für Flugzwecke hergestellten Dampfmaschinen wogen mit Kessel, Wasser und Brennmaterial für ca. 10 Minuten Arbeitsdauer stets unter 15 kg. Der… Apparat

Detail einer Dampfflugmaschine mit einer Masse von fünfzehn Kilogramm

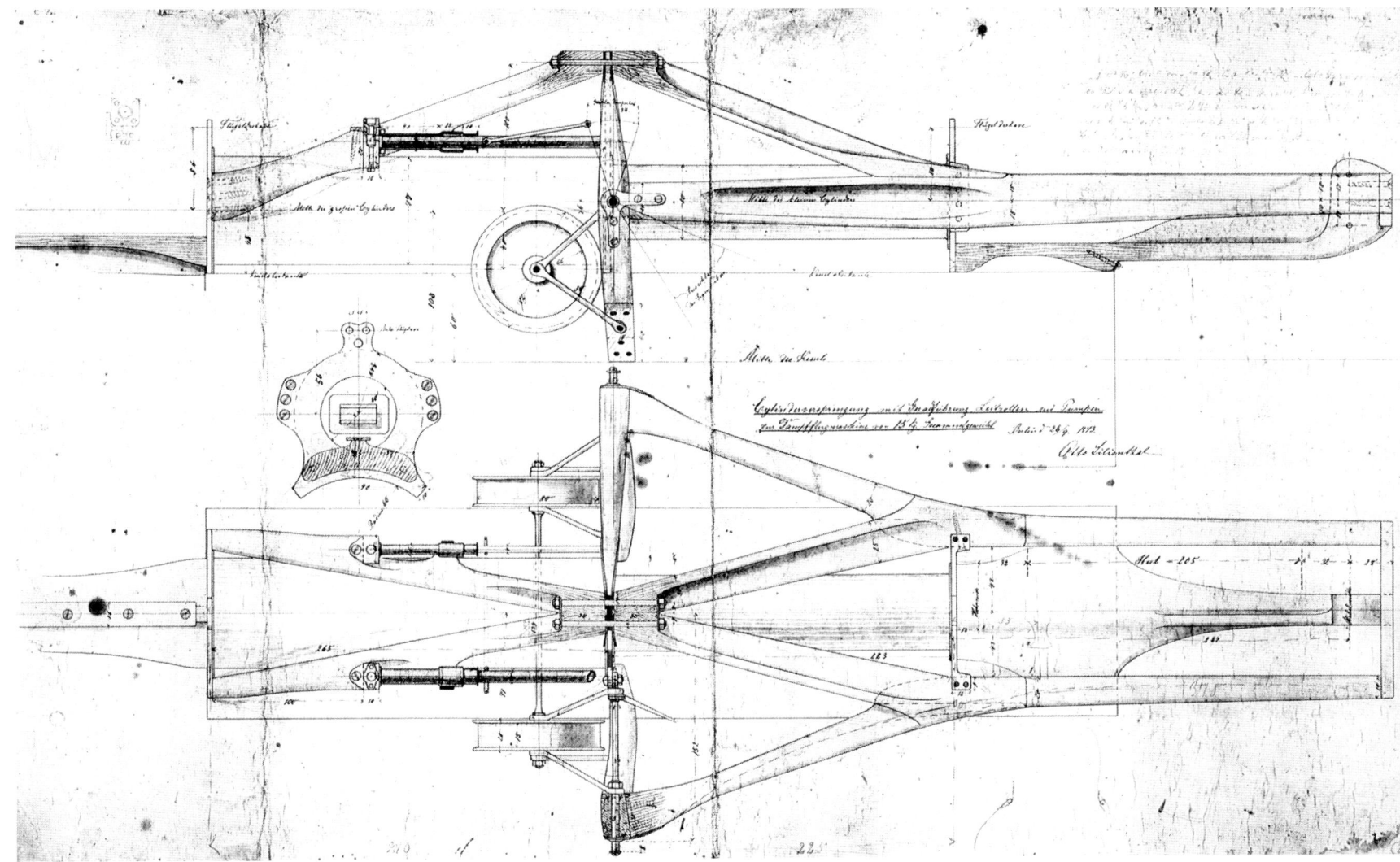

27

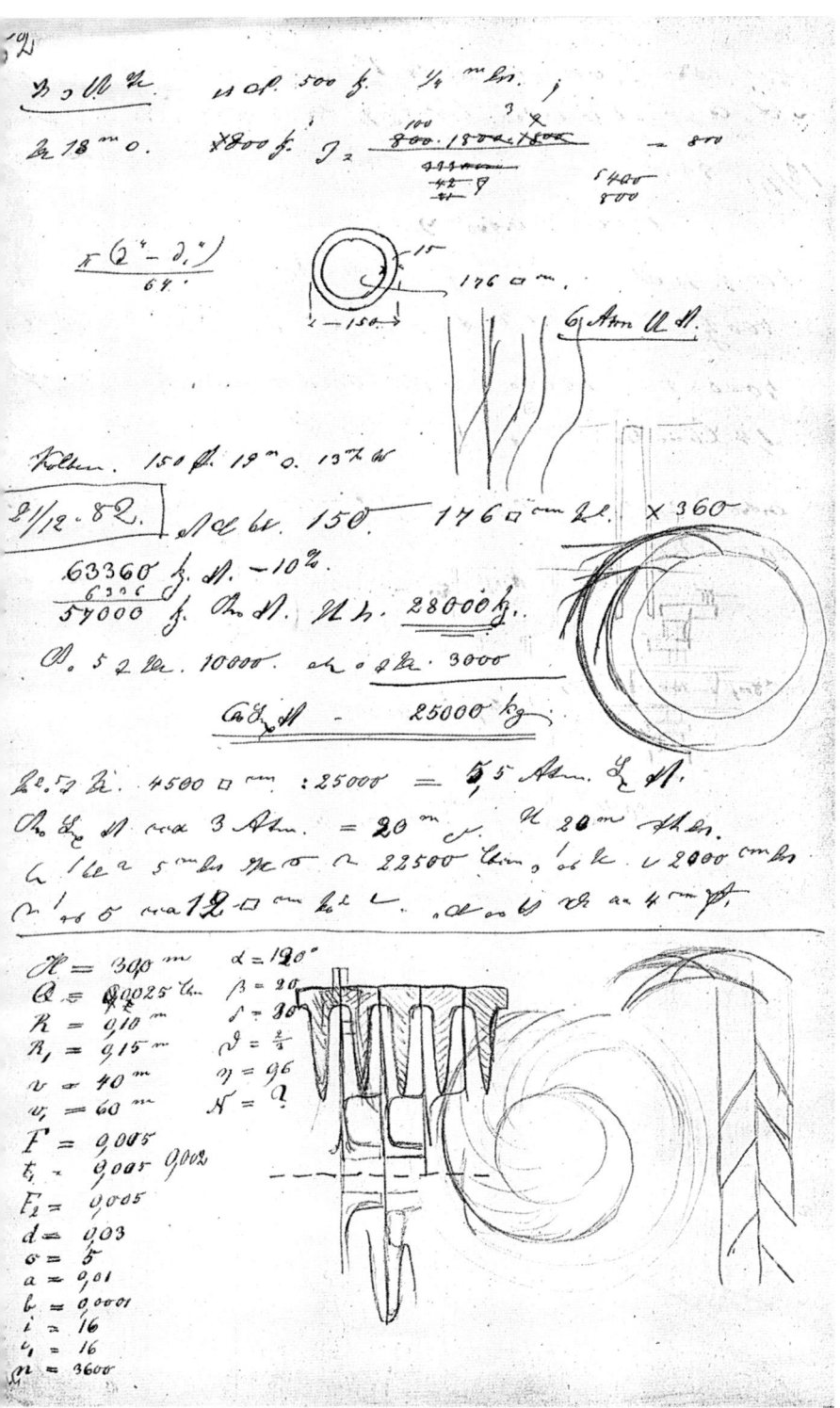

Blick in das Konstruktionstagebuch

Handel, Gewerbe und öffentliche Arbeiten Preußens. Mit dem Bestreben, eine »Kraftmaschine für das Kleingewerbe zu schaffen, so daß dadurch selbst der Handwerker befähigt wird, eine wirksame Concurrenz mit den Großindustriellen einzugehen, und so nach und nach eine Decentralisation der großen Fabrikzentren mit ihrem nachtheiligen Gefolge herbeizuführen, ist es uns gelungen, einen Motor herzustellen, der bei vollkommener Gefahrlosigkeit, bequemer Anordnung auch bei den beschränktesten Raumverhältnissen, seiner Selbstregulierung und Heizung imstande ist, jedes kleinere und größere Arbeitsquantum billiger zu liefern wie eine für größere Dimensionen construierte Dampfmaschine der besten Systeme.«

Die »Umsetzung der angewandten Wärme in Arbeit« sei so vollkommen, wie sie überhaupt nur sein kann. Diese Maschine, ein Heißluftmotor, besteht aus zwei Rohrsystemen — Schlangenrohrsystemen. Petroleum in einem Behälter speist ohne Bedienungsaufwand die Flamme. Diese erwärmt die Luft des einen Rohrsystems bis auf zweihundertfünfzig Grad Celsius, was zu deren Strömung führt. Die äußerst dünnwandigen, gezogenen Messingrohre ohne Naht bieten eine große Heiz- und Abkühlfläche. Die Luft im zweiten Rohrsystem, durch Wärmeübertragung ebenfalls zur Strömung gebracht, wirkt dann über einen Zylinder mit Kolben auf eine Kurbel. In einem zweiten Zylinder wird die Luft wieder komprimiert und erneut in den Erhitzungsraum getrieben. Ein Schornstein ist nicht notwendig, es gibt keine Explosionsgefahr, und eine Konzession für die Aufstellung wäre ebenfalls nicht erforderlich, heißt es in dem Antrag.

Einen Monat später, am 27. Januar 1876, bitten die Brüder um beschleunigte Bearbeitung, da sie »die Ausrüstung der Maschine für die Ausstellung in Brüssel vorbereitet haben, deren Einreichung jedoch im April erfolgen muß«. Ob sie diese Absicht verwirklichten, ist nicht bekannt.

Das Gesuch wird jedoch abgelehnt. Prof. Reuleaux, der es im Auftrag des Ministeriums beurteilt, sowie ein zweiter Gutachter kommen zu dem Schluß, daß sich die Maschine »in ihrem Grundprinzip und ihrer allgemeinen Anordnung nicht von den bekannten älteren Luftexpansionsmaschinen, z. B. der von Redtenbacher beschriebenen, unterscheidet«. Alles andere sei ebenfalls bekannt und sehr gebräuchlich. Nicht patentfähig, lautet die Antwort, die am 18. März 1876 an Otto und Gustav abgesandt wird. Konstruktive Form und Dimensionierung würden allein nicht ausreichen.[3]

Damit war der erste Patentvorstoß in das Gebiet der Antriebe ergebnislos. Das Schlangenrohrsystem behält der junge Ingenieur jedoch zu Recht im Blick. Er verwirklicht seine Idee dann in einem Dampferzeuger, der aus einer einzigen engen Rohrleitung besteht. »Ein solcher Verdampfungsapparat hat ausser dem Vorzuge vollständiger Gefahrlosigkeit aber noch andere aussergewöhnliche Eigenschaften… Er muß beständig gespeist werden, hat keinen Dampfvorrat und keinen Wasservorrat, und muß den gebildeten Dampf sofort abgeben, da jedes Reservoir zu vermeiden ist.«[4] Die Gefahrlosigkeit war im Fehlen des Wasser- und Dampfvorrates als der explodierenden Kraft begründet.

hatte 1/4 effective Pferdekraft bei einem Gewicht von 2,5 kg im geladenen Zustande.« Das Rohr dieses Kessels ist sechs Millimeter stark bei einem Sechstel Millimeter Wandstärke, die dazugehörige Alkoholpumpe hat Ventile mit zwei Millimeter Durchmesser. »Der in meinem Versuchskessel erzeugte Dampf kam in einem einseitig wirkenden Dampfcylinder von 33 mm Durchmesser und 120 mm Hub zur Anwendung bei 0,6 Füllung. Der Kessel gab einen Dampf von 10 Atm. Spannung.«[2]

Doch ehe er diese Idee im Großen verwirklicht, versucht er erst, einen Heißluftmotor zu bauen. Gemeinsam mit Bruder Gustav richtet Otto am 23. Dezember 1875 ein Patentgesuch auf eine calorimotorische Maschine an das Königliche Ministerium für

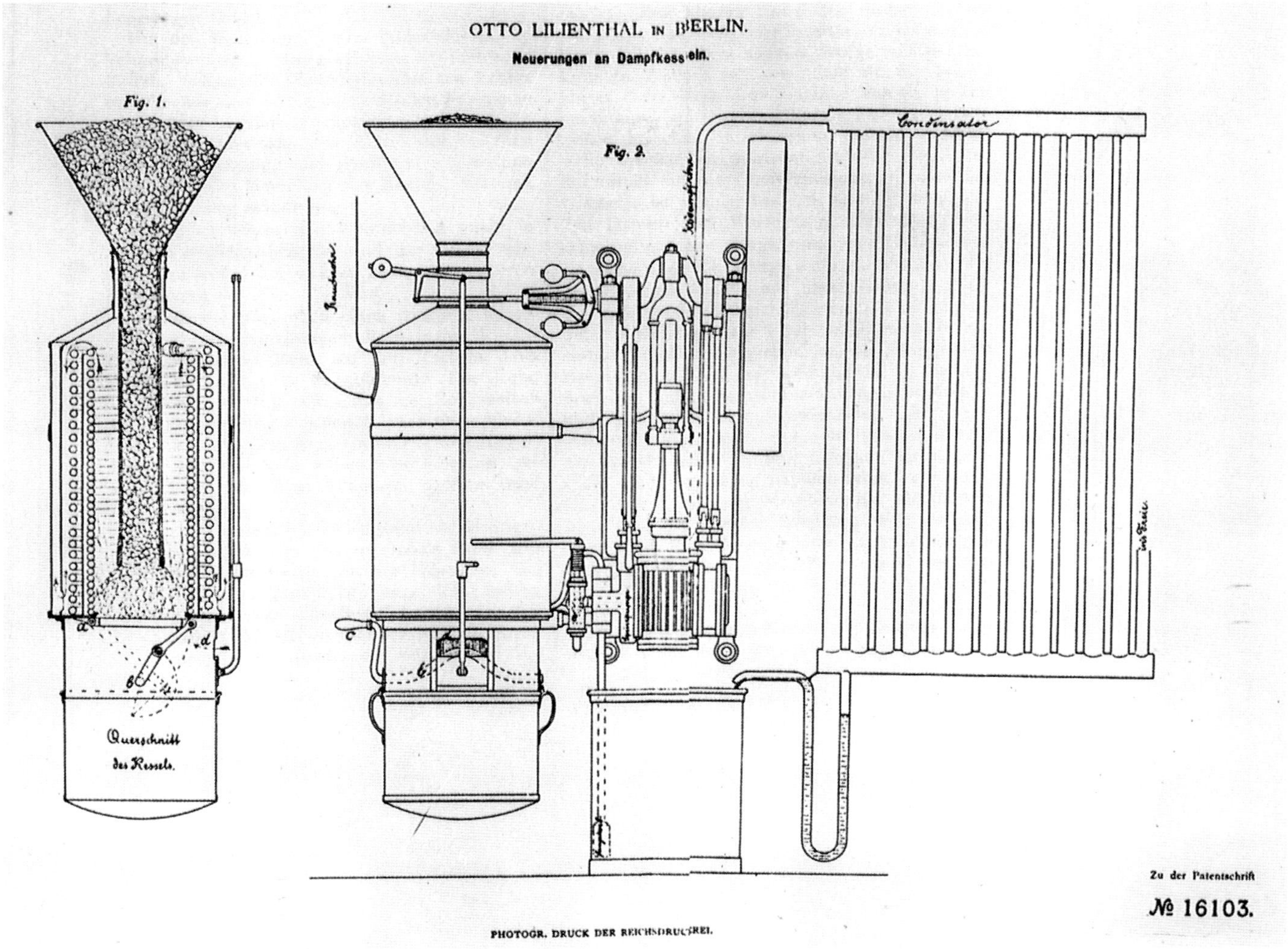

OTTO LILIENTHAL IN BERLIN.
Neuerungen an Dampfkesseln.

Fig. 1.

Fig. 2.

Querschnitt des Kessels.

Condensator

PHOTOGR. DRUCK DER REICHSDRUCKEREI.

Zu der Patentschrift
№ 16103.

Das erste Schlangenrohrkesselpatent D.R.P. Nr. 16103 (13), der erste Grundtyp in seiner ersten Variante

Es ist bemerkenswert, mit welcher Akribie Lilienthal arbeitet. Ein Konstruktionstagebuch ab 1882, ein technisches Rechenheft mit Kalkulationen für Dampfmaschinen und Schlangenrohrkessel sowie andere Aufzeichnungen geben Auskunft. Unter Angabe des Datums werden einzelne Lösungsschritte notiert mit dazugehörigen Zeichnungen und Berechnungen. Angaben und Lösungswege dazu für verschiedene Kesseltypen ermöglichen ebenfalls, nachzuschlagen und Resultate nachzuvollziehen. Rationell hält er alles in Stenografie fest, im System Alt-Stolze, das er in seiner Jugend in Anklam erlernte.[5]

Am 9. April 1881 beantragt Lilienthal ein deutsches Reichspatent »Neuerung an Dampfkesseln«. Der Patentanspruch charakterisiert den Grundaufbau der ersten seiner zwei Kesselkonstruktionen, die dann weiterentwickelt werden: »Ein Dampfkessel, aus einem inneren aufwärts und einen äußeren abwärts steigenden schraubenförmig gewundenen Rohr bestehend, mit drei concentrischen, von innen nach außen aufeinanderfolgenden Feuerzügen, und an demselben:
a) die Construction des um ein Scharnier drehbaren und durch eine Kurbelwelle herunterzuklappenden Rostes, auf den das Brennmaterial aus einem trichterförmigen oberen Behälter durch ein enges Rohr herabfällt.
b) Die Anordnung des horizontalen, auf der verlängerten Schwungradwelle steckenden Federregulators in Verbindung mit dem Zugschieber für die unter den Rost tretende Luft.«[6]

Die Vibration der fest mit dem Kessel verbundenen Dampfmaschine soll zum Nachrutschen des Brennmaterials – kleinstückiger Kohle – beitragen. Der Federregulator, der die jeweils nötige stärkere oder schwächere Luftzuführung – die Feuerführung – regelt und ein Sicherheitsventil beeinflußt, erweist sich jedoch als Schwachpunkt. Der auf-, ab- und wieder aufwärts führende Feuerzug nutzt die Wärme gut und schließt Funkenflug nahezu aus, zumal auch der Rost nur von außen über eine Kurbel bewegt wird. Die dünnwandigen Kesselrohre sind aus Kupfer und Messing. Da sie sich nicht von Kesselstein reinigen lassen, muß ein Oberflächenkondensator diesen Nachteil kompensieren. In diesem kompensiert Dampf zu warmem Heizwasser, das dem Kessel wieder zugeführt wird. In sechs bis acht Minuten ist eine Maschine bei sechs Pferdestärken betriebsbereit.

Der Titel des Patents verdeutlicht, daß der Ingenieur Vorhandenes übernahm und eigenständig weiterentwickelte. Die neue Methode, kleine Wassermengen in einem Rohrsystem zu verdampfen, hatte der Engländer Perkins Anfang des 19. Jahrhunderts erfunden. Bei einem anderen Konstrukteur riß der Dampf Wasser mit in den Zylinder. »Dingler's Polytechnisches Journal«, eine verbreitete Fachzeitschrift, schrieb zu diesen Lösungen 1882: »Die schraubenförmig gewundenen Schlangenröhren haben so viele Vorzüge, dass sie mit grosser Vorliebe zu diesen kleinen Dampferzeugern verwendet werden.« Besonders hob es den Oberflächenkondensator Lilienthals hervor.[7]

29

Lilienthal im Jahre 1885 als junger Fabrikbesitzer

Den Mangel am Regulator erkennt Lilienthal noch vor einem kritischen Hinweis im Journal. Am 20. Dezember 1881 reicht er ein weiteres Patent für einen direkt wirkenden Übertrager für Regulatoren ein. Dieser beeinflußt nicht mehr die Luftzuführung, sondern direkt über einen Exenter die Füllung des Zylinders mit Dampf.[8]

Die erste Konstruktion bewährt sich, ist gefragt. Im Seitenflügel des Hauses Köpenickerstrasse 110 im heutigen Stadtbezirk Berlin-Mitte mietet Otto Werkstatträume und eröffnet 1883 seine Fabrik. Zwei Schraubstöcke und eine Drehbank sollen den Anfang gebildet haben. Was er noch nicht selbst bauen kann, wird in der Werkstatt von H. Seidel gefertigt. Dort findet auch die erste, in etwas größerem Maßstab ausgeführte Maschine ihren Platz und arbeitet noch sechzehn Jahre später zuverlässig.[9] Allein 1883 sind von Lilienthal nach einer Notiz vom 8. Dezember zwanzig Dampferzeuger mit den Kesselnummern 21 bis 40 gefertigt worden. Ihre Leistungen lagen zwischen einer und fünf Pferdestärken.

Der Lilienthalsche Schlangenrohrkessel wird nicht nur in der Fachpresse lobend anerkannt. Am 23. Mai 1882 erklärt der Ingenieur I. E. Broszus in einem Vortrag vor dem ein Jahr zuvor gegründeten »Deutschen Verein zur Förderung der Luftschiffahrt«:

»Unter den kleinen Dampfmaschinen, welche für Luftschiffahrtszwecke geeignet erscheinen, ist besonders eine, neuern Datums zu erwähnen... Ihr Erfinder ist der Ingenieur Lilienthal.« Noch nie sei die Kesselkonstruktion bei kleinen Dampfmotoren so erfolgreich gelungen. Und er empfiehlt ihre Verwendung in lenkbaren Ballonen, »weil sie bei Beanspruchung sehr bescheidener Mittel zur Unterhaltung eine Ausdauer besitzt, welche diejenigen aller übrigen Kleinmotoren übertrifft.«[10]

In der Tat kommt die Lilienthalsche Maschine für Luftschiffe ins Gespräch. A. Werner aus Magdeburg — hinter dem sich der Flugtechniker Carl Buttenstedt (1845-1910) verbirgt — beschreibt im gleichen Jahr in der Vereinszeitschrift »das projectirte lenkbare Luftschiff.« Hinsichtlich des zu wählenden Motors meint er »vielleicht die Maschine von O. Lilienthal in Berlin«.[11] Broszus erklärt mit Blick auf Hänlein, Lilienthal hätte sich »erboten, eine complete 10pferdige Dampfmaschine bei einem Gewicht von 60 bis 80 kg zu liefern«.[12] Doch Hänlein schließt sich solchen Überlegungen nicht an. »Bei aller Achtung vor Anderer Meinung werde ich für meine Person mich nie zu der Dampfmaschine bekehren. Angesichts 50pferdiger, gut funktionierender Gasmaschinen erscheint mir der Gedanke, die Dampfmaschine als Betriebsmotor für den Ballon zu verwenden, antiquirt.«[13]

Hänlein macht deutlich, daß die technische Entwicklung seit Giffard (1852) längst über den Einsatz von Dampfmaschinen im Luftschiff hinweg ist. Er nutzt schon 1872 die Gasmaschine, und 1884 werden Renard und Krebs den Elektromotor anwenden. Dennoch versucht Lilienthal, der sich nahezu ein Jahrzehnt vorher in Potsdam energisch gegen den Ballon wandte, nun ersteinmal mit Luftschiffbauern ins Geschäft zu kommen.

Indessen entwickelt der Ingenieur seinen Kessel zielstrebig in zwei Richtungen weiter: hinsichtlich der Leistung sowie der Material- und Energieökonomie. Nur so kann er, und darüber ist er sich im klaren, den Umsatz steigern. Schon 1883 kommt eine wesentlich verbesserte Variante auf den Markt, deren verbreiterte Brennstoffzuführung und ein größerer Ascheraum auf Leistungszuwachs verweisen.

Die innere Spirale des Schlangenrohrs, nun konisch angeordnet, kann so die aufströmende Wärme besser aufnehmen. Die vier obersten Wicklungen haben einen solchen Abstand voneinander, daß die Hitze das ganze Rohr umfangen kann; die Zahl der Windungen konnte deshalb von fünfzig auf einundvierzig verringert werden. Die äußere Schlange, nun aus Messing statt aus Kupfer, reicht nur noch zur Hälfte nach unten. Die Flugasche, die den Zug verstopfte, wird jetzt in einem besonderen Behälter aufgefangen. Der Kondensator erhält durch Rippen eine größere Kühlfläche und ist zudem in einem Luftschaft untergebracht. Schließlich scheidet ein Filter Fette aus dem Wasserkreislauf.

Lilienthal strebt danach, seinen Absatzmarkt auszudehnen. Am 4. Mai 1883 erwirbt er für diese neue Maschine ein österreichisches Patent. Er

sichert sich das Prinzip der Verbindung von Schlangenrohr und Speisepumpe, die Methode der Entfernung
der Flugasche sowie die Kombination von Dampfmaschine und Kondensator einschließlich Filter mit dem
damit verbundenen Wasserkreislauf. Es ist offenbar
direkt auf den österreichischen Markt zugeschnitten.

In Deutschland gibt es ein so großes Interesse am
Lilienthalschen Schlangenrohrkessel, daß Lizenzen für
den sächsischen Raum an die Firma A. Pornitz vorm.
Florian Lieboldt & Co. in Chemnitz[14] und für den süd-
deutschen Raum an die Firma G. Kuhn in Berg (Württemberg) vergeben werden.[15] Pornitz präsentiert die
Maschine im Jahre 1884 auf der Ausstellung für Handwerkstechnik in Dresden, wo sie große Aufmerksamkeit
findet, zumal das unterbreitete Angebot verschiedensten Ansprüchen gerecht wird:

Leistung in Newton	Masse in Kilogramm	Preise in Mark
2	630	1850
3	950	2280
5	1230	3060
8	1815	4120

Doch es zeigen sich Hindernisse. Der raschen Ausbreitung von Kleindampfmaschinen wirken die »Allgemeinen polizeilichen Bestimmungen über die Anlegung
von Dampfkesseln« entgegen, die im Jahre 1871 vom
Bundesrat des Norddeutschen Bundes erlassen worden
waren. Sie fordern Ausrüstungsteile, die für Schlangenkessel nicht in Frage kommen, beschränken die Aufstellung in bewohnten Häusern und legen vor allem ein
langwieriges Konzessionierungsverfahren fest, was insbesondere Handwerker und kleine Gewerbetreibende
beträchtlich behindert und benachteiligt, wie Petitionen
unterstreichen.[16]

O tto Lilienthal wendet sich deshalb in Briefen an
»ein hohes Kaiserliches Reichskanzleramt«,
das zu jener Zeit Otto v. Bismarck (1814-1898)
innehatte. Der Ingenieur hebt die Gefahrlosigkeit des
Schlangenrohrkessels hervor und »seine besondere
Verwendbarkeit für das Kleingewerbe, jedoch kann hier
die Anwendung nur dadurch Werth erlangen, daß die
Aufstellung in jedem Fall sofort geschehen kann, ohne
die Ertheilung einer Concession abzuwarten«. Seine
Bitte ist nun, die Kessel »ohne besondere Concession
aufstellen zu dürfen«. Zugleich betont er, daß die Konstruktion weder eine Wasserstandsanzeige noch ständi-
ge polizeiliche Kontrollen erfordere.[17]

Das Reichskanzleramt verweist Lilienthal an die Lan-
desbehörden. Da aber auch andere Eingaben, so von
der Firma Kuhn in Berg an die Regierung des Königrei-
ches Württemberg, eingehen, entwickelt sich ein langjähriger Behördenstreit. Im Jahre 1890 schreibt der Ingenieur an das Handelsministerium, der Bedarf für
Erleichterungen habe sich »von Jahr zu Jahr gesteigert«.
Einige Ausnahmebestimmungen gäbe es zwar, aber notwendig sei die Befreiung der sogenannten Zwergkessel
von den Dampfkesselbestimmungen.[18] Ihre generelle
Änderung in Deutschland erlebt Lilienthal nicht mehr.

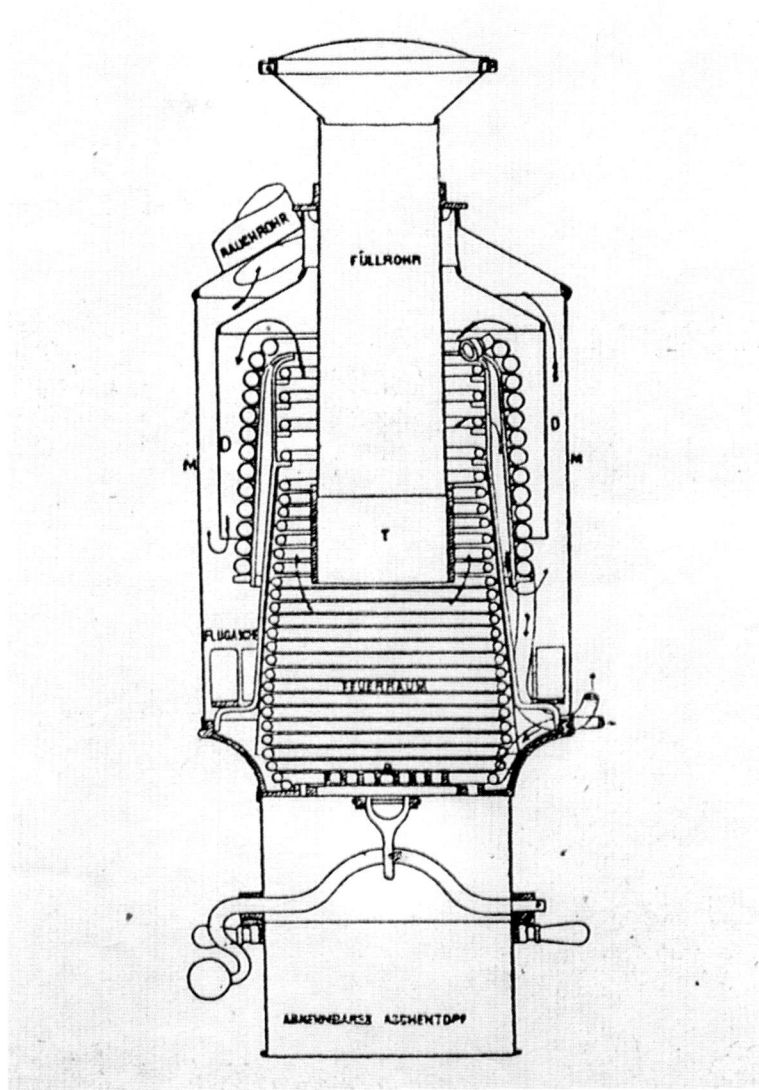

*Schlangenrohrkessel des ersten Grundtyps, Variante nach D.R.P.
Nr. 34389 (13)*

Otto arbeitet systematisch an der Vervollkommnung
der gefundenen wissenschaftlich-technischen Prinzip-
lösung. Ein zweiter Grundtyp von Schlangenrohrkesseln ist 1884 das Ergebnis: kompakter, flacher läßt er
sich leichter mit Brennmaterial füllen. Der Kessel, ebenfalls patentiert,[19] eignet sich besser für niedrige Räume
kleiner Handwerksbetriebe, was Entwicklungsabsicht
und Marktnähe beweist.

Das Schlangenrohr umgibt den Feuerraum und bildet Rostflächen sowie Roststäbe. Eine Klappe, auf der
sich keine Asche ansammeln kann, ermöglicht eine
rasche Leerung des Feuerraums durch Herausrutschen
des Brennmaterials. Brennbare Gase werden durch die
Führung des Feuerzuges entzündet und energieökonomisch genutzt. Vorteilhaft ist zudem, daß die auf dem
Röhrenrost nachrutschende brennende Schicht —
gleich um welchen Brennstoff es sich handelt — von vor-
gewärmter Verbrennungsluft durchdrungen wird. Die
Kesselschlange von zweiundzwanzig Millimeter Durchmesser und achtundzwanzig Meter Länge hat nur etwas
mehr als zehneinhalb (10,64) Liter Wasserinhalt. Das
spricht für die hohe Sicherheit.[20]

In zeitgenössischen Fachzeitschriften wird auf ähnliche, ebenfalls patentierte Lösungen verwiesen, woraus
erneut abzuleiten ist, daß Lilienthal durch zielstrebige
Patentrecherchen Möglichkeiten für verwertbare neue

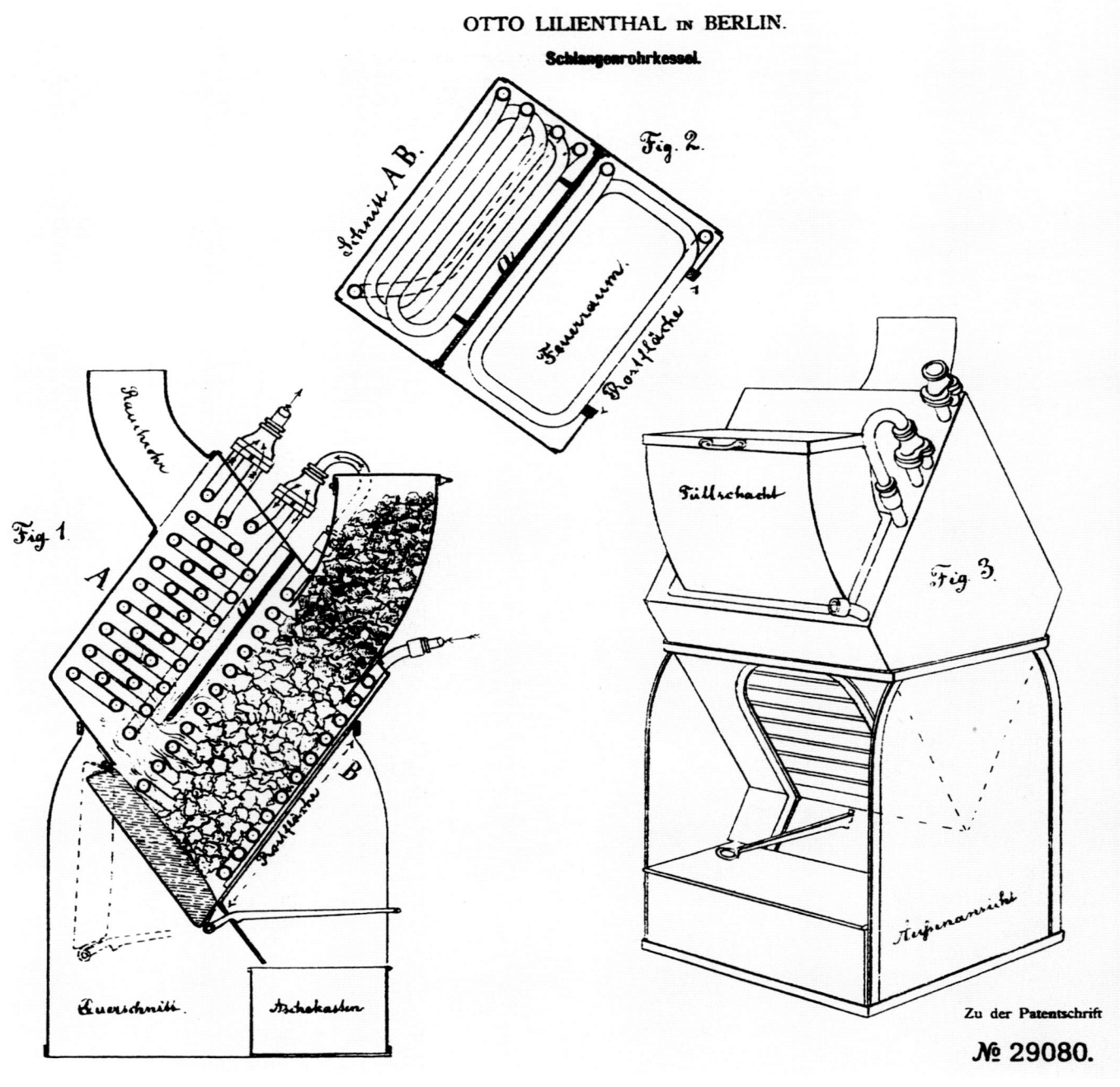

OTTO LILIENTHAL in BERLIN.

Schlangenrohrkessel.

Zu der Patentschrift

№ 29080.

Lösungen sucht und findet. Der Technikhistoriker Conrad Matschoss bezeichnet diesen Dampferzeuger als eine sehr interessante Entwicklung.[21] Für Marktchancen spricht auch ein mit dem deutschen inhaltlich identisches weiteres österreichisches Patent.[22]

Ein Jahr später bestätigt Lilienthal erneut seine systematische ingenieurtechnische Arbeitsmethode mit der Weiterentwicklung des ersten Kesseltyps, wiederum durch ein Patent gesichert.[23] Der Feuerraum wird jetzt bis zur Höhe der Glut von einem starkwandigen schmiedeeisernen Rohr fest umschlossen. Dann verengen sich die Windungen, zwischen denen nun die Feuergase hindurchströmen können. Um den unteren Teil des Füllschachtes bilden sie wieder einen festen Mantel, so daß dessen Blech nicht mehr verbrennen kann. Die äußere Schlange aus Kupfer dient der Trocknung des Dampfes.

Um das Schlangenrohr liegen drei Mäntel. Während der erste und zweite die Rauchgase wie bisher erst nach unten und dann nach oben in den Abzug leiten, wird der Raum zwischen dem zweiten und dritten Mantel zum Vorwärmen der Luft genutzt. Die vorhergehenden Kesseltypen hatten zugleich — sommers wie winters — die Werkstätten geheizt. Weniger Kesselwärme geht so durch Abstrahlung verloren, wiederum eine energieökonomisch vorteilhafte Lösung.

In dieser Zeit wagt Lilienthal einen Vorstoß in das Mutterland der Dampfmaschine, nach Großbritannien, wo er 1886 gemeinsam mit dem Ingenieur William Bashall in Kensington, Middlesex, zwei Patente erwirbt: für eine Speisepumpe und einen Schlangenrohrkessel. Das zweite Patent bezog die Anordnung des Schlangenrohrs in noch einer weiteren Variante ein.[24] Über den ökonomischen Ertrag der Auslandspatente gibt es bislang keine Erkenntnisse.

Auch den flachen Kessel vervollkommnet er weiter, wie ein viertes Schlangenrohrkessel-Patent im Jahre 1887 beweist. In den Rohren der Seitenwände wird das Wasser auf Siedehitze vorgewärmt. Somit verdampft es kohlesparend schneller. Der Kesselstein setzt sich bereits in den Seitenwänden ab und läßt sich dort entfernen. Schließlich führen eingebaute Feuerzüge zur

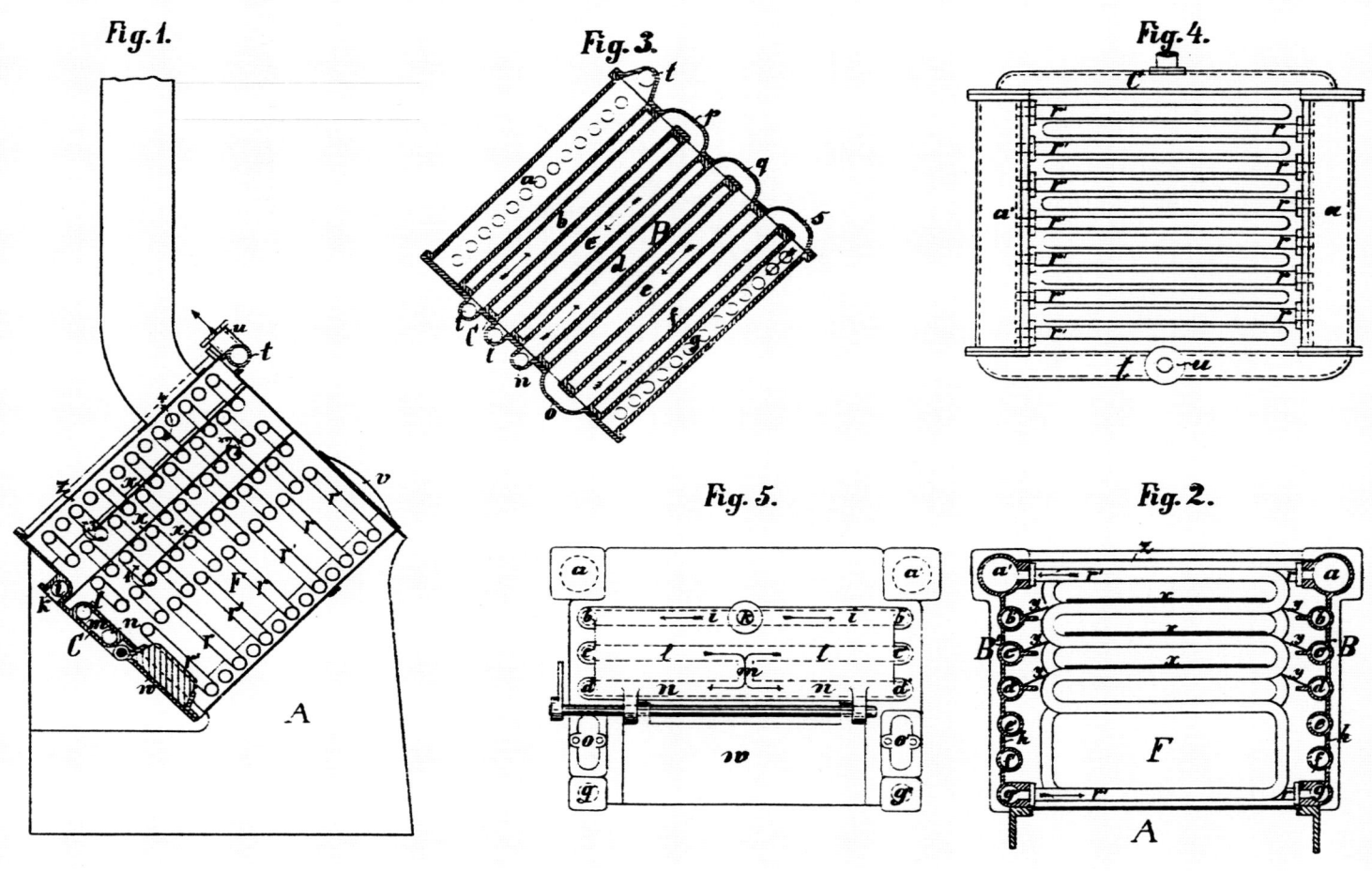

OTTO LILIENTHAL in BERLIN.

Schlangenrohrkessel.

Fig. 1. Fig. 3. Fig. 4.

Fig. 5. Fig. 2.

Zu der Patentschrift

№ 42698.

wirkungsvolleren Umströmung des ausgedehnten Rohrsystems.[25] Eine analoges Patent erwirbt er im gleichen Jahr in Großbritannien, jetzt allerdings allein.[26]

Damit endet die äußerst kreative Periode Lilienthals bei der Entwicklung von Schlangenrohrkesseln. Bis 1887 waren etwa einhundertsiebzig Wanddampfmaschinen gebaut. Im Frühjahr 1890 wurde die dreihundertzwanzigste ausgeliefert − eine solide ökonomische Basis.

Nun kann er die Gedanken wieder dem Fliegen widmen. Am 13. März 1886 wird Otto Lilienthal gemeinsam mit seinem Bruder Gustav Mitglied des »Deutschen Vereins zur Förderung der Luftschiffahrt«. Dr. Karl Müllenhoff, der mit Otto bei den Garde-Füsilieren gedient hatte und ihn seitdem kennt, führt beide ein.[27]

Schon ein Vierteljahr später, am 5. Juni, hält Otto im Verein seinen ersten Vortrag, über leichte Motoren und ihre Anwendung für die Luftschiffahrt. Als Antrieb von Aerostaten würde ihre Kraft gegenwärtig keinesfalls ausreichen. Er revidiert sich damit gegenüber seiner Offerte

aus dem Jahre 1882. Anders sei es für die »Aviateure«. Zwei Wege habe er verfolgt: den Antrieb mit Federkraft und die Anwendung von Dampfmotoren, was ihm geeigneter erscheint. Dabei legt er insbesondere seine konstruktiven Erfahrungen mit Schlangenrohrkesseln dar, ohne direkten Bezug auf eigene Erfahrungen mit der Luftschiffahrt zu nehmen.[28]

Lilienthal ist bereits eine Autorität auf diesem Gebiet. Im Jahre 1885 hatte der österreichische Physiker Franz Josef Pisko, der dem »Wiener Flugtechnischen Verein« beitrat, einen Aufsatz über Luftschiffahrt in der Neuzeit veröffentlicht. Er betonte, »dass für die Luftschiffahrt ohne Gasballon das Gewicht des Motors im Verhältnis zu seiner Leistungsfähigkeit so gering sein müsste, dass es nach dem gegenwärtigen, obwohl sehr fortgeschrittenen Stande des Motorbaus unmöglich ist, diese Bedingung zu erfüllen«. Es gäbe jedoch Konstrukteure in Europa, die wetteiferten, »das Gewicht des Motors für je eine Pferdestärke nach Thunlichkeit zu verringern«. Neben Lilienthal nennt Pisko Moy und Shill in Oxford, Abraham in Nürnberg und Temple in Paris.[29]

*Modellbaukasten
aus Leisten,
patentiert auf den
Namen Ottos.
Der Baukasten
wurde von
Bruder Gustav
vertrieben.*

24a.

24.

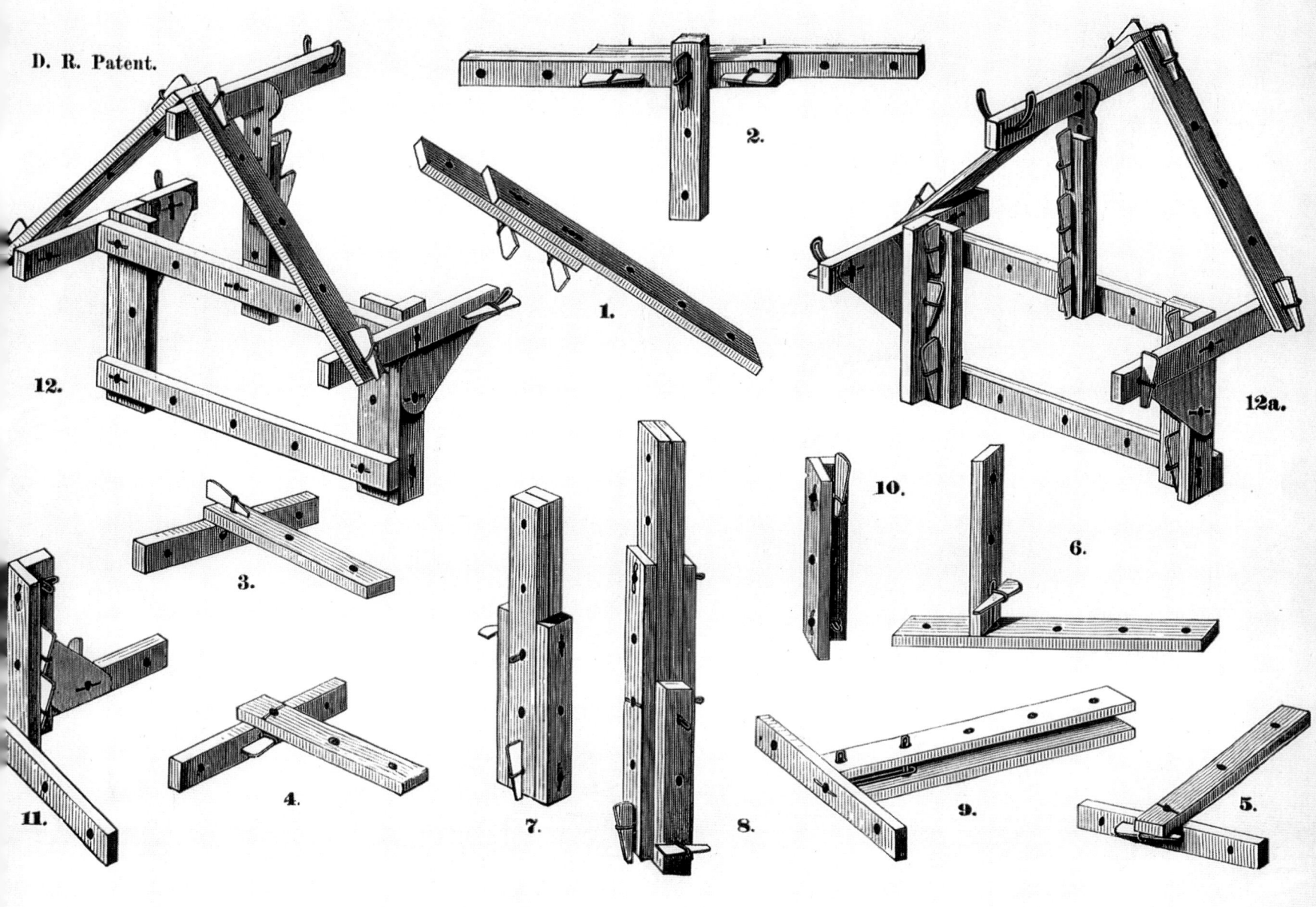

D. R. Patent.

Mit dem Steinbaukasten beschäftigt sich Otto in dieser Zeit ebenfalls. Er konstruiert eine Presse, die horizontal rotierend das Material in zehn Formen füllt und deren Deckel schließt. Während eines Umlaufs werden die Steine gepreßt und ausgeworfen. Für diesen von einer Dampfmaschine angetriebenen, man kann schon sagen − Automaten − erwirbt er wegen der Streitigkeiten mit Richter über einen Strohmann, Victor Lenglet, 1884 ein Patent. Es können »Formsteine aus Torf, Thon, Lohe, Kohlenklein usw.« verschiedener Dicke hergestellt werden.[30] »Dingler's Polytechnisches Journal« bemerkt, die Bauart leide unter vielen Schwächen.[31] Und in der Tat, als Lilienthal die Presse gebaut hat und sie in Betrieb nimmt, stellt er fest: »An der Maschine ist selbstverständlich noch viel nachzustellen, was viel Zeit raubt.«[32]

Während Gustav in Paris mit einer aus Berlin gelieferten zweiten Maschine Steinbaukästen produziert und zusammen mit aus Berlin gesandten Steinen − die Mitarbeiter Magnus Thoren unter eigenem Namen fertigt − verkauft, gehen die Prozesse mit Richter 1887 endgültig verloren. Die Folge sind hohe finanzielle Verluste Ottos, bei dem sein Bruder ohnehin mit mindestens dreißig- bis vierzigtausend Mark verschuldet ist.[33]

Auf der »Deutschen Allgemeinen Ausstellung für Unfallverhütung« 1889, die vom Kaiser eröffnet wird, befindet sich die Firma Lilienthal unter den eintausendeinhundert Ausstellern. Die Besonderheit ist ihr Dampferzeuger, einer von zwanzig gezeigten. Er ist mit einem großen Nebelhorn verbunden. Eine Pumpe verdichtet Luft bis zu vier Atmosphären Druck in einem Behälter. Das reichte aus, um das Horn fünfzehn Minuten erschallen zu lassen. Diese Zeit genügte, um erneut den erforderlichen Luftdruck zu schaffen.[34]

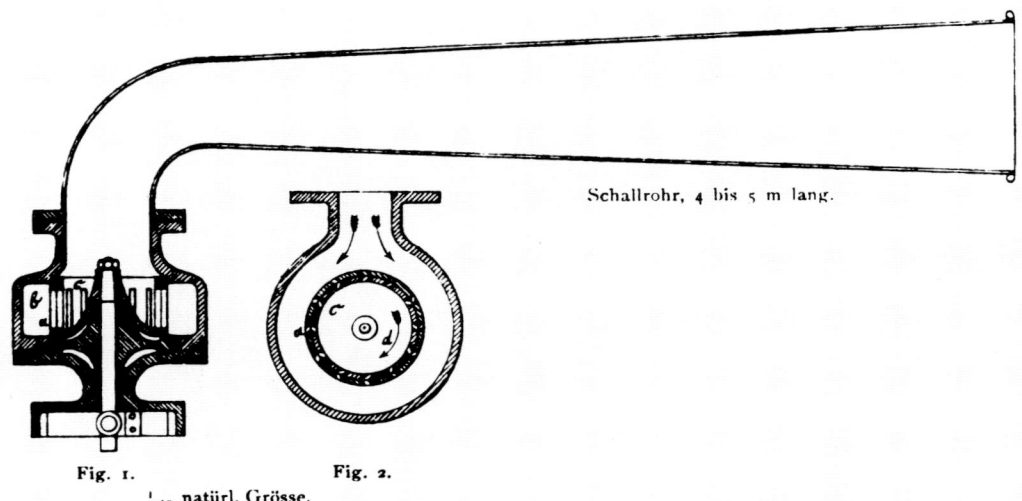

Schallrohr, 4 bis 5 m lang.

Fig. 1.   Fig. 2.

¹⁄₁₀ natürl. Grösse.

Prinzipskizze des Nebelhorns. Die Schlitze im feststehenden und drebbaren Zylinder (Figur 2) sind entgegengesetzt eingearbeitet. Dadurch bringt die austretende Luft turbinenartig den inneren Zylinder in Richtung d in schnelle Rotation. Das erspart einen mechanischen Antrieb, wie er sonst bei Scheibensirenen üblich ist. Die gespannte Luft wirkt von allen Seiten gleich auf den drehbaren Zylinder, der sich so im Gleichgewicht befindet ohne hemmende Reibung

Die »Cylindersirenen« sind über drei deutsche Meilen zu hören. Ihr Prinzip besteht darin, daß Luft durch entgegengesetzt eingearbeitete Schlitze eines feststehenden und eines in Drehung versetzten Zylinders tritt. Dabei entstehen Schallwellen von großer Stärke. Durch mehrere verschiedenartige Schlitzreihen kommen im Gegensatz zu bisherigen Dampfsirenen zum Grundton zwei Obertöne, »die Quinte und die Octave, die ihrerseits zur Bildung fernerer und höherer Combinationstöne« beitragen.

Lilienthal hat schon die Station Bülk bei Kiel und das Feuerschiff auf dem Adlergrund zwischen Bornholm und Rügen ausgerüstet, später kommen Wangeroog, das Eiderleuchtfeuerschiff und das Feuerschiff Borkumriff hinzu. Die sofortige Betriebsbereitschaft erweist sich als großer Vorteil gegenüber herkömmlichen Systemen, die bis zum ersten Signal eine längere Anlaufzeit benötigen. Das hatten zahlreiche Schiffskatastrophen gezeigt.[35] In Anerkennung dieser Entwicklung erhält die Maschinenfabrik Otto Lilienthal auf der Ausstellung eine Silberne Staatsmedaille für gewerbliche Leistungen.[36]

Die Arbeit in der Fabrik wird auch durch Verwertung anderer Patente bestimmt. Zu ihnen gehört auch eine Muttersicherung mit einem aufbiegbaren Mutterteller, die die Lockerung von Schraubenverbindungen durch Vibration verhindert. Im Jahre 1888 patentiert,[37] erhält

Die Nebelhornstation Bülk bei Kiel

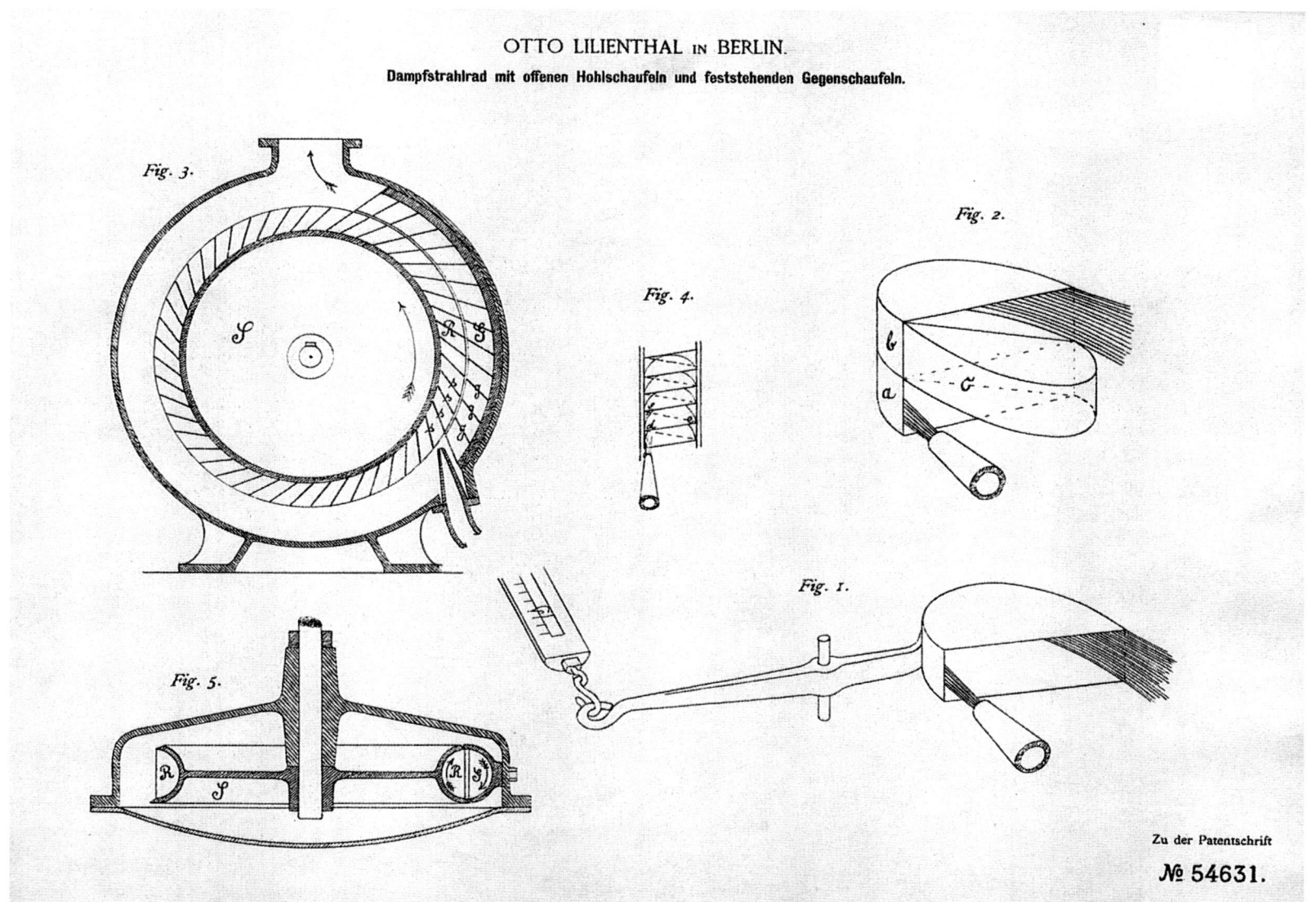

OTTO LILIENTHAL in BERLIN.
Dampfstrahlrad mit offenen Hohlschaufeln und feststehenden Gegenschaufeln.

Fig. 3.

Fig. 2.

Fig. 4.

Fig. 5.

Fig. 1.

Zu der Patentschrift
№ 54631.

sie eine lobende Einschätzung verglichen mit anderen Lösungen dieser Zeit. Zu dem Patenten am Rande von Dampfkessel und -maschine zählt eine montierbare Riemenscheibe aus zwei schmiedeeisernen Halbringen, einer viergeteilten Nabe und verschraubbaren Zickzackspeichen.[38] Anders als die eingeführten gußeisernen oder hölzernen Riemenscheiben kann sie in zerlegtem Zustand in die kleineren Werkstätten transportiert werden, die sich zum Teil in oberen Etagen von Wohnhäusern befinden. Die Montage erfolgt in einem Lehrring. Das bis dahin im Interesse des Rundlaufes erforderliche Abdrehen entfällt. Auch ein Verfahren zur Überführung von Abwassern aus Kesseln in den Erdboden wird von Lilienthal im Jahre 1893 erfunden.[39]

Schließlich wäre noch ein letztes Maschinenbaupatent zu nennen, ein Dampfstrahlrad. Carl Gustav Patrick de Laval (1845-1913) hatte 1883 ein einfaches Reaktionsrad, das nach dem Prinzip des Rückstoßes arbeitet, vorgestellt. Ein Jahr später trat Charles Algernon Parsons (1854-1931) mit der Dampfturbine in die Öffentlichkeit.[40] Bereits 1883 gibt es Aufzeichnungen und Berechnungen Lilienthals zu einem Dampfstrahlrad. Für 1890 liegen dann handschriftliche Aufzeichnungen vor, der Entwurf der Patentschrift[41] und ein weiteres Patent.[42] Ein kraftaufnehmendes Schaufelrad wird in Umdrehung versetzt, wenn der Dampfstrahl tangential in halbkreisförmige offene Schaufeln hineinbläst. Der Strahl erreicht bei fünf Atmosphären Druck

Dampfstrahlrad. Die eintretende Luft wird in die Schaufel a der halbkreisförmigen Rinne R des Rotors geblasen, strömt dann in die Schaufel c der gegenüberliegenden ebenfalls halbkreisförmigen Rinne G des Stators und zurück in Schaufel b usw. bis zum Austritt

eine Geschwindigkeit von etwa achthundert Meter je Sekunde. Die offenen Schaufeln reflektieren den Strahl und wirken so noch einmal antreibend. Der Patentanspruch umfaßt dieses Prinzip sowie die dazu erforderlichen Leitvorrichtungen für den Dampf.

Das Patent wurde vermutlich zunächst nicht wirtschaftlich verwertet; Notizen verweisen jedoch darauf, daß noch im Juli 1896 experimentiert wurde. Der offizielle Abschlußbericht der Gewerbeausstellung 1896 hebt hervor: »Abgesehen von Lilienthal hat die Dampfturbine in Berlin keine Pflege gefunden.«[43]

Zur Erzeugnispalette der Firma zählen Heizungsanlagen unterschiedlicher Größe und Dampfmaschinen als Antrieb von Generatoren zur Energieerzeugung, unter anderem an das Ostend-Theater geliefert sowie für den Saal einer Gaststätte in der Berliner Koppenstraße 20. Letzterer projektiert vom Ingenieur Schauer. Für den Deutschen Verein zur Förderung der Luftschiffahrt konstruiert Otto eine Ballonwinde für ein achthundert Meter langes Stahlseil, die er 1890 zum halben Selbstkostenpreis liefert. Sie bewährt sich auch unter schwierigen, ja gefahrvollen Situationen beim Aufstieg des Vereinsballons.

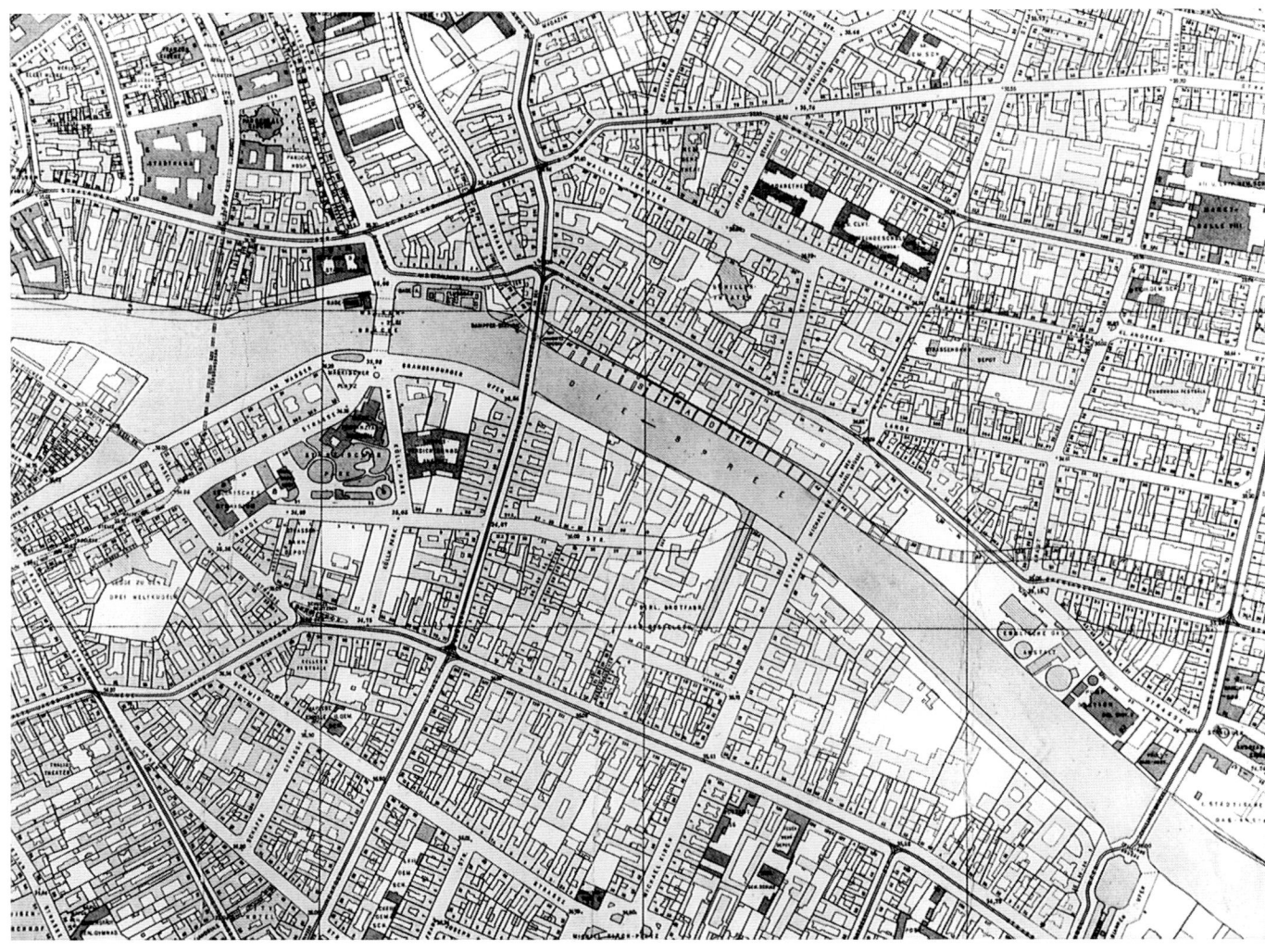

Die Kreativität des Ingenieurs Lilienthal erweist sich als Basis einer erfolgreichen Entwicklung der Maschinenbaufabrik. Ostern 1884 beträgt das Kapital sechzehntausendsechshundert Mark.[44] Mit vierundfünfzigtausend Mark war der Umsatz in den ersten Monaten des Jahres 1885 fast doppelt so hoch wie im Vorjahr mit neunundzwanzigtausend Mark. Das schuldenfreie Inventar hat einen Wert von fünfzehntausend Mark und soll bald zwanzigtausend Mark erreichen. Fünfzehn Arbeiter sind für ihn tätig, sechsunddreißig Arbeitsplätze vorhanden.[45] Sieben Drehbänke, zwei Bohrmaschinen, eine Hobelmaschine sowie zwei Schmieden stehen zur Verfügung.

Die Bauzeichnungen des sechsgeschossigen Seitenflügels Köpenickerstrasse 110, dessen obere Etagen bewohnt waren, bieten einen Einblick in die Fabrik. Im Erdgeschoß befindet sich links die fünfundsiebzig Quadratmeter große Schmiede, in der Kessel und Dampfmaschinen sowie die anderen Maschinen stehen. Rechts neben der Treppe liegt der nahezu neunzig Quadratmeter große Montageraum von dem das Büro abgeteilt ist. Im Kellergeschoß kommen eine zweite Schmiede und ein kleiner Vorratsraum dazu.[46]

Im Jahre 1887 beschäftigt Lilienthal mindestens einundzwanzig Arbeiter. Für das Verhältnis des Fabrikanten zu den Arbeitern, aber auch für seine finanzielle Lage spricht die am 12. März 1890 eingeführte Gewinnbeteiligung.[47] Er ist nicht der erste in Deutschland, der diesen Schritt tut, wohl aber der erste Berliner Maschinenfabrikant.[48] Diese Haltung ist seine bürgerlichliberale Reaktion auf die soziale Frage, getragen von

moralischem Unbehagen, welches aus eigenen Erfahrungen und Erlebnissen entsprang. Mit seinen Arbeitern verbindet ihn ein patriarchalisches Verhältnis. Zeitgenössische Diskussionen — auch im »Verein zur Beförderung des Gewerbefleißes in Preußen«, dem er seit 1885 angehört — mögen ihn gleichfalls angeregt haben. Der Zeitpunkt fällt in die Periode des Zerwürfnisses zwischen Bismarck und Kaiser Wilhelm II. über das Sozialistengesetz und die Arbeiterversicherung. Die Verlängerung des Sozialistengesetzes war am 25. Januar 1890 vom Reichstag abgelehnt worden.

Der subjektiv ehrliche Schritt dient objektiv der Stabilisierung der gesellschaftlichen Zustände. Auch ökonomisch wirkt er für den Unternehmer, denn Lilienthal appelliert in seiner Mitteilung an das Interesse der Arbeiter am Geschäftsgang und an ihr eigenes Interesse an Einkommenserhöhung. Er kündigt den Fortfall der Akkordlöhne an, garantiert aber die Beibehaltung der Lohnsätze und stellt die mit fünfundzwanzig Prozent ungewöhnlich hohe Beteiligung in Aussicht. Dafür fordert er stetigen Fleiß, Schonung von Material und Werkzeug. Ganz offenkundig der Zusammenhänge bewußt, erwartet er nicht nur mehr Qualität, sondern zudem größeren Gewinn der Firma, der sich auch für ihn auszahlen soll, denn er braucht ihn zur Finanzierung seiner Pläne.

Im Jahre 1886 wird im ersten Obergeschoß über dem Montageraum der Maschinenfabrik die Steinbaukastenproduktion unter Leitung von Magnus Thoren aufgenommen. Richter läßt nach gewonnenem Prozeß die Anlage pfänden, aber vieles war bereits vorher in Sicher

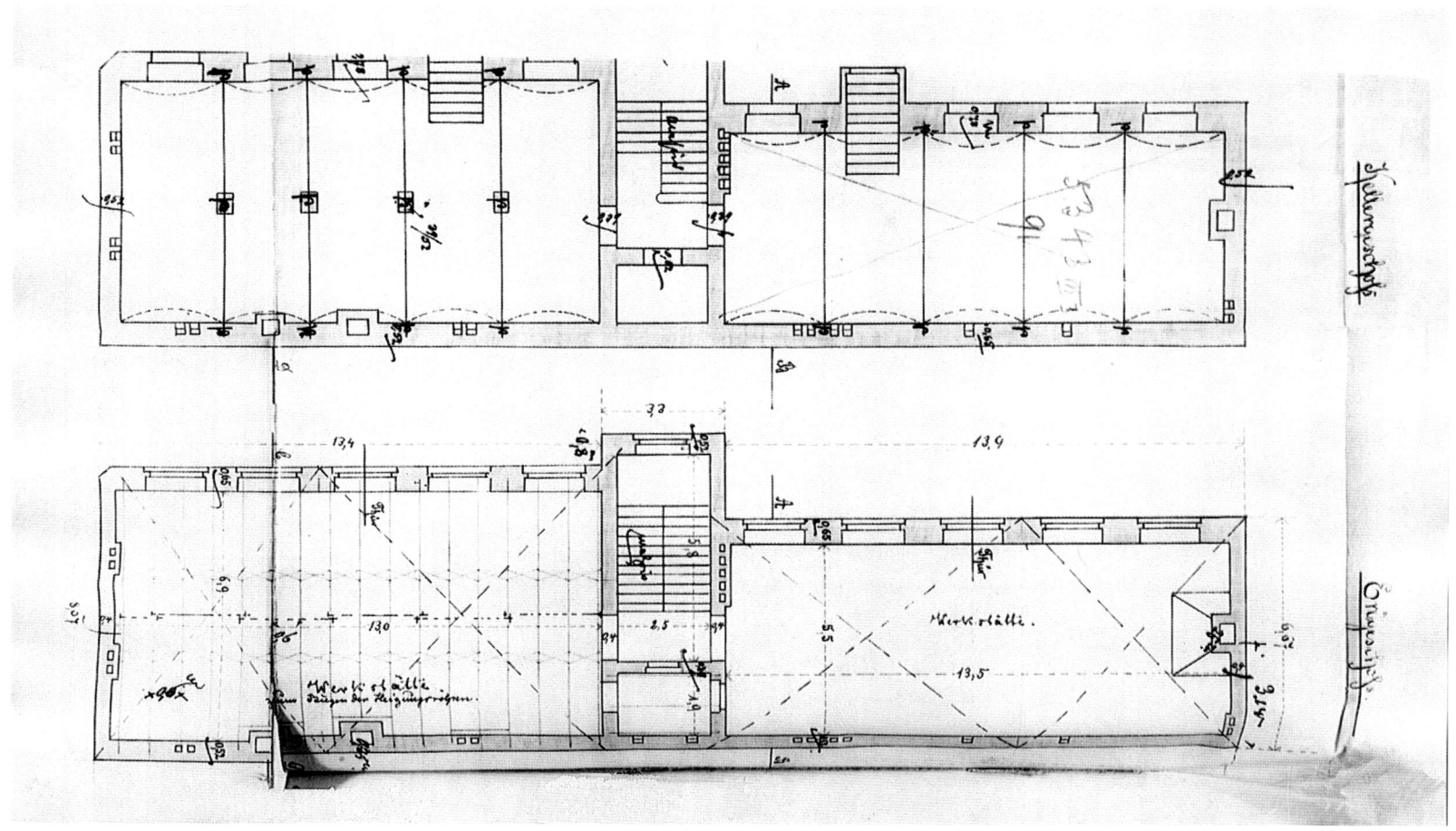

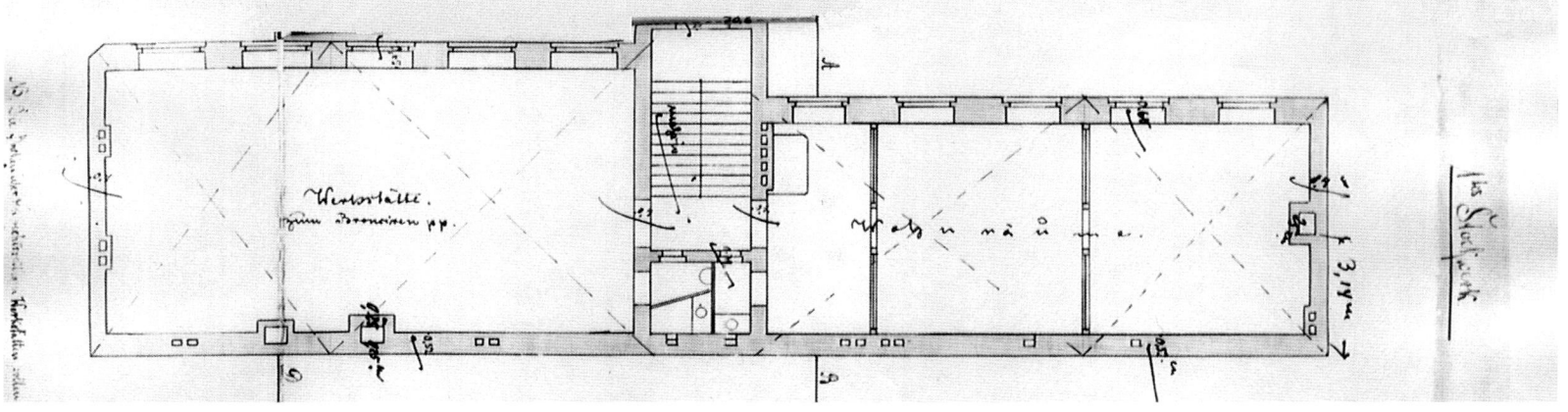

Bauzeichnung der Fabrik in der Köpenicker Straße 110

heit gebracht worden. So erweist sich später, daß Lilienthal von Thoren den Schlangenrohrkessel »zurückgekauft« hat. Noch im November 1891 befand sich dieser dort im zerlegten Zustand. Der Fabrikant hatte inzwischen den Raum übernommen.[49]

Doch die wachsende Produktion erfordert mehr Fläche. Einige Häuser weiter bietet sich eine günstige Gelegenheit. In einer neuerbauten Fabrikhalle auf dem Grundstück Köpenickerstrasse 113 kann Lilienthal siebenhundertneunundachtzig Quadratmeter mieten, Büroräume einbezogen.[50] Die elf Meter hohe, helle Halle bietet bessere Bedingungen. Hier erhält die Firma auch einen Telefonanschluß. Als der erste Teil der Fabrik im zweiten Halbjahr 1891 umzieht — erst einmal wird der Keller aufgegeben —, ist schon ein neuer Schlangenrohrkessel von zehn Atmosphären Druck aufgestellt.[51] Über längere Zeit werden Räume auf beiden Grundstücken genutzt. Das zeigen auch Briefbögen mit der alten

Anschrift, die neben neuen, versehen mit der Silbernen Staatsmedaille, noch bis Anfang 1894 benutzt werden.

O tto Lilienthal hatte sich in diesen Jahren eine gesicherte, wenn auch nicht sorgenfreie Existenz geschaffen. Die kühnsten Träume — 1885 geäußert — gingen jedoch nie in Erfüllung: »Ich habe die Hoffnung, dass ich und Gustav in einiger Zeit soweit sein werden, dass wir uns irgendwo ohne ein bestimmtes Geschäft niederlassen können und uns mit allerhand Erfindungen beschäftigen können, so namentlich auch mit dem Fliegen. Hierdurch ist natürlich zunächst nichts zu verdienen, und man muss von seinen Zinsen leben. Das ist ungefähr das Ideal, auf das wir lossteuern werden.«[52]

Der Name des Ingenieurs steht zu jener Zeit in der Öffentlichkeit für seine Erzeugnisse. Das bezeugt ein Brief des Ministers für Handel und Gewerbe aus dem

Lilienthal im Kreise seiner Mitarbeiter im Jahre 1887

Lilienthal im Kreise seiner Mitarbeiter im Jahre 1887

Kopfbogen der Maschinenbaufabrik Otto Lilienthal

Jahre 1890 im Zusammenhang mit dem Dampfkesselgesetz an den Reichskanzler v. Caprivi (1831-1899), in dem von dem »durch den patent. Kleinmotor gleichen Namens allgemein bekannten Ingenieur Otto Lilienthal« geschrieben wird.[53]

Obwohl sich Lilienthal nach der Entwicklung seiner Schlangenrohrkessel wieder − und intensiver als je zuvor − dem Fliegen zuwendet, bleibt er als Fabrikant und Maschinenbauingenieur immer aktiv. Dafür spricht auch »ein bemerkenswerter Vortrag« im »Berliner Techniker-Verein« im Februar 1895 über leichte und gefahrlose Dampferzeuger und deren Anwendung in der Flugtechnik. Er erläutert die Gefahrlosigkeit der Schlangenrohrkessel, wendet sich erneut gegen das Dampfkesselgesetz und fordert unbedingt die Aufhebung der Konzessionen. Maxims Flugmotor mit dreihundertsechzig Pferdestärken bei nur fünfhundert Kilogramm Masse und zwanzig Atmosphären Druck bezeichnet er als »großartigste« Leistung für die Luftfahrt. Dampf hält er für den leichtesten Antrieb. Maxim habe pro Pferdestärke für die Heißluftmaschine einhundert Kilogramm, für den Petroleummotor fünfundzwanzig Kilogramm und für den Dampfmotor mit vier Kilogramm noch weniger als für den Elektromotor berechnet. Dennoch

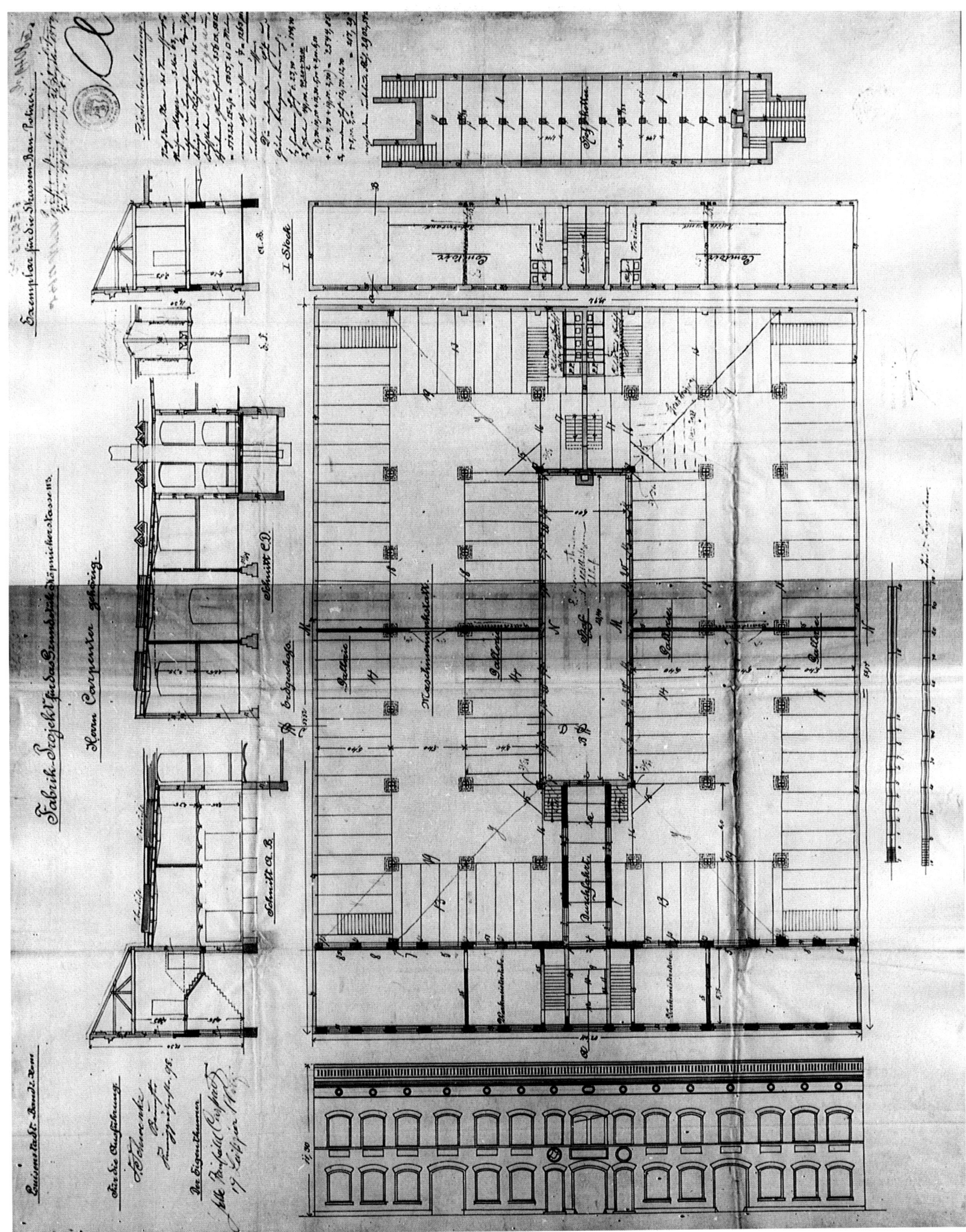

Lilienthals Fabrik in der neugebauten Werkhalle im Hof der Köpenicker Straße 113

41

Straßenfassade
Köpenicker
Straße 113 um
1900

Otto mit Frau
und Kindern

Die Familie vor dem Haus in der Boothstraße

Im Garten

Otto Lilienthal im Jahre 1888

werde durch die Mitnahme von Wasser und Brennstoff die Flugzeit begrenzt. Wiederum betont er, daß es ihm erst um den Segelflug ginge, um die sichere Bewegung in der Luft. Seine Ausführungen »wurden mit großem Beifall aufgenommen«.[54]

Lilienthals finanzielle Lage ermöglicht es ihm, im Jahre 1883 mit Frau und inzwischen geborenem ersten Sohn Otto in eine größere Wohnung zu ziehen, vier Zimmer im ersten Stock der Köpenickerstraße 126, nahe der Fabrik. Die Geburt der Tochter Anna 1884 und des Sohnes Fritz 1885, die nun fünfköpfige Familie, mögen den stolzen Vater im Oktober 1885 bewogen haben, außerhalb des damaligen Berlins in Groß-Lichterfelde für neuntausenddreihundert Mark ein zweitausendfünfhundert Quadratmeter großes Grundstück, Boothstraße 17, zu erwerben.[55]

Nach dem Entwurf von Gustav entsteht ein einstöckiges Landhaus mit fünf Zimmern, Giebelkammer, Veranda und Werkstatt. Die Fußbodenheizung, sie bereitet allerdings im kalten Winter 1886/87 Schwierigkeiten, entwirft und baut der Hausherr selbst. Der Wert von Haus und Grundstück ist immerhin so groß, daß der Fabrikant 1888 — in Schwierigkeiten durch den Rechtsstreit mit Richter — eine Hypothek von fünfzehntausend Mark aufnehmen kann. In der Boothstraße erblickt 1887 die Tochter Helene das Licht der Welt.

An den Bau und die Gestaltung des Grundstücks geht Otto Lilienthal sehr weitsichtig heran. Nicht nur die geräumige Werkstatt spricht dafür, in der er seine ersten Flugapparate herstellen wird. Mit der Anlage des Gartens schafft er Voraussetzungen für Versuche im Freien, einen »besonders dazu angelegten Rasenplatz von cca 30 m Durchmesser…, welcher Raum namentlich nach der Westseite von etwa 12 m hohen dichten Baumanlagen umstanden ist.«[56] So liegen also auch hier bereits Mitte der achtziger Jahre die weiteren flugtechnischen Arbeiten voll und ganz im Blick des erfolgreichen, schöpferischen Maschinenbauingenieurs und Fabrikanten.

Der Vogelflug als Grundlage der Fliegekunst

Mit der Aufnahme in den »Deutschen Verein zur Förderung der Luftschiffahrt« sowie durch seine rege Mitarbeit erhält Otto Lilienthal viele Impulse. In den nahezu monatlichen Veranstaltungen gibt es einige Themen, die über die Ballonfahrt hinausgehen und sich mit dem Vogelflug und der Lösung des Flugproblems ohne Ballon befassen. Die Vereinszeitschrift stellt zahlreiche Projekte vor und gibt einen internationalen aktuellen und historischen Überblick. Dadurch und durch die Nutzung der Vereinsbibliothek bekommt Lilienthal Kenntnis vom Wissens- und Entwicklungsstand.

Die Bibliothek bietet einen recht guten Überblick über die internationale Fachliteratur vom Ballon über Luftschiffahrt, Vogelflug und Flugapparate bis zum Bau von Kleinmotoren. Selbst »Fünf Wochen im Ballon« von Jules Verne (1828-1905) fehlt nicht. Unter der Nummer 30 war ein Buch registriert, das zu den bedeutendsten der vergangenen Jahre zählte: »L'Empire de l'air« (Das Reich der Lüfte). In Paris 1881 erschienen, trug es den Untertitel »Untersuchungen des Vogelfluges, angewendet auf die Luftfahrt ›Wagt es!‹.«
Sein Autor, Louis Pierre Moúillard (1834-1897), wies darin die Möglichkeit des menschlichen Segelfluges nach. Der Mensch könne segeln, aber nicht den Ruderflug nachahmen. Man muß davon ausgehen, daß Lilienthal es kannte.[1]

Die Aufnahme seines Vortrages über leichte Motoren am 5. Juni 1886 war für ihn sicher ein weiterer Ansporn. Der die Versammlung leitende Dr. Karl Müllenhoff — zu dem sich im Laufe der Jahre freundschaftliche Beziehungen entwickeln — verbindet den Dank mit der Hoffnung, »dass Herr Ingenieur Lilienthal Gelegenheit finden werde, seine zur Zeit unterbrochenen Experimente von Neuem aufzunehmen; durch einen Bericht über die Versuche werde er die Interessen des Vereins in der wirksamsten Weise fördern, zumal wenn es sich als thunlich herausstellte, die Experimente in der Sitzung selbst auszuführen«.

In der Diskussion stellt der Ingenieur »eine weitere mit Demonstrationen verbundene Mitteilung für die Folgezeit in Aussicht«.[2] Damit setzt er sich einen neuen Anspruch, und er beginnt eine neue Etappe flugtechnische Arbeiten in der festen Absicht, seinen guten Namen als Maschinenbauer auch auf diesem Gebiet zu vertreten.

Jetzt sollen die theoretischen Vorarbeiten für den Menschenflug abgeschlossen und zu Papier gebracht werden. Schon welche fliegende Tiere als Vorbild gelten können, hat Otto Lilienthal sorgsam abgewogen und begründet, zumal es darum zu dieser Zeit heftige Debatten gibt. Insekten kamen nicht in Frage, weil »mit der Kleinheit der Tiere ihre Flugfläche im Vergleich zum Gewichte beträchtlich zunimmt, kleineren Tieren, also allen Insekten, das Fliegen besonders leicht gemacht ist. 1 kg Sperling hat zusammen 0,25 qm Flugfläche; die Flügel von 1 kg Libellen besitzen dagegen 2,5 qm Fläche.« Aus diesem Grunde entscheidet sich Otto für die »möglichst großen Flieger…, bei denen das Verhältnis von Flugfläche zum Gewicht ein möglichst ähnliches von dem ist, welches der Mensch für sich ausführen müßte«.[3]

Er klärt auch den vermeintlichen Widerspruch, warum Rückenwind bei fliegenden Vögeln gegenüber sitzenden die anliegenden Federn nicht aufrichtet. Geht man von zehn Meter je Sekunde mittlere Geschwindigkeit des Vogels und der des Windes von sechs Meter je Sekunde aus, während er »mit dem Winde die Geschwindigkeit 10 + 6 = 16 m erhält, also viermal so schnell fliegt als gegen den Wind.«[4]

Möwen werden, so ergeben die Untersuchungen, von dem näher am Körper befindlichen breiten Flügelteil getragen bei wenig Ausschlag und Arbeitsleistung. Die schmalere Flügelspitze bewegt sie bei größerem Ausschlag nach vorn. Auch die Wirkung des Auf- und Niederschlages wird analysiert und berechnet. So dre-

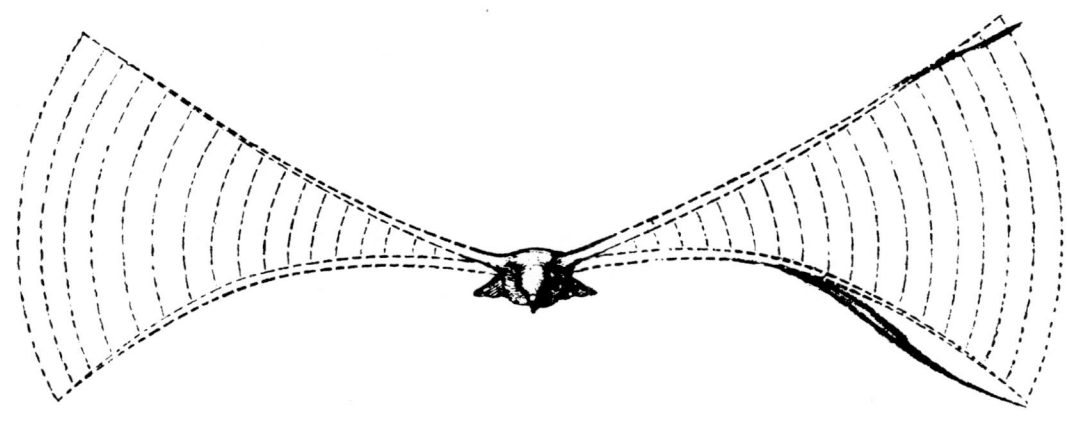

Auf- und Niederschlag des Möwenflügels

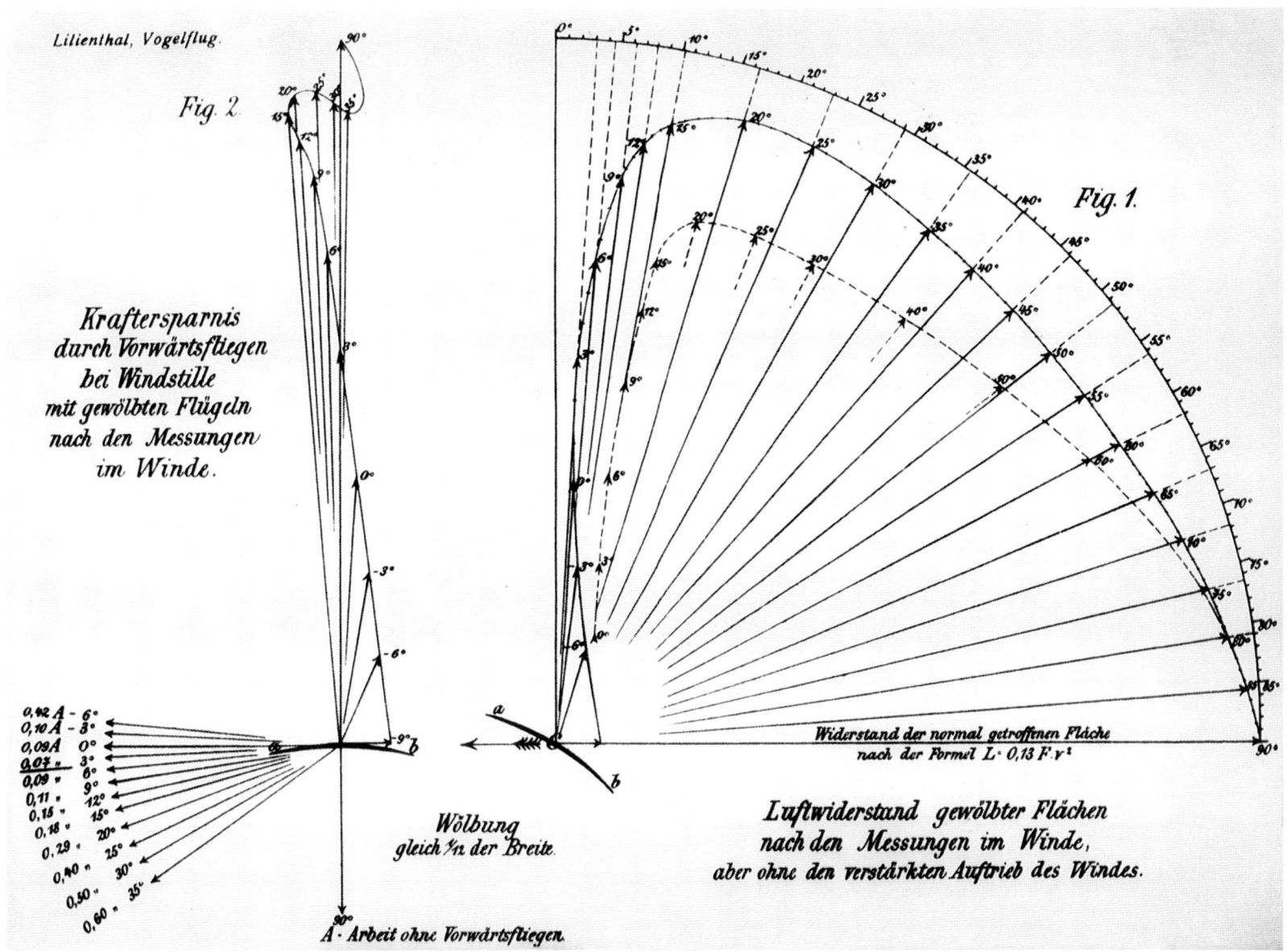

Lilienthal, Vogelflug.

Fig. 2

*Krafersparnis
durch Vorwärtsfliegen
bei Windstille
mit gewölbten Flügeln
nach den Messungen
im Winde.*

0,42 A - 6°
0,10 A - 3°
0,09 A 0°
0,07 " 3°
0,09 " 6°
0,11 " 12°
0,15 " 15°
0,18 " 20°
0,29 " 25°
0,40 " 30°
0,50 " 35°
0,60 "

A· Arbeit ohne Vorwärtsfliegen.

*Wölbung
gleich ¹⁄₁₂ der Breite.*

Fig. 1.

*Widerstand der normal getroffenen Fläche
nach der Formel L· 0,13 F·v²*

*Luftwiderstand gewölbter Flächen
nach den Messungen im Winde,
aber ohne den verstärkten Auftrieb des Windes.*

Diagramm des Luftwiderstandes gewölbter Flächen im Wind ohne den verstärkten Auftrieb des Windes

hen sich die Flügel während des Auf- und Niederschlages, bei einigen Vögeln wie Kondor und Storch auch die Schwungfedern. Je schmaler die Flügel, desto geringer sind die Arbeitsverluste. Beim Albatros ist das Verhältnis Breite zu Länge eins zu zehn.[5]

Angesichts der Unterschiede zwischen den Messungen am Rotationsgerät und im Wind, den Schlußfolgerungen daraus sowie den Inhalten zeitgenössischer Veröffentlichungen und Äußerungen in Versammlungen des Vereins entschließt sich Otto zu einer nochmaligen Überprüfung der vorliegenden Resultate. Er breitet mit der ihm eigenen Gründlichkeit weitere Messungen an einem Rundlaufgerät vor.

Das neue Gerät stellt er auf der windgeschützten Rasenfläche seines Grundstücks auf. Die Versuchsflügel rotieren in einem Kreis von sieben Metern Durchmesser in viereinhalb Meter Höhe. Damit soll die Fehlerquelle kleiner gehalten werden als bei dem geringeren Durchmesser zuvor. Störquellen wie Bäume, Häuser und Rasen sind weit genug entfernt. Die Fläche der Flügel ist von einem viertel auf einen Quadratmeter vergrößert worden.[6]

Wie genau, empfindlich und robust zugleich der selbstgebaute Meßapparat war, der sich nur in der Größe von seinem Vorgänger unterscheidet, zeigt die

Belastung des Antriebs durch Gewichte mit Massen zwischen einem und zweihundert Kilogramm. Bei einem Kreisumfang von zweiundzwanzig Meter werden Geschwindigkeiten von fast zwei bis zwölf Meter je Sekunde erreicht. Die verwendete Uhr ermöglicht die Genauigkeit der Messungen von einer zehntel Sekunde.

Diese Untersuchungen erfordern mindestens zwei Personen. So erklärt sich auch, daß Versuchsserien auf die Zeit der Anwesenheit des Bruders beschränkt bleiben, zumal beide gut aufeinander eingespielt sind. Von den Tagen zwischen dem 12. und 24. August 1888 liegen über zweihundertdreißig Meßergebnisse vor, die vornehmlich früh um fünf Uhr oder abends zwischen sechs und acht Uhr, also bei Windstille, vorgenommen wurden. Zu dieser Zeit fiel »auf diesem geschützten Platz auch eine Feder senkrecht« herab.[7]

Die Resultate entsprechen im wesentlichen den früheren, jedoch bei ungünstigeren Zahlenwerten. Im Blickpunkt stehen sowohl die Querschnitte der Flächen als auch die Werkstoffe, was wiederum Komplexität und Systematik der Lilienthalschen Arbeitsweise unterstreicht.

Dünne Flächen aus einem halben Millimeter starken gehämmerten Messingblech erweisen sich als nicht stabil genug; ihre Einfassung mit vier Millimeter starkem

Luftwiderstand geneigter Flächen, verglichen mit dem Luftwiderstand normal getroffener Flächen.

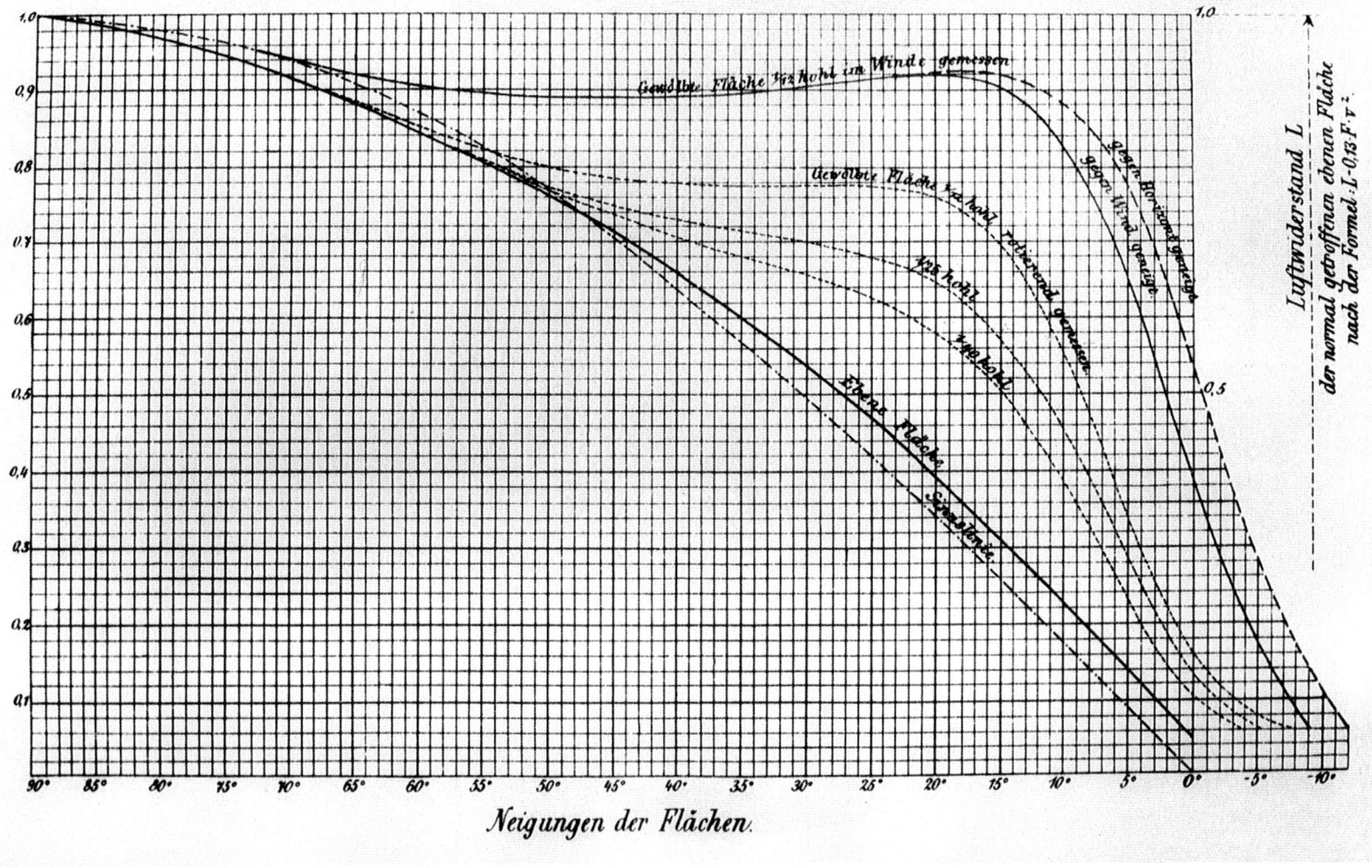

Neigungen der Flächen.

Lilienthal-Polaren

Stahldraht führt zu Verwirbelungen. Vier Querschnitte mit unterschiedlich angeordneten Verdickungen bringen fast gleiche Resultate. »Bei einer Breite von 400 mm konnten diese allmählichen Verdickungen bis zu 16 mm, also bis zu 1/25 der Flächenbreite betragen, ohne schädlichen Einfluß für den entstandenen Luftwiderstand.«

Die abgerundete Flügelverdickung an der Vorderkante erweckt den Eindruck, »als ob diese Form besonders günstige Luftwiderstandsverhältnisse besitze, also viel hebenden und wenig hemmenden Widerstand gäbe, vorzüglich bei Bewegung unter ganz spitzen Winkeln…« Als Material dient Elsenholz, worunter man Schwarz-, Rot- oder Gemeine Erle verstand. Die schwache Wölbung der Flächen wird durch einseitiges Bekleben sehr dünner Bretter mit Papier erreicht.[8]

Zum Flügelbau halten die Brüder Metalle für ungeeignet, ganz im Gegensatz zu Weidenruten mit leichter Stoffbespannung. Das konisch gewachsene Rohr läßt sich feucht gut bearbeiten, ist leicht und auch zäh. Bambus paßt sich dagegen den Flügelformen nur schwer an. »Weidenholz bricht erst bei einer Beanspruchung von 8 kg pro Quadratmillimeter, kann aber mit guter Sicherheit dauernd mit 2·3 kg beansprucht werden. Es ist dabei das leichteste aller Hölzer mit dem specifischen Gewicht 0,33. Das Aluminium ist 8mal so schwer, aber kaum 4mal so stark.«[9]

Lilienthals gesicherte Erkenntnisse unterscheiden sich in vieler Hinsicht von Meinungen und Veröffentlichungen der Zeitgenossen oder gehen über diese hinaus. Am 29. Oktober 1888 tritt er mit ihnen zum ersten Mal in einem Vortrag an die Öffentlichkeit: »Der Kraftaufwand beim Vogelfluge und sein Einfluß auf die Möglichkeit freien Fliegens«. Gründlich hatte er sich für diesen Augenblick gerüstet; den Vortrag wie auch die beiden folgenden Wort für Wort schriftlich vorbereitet: »Meine Herren! Das freie Fliegen ist ein mechanischer Vorgang, welcher uns von der Natur täglich vor Augen geführt wird. Während aber dieses Problem von der Natur in einer so vollendeten Form gelöst erscheint, bemühen wir Menschen uns seit den Anfängen unserer Geschichte vergeblich, den Vogelflug nachzuahmen.« Im folgenden wendet er sich gegen den Ballon als Hindernis für die Entwicklung des Menschenfluges. Viel schönes Pulver würde vergebens verschossen. Man habe in der neuesten Zeit den Menschenflug nach dem Vorbild der Vögel auch an hervorragenden Stellen für vollständig unmöglich gehalten, jedoch zu unrecht.

*In den siebziger Jahren unter-
suchte Profilquer-
schnitte*

»Sogar heute noch läuft man Gefahr, für einen Windbeutel gehalten zu werden, wenn man sein aeronautisches Glaubensbekenntnis dahin ausspricht, daß man es für lohnend hält, sich mit der Idee des direkten Fliegens zu beschäftigen.« Und er bezeichnet den Verein als eine gute Rückenstärke.

Dann geht der Redner auf seine Untersuchungen des Vogelfluges ein, auf die Tatsache, daß die Vögel viel weniger Kraft zum Fliegen benötigen als angenommen. Der Luftwiderstand des Volgelflügels, folgert er, kann also nicht nach gebräuchlichen Luftwiderstandsregeln berechnet werden. Ausführlich schildert er die Flügel-schlagversuche der Jahre 1866 und 1869 und erläutert seine Experimente mit Modellen von Flugapparaten.

Abschließend faßt Otto Lilienthal seine Ausführungen folgendermaßen zusammen:

»1. Der Arbeitsaufwand der Vögel beim Fliegen ohne wesentliche Vorwärtsbewegung, welcher sich nach der Beobachtung der Flügelbewegungen ergiebt, ist 4mal kleiner als sich derselbe nach den gewöhnlichen Luftwi-derstandsformeln berechnet.

2. Ein ähnliches Resultat giebt auch ein künstlicher, nach Art der Vogelflügel gebauter und bewegter Flugap-parat.

3. Diese Arbeitsersparniß kann nur auf dem durch kurze Flügelschläge erzeugten Luftwiderstand basieren, der schon bei geringen Geschwindigkeiten die erfolg-reiche Größe erlangt.

4. Der geringste Arbeitsaufwand wird erhalten, wenn die Flügel um weniges schneller gehoben als gesenkt werden.

5. Ein in horizontaler Richtung hin- und hergeschla-gener, entsprechend schräggestellter Flügel oder ein hin- und herschlagender Schraubenflügel mit wechseln-der Flügelstellung gewährt den günstigsten Fall eines nur zum Heben verwendeten Luftpropellers.

6. Die physische Kraft des Menschen ist nicht ausrei-chend um ein Fliegen auf der Stelle mit einem Flugappa-rat auszuführen und wäre hierzu eine motorische Kraft von mehr wie 1 HP erforderlich.« (HP gleich PS)

»7. Die Flugmethode der fliegenden Thiere besitzt darin einen großen Vortheil, daß dieselbe auf oscillato-rischen Flügelbewegungen basirt und jeder Flügel-schlag von Neuem die Massenträgheit der Luft aus-nutzt.«[10]

Das war viel Neues, längst nicht alles, was der Refe-rent bereits zu bieten hatte. Hochgespannte Erwartun-gen der Vereinsmitglieder erfüllten sich, von denen

*Messung der
aufsteigenden
Wirkung des
Windes. g: Gegen-
gewicht zum
Ausbalancieren;
a b: Meßfläche*

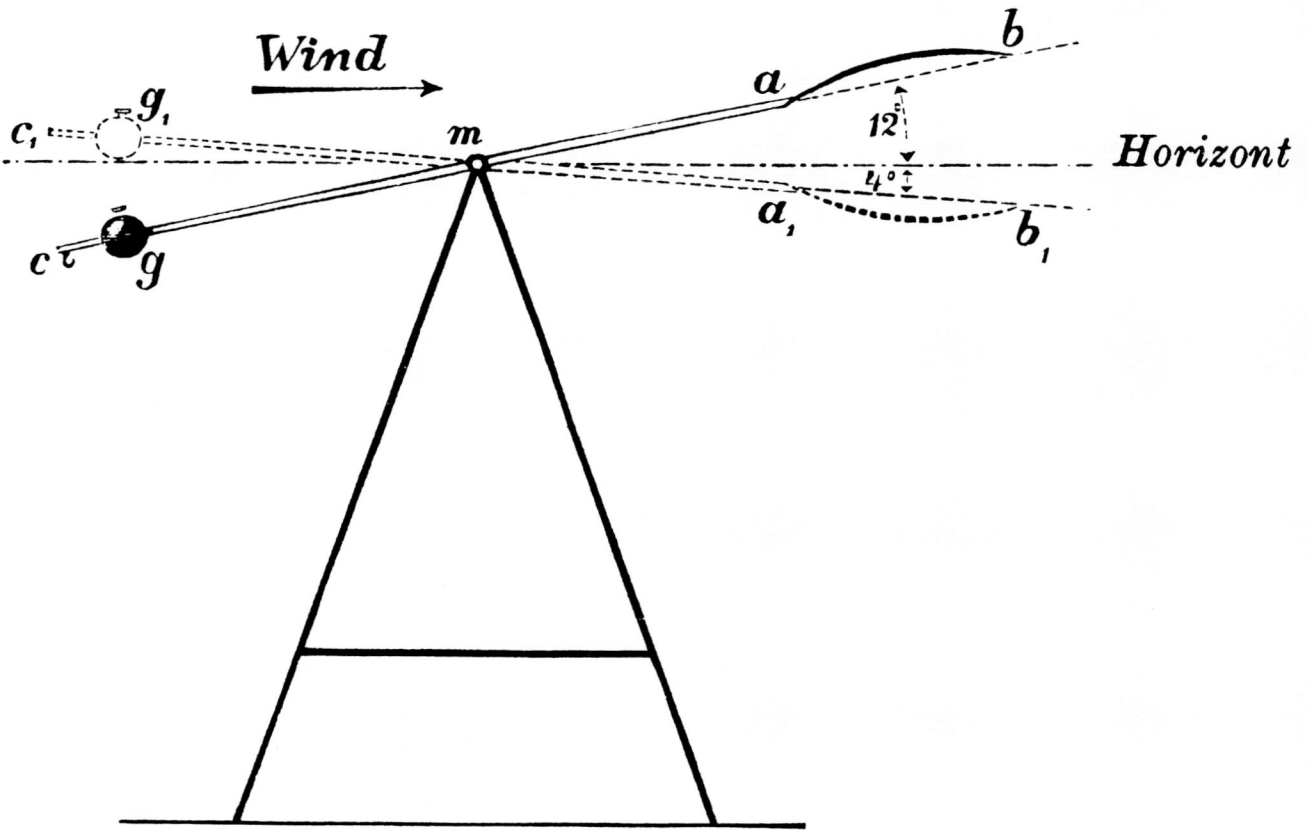

sechs in der anschließenden Diskussion das Wort ergreifen. Hermann W. L. Moedebeck (1857-1910), ein Offizier mit außerordentlichem Interesse für die Luftfahrt und vielfältigen Kontakten zu Fachleuten, der sich insbesondere große Verdienste um die Luftfahrtgeschichte erwarb, warnt davor, »den in der Technik gewöhnlich gebrauchten Luftwiderstandsformeln zu grosses Vertrauen entgegenzubringen«. Damit unterstützt er nachhaltig diese These Lilienthals. Das Protokoll des Abends vermerkt ein besonderes Ereignis: »Das Interesse des Vereins an den interessanten Versuchen des Herrn Lilienthal findet auf Antrag des Vorsitzenden Ausdruck durch Erheben von den Sitzen.«[11]

D ieser Erfolg beflügelt Otto. Wenige Tage später unternimmt er erneut Messungen im Wind.[12] Dazu wurde ein größerer Meßapparat gebaut, um die gleichen Flächen wie beim Rundlauf zu verwenden. Im wesentlichen gibt es Übereinstimmung mit den im Wind ermittelten Ergebnissen von 1874. Die größten Unterschiede treten bei kleineren Winkeln bzw. Winkeln um Null Grad auf. Selbst unter diesem Anstellwinkel wird ein »gewölbte Fläche durch den Wind gehoben und nicht zurückgedrückt«.[13]

Ein neues Meßgerät mit horizontalen Windfahnen in zwei, vier, sechs, acht und zehn Meter Höhe und einem selbstschreibenden Registrator, der den Mittelwert festhält, wird in freier Ebene aufgestellt. Das Ergebnis: die bereits beobachtete Windrichtung nach oben von drei bis vier Grad.[14]

Am 18. Februar 1889 hält Otto Lilienthal den zweiten Vortrag. Zu diesem Zeitpunkt war er bereits in geheimer Wahl mit fünf anderen Mitgliedern, darunter Dr. Müllenhoff, in die technische Kommission des Vereins gewählt worden.[15] Sie hatte eingereichte Vorschläge zur Lösung des Flugproblems zu beurteilen, im Auftrag des Vereins zu begutachten und Anfragen zu beantworten.

Diesmal macht der Redner sein Versprechen wahr, auch Experimente zu zeigen. Er hat das Meßgerät für Flügelschlagversuche mitgebracht und darüber hinaus »elf höchst instruktive Wandkarten«.[16] »Die bisherigen Betrachtungen«, so Lilienthal, »beziehen sich auf das Fliegen bei Windstille. Es besteht ein Interesse am schnellen Vorwärtsflug. Die Flügelschläge beim Start des Vogels sind schnell und weit ausholend, werden aber mit dem Anwachsen der Geschwindigkeit kleiner und langsamer. Macht die Taube beim Auffliegen fünf Schläge je Sekunde, so sinken diese dann auf drei. Im Ergebnis von Berechnungen reduziert sich der Aufwand gegenüber dem Stehen in der Luft auf 1/5. Das Vorwärtsfliegen bringt folglich Kraftersparnis.«

S odann schildert er ausführlich den Erkenntnisweg, der zu diesem Resultat führte, geht vor allem auf die gewölbten Flächen und Konturen der Flügel ein. Erneut entfacht er eine Diskussion, vor allem zur Konstruktion des vorgeführten Meßgerätes sowie zur Sichtbarmachung der Wirbel- und Wellenbewegung.[17]

Der dritte und abschließende Vortrag folgt am 15. April 1889, wiederum im Gebäude der Königlichen Kriegsakademie, die dem Verein Säle vermietet. Dieses Mal erläutert er die Versuche mit gewölbten Flächen im

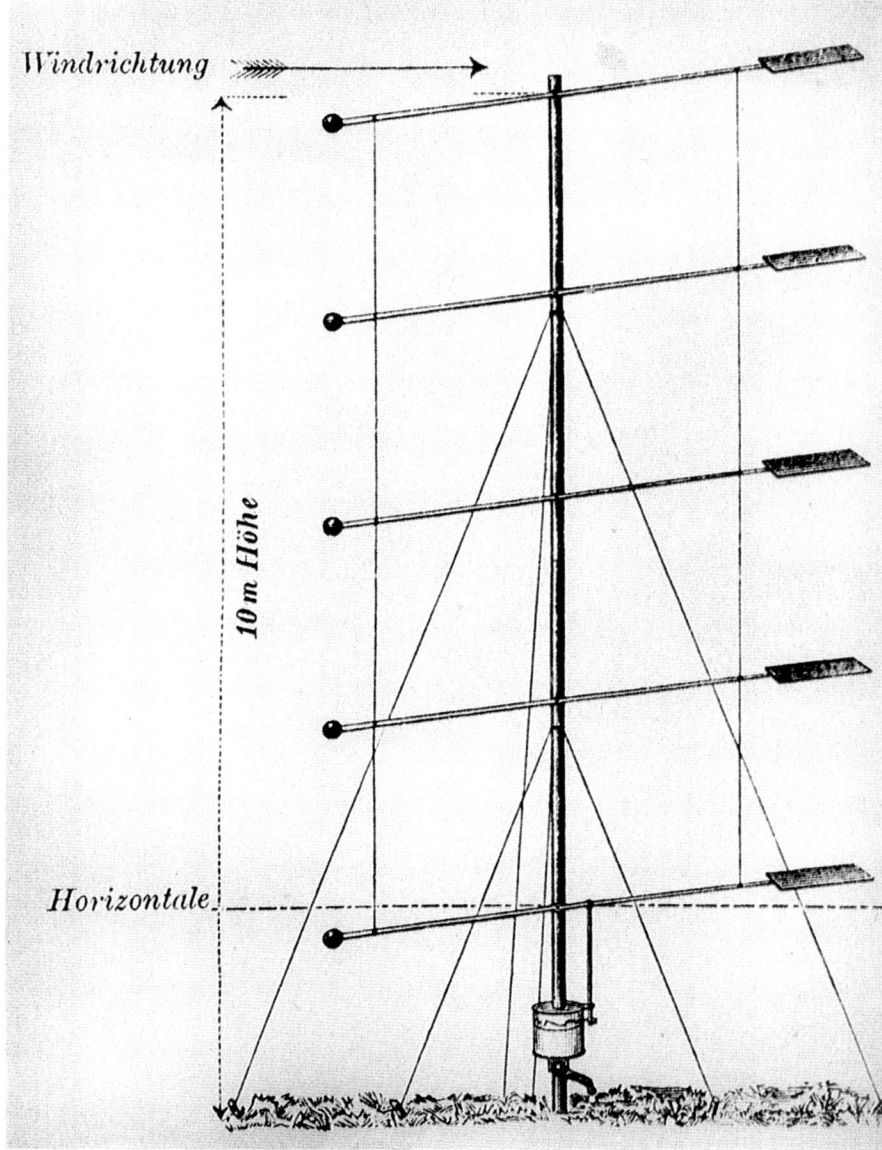

Gerät zur Messung der Windsteigung

Wind. Günstige Ergebnisse treten ein, wenn die Wölbung gleich der des herabschlagenden Vogelflügels war. Dann legt er die Erkenntnis dar, die er für den Luftwiderstand gewölbter Flächen ermittelt hatte.

A usführlich geht der Redner auch noch einmal auf seine Beobachtungen des Möwenfluges und seine Theorie der aufsteigenden Winde ein. Zusammenfassend bemerkt er, »dass im Gegensatz zu den« (bisherigen) »Berechnungen bestimmte Flächen mit dem dritten bis fünften Theil der bewegenden Kraft beansprucht, und diese Eigentümlichkeit der gewölbten Flächen ist ein Privilegium der Vogelwelt, der auf diese Weise ein schnelles Fliegen mit wenig Kraft ermöglicht ist. Zu verwundern ist, das die flugtechnische Literatur sich bis jetzt nur mit ebenen Flächen abgegeben hat.«

Gerade in diesem letzten Satz lag die ungeheure Herausforderung, die sich aus den neuen Erkenntnissen ergab. So war es auch nicht erstaunlich, daß in der Folge um die gewölbten Flächen immer wieder ein heftiger Meinungsstreit entbrennen sollte. Schon in der Diskussion wird bemerkt, dass in Lehrbüchern, beispielsweise von Poncelet (1788-1867), die Ansicht ausgesprochen ist, daß schwach gekrümmte Flächen dieselbe Wirkung

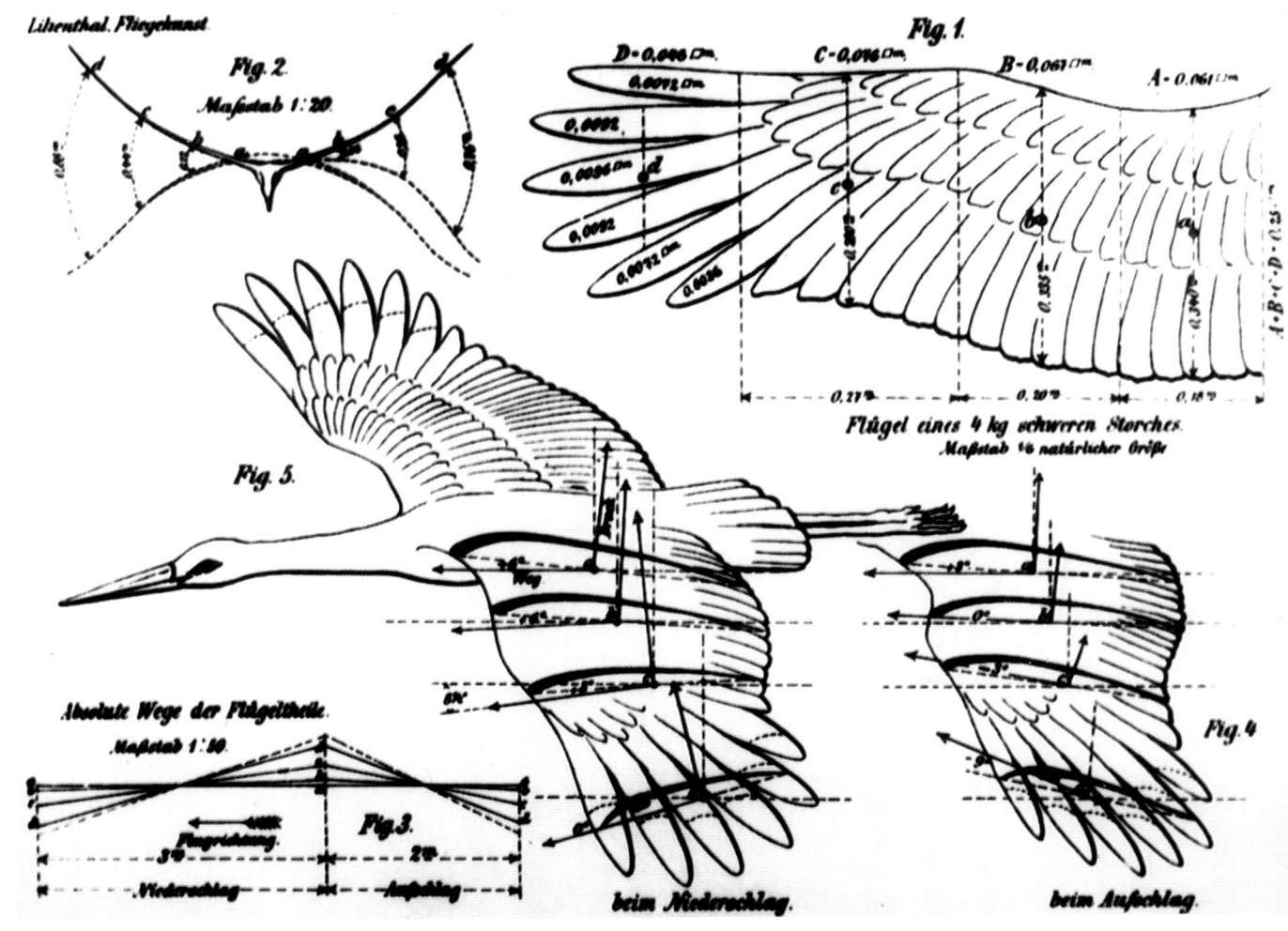

Flügel eines vier Kilogramm schweren Storches

hätten wie ebene. Der Theorie vom aufsteigenden Wind hält man entgegen, »dass irdische Gegenstände einen erheblichen Einfluss auf die Luft ausübten«.[18]

Mit diesen drei Vorträgen legt Lilienthal sein flugtechnisches Credo ab und ruft auch international größte Aufmerksamkeit hervor, zumal die Vereinszeitschrift in den Protokollen ausführlich informiert. Sein Name hat bereits jetzt in Fachkreisen nicht nur mehr einen Klang als Maschinenbauer. Das Echo, die Diskussion befestigten endgültig seine Absicht, die gesammelten Erkenntnisse, die bereits über die Vorträge hinausgehen, zu erweitern und in einem Buch zusammenzufassen.

Noch während der Arbeit am Manuskript beobachtet der Ingenieur erneut und intensiv das Verhalten von Störchen. Er hält sogar im Sommer 1889 welche auf seinem Grundstück. Vom Landwirt Franz Wirth in Lindow/Mark bezieht Otto zwei Pärchen, die aus drei Nestern stammen. Drei von ihnen fliegen dann allerdings schon am 31. Juli des Jahres davon.[19] Der Flügel eines lebenden, vier Kilogramm schweren Storches wird ausgebreitet und nachgezeichnet. Die Fläche beider Flügel ergibt einen halben Quadratmeter. Steht der Storch auf einem Bein, so beträgt der Körperquerschnitt zweiunddreißig Tausendstel Quadratmeter, im Fluge nur acht Tausendstel Quadratmeter. Berechnungen ergeben, daß der Storch bei zehn Meter je Sekunde Windgeschwindigkeit segeln kann.

»Wenn der Mensch jemals dahin gelangen sollte, die herrlichen Segelbewegungen der Vögel nachzuahmen,« resümiert Lilienthal, »so braucht er dazu also weder Dampfmaschinen noch Elektromotore, sondern nur eine leichte, richtig geformte und genügend bewegliche Flugfläche, sowie vor allem die gehörige Übung in der Handhabung.« Man müßte, »mit kleineren Flächen anfangend und allmählich zu großen übergehend, das Segeln im Winde« üben.[20]

Dem schließen sich ausführliche Berechnungen an. Der Mensch, der mit seinem Flugapparat zwanzigmal soviel wiegt wie ein Storch, müßte demnach mit einer Flugfläche von zehn Quadratmetern beim Ruderflug in Windstille sechsunddreißig Hundertstel Pferdestärken aufwenden. Dazu brauchte er leichte Motoren. Mit zunehmendem Wind würde jedoch der Arbeitsaufwand geringer. Bei einer frischen Brise von sechs Meter je Sekunde liegt die Arbeit bei etwa siebzehn Kilogrammeter. Neun Meter je Sekunde erfordern nur noch knapp fünf Kilogrammeter, so daß »der Mensch durch seine physische Kraft sehr wohl imstande sein müßte, einen geeigneten Flugapparat wirkungsvoll in Thätigkeit zu setzen«.[21] Otto Lilienthal beschreibt nicht nur erstmals den Weg zum Menschenflug, sondern erarbeitet auch in flugmechanischer Hinsicht Grundlagen dafür.

Dabei bleibt er nicht stehen. Er beginnt, Flugapparate zu konstruieren und zu bauen. Erste Erfahrungen, die ihn auf ein hohes Risiko aufmerksam machen und erneut zu systematischem, schrittweisem Vorgehen bewegen, wie sicher auch Berichte über Fehlschlüsse anderer lassen ihn zu der Erkenntnis kommen: »Wenn man mit solchen Flügeln nun aber in den Wind kommt, so können wir aus eigener Erfahrung darüber berichten, daß schwerlich jemand die Hebewirkung des Windes sich so stark vorgestellt haben wird, wie er dann zu verspüren die Gelegenheit hat.

Der Vogelflug

als Grundlage der Fliegekunst.

Ein Beitrag

zur

Systematik der Flugtechnik.

Auf Grund

zahlreicher von O. und G. Lilienthal ausgeführter Versuche

bearbeitet von

Otto Lilienthal,

Ingenieur und Maschinenfabrikant in Berlin.

Mit 80 Holzschnitten, 8 lithographierten Tafeln und 1 Titelbild in Farbendruck.

Berlin 1889.

R. Gaertners Verlagsbuchhandlung

Hermann Heyfelder.

SW. Schönebergerstrafse 26.

Titelblatt der Originalausgabe »Der Vogelflug als Grundlage der Fliegekunst«

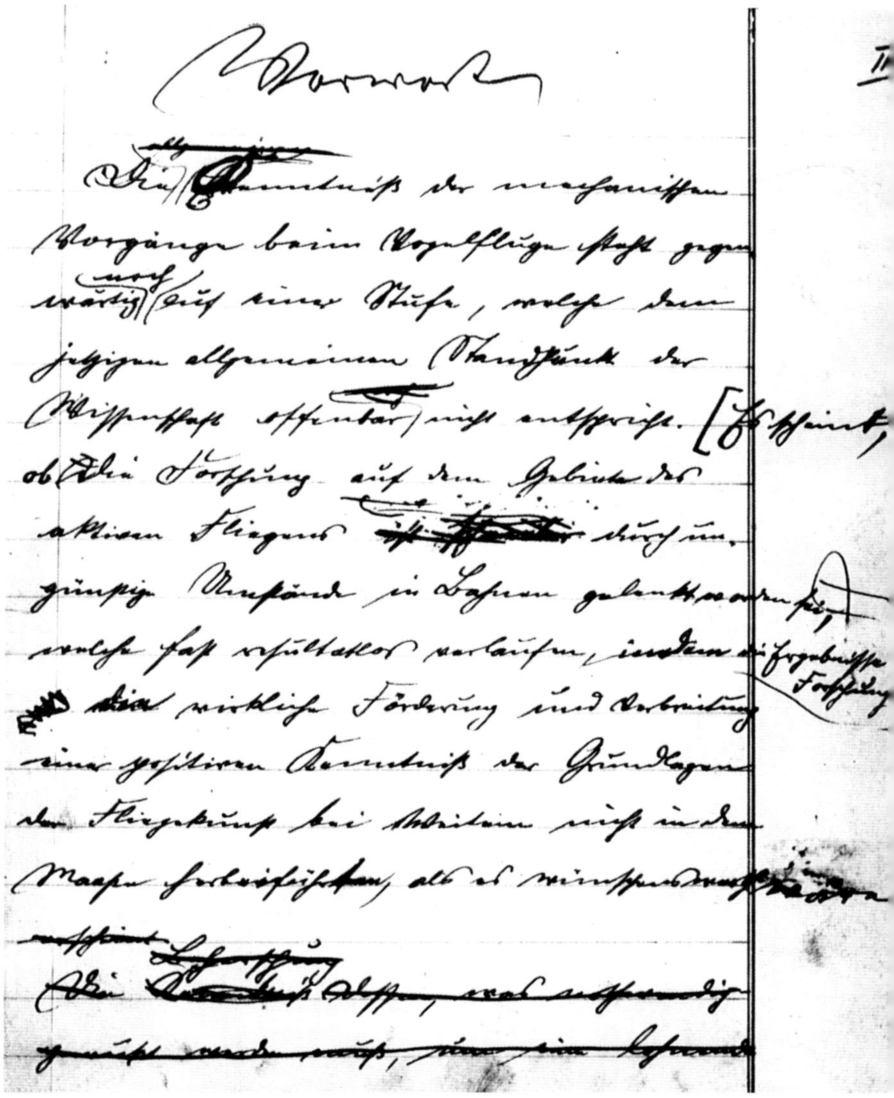

Seite des Originalmanuskripts

Ohne vorherige Übung reicht eben die menschliche Kraft nicht aus, mit solchen Flügeln im Winde zu operieren. Das erste Resultat wird daher das sein, daß der wohlberechnete und leicht gebaute Apparat nach dem ersten kräftigen Windstoß zertrümmert wieder nach Hause getragen wird.

Aus diesem Grunde empfiehlt es sich, zunächst für derartige Windwirkungen das Gefühl zu schärfen, und die Gewandtheit der stabilen Handhabung der Flügel an kleineren Flächen zu üben. Erst wenn dann die Behandlung der Luft und des Windes mittels geeigneter Flächen durch den persönlichen Umgang mit diesen Elementen uns genügend in Fleisch und Blut übergegangen sein wird, können wir an die Herbeiführung eines wirklich freien Fluges denken.«[22]

In seinem Buch »Der Vogelflug als Grundlage der Fliegekunst. Ein Beitrag zur Systematik der Flugtechnik« trägt Lilienthal die Erkenntnisse zusammen. R. Gärtners Verlagsbuchhandlung (Hermann Heyfelder, Berlin SW, Schönebergerstraße 26 erklärt sich bereit, eintausend Exemplare auf Kosten des Autors aufzulegen.[23] Obwohl noch der Abflug der Störche am 31. Juli enthalten ist, kann das Buch bereits im November im Verein besprochen werden.

Mit großer Zurückhaltung und Bescheidenheit bewertet der Autor, der nicht nur seine Versuche ständig kritisch überprüft und — wie das Buchmanuskript zeigt — jedes Wort in seiner Bedeutung abwiegt, den gegenwärtigen Wissens- und Erkenntnisstand. Davon geht er auch bei der Niederschrift aus: »Die Flugfrage muß doch nun einmal anders behandelt werden als andere technische Themata. Sie nimmt eben, wie schon angedeutet, durch ihren eigenartigen Interessentenkreis eine gesonderte Stellung ein. Dem Geistlichen, dem Offizier, dem Arzt und Philologen, dem Landwirt wie dem Kaufmann kommt es schwer in den Sinn, sich dem speziellen Studium etwa der Dampfmaschine, des Hüttenwesens oder der Spinnereitechnik zu widmen; alle wissen, daß diese Fächer in guten Händen sind und überlassen diese Sorgen vertrauensvoll den Fachleuten, aber in der Flugtechnik finden wir sie alle wieder vertreten, darin möchte jeder sich nützlich bethätigen und durch einen glücklichen Gedanken den Zeitpunkt näher rücken, wo der Mensch zum freien Fluge befähigt wird.

Die Flugtechnik kann eben auch noch nicht als ein eigentliches Fach angesehen werden, auch weist sie noch nicht jene Reihe von Vertretern auf, der man mit einem gewissen Vertrauen entgegenkommen könnte. Es liegt dies an der noch herrschenden Unsicherheit und in dem Mangel jedweder Systematik; es fehlt der Flugtechnik die feste Grundlage, auf welche sich unbedingt jeder einstellen muß, der sich mit ihr beschäftigt.

Aquarell Otto Lilienthals: »Fliegende Störche«

Dieses Werk soll sich daher auch nicht nur an
gewisse Fachkreise wenden, sondern —
An jeden, dem es eingeboren,
Das sein Gefühl hinauf und vorwärts dringt,
Wenn über uns im blauen Raum verloren,
Ihr schmetternd Lied die Lerche singt,
Wenn über schroffen Fichtenhöhen,
Der Adler ausgebreitet schwebt,
Und über Flächen, über Seen
Der Kranich nach der Heimat strebt.

Dieses als Erklärung dafür, daß unser Buch sich an
alle wendet, und daß in den ersten Abschnitten der Versuch gemacht wird, das Fliegeinteresse, welches jeder
mitbringt, der dieses Buch überhaupt zur Hand nimmt,
in ein Interesse für diejenige Wissenschaft mit hinüber-
zuspielen, ohne deren Verständnis der größte Teil jener
hohen Reize verloren geht, welche in der Beschäftigung
mit dem Fliegeproblem liegen.«[24]

Mit dieser Wissenschaft meint Lilienthal die Mechanik, die er im besten Sinne des Wortes populärwissen-
schaftlich erläutert. Verständlichkeit und hohe Überzeu-
gungskraft sprechen von der Begabung des Autors für
eine wissenschaftliche Lehrtätigkeit.

Lilienthal kommt zu der Erkenntnis, daß die mechanische Leistung für den Menschenflug bei Wind letztlich
nur bei drei Zehntel Pferdestärken liegt, was jeder
Mensch bei einiger Übung über längere Zeit zu leisten
vermag. »Wenn daher der Flugapparat, dessen man sich
bedienen müßte, eine recht günstige Form hätte und bei
etwa 15-20 qm Flugfläche nicht über 10 kg wöge, so

wäre es wohl denkbar, daß damit in ruhiger Luft horizontal bei großer Geschwindigkeit geflogen werden
könnte.

Was aber mit einem solchen Apparate auch ohne Flügelschläge sicher ausgeführt werden könnte, wäre ein
längerer schräg abwärts geneigter Flug, der immerhin
des Lehrreichen und Interessanten genug bieten
möchte.«[25]

Er bezeichnet die praktische Benutzung der Luftwi-
derstandswerte vogelflügelähnlicher Körper, ihre
Bekanntmachung als Hauptzweck des Werkes. Es geht
ihm also um vielmehr als die Erforschung der Vogelflügel — um die Beschreibung des Weges zum Menschenflug.

Schließlich formuliert er erstmals seine detaillierten
Anforderungen an die Konstruktion eines Flugapparates:

»1. Die Konstruktion brauchbarer Flugvorrichtungen
ist nicht unter allen Umständen abhängig von der
Beschaffung starker und leichter Motore.

2. Der Flug auf der Stelle bei ruhender Luft kann vom
Menschen durch eigene Kraft nicht bewirkt werden,
derselbe erfordert unter den allergünstigsten Verhältnissen mindestens 1,5 HP.

3. Bei Wind von mittlerer Stärke genügt die physische
Kraft des Menschen, um einen geeigneten Flugapparat
wirkungsvoll in Bewegung zu setzen«, (später handschriftlich im Buch ergänzt) »wenn eine genügende
Fluggeschwindigkeit eingehalten wird.

4. Bei Wind von über 10 m Geschwindigkeit ist der
anstrengungslose Segelflug mittelst geeigneter Tragflächen vom Menschen ausführbar.

5. Ein Flugapparat, der mit möglichster Arbeitsersparnis wirken soll, hat sich in Form und Verhältnis
genau den Flügeln der gutfliegenden größeren Vögel
anzuschließen.

6. Als Flügelgröße ist pro Kilogramm Gesamtgewicht
1/10 bis 1/8 qm Flugfläche zu wählen.

7. Tragfähige Apparate, hergestellt aus Weidenruten
mit Stoffbespannung, bei 10 qm Tragfläche lassen sich
bei einem Gewicht von cirka 15 kg anfertigen.

8. Ein Mensch mit einem solchen Apparate im
Gesamtgewicht von cirka 90 kg besäße pro Kilogramm
1/9 qm Flugfläche, was dem Flugflächenverhältnis der
größeren Vögel entspricht.

9. Sache des Versuches wird es sein, ob die breitere
Form der Raub- oder Sumpfvogelflügel mit gegliederten
Schwungfedern, oder die langgestreckte und zuge-
spitzte Flügelform der Seevögel als vorteilhafter sich
herausstellt.

10. In kurzer, breiter Ausführung würden die Flügel
eines Apparates von 10 qm Tragfläche eine Klafterbreite von 8 m bei 1,6 m größter Breite nach Figur 79
(siehe Bild) erhalten.«

11. Bei Anwendung einer schlanken Flügelform
ergäbe eine Flugfläche von 10 qm nach Figur 80 (siehe
Bild) eine Klafterbreite von 11 m bei einer größten
Breite von 1,4 m.

12. Die Anwendung einer Schwanzfläche hat für die
Tragewirkung untergeordnete Bedeutung.

13. Die Flügel müssen im Querschnitt eine Wölbung
besitzen, die mit der Höhlung nach unten zeigt.

14. Die Pfeilhöhe der Wölbung hat nach Maßgabe der

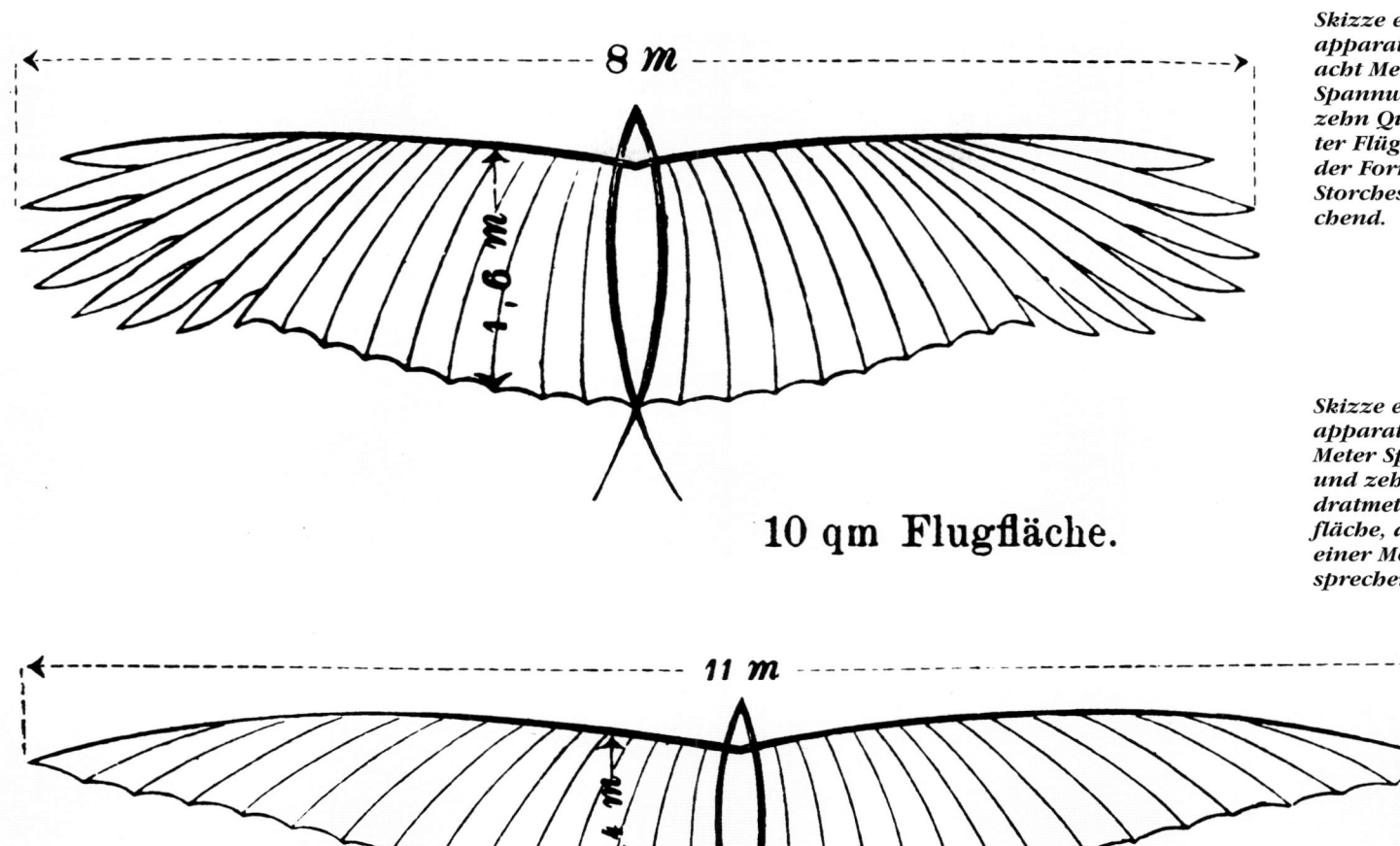

8 m

10 qm Flugfläche.

Skizze eines Flug-
apparates von
acht Meter
Spannweite und
zehn Quadratme-
ter Flügelfläche,
der Form eines
Storches entspre-
chend.

Skizze eines Flug-
apparates von elf
Meter Spannweite
und zehn Qua-
dratmeter Flügel-
fläche, der Form
einer Möwe ent-
sprechend

11 m

10 qm Flugfläche.

Vogelflügel ungefähr 1/12 der Flügelbreite an der betreffenden Querschnittsstelle zu betragen.

15. Durch Versuche wäre festzustellen, ob für größere Flügelflächen etwa schwächere oder stärkere Wölbungen vorteilhafter sind.

16. Die Tragerippen und Verdickungen der Flügel sind möglichst an der vorderen Kante derselben anzubringen.

17. Wenn möglich, so ist dieser verdickten Kante noch eine Zuschärfung vorzusetzen.

18. Die Form der Wölbung muß eine parabolische sein, nach der Vorderkante zu gekrümmter, nach der Hinterkante zu gestreckter.

19. Die beste Wölbungsform für größere Flächen wäre durch Versuche zu ermitteln und derjenigen Form der Vorzug zu geben, deren Widerstände für kleinere Neigungswinkel sich am meisten nach der Bewegungsrichtung hinneigen.

20. Die Konstruktion muß eine Drehung des Flügels um seine Längsachse ermöglichen, die am besten ganz oder teilweise durch den Luftdruck selbst bewirkt wird. An dieser Drehung haben am stärksten die Flügelenden teilzunehmen.

21. Beim Ruderflug erhalten die nach der Mitte zu liegenden breiteren Flügelteile möglichst wenig Hub und dienen ausschließlich zum Tragen.

22. Das Vorwärtsziehen zur Unterhaltung der Fluggeschwindigkeit wird dadurch bewirkt, daß die Flügelspitzen oder Schwungfedern mit gesenkter Vorderkante abwärtsgeschlagen werden.

23. Der breitere Flügelteil hat beim Ruderfluge auch beim Aufschlag möglichst tragend mitzuwirken.

24. Die Flügelspitzen sind beim Aufschlag mit möglichst wenig Widerstand zu heben.

25. Der Niederschlag muß wenigstens 6/10 der Dauer eines Doppelschlages betragen.

26. An dem Auf- und Niederschlag brauchen nur die Enden der Flügel teilzunehmen. Der nur tragende Flügelteil kann wie beim Segeln unbeweglich bleiben.

27. Wenn nur die Flügelspitzen auf- und nieder bewegt werden, darf dieses nicht mit Hülfe eines Gelenkes geschehen, weil der Flügel sonst einen schädlichen Knick erhielte, vielmehr muß der Ausschlag der Spitzen mit allmählichem Übergang sich bilden.

28. Zur Hervorrufung der Flügelschläge durch die Kraft des Menschen müßten vor allem die Streckmuskeln der Beine verwendet werden, und zwar nicht gleichzeitig, sondern abwechselnd, aber möglichst so, daß der Tritt jedes einzelnen Fußes einen Doppelschlag zur Folge hat.

29. Der Aufschlag könnte durch den Luftdruck selbst bewirkt werden.

30. Die Aufschlagsarbeit des Luftdruckes wäre möglichst in solchen federnden Teilen aufzusammeln, daß dieselbe beim Niederschlag wieder zur Wirkung kommt und dadurch an Niederschlagsarbeit gespart wird.«[26]

amit sind erneut aus wissenschaftlicher Sicht zahlreiche Ecksteine gesetzt, die insbesondere in den Ziffern eins bis achtzehn die weitere Entwicklung des Menschenfluges maßgeblich bestimmten. Schon die Feststellung des ersten Punktes ist in ihrer berechtigten Absolutheit eine Kampfansage an diejenigen, die wie Henson ausschließlich den Motorflug, noch dazu auf direktem Wege, für möglich hielten.

Lilienthal blieb jedoch nicht frei von Irrtümern. Er unterschätzte den Leistungsbedarf des Menschen und ging von der falschen Auffassung vom aufsteigenden Wind aus. Viele Fragen, die in praktischen Flugversuchen zu klären waren, blieben verständlicherweise noch offen. Auch die Notwendigkeit eines Seitenleitwerks, einer vertikalen Schwanzfläche, war noch nicht erkannt. Die in den Thesen zum Ruderflug niedergelegten Gedanken lassen sich nicht verwirklichen. Er selbst rückte später bei seinen Bemühungen um den Flügelschlag von einigen Thesen ab, so hinsichtlich der Gelenke beim Schlagflügel.

Am Ende seines Buches faßt der Autor noch einmal zusammen: »Wir müssen daher den Schluß ziehen, daß die genaue Nachahmung des Vogelfluges in Bezug auf die aerodynamischen Vorgänge einzig und allein für einen rationellen« (später handschriftlich in »zweckmäßigen« verändert) »Flug des Menschen verwendet werden kann, weil dies höchstwahrscheinlich die einzige Methode ist, welche ein freies, schnelles und zugleich wenig Kraft erforderndes Fliegen gestattet …

Der Grundgedanke des freien Fliegens, um den wir uns gar nicht mehr streiten, ist doch einfach der, daß ›der Vogel fliegt, weil er mit geeignet geformten Flügeln in geeigneter Weise die ihn umgebende Luft bearbeitet.‹ Wie diese geeigneten Flügel beschaffen sein müssen, und wie solche Flügel zu bewegen sind, das sind die beiden großen Fragen der Flugtechnik …

Aber dennoch für möglich müssen wir es halten, daß uns die Forschung und die Erfahrung, die sich an Erfahrung reiht, jenem großen Augenblick näher bringt, wo der erste frei fliegende Mensch, und sei es nur für wenige Sekunden, sich mit Hülfe von Flügeln von der Erde erhebt und jenen geschichtlichen Zeitpunkt herbeiführt, den wir bezeichnen müssen als den Anfang einer neuen Kulturepoche.«[27]

Sein Buch findet ein reges Echo. Über Jahre hinaus zitieren Autoren Lilienthal, setzen sich mit seinen Auffassungen auseinander, bestätigen diese sehr oft oder berufen sich auf ihn. Eine Frage aber bewegt offensichtlich nicht nur einzelne: Warum er die zum Teil schon Jahre, ja Jahrzehnte vorliegende Erkenntnisse erst jetzt veröffentlichte. Die Antwort spricht für sich: »Der Inhalt meines Werkes weist soviel Neues und Abweichendes von den gewöhnlichen Annahmen und Anschauungen auf, daß ich von vornherein auf den vielseitigen Widerspruch rechnen durfte. Letzteres war aber auch der Grund, weshalb ich nicht früher mit den gefundenen Resultaten an die Öffentlichkeit trat, als bis das gesamte Material in abgerundeter Form sich geben ließ und meiner Ansicht nach die Folgerichtigkeit des einen Resultates aus dem anderen hervorging.«[28]

Eine Anzeige in »Dingler's Polytechnisches Journal« wirbt für das Werk: »Der Verfasser führt mit den einfach-sten mathematischen Hilfsmitteln und in überraschend verständlicher Weise seine Beobachtungen und Versuche zur Aufklärung des Vogelfluges dem Leser vor. Die Ergebnisse sind vielfach graphisch dargestellt. Wir können jedem Freunde der Natur dieses Werk als anregend, warm geschriebenen Beitrag zur Lösung der Flugfrage empfehlen.«[29]

Im November 1889 bespricht Dr. Angerstein — Mitbegründer und erster Vorsitzender des Vereins bis 1885, Redakteur der Zeitschrift — in der Vereinssitzung »die neu erschienenen flugtechnischen Werke der Mitglieder von Parseval und Lilienthal«.[30] Beide hatten, wie der Briefwechsel zwischen ihnen zeigt, zur gleichen Zeit an ihren Manuskripten gearbeitet, ohne die Erkenntnisse des anderen berücksichtigen zu können.

Bald darauf veröffentlicht die Vereinszeitschrift auch Rezensionen. Müllenhoff verweist bei der Besprechung des »Vogelfluges« darauf, daß die »so ausserordentlich komplizirten Widerstände am bewegten Vogelflügel zu ermitteln sind. »Das Verdienst, derartige Versuche zuerst angestellt zu haben, gebührt dem Ingenieur O. Lilienthal. Durch seine während eines Zeitraumes von 23 Jahren fortgesetzten systematischen Experimente stellte er die Größe des Luftwiderstandes fest, welcher am bewegten Vogelflügel auftritt. Durch die Versuche ist eine Lücke ausgefüllt, die schon seit langer Zeit empfunden war.

Das Resultat dieser Untersuchungen besteht hauptsächlich darin, dass erkannt worden ist, weshalb die Schlagbewegungen des gewölbten Vogelflügels einen Luftwiderstand erzeugen, der mit äusserst geringen Kraftaufwande einen raschen Flug ermöglicht. Es wird hieraus der Schluß gezogen, dass die genaue Nachahmung des Vogelfluges in Bezug auf die Luftwiderstandsverhältnisse den einzigen Weg biete für ein freies, schnelles und zugleich wenig Kraft erforderndes Fliegen.«[31]

Es ist freilich nur eine Seit des Werkes gewürdigt, nicht die Konsequenz für den Menschenflug, allerdings von einem hervorragenden Kenner der Materie. Müllenhoff hatte unter anderem bereits 1885 einen wichtigen Aufsatz, »Die Größe der Flugarbeit«, in »Pflügers Archiv der Physiologie« veröffentlicht.

Aus Wien sendet der Begründer des dortigen Flugtechnischen Vereins, zu dem in der Folge ein enger Kontakt entsteht, P. W. Lippert (1830-1903), sein Buch »Natürliche Fliegesysteme«.[32] Doch es gibt auch kritische Reaktionen. Das Mitglied des Wiener Flugtechnischen Vereins, Generaldirektionsrat August Platte (1830-1903), versieht Lilienthals Buch mit Randbemerkungen und schickt es ihm Anfang 1890 zu. Der Autor antwortet dem Verfechter ebener Flächen: »Unter den zahlreichen Zuschriften über den Inhalt meines Werkes über den Vogelflug ist mir keine so ausführlich zu Theil geworden als wie durch Ihre Randbemerkungen in dem Exemplar, das ich von Ihnen empfing.

Über die Gründlichkeit, mit welcher Sie mein Werk lasen, und die Aufrichtigkeit, mit welcher Sie es beurtheilen, empfinde ich große Freude. Auch ich theile Ihre Ansicht, daß ein unverholener Meinungsaustausch mehr wie alles andere zur Läuterung von Streitfragen dient.

Der Standpunkt, welchen Sie zur Flugfrage einnehmen, war mir nicht ganz unbekannt und gerade die Abweichungen in unseren Ansichten lassen mir Ihre Kritik als besonders werthvoll erscheinen.

Sie werden bemerkt haben, daß ich in meinem Werk jede Polemik sorgfältig zu vermeiden suchte und die Widerlegung gegentheiliger, von mir nicht richtig gehaltenen Ansichten ganz allgemein behandelte…

Zum Schluß will ich Ihnen nur noch ein kleines Rezept verschreiben, nach dessen Benutzung Ihre seitherige Anschauung über den Werth gewölbter Flugflächen eine Änderung erfahren dürfte. Dieses Rezept besteht aus einem einfachen, leicht zu bewerkstelligenden Experiment, das ich extra für Sie ersonnen habe.

Sie zweifeln das Hauptergebnis unserer Untersuchungen mit gewölbten Flächen an, welches darin besteht, daß diese Flächen unter dem Winkel α = 0 bewegt, also z. B. horizontal gelagert und horizontal verschoben einen hebenden Luftwiderstand erfahren. Sie sagen ›unmöglich‹! Nun gut! Sie kennen doch den bekannten kleinen Schraubenflieger, ein ebenes Blechstück, windschief oder schraubenförmig gedreht, welches durch eine Schnur in Rotation versetzt hochsteigt und langsam fällt. Nehmen Sie einen solchen Flieger, und entfernen Sie zunächst die schraubenförmige Verdrehung; dann ist das Blech eben. Dann wölben Sie das Blech, sodaß ein reguläres ziemlich flaches Kappengewölbe herauskommt. Dann haben Sie unsere berüchtigte Flügelwölbung, und wenn Sie dieses Blech mit der Höhlung nach unten auf die Stiftchen legen und die Schnur ziehen, so hebt sich das Blech ab und wenn es auch nicht ganz so hoch steigt, als wie bei der directen Schraubenform, es fliegt doch ganz nett und senkt sich langsam herunter.

Jetzt höre ich Sie sagen 'Hoho, da muß doch eine kleine Schraubendrehung noch vorhanden sein.' Jetzt sind Sie aber auch in der Enge, in der ich Sie haben will: denn nun können Sie mit Ihrem Zugeständniß nicht mehr ausweichen; denn ich commandire ›das Blech unverändert gelassen, aber die Wickelung der Schnur entgegengesetzt gemacht‹, dann muß sich ja ausweisen, wer Recht hat. Sie wickeln links, und siehe, da fliegt das Ding ebensogut als vorher.

Sie wickeln wieder rechts und noch einmal links und erklären schließlich, daß es eine Luftschraube, einen Propeller giebt, der nach links und rechts gedreht dieselbe Hebung giebt. Sehen Sie, solche Sachen machen wir hier in Berlin.

Aber nun kehren Sie doch einmal das Blech mit der Höhlung nach oben; was giebt denn das? — Nur das, was es geben kann! Jetzt bleibt das Blech rotierend auf den Stiften liegen, weil — es heruntergedrückt wird durch denselben Luftwiderstand, welcher es vorher hob, Sie mögen rechts oder links drehen.

Sie sind nun einmal gut im Zuge, darum fahren Sie noch fort und geben Sie dem gewölbten Blech in der Mitte ein Torsion, sodaß wieder ein wirklicher Schraubenflieger entsteht, aber nun ein solcher mit gewölbten Flächen.

Dann werden Sie sehen, was ein solcher Flieger leisten kann und daß die Flügelwölbung kein eitler Wahn ist. Noch nicht genug! Jetzt wird das Blech umgekehrt.

Die Schraubenwirkung bleibt dieselbe, aber die Krümmung der Flächen wirkt entgegengesetzt. Die Addition von ›Schraubenwirkung + Wölbungswirkung‹ wird jetzt ›Schraubenwirkung − Wölbungswirkung‹, und ist die erstere Wirkung nicht überwiegend so wird das Resultat Null oder negativ. D. h. der letzte Fall erhält keine Hebung mehr.

Sie sehen den nahen Zusammenhang zwischen Kinderspiel und Forschung; denn dieses winzige Instrumentchen giebt Ihnen Gelegenheit, auf leichte Weise die vorteilhafteste Wölbung herauszufinden… Wenn Ihre Zweifel an den Resultaten unserer Messungen nun nicht gehoben sein sollten, dann kann ich Ihnen allerdings nicht helfen, wenn Sie mir jedoch ein Experiment vorführen, wo bei ebenen Flächenquerschnitten eine Schraubenform rechts oder links gedreht gleiche Hebewirkung hat, so sollten Sie Recht behalten, so lange dies nicht geschieht, behaupte ich auch ferner, daß die gewölbte Flügelform der Schlüssel des Flugproblems ist, und daß es schade ist um jede Minute, die man für dieses Problem anwendet ohne dabei den gewölbten Flügel als Grundform zu berücksichtigen…

Indem ich Sie bitte, die freie Schreibart mir nicht zu verübeln verbleibe ich mit vorzüglicher Hochachtung Ihr ganz ergebenster
Otto Lilienthal«

Diesen Brief versah Platte mit einer Vielzahl von Randnotizen, die seine unterschiedliche Meinung ausdrückten, und sandte ihn zurück:
»Euer Hochwohlgeboren!
Ich habe gestern doch eine Stunde gefunden um Ihre Bemerkungen beantworten zu können. Ich sende meine Bemerkung nebst den Ihrigen nunmehr ab u. bitte Sie dieselben gütigst zu lesen.«
Hochachtungsvoll
Platte«[33]

Der schriftliche Meinungsstreit zwischen beiden setzte sich weiter fort. Das Buch August v. Parsevals (1861-1942) über die Mechanik des Vogelflugs« bespricht Lilienthal für die Zeitschrift »Prometheus«: »Hoch überragt dieses Werk das gewöhnliche Niveau, auf dem sich die größere Zahl der flugtechnischen Schriften bewegt.« Er beweist mit einer Reihe von Zitaten die Identität der Auffassungen, daß »nur der Versuch praktisch verwerthbare Ergebnisse liefern kann«, daß die bisherigen Formeln für die Berechnung des Vogelfluges nicht ausreichen, daß nur aus Naturbeobachtungen Rückschluß auf Größen der Luftwiderstände zu ziehen sind. »In der Zergliederung der Mechanik des Fluges steht das Werk von Parsevals einzig dar, und seine Organik des Flügels und der Schwanzfedern sichern ihm dauernd einen hervorragenden Platz in der flugtechnischen Literatur.«[34]

Sicher ist es auch als ein Echo auf das Buch zu werten, wenn Otto Lilienthal vom »Verein zur Beförderung des Gewerbefleißes in Preußen« zu einem Vortrag eingeladen wird: »Über die Möglichkeiten des freien Fluges«. Für die technische Tagesordnung, zu der das Thema gehört, ist Adolf Slaby verantwortlich, den Vorsitz hat kein geringerer als der einflußreiche Bankier und damalige Staatsminister Martin Friedrich Rudolf Delbrück.[35]

Am 2. Juni 1890 ergreift Lilienthal das Wort: »Meine Herren, das Thema, welches ich zu besprechen habe, behandelt einen Gegenstand, der heute noch als ein Stiefkind der Technik angesehen werden muß, weil gerade die Techniker diesen Gegenstand über Gebühr vernachlässigt haben. Ich kann deshalb nicht umhin, meiner Freude darüber Ausdruck zu geben, daß an mich die ehrende Aufforderung erging, vor diesem in so hohem Ansehen stehenden Vereine einen Vortrag aus dem Gebiete des aktiven Fluges zu halten; denn ich darf dies wohl als einen Beweis dafür betrachten, daß das Interesse für die Kunst des freien Fluges im erfreulichen Wachsen begriffen ist, und auch seitens höherer technischer Kreise eine regere Bethätigung an der Lösung der Flugfrage in Aussicht steht.«

Der Ingenieur behandelt die Mängel, die sich aus herkömmlichen Berechnungsmethoden ergaben, legt Erkenntnisse aus seinem Buch dar und illustriert diese mit zahlreichen Abbildungen.

Nun — siebzehn Jahre nach der Veröffentlichung — nimmt er deutlich gegen den Standpunkt von Helmholtz Stellung, der Ehrenmitglied des Vereins ist. Die Erforschung der theoretischen Voraussetzungen für die Flugtechnik war in ein entscheidendes Stadium getreten. Führend an der Herausbildung einer spezifischen flugtechnischen Wissenschaft beteiligt, die auf der Untersuchung des Vogelfluges, spezieller Probleme der Mechanik sowie der Theorie des gewölbten Flügels beruht, erklärt Lilienthal seine Ausgangsposition.

»Die Beobachtung der Vögel also lehrt uns, daß es mechanische Mittel geben muß, mit Hülfe deren ein freies, schnelles Fliegen durch die Luft erreicht werden kann... Die Mechanik lehrt uns aber, daß zu derartigen Flügelbewegungen, wo das Gewicht schwerer Körper durch künstlich hervorgerufenen Widerstand getragen werden muß, eine gewisse mechanische Arbeit dauernd erforderlich ist.«

Dann erinnert er an den Helmholtzschen Standpunkt und die Auffassung, »daß die ganze Flugfrage darin gipfele, Motoren zu beschaffen, welche mit großer Leichtigkeit außerordentliche Kraftwirkung verbinden«. Und er stellt streitbar entgegen, er sei »auf Grund langjähriger Versuche in der Lage, diese Ansicht als eine irrige bezeichnen zu können, obwohl dieselbe ganz allgemein verbreitet ist und leider das Interesse für die Flugfrage sehr abgestumpft hat«.[36]
Zugleich wendet er sich damit auch bewußt gegen die Meinung eines Werner v. Siemens (1816-1892), der — ebenfalls Vereinsmitglied — auf leichte, kräftige Maschinen als Grundbedingung schwor und 1883 erstmals

erklärt hatte: »Flugmaschinen sind erst möglich, wenn Kraftmaschinen erfunden sind, welche höchstens ein Fünftel der leichtesten jetzigen Maschinen wiegen und welche statt 5 Prozent mindestens 30 Prozent des theoretischen Kraftäquivalents der Wärme geben. Bis dahin sind alle Flugmaschinenkonstruktionen Zeitverschwendung.«[37]

Und Lilienthal setzt fort, er könne »wohl behaupten, daß die Überschätzung der Flugarbeit nur dadurch entstand, daß man nicht tief genug in das Wesen des eigentlichen freien Fluges eindrang. Man glaubte durch das Rechnungsmaterial, welches hierüber zur Verfügung stand, das Flugproblem theoretisch richtig behandeln zu können, und gelangte dabei zu Resultaten, welche Techniker vor der Beschaffung der zum Fliegen erforderlichen motorischen Leistung geradezu zurückschrecken machte.

Die Untersuchungen... führten uns zu dem Resultat, daß dasjenige, was die Schule über den Luftwiderstand lehrt, und was in den technischen Handbüchern über die Dynamik der Luft enthalten ist, nicht im Entferntesten ausreicht, um die Flugerscheinungen der Vogelwelt auch nur annähernd verstehen zu lernen und erklären zu können.«[38]

Drei Momente hebt er zusammenfassend hervor, die in der Praxis die Einsparung von Flugarbeit gegenüber alten Theorien belegten: den Flügelschlag, die richtige Form der Flügel und den Wind selbst. »Berücksichtigen wir nun alle diese Gesichtspunkte, so müssen wir die Möglichkeit des freien Fluges für den Menschen unbedingt bejahen, weil die Kraftbeschaffung zum Fliegen uns kein Hinderniß sein kann, solange wir mit ähnlichen Mitteln zu wirken versuchen, als unsere Lehrmeisterin, die Natur.«

Das Ziel, dem der Mensch »zustrebt, ist ein großes, vielleicht das größte, welches die Technik sich überhaupt stellen kann, dessen Tragweite sich heute noch gar nicht ermessen läßt. Darum dürfen wir auch die Flugfrage nicht vernachlässigen, sondern müssen dafür sorgen, das unsere Erkenntniß auf diesem Gebiet gleichen Schritt hält mit den Errungenschaften auf anderen Gebieten der Wissenschaft.«[39]

Damit war Lilienthal zum ersten Mal aus dem engeren Kreis der Fachleute herausgetreten. Er hatte vor Wirtschafts- und Finanzkreisen den Anspruch erhoben, einer neuen Wissenschaft die gebührende Aufmerksamkeit zuzuwenden und zugleich auf eine enorme technische Entwicklungsmöglichkeit hingewiesen, die angepackt werden mußte.

Auf dem Weg zu ersten Flügen

»Im Jahre 1890 war der Stand der Technik noch keineswegs so weit fortgeschritten, daß man auch nur die notwendigsten Kenntnisse zur Ausführung von Ingenieurwerken der Luftfahrt besessen hätte…«, charakterisierte August v. Parseval um 1925 die Situation. »Damals fehlte es in der Luftfahrt nicht nur an der Erkenntnis der Luftkräfte selbst; es fehlte auch an den technischen Mitteln: Es gab weder gute Motoren noch Materialien, wie wir sie in den hochwertigen Stählen und dem Duraluminium heute besitzen. So bedurfte es der glücklichen Unwissenheit des Dilletanten, um sich an eine Aufgabe heranzumachen, zu deren Lösung eigentlich noch die Grundlagen fehlten.« Der das sagte, sprach aus eigener Erfahrung.[1]

Der Dilletanten gab es viele, und ihre Einfälle erschöpften sich nicht. Otto Lilienthal aber bleibt bei seinem wissenschaftlich-experimentellen Weg. Ein großes Versuchsfeld liegt vor uns, konstatiert er. Es stehe »fest, dass wir am grünen Tisch allein nicht mehr weiterkommen, und dass auch am einfachen Rotationsapparat sich nicht mehr allzuviel erforschen lässt. Wir müssen weiter gehen, und mit der Luft beim wirklichen Fluge allein zu sein versuchen.«[2]

In dieser Auffassung stimmte er mit nicht wenigen überein. Ernst Freiherr v. Wechmar, der mit Lilienthal zusammen Vereinsmitglied wurde, propagierte den »persönlichen Kunstflug«. Der Münchener Gustav Koch erklärte 1890 in einem Vortrag vor dem »Wiener Flugtechnischen Verein«: »Es hilft alles nichts, wenn der Mensch fliegen will muß er zuerst selbst mit dem denkbar einfachsten Apparat sich in das Element hineinwagen… erst dann kann die dynamische Flugmaschine hergestellt werden.«[3]

Was aber Lilienthal von den Zeitgenossen abhebt: Er stellt sich diesen Versuchen mit aller Konsequenz. Im Garten seines Wohnhauses baut er ein Sprungbrett, das einen Anlauf von acht Metern gestattet und sich auf etwa zwei Meter erhöhen läßt. Er steht nun vor einem Grundproblem, einer Schranke zwischen Theorie und Praxis, vor dem Übergang vom Modell zur Wirklichkeit. Mit welcher Sicherheit sind Experimentalergebnisse auf große Abmessungen zu übertragen? Der Versuch bleibt der einzige Weg zur Klärung dieser Frage.

Von einem Meter Höhe beginnt er. Das Flügelpaar — nur daraus besteht der »Fliegeapparat« — unterscheidet sich von gewöhnlichen Fallschirmen dadurch, daß es

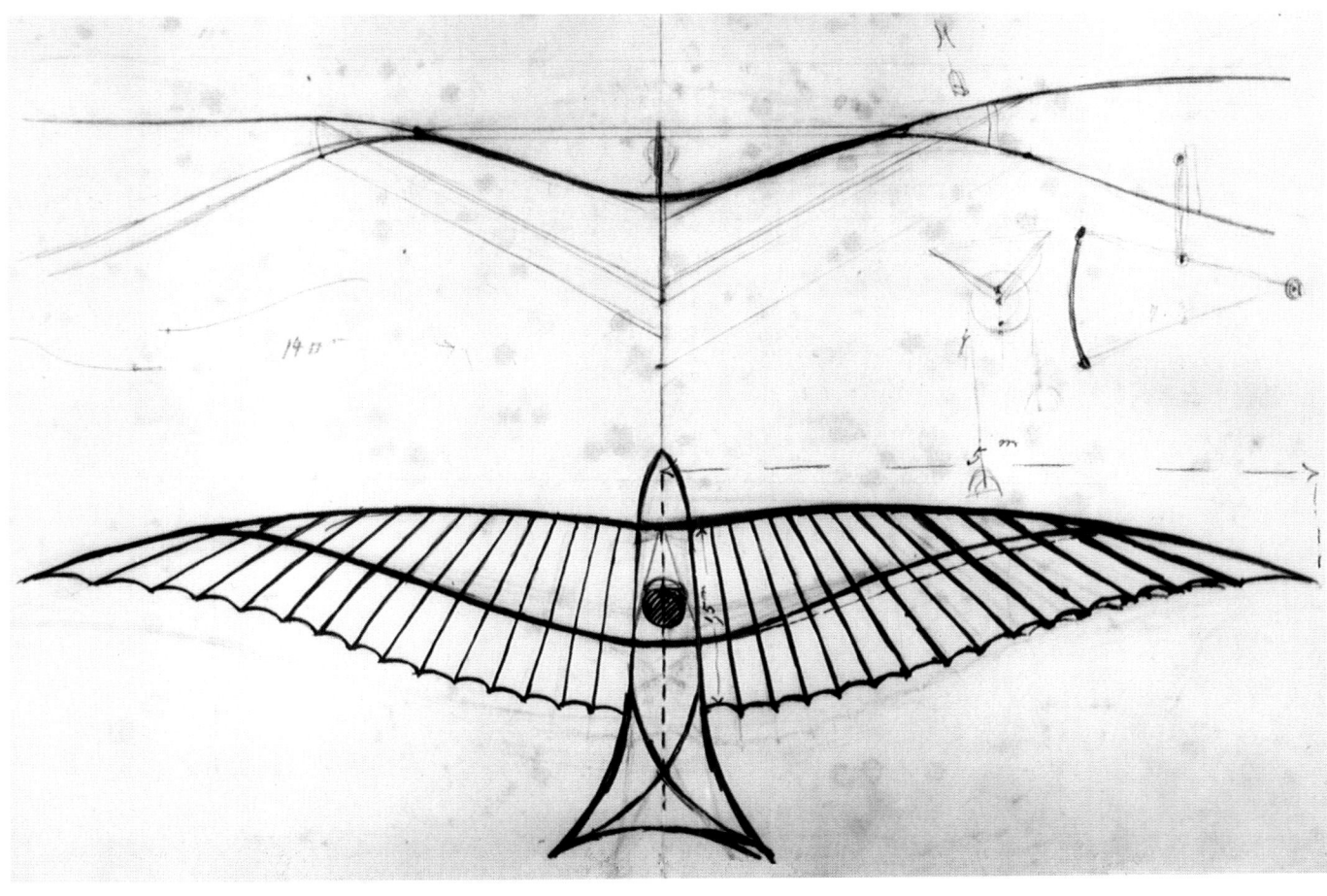

Entwurf eines Gleit- und Flügelschlagflugzeugs

das nach vorn gerichtete Durchschneiden der Luft gestattet. Springt er zunächst aus dem Stand, um das Wirken der Flügel zu ertasten, nimmt er dann kurze, schließlich längere Anläufe. Er braucht diese, da die Lage des Rasenplatzes weitgehende Windstille mit sich bringt. Nur deshalb werden bei zwei Meter Höhe lediglich sechs bis sieben Meter Weite erreicht.

Bei den Sprüngen hat er das Gefühl, »als ruhe der Körper in der Luft mit seinem Gewichte auf dem tragenden Apparate. Der Aufstoss auf dem weichen Erdboden mit den Füssen war nicht allzu stark.« Fünfzig- bis sechzigmal kann er hintereinander springen. »Durch wenig Uebung gelangte man dahin, die Flügel beim Sprunge so zu halten, dass ihre Tragfähigkeit eine möglichst grosse wurde.«[4]

Erfahrungen und Überlegungen bestätigen, daß »die Fluggeschwindigkeit mit der Weite des Sprunges also mit der Länge der Zeit, während welcher man auf der Luft schräg abwärts gleitet, stark zunimmt. Auch hier wird die Uebung bald dahin führen, durch Aufrichten des Vorderrandes der Flügel die Geschwindigkeit zum gefahrlosen Niedersetzen zu hemmen, wie wir es an jeder sich setzenden Krähe sehen.«[5]

Der nächste Schritt muß folgerichtig in den Wind führen. »Man braucht sich ja nicht gleich, wie es oft unsinniger Weise geschehen ist, aus schwindelnder Höhe, womöglich zum Luftballon, herabzustürzen, sondern kann sich vor der Hand darauf beschränken, die Handhabung und die Wirkung des Apparates kennen zu lernen, indem man auf der Erde stehend den Wind auf sich einwirken lässt, oder, wenn der Wind zu schwach ist, indem man einen sanften Abhang dem Winde entgegen herabläuft.«[6]

Doch als so einfach erweist sich dieses nicht, belegt das Versuchsergebnis vom 1. Juli 1890.[7] Kopfstände sind nicht ausgeschlossen, und ein Helfer, so Bruder Gustav, muß oft eingreifen, um das verlorene Gleichgewicht wiederherzustellen. Fliegen beginnt also mit dem Stehen im Wind.

Otto registriert, wie schwer es ist, größere Flächen im Wind zu beherrschen, erkennt aber auch, daß Übung Erleichterung schafft. Schon bei einer leichten Brise fühlt er, wie der Flugapparat »sein Gewicht verliert und auf der Luft zu schwimmen scheint. Man muss vielleicht sogar noch mit den Händen oder Armen auf den Apparat drücken, um ihn nieder zu halten. Beobachtet man annähernd die horizontale Lage der Tragflächen, so verspürt man kaum, dass der Wind eine zurückschiebende Wirkung äussert. Der Wind sucht, die wohlgeformten Flügel nur senkrecht zu heben. Richtet man aber die Vorderkante der Flügel etwas auf, so stellt sich bei Vergrösserung der Hebewirkung auch sofort ein Druck des Windes nach rückwärts ein, und man muß den einen Fuss nach hinten setzen, um im Gleichgewicht zu bleiben.« Die Schwierigkeiten, die jede geringe Abweichung des Apparates von der Windrichtung hervorruft, bringt ihn auf den Gedanken, »den Apparat so zu formen, dass der Wind ihn selbst einstellt«.

Schon bei einer Geschwindigkeit von sechs Meter je Sekunde bedarf es der ganzen Aufmerksamkeit, da ein großer Teil des »Körpergewichtes durch den Apparat getragen wird und man deshalb bei weiten nicht mehr

so fest auf dem Boden steht als zuvor«. Bei acht bis zehn Meter je Sekunde hat er den Apparat nicht mehr dauernd in der Gewalt.

»In solchen Momenten«, faßt Otto Lilienthal die Erkenntnisse aus den ersten Begegnungen mit dem Wind zusammen, »bekommt man einen gewaltigen Respect vor der Tragewirkung des Windes und es schwindet jeder Zweifel, dass es nicht möglich sein soll den Wind bei richtigen Flügeln und gehöriger Uebung zum freien Segeln in der Luft auszunutzen. Man urtheilt hierbei über die Leichtigkeit der Apparate als über etwas ganz Nebensächliches und schätzt dafür eine recht starke und bequem bewegliche Construction um so höher. Nebenher bildete sich die Regel heraus, im Winde zuerst nur mit kleineren Flächen zu operiren und erst allmälig zu grösseren überzugehen, nachdem das Gefühl für die Handhabung der Flugflächen und das Urtheil über die Richtigkeit ihrer Formen sich geschärft hat.«

Zu den Versuchen im Garten und im Wind verwendet Otto mehrere Konstruktionen. Zwei haben acht und zehn Meter Spannnweite bzw. acht und zehn Quadratmeter Flügelfläche.[8] Man kann davon ausgehen, daß sie weitgehend den Modellen aus dem Buch über den Vogelflug entsprachen. Die Masse lag zwischen zehn und fünfzehn Kilogramm.

Die inzwischen vorgenommenen Weiterentwicklungen lassen sich am deutlichsten an dem Gleit- und Flügelschlagflugzeug von elf Meter Spannweite und vierzehn Quadratmeter Flügelfläche erkennen. Der Flieger befindet sich inmitten der Fläche. Offenbar hatte dieser Apparat zwei Holme, von denen einer die vordere Flügelkante bildete. Noch fehlt ein vertikales Leitwerk, eine Windfahne, die den Apparat selbsttätig gegen den Wind einstellt. Somit ist der Entwurf vor dem Sommer 1890 entstanden und vermutlich auch in gleicher oder ähnlicher Art gebaut worden.

Vor Lilienthal hatte der Engländer Sir George Cayley schon im Jahre 1799 ein Seiten- und ein Höhensteuer entworfen. Zehn Jahre später veröffentlichte er einen Artikel über Flugstabilität. Seine Gedanken und theoretischen Begründungen stimmen im wesentlichen mit den heutigen Auffassungen überein. Auch Hensons Apparat wies eine derartige Lösung auf.

Lilienthal beschäftigt sich zu dieser Zeit weiter mit Schlagflügelapparaten. Alle Entwürfe folgen der geschwungenen Form, von der er Minderung des Kraftaufwandes erhofft. Die Spannweiten betragen acht, zwölf und sechzehn Meter. Wie schon vorher erkannt, war daran gedacht, nur die äußeren Enden der Flügel zu bewegen. Der mittlere Teil sollte vor allem zum Tragen bestimmt sein. Berechnungen verweisen auf illusorische zwei Flügelschläge je Sekunde, was einer Geschwindigkeit von acht Meter je Sekunde entspräche. Die Profile sind oben und unten bespannt gezeichnet bei einer Profilhöhe von einem Zwanzigstel. Lilienthal geht also von einer spürbaren Abflachung beim Niederschlag der Flächen aus. Einer der Apparate ist bereits zusammensetzbar konstruiert, ein Beweis für die Suche nach günstigen Transportmöglichkeiten.

Im Flugapparat von acht Quadratmeter Flügelfläche befindet sich der Flieger zwischen zwei Holmen, vor sich die Übertragungsrolle des Tretmechanismus. Die

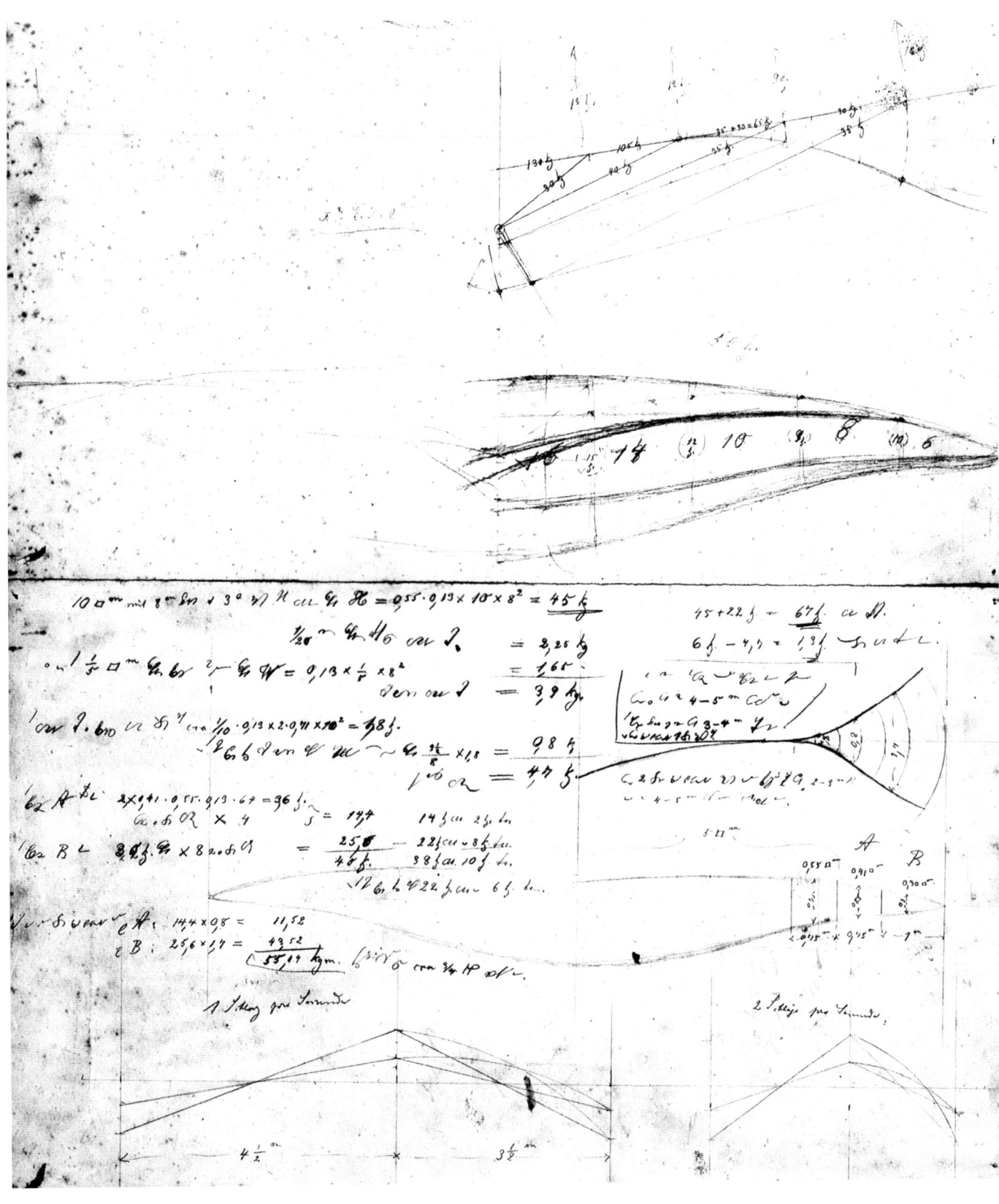

Entwurf eines durch Menschen-kraft getriebenen Schlagflügelappa-rates; oben: Flü-gel und die daran entstehenden Kräfte beim Nie-derschlag; unten: Berechnungen zu den Komponen-ten des Luftwider-standes

Flächen sollen über Hebel und Zugdrähte bewegt werden. Sie sind mit einer Schnur verbunden, die über die Übertragungsrolle zu einem Bügel vor jedem Oberschenkel des Fliegers verläuft, an dem eine Schlinge befestigt ist. In ihr stecken die Füße, was sogar das Laufen ermöglicht. Im Fluge ist ein Treten mit den Beinen bis zu dreißig Zentimeter möglich.[9]

Es gibt keine Anzeichen für die Verwirklichung dieser Konstruktion. Sie dürfte aber später, zum Teil modifiziert, genutzt worden sein. Auf alle Fälle unterstreichen Entwürfe und Rechnungen, welche Hoffnungen Lilienthal auf Schlagflügel setzt.

Über die Resultate dieser Arbeitsetappe spricht der Ingenieur am 16. März 1891 im Verein: »Indem nun die Entdeckung der Gesetze des activen Fluges und die Herleitung anwendbarer Theorien den ersten Theil der gesamten flugtechnischen Bestrebungen ausmachen, hat sich hieran die Construction und Ausführung von Flugapparaten, sowie die Veranstaltung praktischer Flugversuche als zweiter Theil der erfinderischen Thätigkeit auf dem Gebiet der Flugtechnik anzuschliessen.

Beide Theile sind von gleicher Wichtigkeit für eine endgültige Lösung der Flugfrage… Wohl könnte man diesen beiden Theile kurz Theorie und Praxis des freien Fluges nennen.«

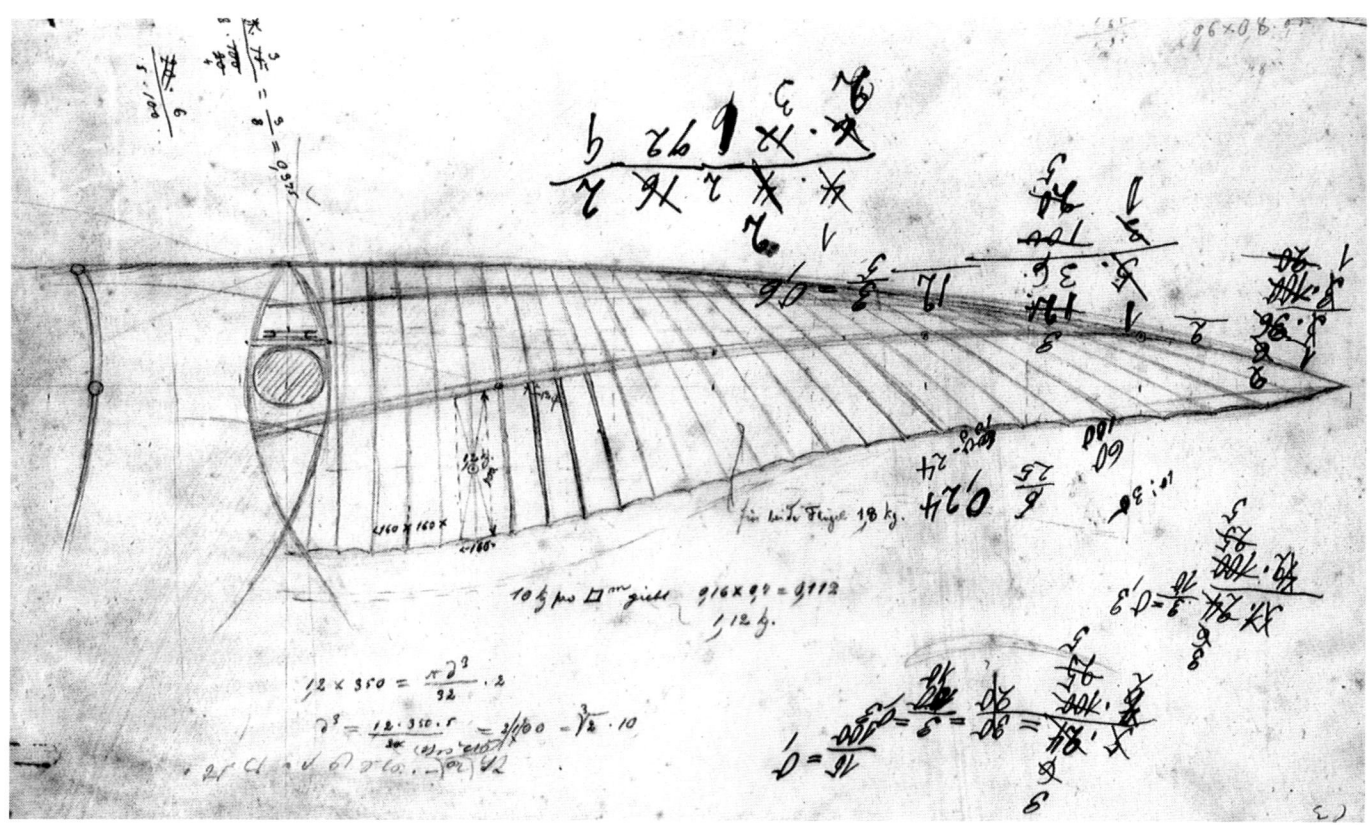

Entwurf eines durch Menschenkraft getriebenen Schlagflügelapparates, Grundriß mit Rumpf und Antriebsrolle

Und unter dieses Motto stellt er seinen Vortrag. Entschieden wendet er sich gegen »unfruchtbare Klügelei«. Die Übung sei es, die man beim Fliegen ebenso gut brauche als beim Schwimmen, Reiten, Schlittschuhlaufen usw. Nachdrücklich verweist er auf das Schwimmen, wo die Beherrschung der Bewegung im Trockenen längst nicht vor dem Ertrinken bewahre. Der Übergang zur Fliegepraxis sei »ein nothwendiges Bindeglied in dem Aufbau unseres ganzen Wissens über die Fliegekunst«. Versucht und erfolgreich geübt werden müsse das Durchfliegen der Luft in einer schwach geneigten Bahn.

Die erste Hauptübung, dem fliegenden Eichhörnchen gleich, wäre, mit Hilfe der Flügel schräg abwärts führende Sprünge zu verlängern. »Hierbei würde der Apparat schon seinen Zweck erfüllen, wenn er im wesentlichen eine unbewegliche Fläche bildet, welche in ihrem Schwerpunkte an dem Körper der Uebenden so befestigt ist, dass eine geringe Lagenveränderung mit den Händen oder Armen herbeigeführt werden kann, während den Beinen und Füssen der freie Lauf und Sprung gestattet ist.

Der junge Storch, welcher auf dem windigen Dachfirst seine ersten Uebungen ausführt, befindet sich in ganz ähnlicher Lage, an ihm können wir hierin sehr viel lernen.«

Ausführlich beschreibt der Redner seine Versuche unter anderem auf dem Gerüst in der Boothstraße und gibt der Hoffnung Ausdruck, daß bei systematischer Schulung »von höheren Ausgangspunkten ziemlich weite Strecken ohne Flügelschlag frei fliegend durchsegelt werden können«. Dabei ließen sich wichtige Studien machen, »denn man befindet sich unabhängig von der Erde allein mit dem Apparate in der Luft, und jede Kraftäusserung und Bewegungswirkung kann nur aus der Luft selbst stammen«. Seine Hoffnungen erstrecken sich auch auf das Kreisen und den Schlagflügel, weil

man auch versuchen wird, »die Füsse von dem Moment an, wo dieselben den Boden verlassen, zum Ausführen wuchtiger Flügelschläge zu benutzen, um auch die in den Beinen innewohnende Arbeitskraft zur Geltung zu bringen…

Schliesslich würde sich dann auf diesem Wege auch wohl die Einsicht gewinnen lassen, ob die Benutzung grösserer Flugfahrzeuge möglich ist, und ob unter Hinzuziehung motorischer Elementarkräfte wohl gar der grosse Weltverkehr sich in die Luft wird verlagern lassen.

Das aber sind Fragen, die uns zunächst kaum beschäftigen sollten, und ich schliesse mit dem Hinweis, dass wir zuförderst einen Uebergang von der Fliegetheorie zur Fliegepraxis anbahnen müssen.«[10]

Der Vortrag wurde vom Vorsitzenden, Dr. Richard Assmann (1845-1918), »unter besonderer Anerkennung der Thätigkeit des Herrn Lilienthal« ohne Diskussion geschlossen.[11]

Am 19. Januar 1891 war Lilienthal gemeinsam mit dem Astronomen und Klimatologen Dr. Victor Kremser (1858-1909) zum Schriftführer des »Deutschen Vereins zur Förderung der Luftschiffahrt« gewählt worden.[12] Die Funktion umfaßt keinesfalls nur die Protokollführung der Versammlungen. Einladungen müssen vorbereitet und versandt werden, die Mitgliederliste und mancher Schriftverkehr sind zu führen. Auch in der »Zeitschrift für Luftschiffahrt«, deren Redaktion Kremser mit Beginn des Jahres übernahm, verweist dieser namentlich auf die Mitwirkung Lilienthals: »Es erschien… angezeigt, an eine Reihe hervorragender Physiker und Ingenieure, von denen ein Interesse für die Luftschiffahrt erwartet werden durfte, die Bitte zu richten, durch geeignete Beiträge die Zeitschrift zu unterstützen und damit zu gesunder und kräftiger Entwicklung derselben Hülfe zu leisten.«[13]

So ist dieses Jahr von intensiver Arbeit auch für Verein und Zeitschrift geprägt. Die Pflichten des Schriftführers sind in den Versammlungen zu erfüllen, in denen der Ingenieur zahlreiche Bekanntschaften macht, auch mit Dr. Friedrich Simon Archenhold (1861-1939), dem späteren Begründer der Treptower Sternwarte.[14]

In der Zeitschrift erscheinen mehrere Rezensionen Lilienthals. Kritisch setzt er sich mit den Ergebnissen vierjähriger Luftwiderstandsversuche Samuel Pierpont Langleys auseinander, insbesondere mit dessen falscher Bewertung ebener Flächen.[15] Das Buch des Schweizer Malers Carl Steiger (1857-1905). »Vogelflug und Flugmaschine«, im Jahre 1891 in München erschienen, kennzeichnet er als »ein werthvolles und sehr anregendes Werk«. Es würde seine Auffassungen in großen Teilen unterstützen, aber es wären eben nur Vorschläge, genau wie ein mehrteiliger Artikel in der Zeitschrift von Georg Wellner (1846-1909), einem Professor für Maschinenbau in Brünn (Brno). Das freue ihn natürlich, wichtiger wären jedoch praktische Versuche.[16]

Auch mit einer Veröffentlichung des Mediziners und Nestors der französischen Luftfahrt Abel Hureau de Villeneuve in der von diesem herausgegebenen Zeitschrift »L'Aéronaute« beschäftigt er sich, in dem Hureau bedauert, daß seit Alphonse Penaud im Jahre 1871 kein freiliegendes Modell mehr in Frankreich gebaut wurde, auch nicht von Ader. Der Autor teilte mit, die »Association française« habe der »Commission permanente civile d'aeronautique« eine Subvention für Luftwiderstandsversuche übergeben. Lilienthal informiert über seine Bitte an den Autor, »die Experimente nicht bloss auf ebene Flächen, sondern auch auf vogelflügelartig geformte Flächen auszudehnen, unter gleichzeitiger Uebersendung der von mir vor 2 Jahren gemachten Versuchsveröffentlichung«.[17])

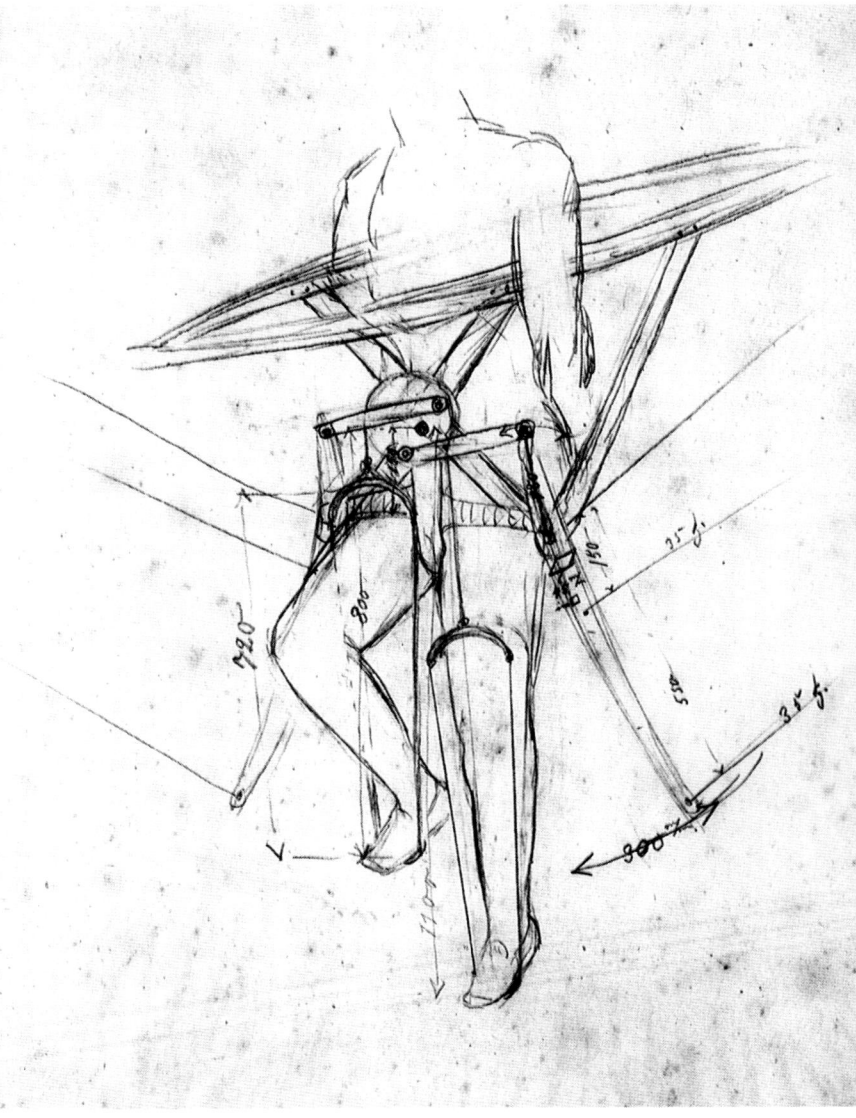

Entwurf des Tretmechanismus für einen durch Menschenkraft angetriebenen Schlagflügelapparat

Einladung zu einer Versammlung des »Deutschen Vereins zur Förderung der Luftschiffahrt«

Deutscher Verein zur Förderung der Luftschiffahrt.

Eintritts-Karte

zur Vereinsversammlung am

Montag den 30. September 1889 abends pünktlich 7 Uhr im kleinen Saale der Königlichen Kriegs-Akademie Dorotheenstraße 58/59.

Tages-Ordnung:

1. Geschäftliche Mittheilungen.
2. Herr Dr. phil. W. Angerstein: Ueber die neueren Fallschirm-Versuche.

Zur Mitgliedschaft sind angemeldet: Herr F. Zimer, Patentee and Manufacturer, in London; Herr Sec.-Lieutenant Wegener im Infanterie-Regiment No. 61 (Thorn), z. Z. in Berlin.

Gäste, welche durch Mitglieder eingeführt werden, sind willkommen.

Der Vorsitzende
Dr. R. Assmann, W. Schinkelplatz 6.

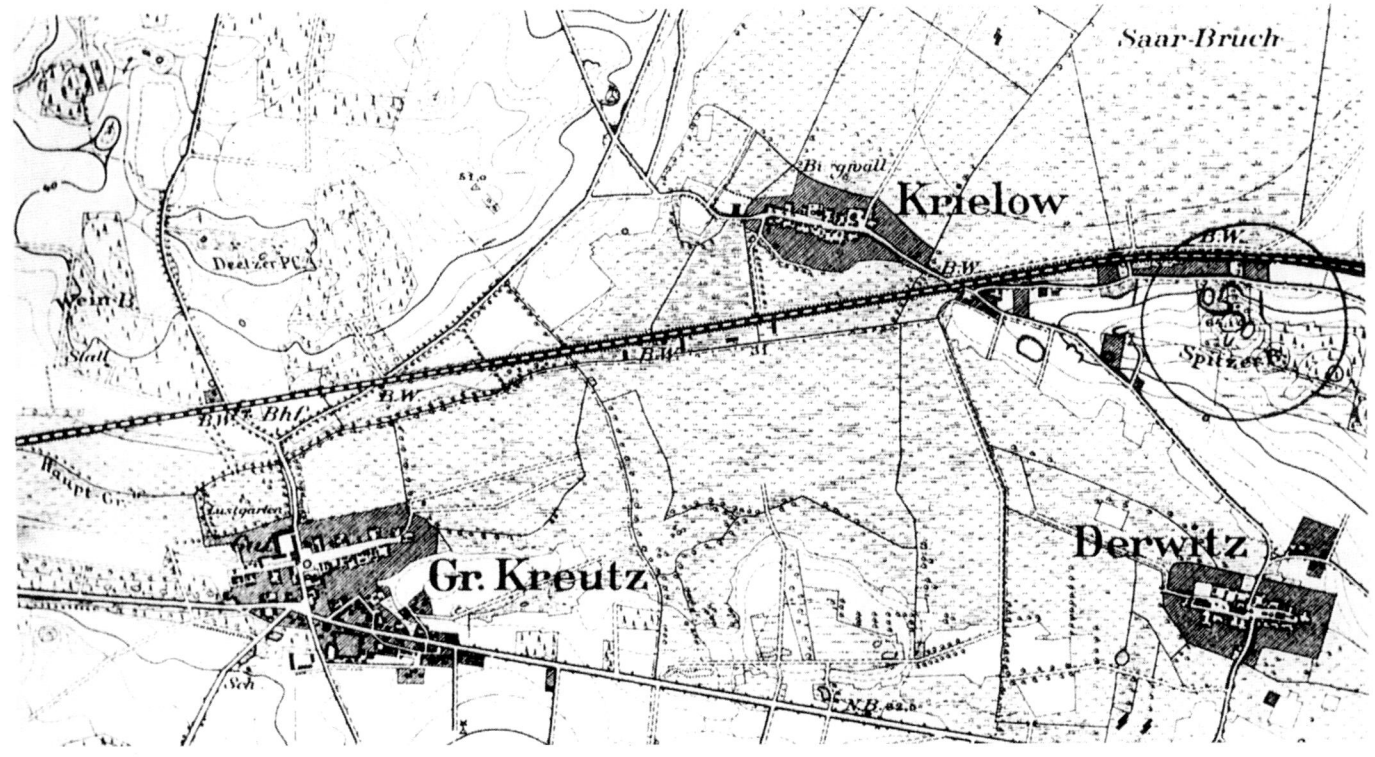

Karte der Krielo-wer Berge um 1890

ie Aufgaben des Fabrikbesitzers nicht vernach-lässigend, steht im Zentrum seines Wirkens im Jahre 1891 aber der Übergang von der Theorie zu praktischen Flügen. Auf der Suche nach einem geeig-neten Terrain erinnert er sich der Krielower Berge an die Magdeburger Bahnlinie links hinter Potsdam, die er bei einem Besuch des Pfarrers Carl Otto Bournot, einem Onkel seiner Schwägerin Anna, kennengelernt hatte. Hier, zwischen den Gemeinden Derwitz und Krielow, gab es den Krielower und den Windmühlen- oder Spitz-berg von zweiundsechzigeinhalb bzw. fünfzig Meter Höhe. Am Windmühlenberg befand sich zu jener Zeit ein Sand- und Kiesaushub, der die Flüge ermöglichte.[18] Mit dem Müller von Derwitz, Hermann Schwach (1865-1938), vereinbart er, die Flügel in dessen Scheune unter-zustellen. Die Anreise erfolgt per Bahn bis Groß Kreutz, wo Schwach mit dem Fuhrwerk wartet.[19]

Der Apparat, den Otto für diese ersten Flüge vorbe-reitet hat, besteht aus Weidenholz und wiegt achtzehn Kilogramm. Zwei stärkere Ruten laufen von den Flügel-wurzeln zu den Spitzen, schwächere befestigt er quer dazu. Sie sind mit Shirting, einem englischen Baumwoll-gewebe, bespannt und mit Lack überzogen. Die Flügel enden in zwei nach hinten gerichteten Spitzen. Bei einer Spannweite von siebeneinhalb Meter und zwei Meter größter Flügeltiefe beträgt die Flügelfläche zehn Qua-dratmeter. Sie soll so leichter regierbar sein. Die Pfeil-höhe liegt bei einem Zehntel der Breite. Ein Gestell ver-bindet die Flügel in der Mitte.

Erstmals — eine der Lehren der Versuche im Wind — befindet sich der Flieger nicht mehr inmitten der Flügel, er hat vielmehr Bewegungsfreiheit, um sich bei Gefahr aus dem Apparat lösen zu können und herab fallen zu lassen. Die Unterarme liegen in zwei gepolsterten Ein-

Rekonstruktion des zu den ersten Flügen in Derwitz/Krielow genutzten Gleiters

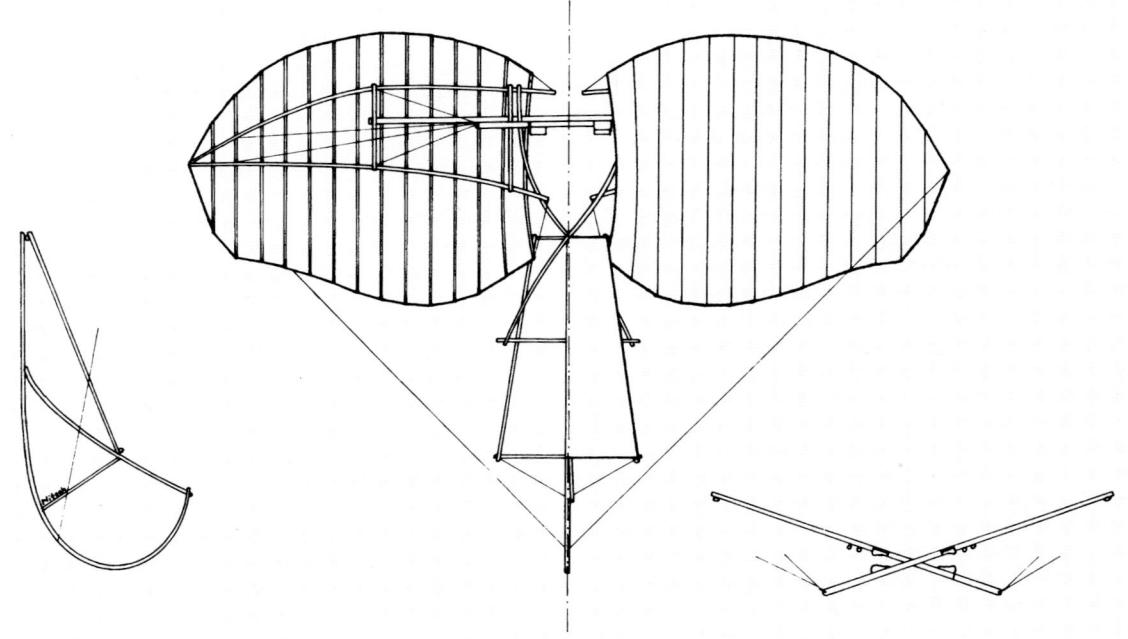

schnitten. Die Hände umfassen Griffe. Ebenfalls erstmals – eine zweite wichtige Lehre – gibt es eine vertikale Stabilisierungsfläche, die den Apparat selbsttätig gegen den Wind einstellt.[20]

Die Tragflügel sind leicht nach oben angewinkelt, so daß sie von vorn gesehen ein V bilden. Nähert sich bei dieser V-Form ein Flügel der Waagerechten, wächst der Auftrieb an ihm und richtet den Apparat wieder in die Normallage. An den gekreuzten Mittelträgern lassen sich die Flügel trennen und können dadurch in Güterwagen von Personenzügen befördert werden. Eine Einrichtung zum Auf- und Niederschlagen der Flügelspitzen durch Ausstoßen der Beine ist ins Auge gefaßt und vorbereitet.[21]

So steht dann der dreiundvierzigjähriges Otto Lilienthal im Hochsommer des Jahres 1891 zum ersten Mal in dem neuen Apparat innerlich erregt am steiler abfallenden Nordhang des Windmühlenberges. Fliegen! Jetzt soll es sich erweisen. Bei leichtem Wind nimmt er einige Schritte Anlauf, und der Boden schwindet unter den Füßen. Schon nach wenigen Metern setzt er sacht wieder auf, dabei rasch die vordere Seite der Fläche anhebend, um nicht vornüber zu fallen. Es geht also! Zurück auf den Berg und ein neuer Anlauf. Bald löst er sich mit Hugo Eulitz (1870-1947) ab, einem Techniker aus der Maschinenfabrik und Vetter seiner Frau Agnes, der ihn ins Übungsgelände begleitet. Fliegen! Während einer springt und den Apparat wieder hinaufträgt, ruht sich der andere aus. So erlangen beide »die Fertigkeit, bei mässigem Winde an den sanften Berghängen in der Luft hinabzugleiten und am Fusse des Berges ohne jeden Unfall zu landen«.[22] Fast jeden Sonntag und, wenn möglich, auch in der Woche wird geübt.

Manches sieht noch recht unbeholfen aus. Bald kleidet Lilienthal sich praktischer. An die Stelle von Anzughose, Oberhemd und Weste treten Pullover und Kniehosen. Sie bieten mehr Bewegungsfreiheit und- an den Knien Polster.

Bei Windstärken von fünf bis sechs Meter je Sekunde begreift Otto sehr schnell, auch hier müssen ersteinmal Erfahrungen gesammelt werden. »Es kommt ausserordentlich genau darauf an, in welcher Neigung man die Flugfläche gegen den anströmenden Wind hält. Richtet man die Fläche zu sehr auf, so wird man vom Winde zurückgetrieben und ist nicht im Stande, sich gegen den Wind zu bewegen, neigt man die Vorderkante der Fläche auch nur um ein weniges zu tief, so drückt der Wind von oben auf die Fläche und der Absturz ist unvermeidlich. Nur bei längerer Uebung gelangt man dahin, beim Springen von einer Anhöhe gegen den Wind die Gefahrlosigkeit aufrecht zu erhalten.«

Das Anbringen einer horizontalen Schwanzfläche schon nach wenigen Flügen dieser Versuchsperiode ist eine konstruktive Schlußfolgerung und theoretische Bereicherung für den Ingenieur. Von diesem Zeitpunkt an haben seine Apparate einen vertikalen und einen horizontalen Schweif.

Wenn er in der Luft willkürlich die Flügel neigt, kommt er in einen wellenförmigen Flug, ohne die vorteilhafte Wirkung des vielfach gerühmten Wellenfluges zu spüren. Nach und nach entwickelt sich »ein Gefühl vollkommener Sicherhelt«.

Am Anfang der Flüge

Noch ungeübt im Landen

Eulitz auf den Spuren des Meisters

Lilienthal lernt die Unterschiede zwischen Abhängen und sanften Hängen kennen und meistern. Vor Abhängen bilden sich Wirbel, und am Rande gibt es oft einen steil nach oben gerichteten Wind. Man fühlt das beim Absprung und wird bei stärkerem Wind plötzlich um mehrere Meter gehoben. Mitunter wirft es ihn einige Meter nach Überflug des Abhangs zurück, oder er kommt in der Luft zum Stillstand. Dem Boden näher ist die Geschwindigkeit wiederum in der Regel viel geringer. Eine flache Neigung der Bahn erweist sich als günstiger, in der die hebende Wirkung des Windes bis zur Landung ausgenutzt werden kann. »Die weitesten Sprünge und die längste Flugdauer entsteht, wenn während des Anlaufes und Absprunges der Wind keine bedeutende Stärke hat, sich aber während des Fluges allmählig verstärkt.«[23]

Zu den Bewunderern der ersten Flüge zählen nicht nur Müller Schwach und Kinder. Carl Kassner (1864-1950) vom Meteorologischen Institut Berlin, ab 1892 Vereinsmitglied, fährt mehrmals mit hinaus und fotografiert. Offenbar als Gast im Verein mit Lilienthal bekannt geworden, folgt er nun der Spur des »fliegenden Menschen«, dem er Zeit seines Lebens verbunden bleibt. Er macht die überhaupt ersten Fotografien eines Fliegers in Aktion. Es entstehen einmalige historische Bilddokumente.

Die Natur hält für den Experimentator auch Denkzettel bereit. Der Vorstoß ins Neue, noch Ungewisse will erkämpft sein. Eingedenk der Erfahrungen bei Stehversuchen wählt Lilienthal schon einen kleineren Apparat und startet nur bei mäßigen Winden. Dennoch spielen ihm diese mehrfach arg mit.

*Die Lilienthals
mit der Familie
von Müller
Schwach und
unbekannten
Gästen*

»Auch bei der nur 8 □ m grossen Flügelfläche wurde ich einige Male durch unvorhergesehene Windstösse von flacher Erde in die Luft entführt, und nur dem Umstande, dass ich mich jederzeit schnell aus dem Apparate fallen lassen konnte, verdanke ich mein ungebrochenes Genick, während die verstauchten Füsse oder Arme immer in wenigen Wochen geheilt waren.«[24]

Müller Schwach erinnerte sich eines solchen Tages, an dem der Wind den Apparat schon beim Transport beschädigt und die Spitze einer Fläche abbricht. Lilienthal kürzt entschlossen die andere, fliegt... und muß sich zweimal aus dem Apparat fallen lassen. Schwach kühlt den verstauchten Arm und das verstauchte Bein mit essigsaurer Tonerde und bringt den Unglücksraben zur Bahn. Doch seine Vorhaltungen finden keine Einsicht: Die erste Eisenbahn sei auch nicht so sicher und glatt gefahren wie heute, und mit dem Fliegen sei es nicht anders.[25]

Während der Versuche verringert der Flugpionier durch Reparaturen und mehrfache Änderungen die Fläche des Apparates von zehn auf acht Quadratmeter. Gerade die Formgebung der Flächen erweist sich von großem Einfluß auf Stabilität und Tragfähigkeit. Die Erwartung, daß sich die Flügel beim Flug nach unten durchbiegen, von einer Pfeilhöhe von einem Zwanzigstel auf ein Zwölftel, erfüllt sich nicht. Die Flügel sind zu steif, die Krümmung bleibt nahezu unverändert. »Es zerschlug sich hierdurch ihre vortheilhafte Anwendung bei stärkeren Winden, die nach den gemachten Erfahrungen eine schlankere Flügelkrümmung benöthig-

ten.« Auch das Derwitz-Krielower Terrain ermöglicht nicht, größere Strecken aus größeren Höhen zu durchfliegen. Ein anderes muß gesucht werden.[26] Das alles zwingt den Experimentator, auf die Erprobung von Schlagflügeln zu verzichten.

Als Lilienthal am 16. November 1891 vor dem Verein seinen Vortrag »Ueber meine diesjährige Flugversuche« hält, belegt er den Bericht mit zahlreichen Fotografien von Kassner.[27] Es ließen »sich höchst interessante und lehrreiche Exercitien... ausführen. Das Endresultat an dieser Versuchsstelle bestand nun darin, dass an der höchsten vorhandenen Absprungstelle von 5-6 Metern ein etwa 20-25 Meter langer Sprung durch die Luft sich ausführen liess und zwar sowohl bei Windstille als auch bei Winden verschiedener Stärke. Der Unterschied äusserte sich nur in der zum Sprunge aufgewendeten Flugdauer: je stärker der Wind war, desto länger verharrte man in der Luft.«[28]

Der Anfang ist gemacht, der Beweis erbracht: Der Mensch kann fliegen. Er hat sich erstmals vorbedacht von der Erde erhoben und war — wenn auch nur kurz — in das Luftreich hinausgetreten, nicht nur einmal, sondern so oft, wie gewollt. Von der Theorie zur Praxis, und wie der französische Flugpionier Ferdinand Ferber (1862-1909) später treffend die damit begründete Schule charakterisierte: »Vom Schritt zum Sprung, vom Sprung zum Flug.«[29] So wird das Jahr 1891 durch den deutschen Ingenieur Otto Lilienthal zum Geburtsjahr des Menschenfluges.

Das Fliegejahr 1892

Erfahrungen aus der Mitarbeit in der »Zeitschrift für Luftschiffahrt und Physik der Atmosphäre« und im Verein bewegen Lilienthal dazu, am 25. April 1892 vor diesem Gremium einen Vortrag »Ueber die Mechanik im Dienste der Flugtechnik« zu halten.

Es wimmelte in der Literatur von Irrtümern und mechanischen Trugschlüssen. »Die unerquicklichsten Streitschriften flugtechnischer Heissporne vermehrten die Fachlitteratur um eine Unzahl unfruchtbarer Gedanken… Ein Haupttummelplatz für diesen Meinungsaustausch ist selbstverständlich unsere Zeitschrift. Hier hat aber schon eine Sichtung des ganzen sich bietenden Materials stattgefunden; das Sieb der Redaktion hat natürlich die ganz grobe litterarische Spreu schon ausgeschieden.«[1]

Mitglieder der Technischen Kommission wie auch des Redaktionsausschusses, in beide war Otto Anfang des Jahres 1892 gewählt worden − er blieb auch weiterhin Schriftführer −, mögen ihn in seinem Vorhaben bestärkt haben.[2] Die große Zahl der in den letzten Jahren erschienenen flugtechnischen Werke und Broschüren zeigten ein außerordentlich buntes Bild. Der Ingenieur und Mechaniker teilt sie in drei Gruppen ein:

»Zunächst finden wir viele Schriften aus der Hand von Laien, von Leuten, die sich mit der eigentlichen Mechanik nie ernsthaft beschäftigt haben.« Viele ihrer Beobachtungen seien anregend und wertvoll. Greifen sie jedoch nach der Mechanik, so gelangen sie »meist auf schlimme Irrwege« und verbeißen »sich oft derartig in ihre fixe Idee, dass Nichts sie zu bekehren vermag«. Bei dem Mangel an wissenschaftlichem Verständnis sei jeder Bekehrungsversuch dieser »Gefühlsmechaniker« vergebens.

Manches über jeden Zweifel erhabene Werk käme demgegenüber aus der Feder wirklich wissenschaftlich gebildeter Forscher. Leider seien es noch zu wenige, die die Mechanik vollgültig beherrschen und leichtverständlich sowie anregend schrieben. Zwischen diesen Formen, stellt er fest, läge nun noch eine dritte Kategorie. Trotz gelehrtem Gepräge und einer Art Halbbildung auf dem Gebiet der Mechanik oder der mathematischen Physik reiche das Wissen nicht, um grobe Irrtümer und Trugschlüsse zu vermeiden. Die Leser würden sich nicht die Entwicklung der Lösung, sondern die falschen Resultate einprägen.

»Für die Flugtechnik interessiert sich so Mancher, dessen klarer Verstand das Problem segensreich fördern könnte. Aber der einfache gesunde Menschenverstand reicht hier leider nicht aus, ohne das nothwendigste wissenschaftliche Handwerkszeug dazu ist aller Eifer und aller Mutterwitz meist schlecht angebracht… Doch ohne gründliche Kenntniss der Mechanik lässt sich in der Flugtechnik nichts leisten. Die Mechanik ist auch für den nur trocken, der sie nur so von Weitem kennt.« Sicher hätte auch mancher Leser des »Vogelfluges« die Ausführungen über Mechanik und Flugtechnik über-

schlagen, meint er, und erläutert dann mechanische Grundanschauungen, gegen die besonders häufig gesündigt werde.

Die Erdanziehung müsse beim Fliegen überwunden werden. Eine Hebekraft gleich der Masse des fliegenden Körpers sei notwendig. »Als Bedingung für das Fliegen haben wir also das Gleichgewicht zweier Kräfte, und dieses nennt man ein statisches Gleichgewicht. Auf diesem statischen Gleichgewicht beruht also das Problem des dynamischen Fluges.« Eine dynamische Leistung sei erforderlich, um fliegen zu können, zum Beispiel der Flügelschlag. Viele kämen nun zu dem Schluß, daß beim Aufschlag des Flügels die Schwerkraft das Sinken und beim Niederschlag der Luftwiderstand das Heben bewirkte. Ganz so einfach sei das nicht.

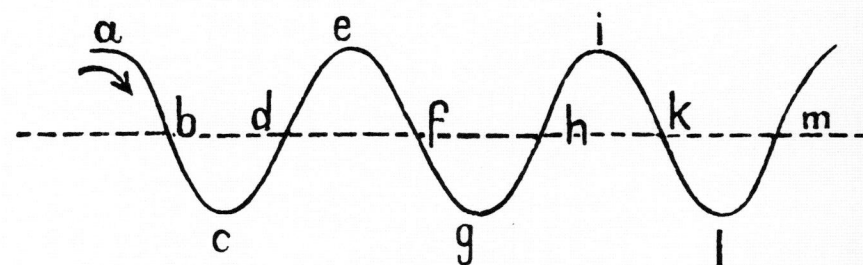

Weg eines vorwärtsbewegten auf- und niederschwingenden Körpers

Durch die abwechselnde Wirkung zweier entgegengesetzter Kräfte hin und her oder auf und nieder, schwingt der Körper um einen Punkt bei einem summarischen Gleichgewicht. Welche Kraft wirkt nun wann im Vorwärtsflug? Wirkt die Schwerkraft auf dem Wege a, b, c und die Hebekraft von c bis d und e? Unter dem Einfluß der Schwerkraft fällt der Körper von a bis b. An diesem Punkt bewirkt ein Flügelschlag einen hebenden Luftwiderstand von der doppelten Größe der Körpermasse. Eine hebende Kraft in der Größe der Körpermasse bleibt also als Überschuß. Der Körper kommt dadurch im Punkt c zur Ruhe und hebt sich wieder über d bis e. Die Schwerkraft wirkt folglich auf allen Strecken über der Horizontalen, die Hebekraft auf den Strecken unterhalb. Sie heben sich also nicht gegenseitig, sondern selbst auf. Von d über e bis f wirkt die Schwere und leistet negative Arbeit von d bis e, weil die Wegrichtung der Schwere entgegengesetzt ist. Sie hebt sich mit der auf der Strecke e bis f, also mit der positiven Arbeit genau auf. Ebenso ist es unterhalb der Horizontalen.

Abschließend vermerkt Lilienthal, daß zur Berechnung der Flugarbeit allerdings ganz andere Faktoren mit einbezogen werden müssen, wie Flügelgröße, Flügelform usw. Ihm sei es hier nur darauf angekommen, »einige in der flugtechnischen Litteratur immer wiederkehrende mechanische Fehlschlüsse in das rechte Licht zu stellen, um dieselben endlich aus der Welt zu schaffen.«[3]

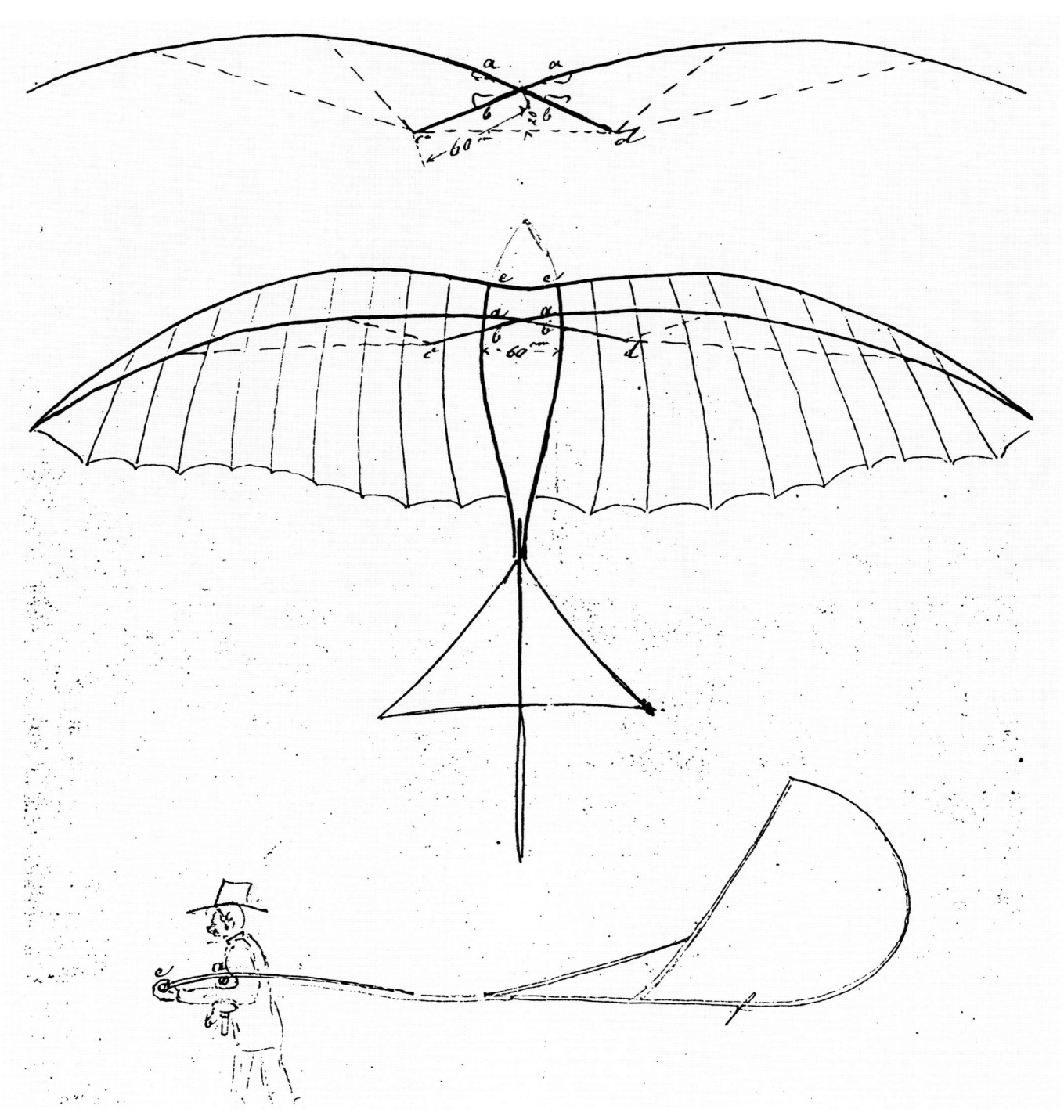

Skizze eines kleinen Gleiters von 1892 aus dem Brief an Strauss

Es ist verständlich, daß in der Folge mancher nicht gerade begeistert war. Das äußert sich auf unterschiedlichste Art in der öffentlichen Debatte. Doch die sachliche Auseinandersetzung und Beweisführung in Lilienthals Arbeiten, die entschieden auf mehr theoretischen Gehalt, auf Wissenschaftlichkeit drängen und die vorherrschende Empirie überwinden wollen, erweisen sich immer wieder als fördernd und belebend in Diskussionen.

Da antworten Autoren, deren Werke er besprochen hatte, auf seine Rezension. Andere berufen sich auf ihn oder widersprechen seinen Auffassungen. So stellt Carl Steiger fest, »dass das Entdecken der grossen Tragfähigkeit gekrümmter Flächen die erste Stelle einnehmen wird in einer zukünftigen Geschichte der Flugtechnik«.[4] Der Österreicher Anton Jarolimek hebt hervor: »Die von Lilienthal mitgetheilten Ergebnisse seiner überaus verdienstlichen Arbeit sind in der That höchst überraschend.« Aber er sehe die Zukunft nicht in der Nachah-

mung des Vogelfluges.[5] Prof. Dr. Ludwig Martin (1827-1897) von der Universität Klausenburg, heute City-Napoca in Rumänien, wiederum bezweifelt die Berechnungen zu dem Versuchsapparat mit drei Flügeln, die im Buch über den Vogelflug dargelegt sind[6], was Lilienthal zu einer Entgegnung anregt unter Hinweis auf seinen Vortrag über die Mechanik. Gegen diese Theorie erhebt Rudolf Mewes Bedenken, der meint, die Vögel könnten nicht segeln und die Wölbung der Flügel müsse umgekehrt sein.[7]

Nicht alle Äußerungen waren sachlich. Carl Buttenstedt verlangt beispielsweise unter unberechtigtem Bezug auf das Pressegesetz den Abdruck eines Beitrages in der Zeitschrift. Die Redaktion lehnt nicht ab, »um so weniger als unser… angegriffener Mitarbeiter, Herr Lilienthal, der Veröffentlichung ausdrücklich zustimmte«. Und sie betont zudem, daß sie auf jede Art der Berichtigung oder Entgegnung verzichte. Sich auf Eugen Dühring stützend nimmt es Buttenstedt mit der

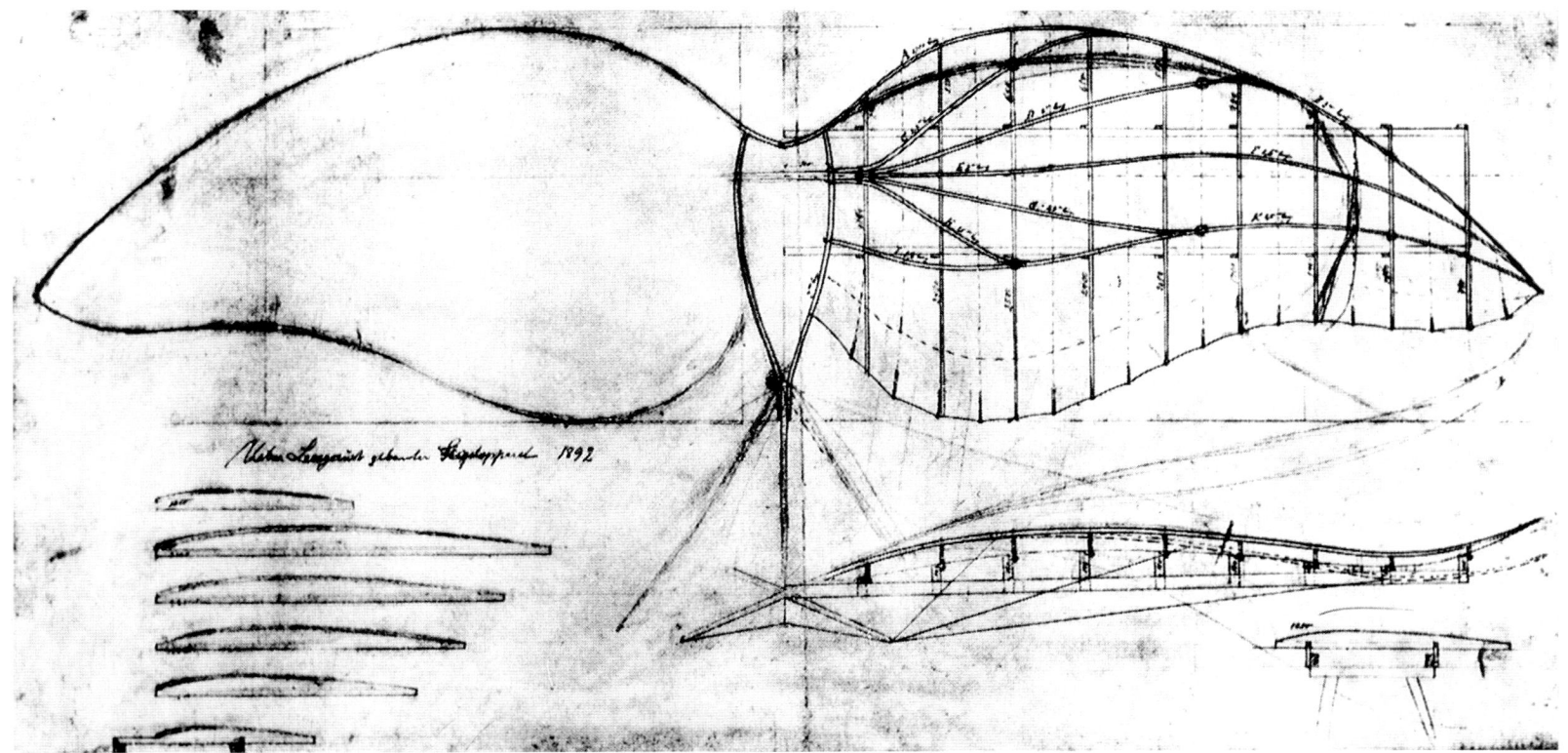

Über Leergerüst gebauter Flugapparat mit eingezeichneten Lehren, Grundlage für eine serienmäßige Fertigung

Mechanik auf, die er nicht beherrscht. Recht beleidigt schreibt er, Lilienthal halte sich »für die Central-Figur und die übrigen Mitarbeiter für die Staffage in der Flugtechnik«.[8]

Ausdruck von Sachlichkeit ist ein offener Brief des Freiherrn v. Wechmar an Lilienthal in der Zeitschrift: »Ich danke Ihnen bestens für Ihr freundliches Wohlwollen und erkenne Ihre Gerechtigkeitsliebe um so mehr an, als — wie ich sehe — Sie im wesentlichen Gegensatze zu den Deductionen und praktischen Nutzanwendungen meines Flugsystems stehen.« Und er verteidigt dann seine Theorie.[9]

Auch Briefe »vielseitiger Erfinder« gehen ein: »Da ich ein Talent zur guten Auffassung des Maschinenwesens, so wie des Mechanismus besitze, dann die Gesetze der Natur, des Wassers, wie der Luft, von mir selbst gründlich durchstudirt habe, mithin will ich Ihnen Euer Wohlgeboren folgende Erfindungen nachweisen. 1. Perpetuum mobile. 2. Flugmaschine. 3. Lenkbarkeit des Luftschiffes. 4. Selbstthätiges Einkuppeln der Eisenbahn Waggonen. 5. Schiessapparat für Kriegszwecke. 7. Schnellschwimmmaschine. 8. Blitzschiff.«[10]

Das Spektrum der Diskussionen und Debatten war also sehr breit. So hatten es die Technische Kommission und der Redaktionsausschuß keinesfalls leicht.

Für die Flugversuche wählt sich Lilienthal in diesem Sommer ein Gelände zwischen Steglitz und Südende, den Rauhen Berg, nur zwanzig Minuten von seiner Wohnung entfernt. An der Übungsstelle, vor der zehn Meter hohen Stechwand einer Sandgrube, bewahrt er die Flugapparate in einem niedrigen Schuppen auf. Man kann jedoch nur in westliche Richtung abspringen. »Dennoch«, so Lilienthal, »fand ich Gelegenheit, auch den grossen Apparat im Winde wiederholt zu versuchen, und die Uebung brachte mich dahin, von 10 m hohen, steilen Abhängen gefahrlos herabzusegeln.«

Er fliegt also in diesem Jahr mit mehreren Apparaten. »Durch die vorjährigen Erfahrungen bereichert versuchte ich in diesem Jahr den Segelflug mit Flügeln bis zu 16 □ m Fläche.« Der größte der Gleiter wiegt vierundzwanzig Kilogramm. Wiegt der Pilot achtzig Kilogramm, so hat jeder Quadratmeter Flugfläche sechseinhalb Kilogramm zu tragen. Zum Segeln mit diesem Apparat, berechnet Lilienthal, benötigt man bei Wind zehn Meter je Sekunde Geschwindigkeit. »Ich habe mich aber wohl gehütet, einem solchen Winde mit dem grossen Apparate mich auszusetzen, sondern benutzte auch in diesem Jahr bei so starken Luftströmungen kleinere Flügelflächen zu meinen Segelübungen.«[11]

Bei diesen kleinen Flugflächen handelte es sich offensichtlich um den Apparat des Vorjahres und einen einfachen Apparat von etwa zehn Quadratmeter Flügelfläche, »welcher bei 8 m Spannweite etwa 2 m Breite hat. Die starken Ruthen bestehen aus 25-35 mm dicken Weidenholztrieben, die nach den Spitzen zu auf ca. 15 mm Stärke auslaufen und wenn sie nicht in einer Länge zu haben sind, zusammengesetzt werden müssen. Die dünneren Querruthen werden 10-14 mm stark. Die punktierten Linien sind verzinkter Eisendraht von 2 mm Dicke. Derselbe ist von c-d doppelt zu nehmen.« So beschreibt Otto Lilienthal am 8. November 1892 Sigmund Strauss in Wien auf dessen Wunsch einen Flugapparat. Er wolle jedoch vorerst noch viele neue Ideen verwirklichen, ehe er eine solche Baubeschreibung zu veröffentlichen beabsichtige.

»Das Fluggerüst wird mit dünnem aber dichtem Shirting überspannt und zwar durch Aufleimen. Die Leimstellen sind nachträglich mit Collodiumanstrich wasserdicht zu machen. Das horizontale Steuer sowie das verticale sind ca. 1 1/2 □ m groß zu machen.

Bei a-b ruhen die Arme zwischen den Polstern. Die Hände greifen bei e e an.

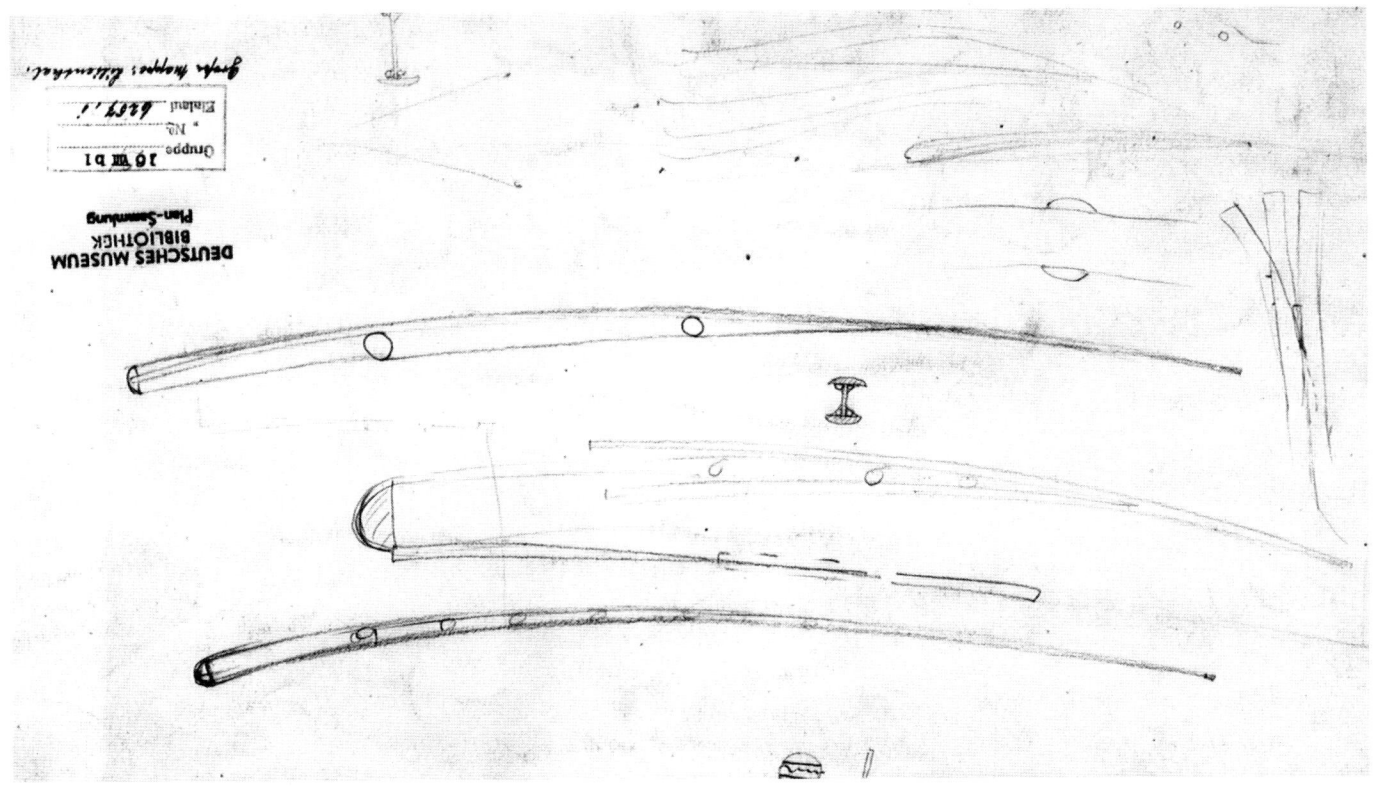

DEUTSCHES MUSEUM
BIBLIOTHEK
Plan-Sammlung

*Entwurfskizze
für einen Flug-
apparat aus dem
Jahre 1892 mit
Zeichnungen
doppelt bespann-
ter Profile und
abgerundeter
Profilnase, offen-
sichtlich aus Holz
gefertigt*

Die Hinterkante der Flügel wird durch eine 1 1/2 mm starke Schnur gebildet, um welche das Zeug herumzukleben ist. Das Weidenholz erhalten sie bei den Lieferanten der Korbmacher. Die größte Ruthe f zum Steuern mache ich immer aus Bambus, das über einer Flamme vorgewärmt sich leicht biegt. Auch die übrigen Ruthen lassen sich aus Bambus herstellen, was für sie vielleicht noch einfacher ist, da die Behandlung des Weidenholzes etwas Uebung erfordert. Bambus besitzt aber nicht die Zähigkeit des Weidenholzes.

Alles Übrige muß ich Ihrem praktischen Sinn überlassen und rathe Ihnen nur frisch drauf los zu bauen. Uebertriebene Sorgfalt ist nicht angebracht. Die ersten Apparate gehen doch bei den Proben bald entwei.

Versuchen Sie anfänglich nur bei mäßigem Winde und nur bei Höhen von 1 1/2 bis 2 1/2 m, auch wählen Sie eine sandige Stelle, damit die Füße weich auftreffen. Strecken Sie die Beine gut vor, damit Sie nicht vornüberfallen.

Vielleicht bauen Sie gleich noch einen zweiten Apparat von 15 qm Fläche. Vor dem Frühling lassen sich doch keine Versuche machen. Die Flügel müssen in der Nähe des Uebungsplatzes zusammengesetzt aufbewahrt werden können.

Um gelegentliche Nachricht bittend, wünscht von Herzen Glück Ihr
ergebenster Otto Lilienthal«[12]

Aus diesem Brief spricht ganz deutlich das Bestreben des Flugpioniers, seine Versuche vervielfältigt zu sehen, mehr Menschen zum Fliegen zu ermuntern, um rascher zu verallgemeinerungswürdigen Erfahrungen zu kommen. Selbstlos gibt er auf diese Weise seine Erfahrungen weiter. Ob Strauss baute und flog, ist bislang unbekannt geblieben.

Dieser Flugapparat ähnelt in vielerlei Hinsicht dem »Ueber Leergerüst gebauten Segelapparat«.[13] Mit der dazugehörigen Zeichnung gibt Lilienthal einen Einblick in den hohen Stand seiner Technologie. Sie ist im Grunde die gleiche, wie später in den ersten Serienfertigungen für Motorflugzeuge. Leergerüst muß man dabei mit Lehre übersetzen, in der die Tragfläche gefertigt

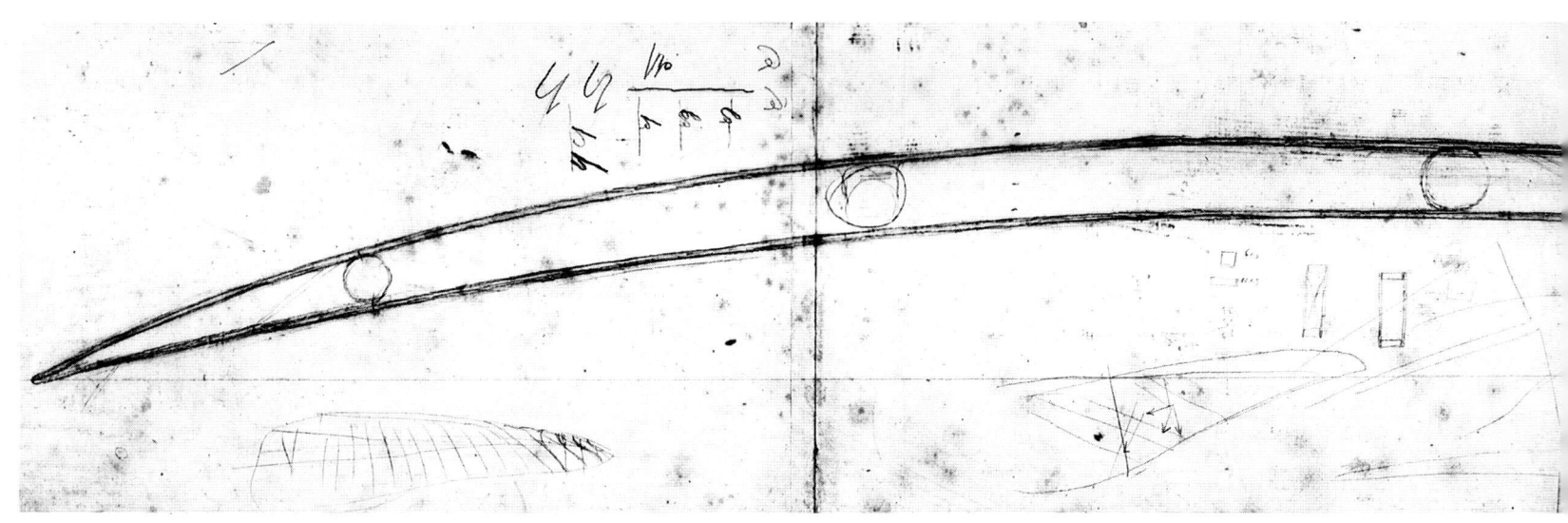

wird. Auf Böcken steht ein Gerüst mit zwei starken Längsleisten, auf denen dünnere, der Flügelkonstruktion entsprechend unterschiedlich hohe Querleisten befestigt sind. Mit Hilfe diese Lehre gelingt es dem Ingenieur, die gewünschte in sich gewölbte Form zu fertigen, und er sichert dabei ganz professionell eine mustergetreue Möglichkeit zur Wiederholung, die Basis für den Serienbau.

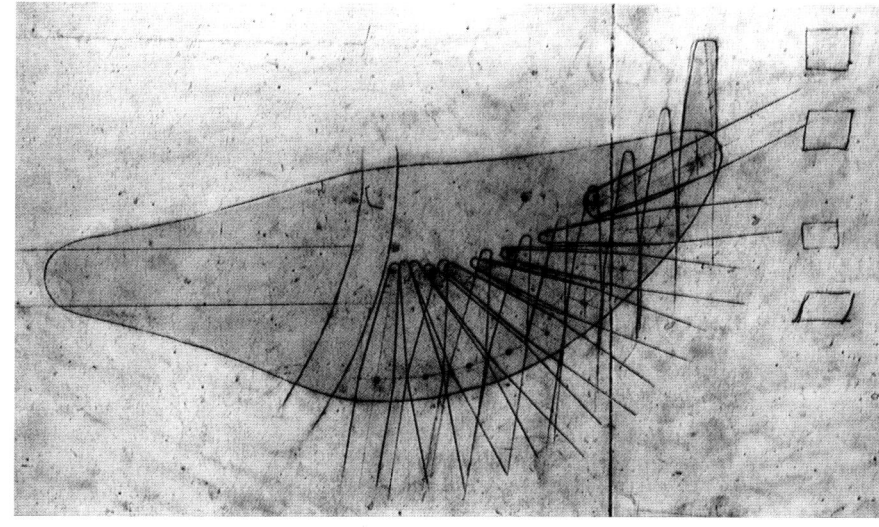

Gelenktasche zur drehbaren Befestigung der neuen Flügelrippen

Die Fotos, die im gleichen Jahr entstehen, zeigen jedoch einen etwas größeren Apparat, was Lilienthals eigene Maßangaben bestätigen. Die Konstruktion ist gleich. Die Unterseite der Fläche war bis zu zwei Drittel der Tiefe bespannt. Eines ließ sich nicht ermöglichen, was sich bei Meßreihen immer als praktisch erwiesen hatte: die Veränderung der Profilwölbung in der Absicht, die günstigste auch am ausgeführten Apparat beim praktischen Fluge zu finden.

Über eins hat Lilienthal im Zusammenhang mit dem »Ueber Leergerüst gebauten Segelapparat« nicht geschrieben, wohl weil sich seine erneute Absicht wie schon im Vorjahr zerschlug. Er wollte ihn als Schlagflügelapparat verwenden und hatte das der ursprünglichen Konzeption zugrunde gelegt. Die erste Aufschrift »Flügelapparat« wurde deutlich mit »Segel« überschrieben. Die Zeichnung enthält Skizzen mit Schlagflügeln im oberen und unteren Ausschlag wie auch einen Spannturm. Ebenfalls sind kürzere Flächen skizziert. Der Drang nach dem Schlagflügel ließ aber den Konstrukteur offensichtlich immer wieder auf nicht zu überwindende Grenzen stoßen.

Bei seinen Flügen in der Sandgrube schätzt Lilienthal die stärksten Winde, in denen er den großen Apparat nutzt, auf etwa sieben Meter je Sekunde. Das war die Grenze der Beherrschbarkeit. Ein solcher Wind trägt von selbst die Hälfte der Masse. Die andere Hälfte des Auftriebs erwirkt der Flieger durch einen Anlauf bis an den Rand der Steilwand, wodurch er die Mindestgeschwindigkeit von zehn Meter je Sekunde erreicht. Es mag schon Überwindung gekostet, viel Mut verlangt haben, so hoch über den Steilhang hinauszuspringen und − zu schweben, besser noch − zu gleiten.

»Unter diesen Umständen war der erste Theil des Segelfluges fast horizontal. Im weiteren Verlaufe senkte sich die Fluglinie, und zwar deshalb, weil in tieferen Schichten der Wind allemal an Stärke nachliess. Im gün-

stigsten Falle betrug die Weite des Sprunges die 8fache Höhe der Absprungstelle.« Das ergab also nicht weniger als achtzig Meter, ein bedeutender Fortschritt gegenüber dem Vorjahr. Die Landungen sind so sanft, daß der Flieger oft nur auf einem Fuß aufsetzt und ohne zu wanken stehen bleibt.

Der Aviatiker kommt in diesem Jahr wiederum zu einem Fehlschluß, der auf der Theorie vom aufsteigenden Wind beruht. Er stellt fest, »dass der Segelflug in der Nähe der Erdoberfläche viel schwieriger sein muß als in grösserer Höhe«. Hier wehe der Wind gleichmäßiger.

Am Steilhang der Sandgrube: Hier will er fliegen

Doppelseitig bespanntes Profil mit vier Holmen

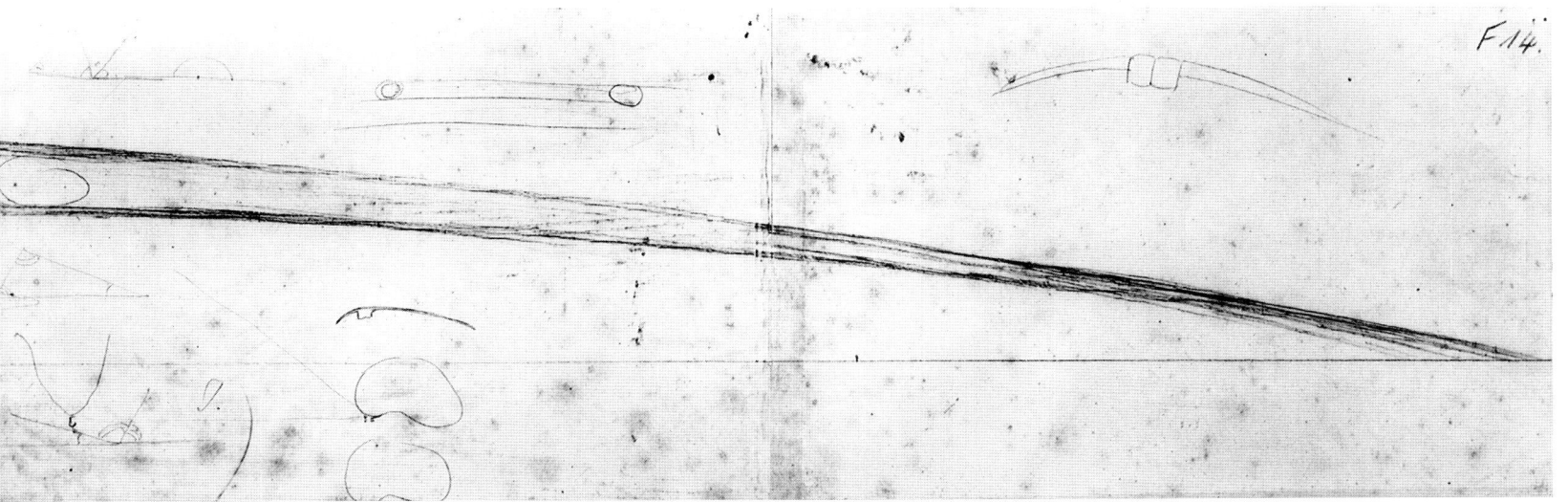

Mit der Familie in der Sandgrube, ein Sohn mit Fahrrad

Frühstück mit Familie und Hugo Eulitz in Südende

*Nach dem
Absprung aus
zehn Meter
Höhe*

A ber gerade beim Überfliegen des Randes der Sandgrube ist es ja der von ihm nicht zur Kenntnis genommene Aufwind, der ersteinmal einen Flug über mehrere Meter ohne Höhenverlust ermöglicht. Zwar besteht in der Praxis zwischen der Auffassung Lilienthals und der modernen Segelflugtheorie eine Übereinstimmung, doch der Aufwind ist nicht vom horizontalen Wind abhängig. Bei den Segelflügen selbst erweisen sich Erfahrungen als guter Wegweiser. »Man lernt bald mit den Flügeln die Eigenart der Windströmungen über einem gewissen Terrain herauszufühlen, und nur dadurch wurde ich in den Stand versetzt, scheinbar waghalsige Flüge von grösserer Höhe auszuführen«. Zuschauer, so berichtet Lilienthal, hätten nach den ersten Flügen versichert, »dass diese Bewegung durch die Luft den Eindruck vollkommener Sicherheit mache, und dass es ein schöner, befriedigender Anblick sei, wenn der grosse Apparat so ruhig dahinschwebe«.

Wieder liefert Carl Kassner eine Reihe von Fotos, die auch im Verein große Aufmerksamkeit finden. Hugo Eulitz ist nicht mehr an allen Flugtagen des Jahres dabei. Der Fabrikant hatte ihn zur Montage einer Nebelhornstation nach Wangeroog entsandt. An seine Stelle tritt ein junger Techniker namens Rauh.

Vor dem Verein kann Lilienthal das Fliegejahr 1892 am 17. Oktober hoffnungsfroh zusammenfassen: »Durch weitere Fortsetzungen solcher Uebungen, durch stete Verfeinerung in Construction und Ausführung der Flügel scheint es mir denkbar, nach und nach in den dauernd horizontalen wirklichen Segelflug hineinzukommen, auch ohne dass man über das Maass des sicher Eingeübten hinausgeht.« Zugleich entwickelt er erstmals öffentlich das Ideal eines nach allen Seiten abfallenden, mindestens zwanzig Meter hohen Fliegeberges, und er verweist auch auf das Ländchen Rhinow, das gewünschte Berge in großer Anzahl bietet.[14]

Von der Maihöhe in die Rhinower Berge

Die Vorbereitung auf Flugversuche in den Rhinower Bergen lenkt Lilienthals Überlegungen erneut auf den einfachen Transport. Nach dem Auseinandernehmen der Flügel bleiben unhandliche, große Teile. Und noch einen zweiten schwerwiegenden Grund gibt es, die Flächen zu verändern. Er will dem Mangel begegnen, der beim Experimentieren aus den unveränderlichen Flügelwölbungen entspringt. Auch mag die Erkenntnis eine Rolle spielen, daß Gleiten und Flügelschlag sich nicht so einfach vereinen lassen, ein Schritt nach dem anderen geboten sei.

Schon im Jahre 1892 befaßt sich der Ingenieur deshalb mit anderen Konstruktionslösungen. Zu dieser Zeit wurde die Diskussion über Leonardo da Vinci (1452-1519) als Ingenieur intensiver. Von 1881 bis 1891 gab die französische Akademie der Wissenschaften sechs Bände mit Werken dieses Genies heraus, 1872 war bereits in Mailand der Codex Atlantica erschienen, und ein weiterer Band war 1883 in London herausgegeben worden. Damit standen wesentliche Teile seines flugtechnischen Werkes zur Verfügung, wenn auch der Codex über den Flug der Vögel erst 1893 veröffentlicht wurde.[1] Zahlreiche Manuskripte und Notizen, über Jahrhunderte unbeachtet, regten zur Beschäftigung mit den überaus eindrucksvollen Erkenntnissen und Konstruktionen an.

Leonardo hinterließ mehr als Bemerkenswertes, war seiner Zeit auf flugtechnischem Gebiet in vielem voraus. Er nannte die relative Bewegung zwischen Flügel und Luftmasse als Ursache des Auftriebs am Flügel, entdeckte den Unterschied zwischen Auftrieb und Widerstand. Zu seinen Erkenntnissen gehörte, daß die Stromlinienform die Körperform mit dem geringsten Luftwiderstand ist, die Entdeckung des Druckmittelpunktes und des Schwerpunktes bei Vögeln sowie deren Einfluß auf Flugstabilität und Steuerung, und — ohne eine Vollständigkeit anzustreben — die Tatsache, daß der Vogelflügel Auf- und Vortrieb liefert. Unter den vielen Zeichnungen zur Flugtechnik befinden sich im Codex Atlantica die eines gerippten Flügels sowie eine Studie für eine Flugmaschine, die Konstruktion eines Flügelgerippes mit Sprungfedern.

Es ist durchaus möglich, daß Otto Lilienthal aus diesen Skizzen Leonardos Anregungen entnahm, die zu der neuen Flügelform führten. Sie ähnelten dem Flügel der Fledermaus. Ein erster Entwurf sieht sieben Rippen vor. Fünf von ihnen gabeln sich. Hier mögen Festigkeitsprobleme dem Bau entgegengestanden haben. Auffällig aber ist eins: Für jeden Flügel hat Lilienthal zwei Ruten vorgesehen, mit denen verschiedene Profile fixiert werden können. Später verkleinert er auf der Zeichnung die Flügel und fügt eine weitere Rippe nach vorn ein. Der Ausgangspunkt aller Rippen hat erstmals die Form, die dann als Tasche zur drehbaren Befestigung der Flügelrippen ausgeprägt wird.[2]

Ein zweiter Entwurf zeigt ebenfalls sieben Rippen. Auch diese Skizze spiegelt das Ringen um eine optimale Lösung wider. So entwickelt Lilienthal einen größeren, ovalen Gestellrahmen und führt die Gelenktasche bereits mit den Ansätzen der Rippen im Detail aus.[3]

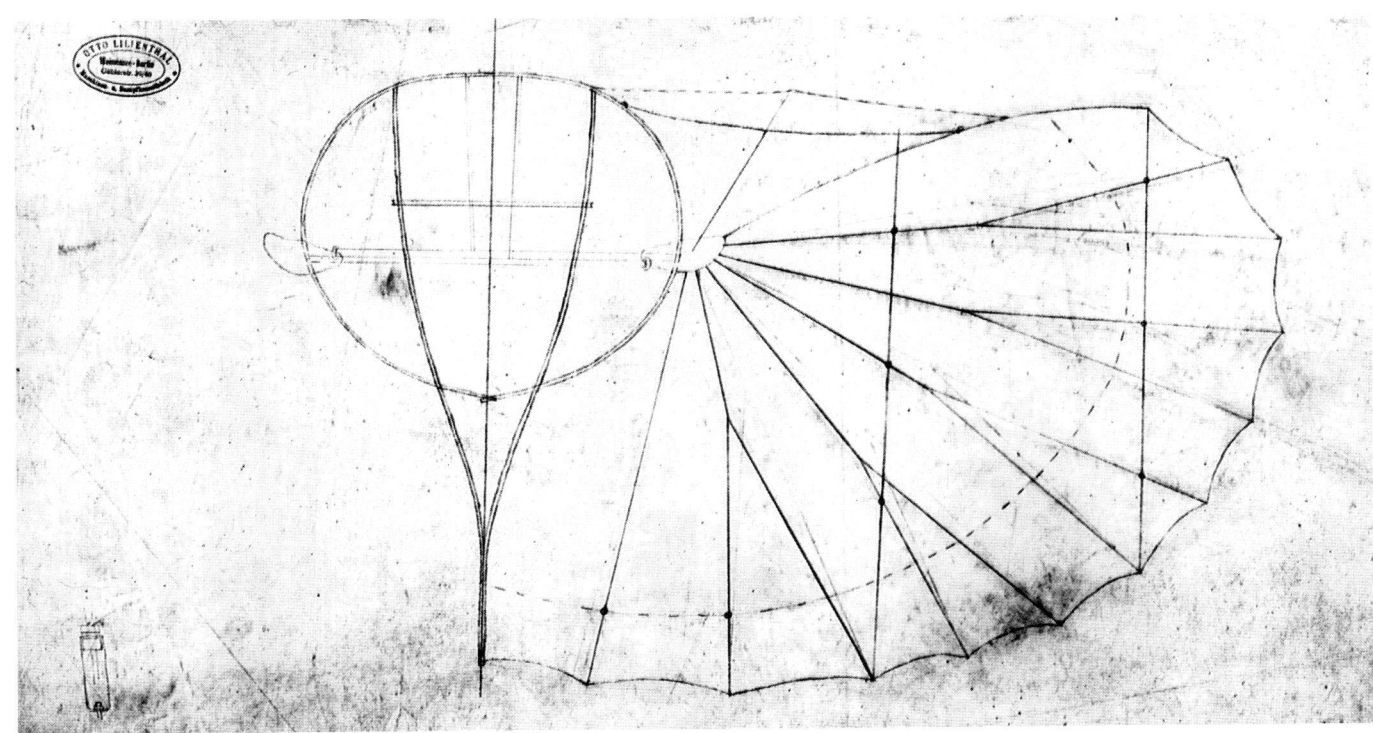

Entwurf eines zusammenklappbaren Apparates mit Fledermausflügeln sowie Profilleisten

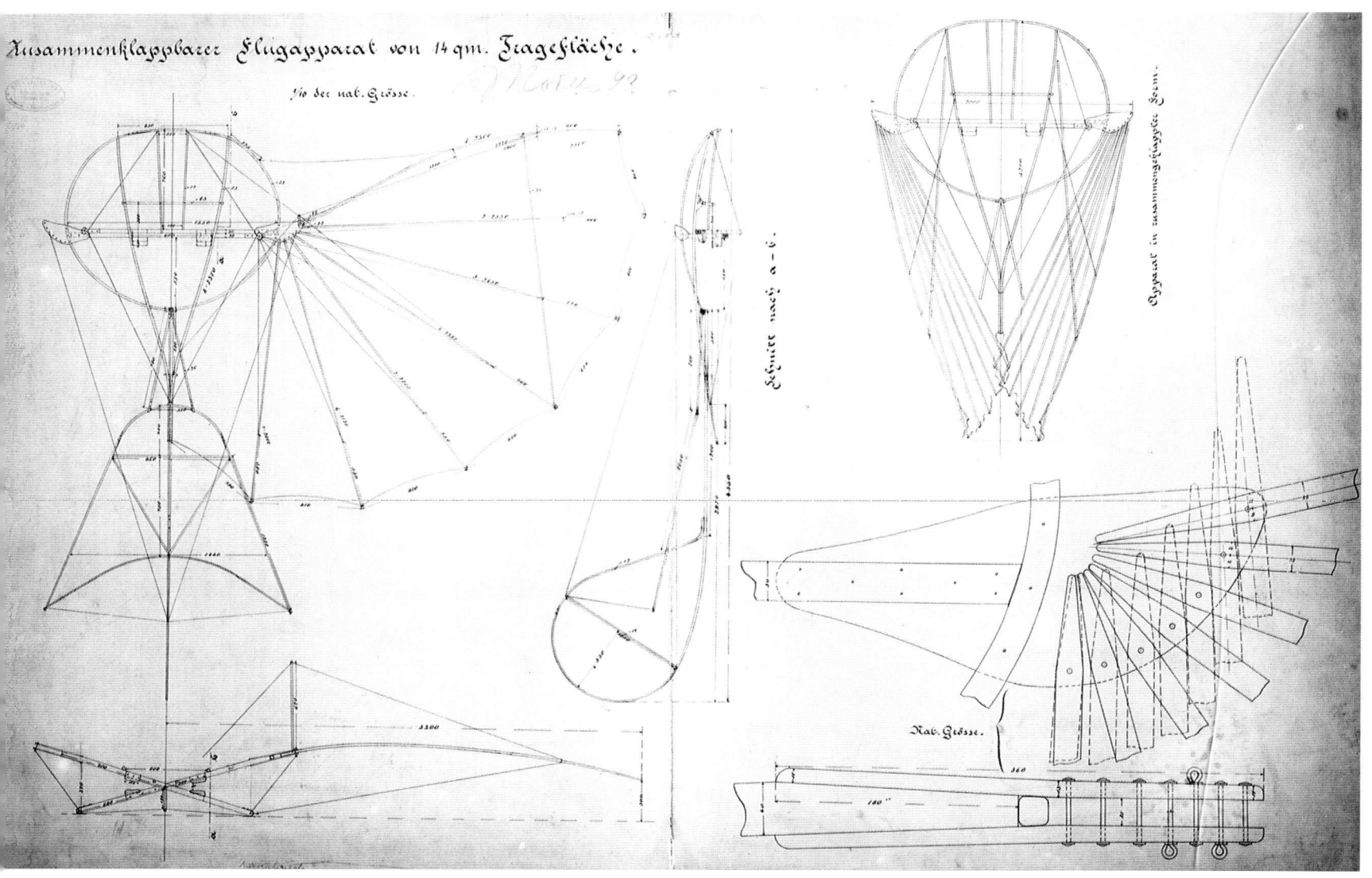

Zusammenklappbarer Flugapparat aus dem Jahre 1893 von vierzehn Quadratmeter Tragfläche

Im Ergebnis der Studien kommt der Konstrukteur zum »zusammenklappbaren Flugapparat von 14 qm Tragefläche«. Die komplette technische Zeichnung im Maßstab 1 : 10 mit Teilen in Originalgröße versieht er mit dem Vermerk »Modell 93«. Dieser Apparat wird gebaut. Seine Spannweite liegt bei sechs Metern und sechzig Zentimetern, die größte Flügeltiefe bei zwei Metern fünfzig und die Länge bei vier Metern und fünfunddreißig Zentimetern.

Erstmals ist auch das horizontale Leitwerk nach oben beweglich, während Schnüre den Ausschlag nach unten begrenzen. Für das Fliegen bringt das günstigere Bedingungen, denn das feste Leitwerk hatte einer raschen Vergrößerung des Anstellwinkels entgegengewirkt.[4] Der neue Apparat läßt sich durch eine zwei Meter hohe und einen Meter breite Tür transportieren. Das Entfalten und Zusammensetzen dauert nur etwa zwei Minuten.[5]

Zuerst geht es mit der Neuentwicklung in ein nahegelegenes Terrain, zur Steglitzer Maihöhe. Lilienthal errichtet dort auf einer Anhöhe einen achteckigen Holzschuppen. So entsteht eine zehn Meter hohe Absprungstelle. Da die Bodenerhebung nach Südwest, West und Nordwest abfällt, wird auch das Dach des Schuppens in diesen Richtungen schräg gestaltet. Eine Rasendecke darauf ermöglicht einen sicheren Anlauf. Auf das Dach gelangt man über eine Leiter auf der Rückseite. Dort ist zum Schutz des Fliegers und seiner Helfer ein Geländer angebracht. Die Flugapparate haben ihren Platz im Innern des Schuppens und müssen für jeden Flug hinaufgetragen werden – eine anstrengende Arbeit.

Es bedarf einiger Übung, von dieser Höhe abzuspringen und ins Land hinauszugleiten. Wiederum haben sich die Bedingungen verändert. Jeder Start wird für Otto zur Mutprobe, die ihm an dieser Stelle keiner nachmacht. Der Fotograf Ottomar Anschütz (1846-1907) hält den ersten Absprung im Bilde fest. Schon 1882 hatte er fliegende Tauben und Störche fotografiert, sechs Jahre später entwickelte er seine Kamera soweit, daß Belichtungszeiten von eine tausendstel Sekunde möglich wurden. 1885 erfand Anschütz den elektrischen Schnellseher, das sogenannte Elektrotachyskop, das er 1887 erstmals vorführte.

Bis zu fünfzig Meter weit fliegt Lilienthal im Frühjahr, wobei er einen Gleitwinkel von zehn bis fünfzehn Grad erreicht. Dabei kommt es oft vor, daß der eine Flügel im Wind stärker angehoben wird als der andere. War es der linke, so mußten die Beine nach links ausgestreckt werden. »Jedes Festschnallen ist ausgeschlossen,« stellt der Flieger fest, »und dennoch ist die Verbindung eine sehr sichere. Man legt die Arme beiderseits zwischen zwei am Gestell befindliche Polster und ergreift mit den Händen eine Querstange. Der ganze Körper ist frei beweglich.«[6]

75

Flügelareals. Wenn man bei windstiller Luft mit dem Apparate senkrecht herunterfällt, so wirkt derselbe lediglich als Fallschirm...

Die vordere Grenze erreicht die Lage des tragenden Luftdruckes, wenn man beim Fliegen von stärkeren Winden getroffen wird. Alsdann muss man sich ganz nach vorn hineinlegen und auch noch die Beine soweit wie möglich vorstrecken, sonst verliert man ebenfalls seine Geschwindigkeit oder wird vom Winde abgetrieben.«[7]

In der Tat verlangt die Steuerung durch Verlagerung des Schwerpunktes immer wieder Kaltblütigkeit. Neigt sich beispielsweise die rechte Fläche zur Erde, so streckt der Mensch instinktiv seine Beine in diese Richtung. Aber genau das Gegenteil ist beim Fliegen erforderlich. Indem die Beine unter die linke Fläche gehoben werden, verlagert sich der Schwerpunkt nach links, der Apparat kommt wieder ins Gleichgewicht. Senkt sich der Apparat vorn der Erde zu, müssen die Beine nach hinten gestreckt werden. Geistesgegenwart und Körperbeherrschung sind in jedem Fall gefragt.

Nach einigen Versuchen im Frühjahr 1893 schwankt der Wind jedoch in den ersten Sommermonaten fast nur zwischen östlichen und nördlichen Richtungen. Das Schuppendach kann nahezu drei Monate nicht genutzt werden. Schließlich hatten alle Erfahrungen bewiesen: Fliegen und Landen sollte man stets gegen den Wind, sonst waren Überschläge und Flügelbrüche die Folge. Ein allseitig freiliegender Kegel, so eine neue Erkenntnis, wäre also das Ideal.

Die Rhinower Berge kommen dem schon entgegen. Sie sollen zum Hauptübungsplatz werden, »wie zu Flugversuchen geschaffen«. Die bis zu achtzig Meter das Gelände überragende Hügelkette mit dem einhundertneun Meter hohen Gollenberg war nur mit Gras

Sein Flugapparat war in vielerlei Hinsicht Ergebnis bisheriger Erfahrungen. »Von der grossen Klafterweite meiner früheren Apparate«, resumiert er, »bin ich nach und nach abgekommen. Die ungleichartige Windstärke und Windrichtung unter dem rechten und dem linken Flügel ruft häufig eine sehr erhebliche Verschiebung des tragenden Luftdruckes hervor, welche um so schlimmer wird, je grösser die Klafterbreite der Flügel ist. Letztere nehme ich jetzt niemals über 7 Meter und bin dadurch in der Lage, durch einfache Schwerpunktverschiebung in jedem Falle schnell das Gleichgewicht wieder herzustellen.

Die Flügelbreite hat ebenfalls ihre Grenzen. Es muss möglich sein, im Nu den Schwerpunkt soweit von vorn nach hinten zu verlagern, als der Angriffspunkt des tragenden Luftwiderstandes sich bewegen kann. Als hinterste Grenze hierfür gilt der Flächenschwerpunkt des

Stärkere Winde
verlangen große
Körperbeherr-
schung

und Heidekraut bewachsen. Die Abhänge neigen sich in allen Richtungen zwischen zehn und zwanzig Grad. Als Otto Lilienthal auf dem Hauptmannsberg von sechzig bis fünfundsechzig Meter über Grund zum ersten Mal sein Flugzeug entfaltet hat, überkommt ihn ein etwas ängstliches Gefühl. »Von hier oben sollst du nun in das tief da unten liegende, weit ausgedehnte Land hinaussegeln!« Er beginnt mit vorsichtigen Sprüngen, doch bald gewinnt er an Sicherheit, »denn der Segelflug ging hier ungleich sanfter von statten, als von meinem Fliegethurme«, konstatiert er. »Der Wind bäumte hier nicht so auf, als vor dem letzteren.«

M it gesenkten Flügeln läuft er gegen den Wind, dann richtet er diese horizontal auf. Zuerst fliegt er nur in geringer Höhe über dem Hang, die Beine nach vorn gestreckt, den Oberkörper nach hinten werfend, um dann wie eine Krähe zu landen. Das wird durch das bewegliche Leitwerk erleichtert. Es währt nicht lange, bis er in zwei Meter genau wie in zwanzig Meter Höhe fliegt. Er fühlt, wie sicher ihn die Luft trägt und sieht die kleinen Menschen von unten staunend zu ihm aufblicken.[8] Diesmal ist es der Berliner Berufsfotograf Alex Krajewski, der die Flüge im Bild festhält.

Karte der Rhinower Berge um 1893

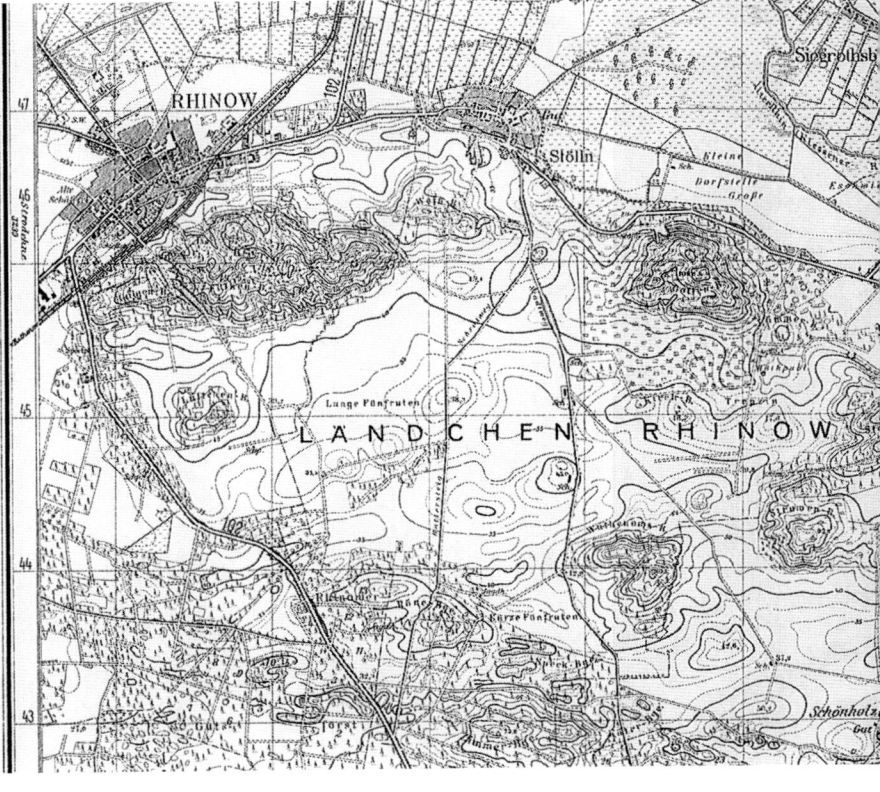

77

Abflug vom Hauptmannsberg

Vor dem Panorama Rhinow – höher – weiter

Nach einer fast vollen Wendung fliegt Lilienthal auf den Berg zu

Nach Lilienthals damaligen Erkenntnissen hat der Flugapparat für solche Bedingungen das günstigste Verhältnis von Flügelform und -größe: »Bei 7 m Klafterbreite und 2 1/2 m Breite erhält man mit Rücksicht auf die Abrundungen an den Spitzen ein Areal von 14 □ m, welches auch für das mittlere Gewicht eines Mannes ausreicht. Solche Flügel wiegen ca. 20 kg, mein Eigengewicht ist 80 kg, also das Gesamtgewicht war gerade 100 kg.«[9] Da Otto sowohl auf der Maihöhe als auch in den Rhinower Bergen fliegt, hat er sich — wie Fotos beweisen — zwei dieser Vierzehn-Quadratmeter-Apparate gebaut. Sie unterscheiden sich durch unterschiedliche Verstrebungen in den vertikalen Leitwerken.

Zur Ermittlung der besten Tragewirkung verwendet der Ingenieur erstmals auswechselbare Profilschienen, die Veränderungen des Flügelprofils ermöglichen. Auf diese Weise verschafft er sich im Ergebnis vieler Flugexperimente die Gewißheit, daß die beste Tragewirkung bei vierzehn Quadratmetern mit einer Wölbungstiefe von einem Achtzehntel bis einem Zwanzigstel der Flügelbreite erreicht wird. Bei kleineren Flächen unter einem Quadratmeter ergibt die Wölbungstiefe von einem Zwölftel die besten Widerstandsverhältnisse. Und noch eine Erkenntnis gewinnt er auf der Suche nach dem besten Flügelquerschnitt im Ergebnis dreier Flugjahre: Der parabolische Querschnitt weicht so wenig von der Kreislinie ab, daß es sich kaum lohnt, darauf Rücksicht zu nehmen. Es stehe »ja auch nichts im Wege, von der gewöhnlichen Parabel zweiter Ordnung abzuweichen und eine Parabel höherer Ordnung dafür zu wählen, welche steiler ansteigt und flacher verläuft«. Doch aus seinen Erfahrungen heraus warnt er davor, damit die Tragefläche »nicht den so gefährlichen Oberdruck erhält«.[10]

Im Herbst auf der Maihöhe wird der Flieger auf einen Umstand ganz besonders aufmerksam. Beim Passieren der Absprungkante erhält er jedesmal einen ungleichmäßigen Windstoß von unten, der ihm oft verhängnisvoll zu werden droht. Schon zwischen Derwitz und Krielow war er ja am Abhang ähnlichen Erscheinungen begegnet. In beiden Fällen wirkte der Hangaufwind, den August v. Parseval bereits im Jahre 1892 in der »Zeitschrift für Luftschiffahrt und Physik der Atmosphäre« als eine der Ursachen des Segelfluges herausgearbeitet hatte. Er schrieb u. a.:

»Aufsteigende Luftströmungen aber finden sich regelmäßig an grossen, von der Sonne erwärmten Berglehnen, besonders an Felswänden (dies benutzen die Adler, die Condore der Anden), an der Windseite steilerer Hänge und Klippen, ferner über Terrainstrecken, die sich wegen Mangel an Bewachsung oder wegen guter Wärmeleitung des Bodens rascher erwärmen als die Umgebung.

... Vorhanden sind sie überhaupt an jedem sonnigen Tag; denn die ganze Erwärmung der Atmosphäre geschieht von unten auf durch Emporsteigen der erwärmten Massen. Dieses Emporsteigen erfolgt in der Regel an einigen begrenzten Stellen mit relativ großen Geschwindigkeiten (bis über 3 m) indem die erwärmten Luftmassen wie in einem Kamin aufwärts ziehen. Das Niedersinken der kälteren Massen geschieht in großem Umkreis und mit unmerklicher Geschwindigkeit.

Gegen den Wind kommt der Flieger in der Luft zum Stillstand über dem Boden, ein vom Fotografen gesuchter Moment

Ein Zeichen von aufsteigenden Luftbewegungen sind stets die Haufen-Wolken (Cumuli), welche sich an sonnigen Tagen oft plötzlich bilden.«[11]

Es ist für Lilienthals Lebenswerk in der Tat eine Tragik, daß er diese Erscheinung nicht erkannte. Er nahm sie offenbar auch in der Zeitschrift, die er genau verfolgte, nicht zur Kenntnis. Und auch seine geäußerte Übereinstimmung mit Erkenntnissen Parsevals zeigte in dieser Frage keine Ergebnisse.

In den Rhinower Bergen dagegen empfindet Otto bei zunehmend längeren Flügen besonnene Ruhe, »während das unbegreiflich schöne und sanfte Dahingleiten über die weit ausgedehnten sonnigen Berghänge den Eifer bei jedem Sprunge von Neuem anfacht«. Nach Sicherheit im geraden Flug »versucht man unwillkürlich zuerst ganz wenig und dann mehr die Flugbahn nach rechts und links abzulenken… Es giebt nichts Einfacheres als die Lenkung von Flugmaschinen«, stellt er euphorisch fest. Bei einem sehr hohen und weiten Fluge, berichtet der Flieger, trieb er die Ablenkung aus der geraden Flugrichtung soweit, »dass ich jeweilig fast in entgegengesetzter Richtung flog. Von dem rechts gelegenen Berg kommend, drehte ich gerade im Moment der photographischen Aufnahme der Ebene fast den Rücken zu.«[12]

Bei Windgeschwindigkeiten bis zu sieben, acht Meter je Sekunde wagt der Flieger Starts. Dann gibt es »oft einen, wenn auch nicht gefährlichen, so doch meist sehr interessanten Kampf mit dem Winde zu bestehen, wobei ich zuweilen zum Stillstand kam und mehrere Secunden an einem Punkte in der Luft schwebte, fast gerade so wie die Falken der Rhinower Berge es vermochten. Zuweilen wurde ich aus einer solchen Ruhelage plötzlich noch um viele Meter senkrecht angehoben, dass mir manchmal Angst und Bange wurde, der Wind möchte mich ganz und gar entführen«.[13]

Otto Lilienthal beschreibt diese Flügel sehr genau auf einer Skizze mit den verschiedenen Flugverläufen. Das Zehnfache der Abflughöhe sei erreichbar, stellt er in bezug auf die Linie b f fest. Eine solche schwungvolle Bewegung, wie auf der Linie b g, »belohnt auch die zur Erlangung der Fertigkeit aufgewendete Mühe, wie es denn überhaupt ein unbeschreibliches Vergnügen ist, hoch in den Lüften über den sonnigen Berghängen sich zu wiegen, ohne Stoss, ohne Geräusch, nur von einer

Übersicht über den Flugverlauf; a: Ablaufpunkt; b: Abhebepunkt; b e: Flug bei Windstille; b f: bei einer Windgeschwindigkeit von vier bis fünf Meter pro Sekunde; b g: Windstöße heben den Apparat im sogenannten Wellenflug bis über die Starthöhe

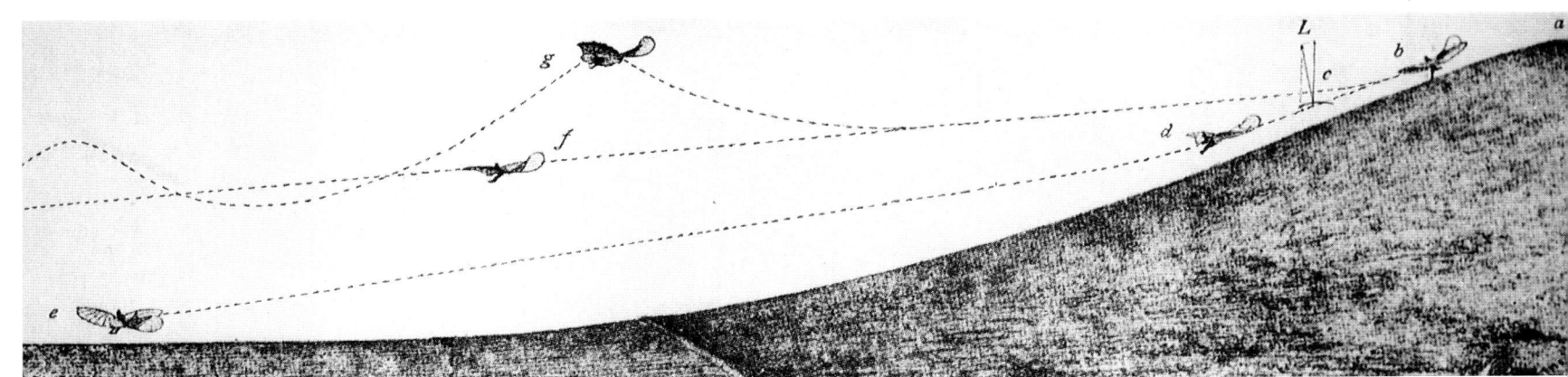

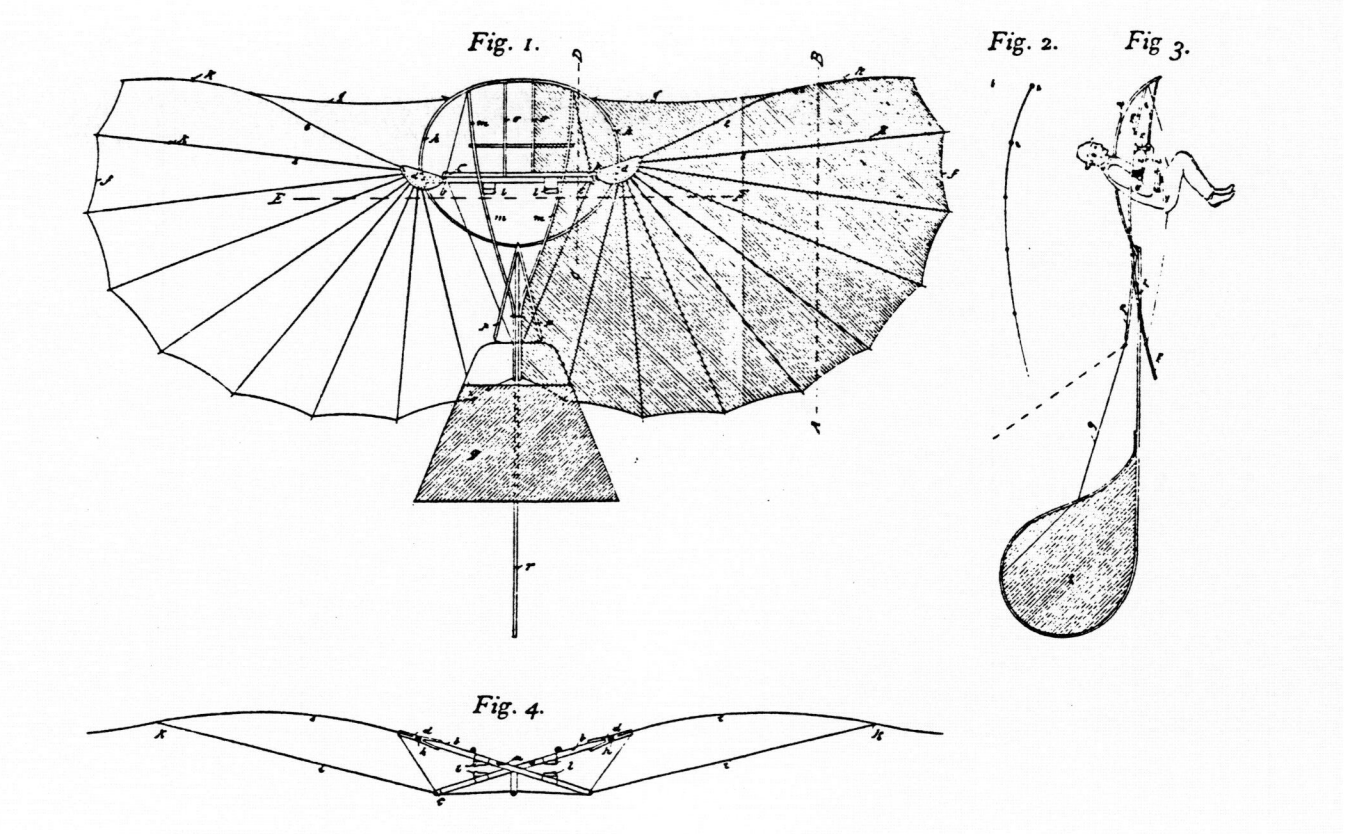

Fig. 1.　　　　　　　　　Fig. 2.　　Fig 3.

Fig. 4.

leisen Aeolsharfenmusik begleitet, welche der Luftzug den Spanndrähten des Apparates entlockt«.[14]

Bei solchen Flügen entsteht auch die Idee eines ersten Fahrtmessers, denn die Töne und der Wind, den man im Gesicht verspürt, waren die einzigen direkten Anhaltspunkte für die Geschwindigkeit. Lilienthal denkt an eine kleine Anzeigevorrichtung vorn im Apparat, von der man die relative Luftbewegung ständig ablesen kann, die aber den Widerstand nicht nennenswert vergrößert.[15]

Die Resultate der Flüge stimmen mit denen der Elementarversuche zum Widerstand überein und bestätigen Lilienthals Auffassungen bis hin zum zahlenmäßigen Vergleich. In mittelstarkem Wind kann der geübte Flieger weite Strecken bei einer Neigung der Flugbahn von sechs Grad und einer Geschwindigkeit von fünf Meter je Sekunde zurücklegen. »Man muss annehmen, dass der gegen den Berg anströmende Wind eine aussergewöhnliche Steigung annimmt. Da ich jedoch auch an verhältnismässig schmalen Bergrücken, wo der Wind seitlich leicht ausweichen konnte, dasselbe Resultat erhielt, und auch in grösserer Entfernung vor dem Berge die Flugneigung innegehalten werden konnte, so muss wenigstens ein ähnliches Ergebnis auch bei weiter fortgesetztem Fluge eintreten. Es scheint mir selbstverständlich, dass durch weitere Verfeinerung im Bau der Apparate und durch noch grösseres Vertrautwerden mit denselben noch günstigere Resultate sich werden erzielen lassen, dass sogar auch das dauernde Segeln in stärkerem Winde geübt werden kann.«[16]

Wie nahe ist Otto Lilienthal doch diesem Ziel, ohne es zu erkennen. Zwar spürt er im Detail die Vorgänge in der Atmosphäre, die während des Fluges wirken. Aber seine Segelflugtheorie hindert ihn zugleich, den nächsten Schritt zu tun, nämlich nun in diesem tragenden Wind

auch quer zu dem im Winde liegenden Hang zu fliegen und diesen aufströmenden Wind, den Hangaufwind, zu nutzen.

Nicht kreisen, sondern in diesem Aufwind den Hang entlang zu fliegen wäre die Lösung gewesen, die dann erst 1922 in der Rhön verwirklicht wurde. Die Fertigkeiten Lilienthals wie seine Flugapparate hätten das bereits ermöglicht.[17]

Der Flugpionier steht am Ende einer Versuchsperiode, in der er sich »die Aufgabe gestellt hatte, aus gewölbten Tragflächen bestehende Apparate zu construiren, mit denen man von erhöhten Punkten möglichst weit, also unter möglichst schwacher Neigung stabil und gefahrlos bei mittelstarken Winden durch die Luft dahinsegeln kann«.[18] Er ist auf dem besten Wege zum freien dauernden Segeln und weiß um die Größe der mechanischen Leistung, die noch notwendig war, um vom »schräg abwärts geneigten Schweben« zum unbeschränkten horizontalen Flug« zu kommen.[19]

Die konstruktiven Ergebnisse dieser Periode münden in sein erstes Flugzeugpatent vom 3. September 1893. Erstmals hat der hier vorgestellte Apparat neun statt sieben Rippen, bei denen Lilienthal nun bleiben wird. Als Patentanspruch macht er geltend:

»1. Ein Flugapparat, dessen Flügelrippen (ee…) mit den behufs Aufnahme der Unterarme des Fliegenden gekreuzten Flügelrippenträgern (bb) durch Drähte (i) derartig verbunden sind, dass ein umgekehrtes Hängewerk gebildet wird, wobei die Flügelrippen (ee…) zusammenlegbar eingerichtet werden können.

2. An dem unter 1. gekennzeichneten Flugapparat ein feststehendes, die Einstellung desselben nach der Windrichtung bewirkendes Verticalsteuer und ein Horizontalsteuer, welches unter dem Druck der Luft nach oben ausschwingen kann, um ein Ueberschlagen des Apparates zu verhindern.«[20]

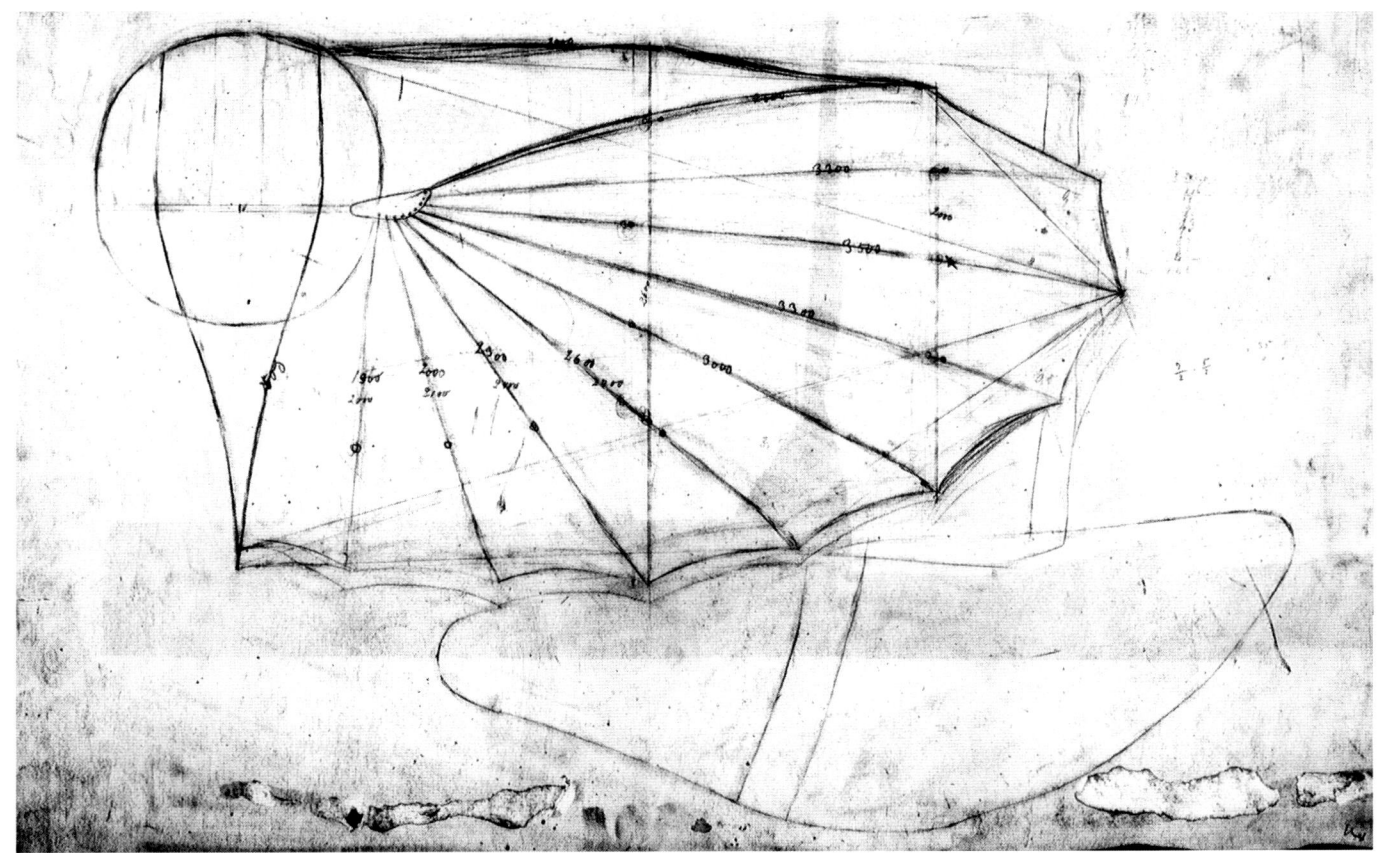

Großer Flugapparat mit siebzehneinhalb Quadratmeter Fläche

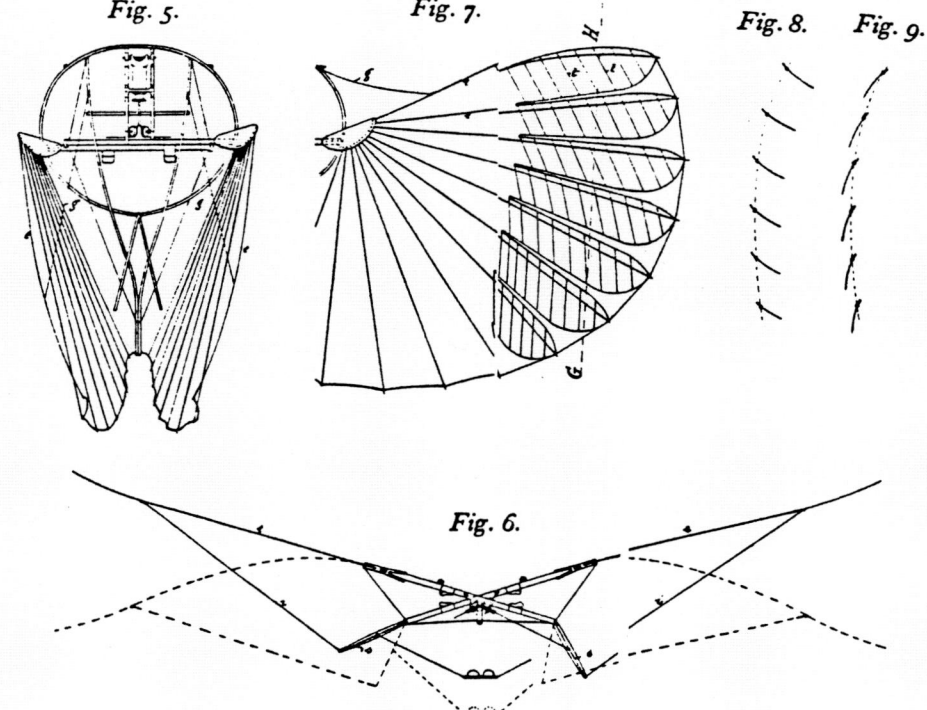

Fig. 5.   Fig. 7.   Fig. 8.   Fig. 9.

Fig. 6.

Schlagflügelapparat nach dem D.R.P. Nr. 77916

Das Patent wird unter der Nummer 77916, Klasse 77 Sport, am 10. November 1894 vom Kaiserlichen Patentamt ausgegeben. Es war keinesfalls das erste Flugzeugpatent, wohl aber das erste, das nicht nur Theorie blieb, sondern sich bereits in der Praxis erfolgreich bewährte. Und darin liegt seine besondere Bedeutung.

Noch immer Herbst des Jahres 1893 konstruiert Lilienthal einen weiteren Apparat. Er hatte neun Rippen und stand mit einer Spannweite von acht Metern und siebzig Zentimeter und siebzehneinhalb Quadratmeter

Flügelfläche im Widerspruch zu gleichzeitig veröffentlichten Erkenntnissen.[21] Wahrscheinlich ging es dem Flieger darum, mit diesem größeren Gleiter Vorteile bei Windstille zu erzielen. Auch die Originalzeichnung einer Tasche zur drehbaren Befestigung der neun Rippen verweist auf seinen Bau.[22]

Einen zweiten Teil enthält das Patent vom 3. September 1893, der im wesentlichen noch theoretischen Charakter hat, einen Apparat, mit dem sowohl Segelflug ohne Flügelschlag als auch der Ruderflug mit bewegten

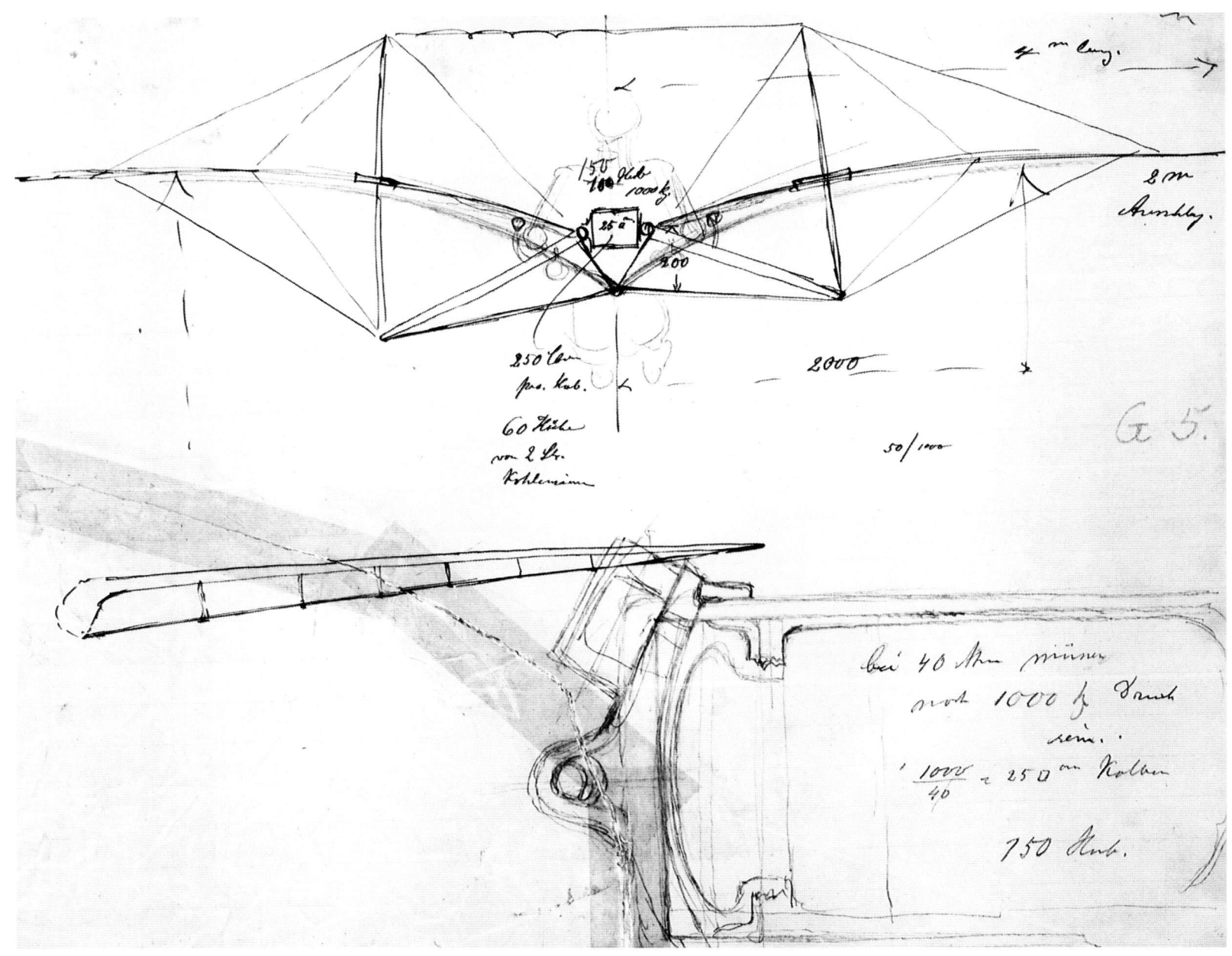

Entwurf eines Motorflugzeuges mit Einzylinder-Kohlensäuremotor, darunter Detailzeichnung für eine Dampfkesselkonstruktion

Flügeln möglich werden sollte. »Die Bewegung kann entweder durch den mit dem Apparat fliegenden Menschen oder durch eine besondere Maschine hervorgebracht werden.« Anziehen und Ausstoßen der Beine soll den Flügelschlag bewirken. Die Füße des Fliegers stecken dazu in pantoffelartigen Ledern. Hier war im Gegensatz zu früheren Vorstellungen an eine synchrone Bewegung beider Beide gedacht. Der Patentanspruch lautet:

»3. Eine Ausführungsform des unter 1. und 2. gekennzeichneten Flugapparates, bei welcher eine Bewegung der Flügel dadurch erfolgt, dass zwischen die unteren Enden (c) des Kreuzgerüstes (b b) und die an den Flügelspitzen angreifenden Spanndrähte (i) Hebel (s) eingeschaltet werden, welche am Kreuzgerüst drehbar befestigt sind und durch Maschinen- oder Menschenkraft bewegt werden.

4. Eine Ausführungsform des unter 3. gekennzeichneten Flugapparates, bei welcher der äussere Flügelteil in einzelne, ventilklappenartig wirkende Flügel zerlegt ist, welche mit Hülfe kleiner Querrippen t an den Haupt-

rippen befestigt, und deren vor den Hauptrippen gelegene Flächen schmäler sind als die hinter den Hauptrippen befindlichen.«

Sowohl in der Figur 5 als auch 6 des Patents ist bereits die maschinelle Lösung eingezeichnet. Von einer Kolbenstange führen zwei über Rollen laufende Ketten zu den Hebeln. In beiden Fällen sieht Lilienthal vor, daß der Aufschlag durch das Wirken des Luftdrucks von unten erfolgt. Ein Kohlensäuremotor soll durch die Hin- und Herbewegung des Kolbens analoge Flügelbewegungen hervorrufen.

Im Jahr 1893 fertigt der Konstrukteur den Entwurf eines Apparates mit acht Meter Spannweite bei zwei Meter schlagender Flügellänge auf jeder Seite an. Diverse Berechnungen der Motorenleistung und -dimensionierung deuten auf einen Kolbenquerschnitt von fünfundzwanzig Quadratzentimeter.[23] Hier handelt es sich um eine Studie mit geschlossenen Flügeln. Noch im gleichen Jahr entsteht ein zweiter Entwurf, diesmal mit sechs Lamellen, ventilklappenartig wirkenden Flügeln, der dann auch gebaut wird, jedoch etwas kleiner. Der Motor wird im Gestellring vorn angebracht. Zwischen ihm und dem Flieger befinden sich zwei Kohlensäureflaschen.[24]

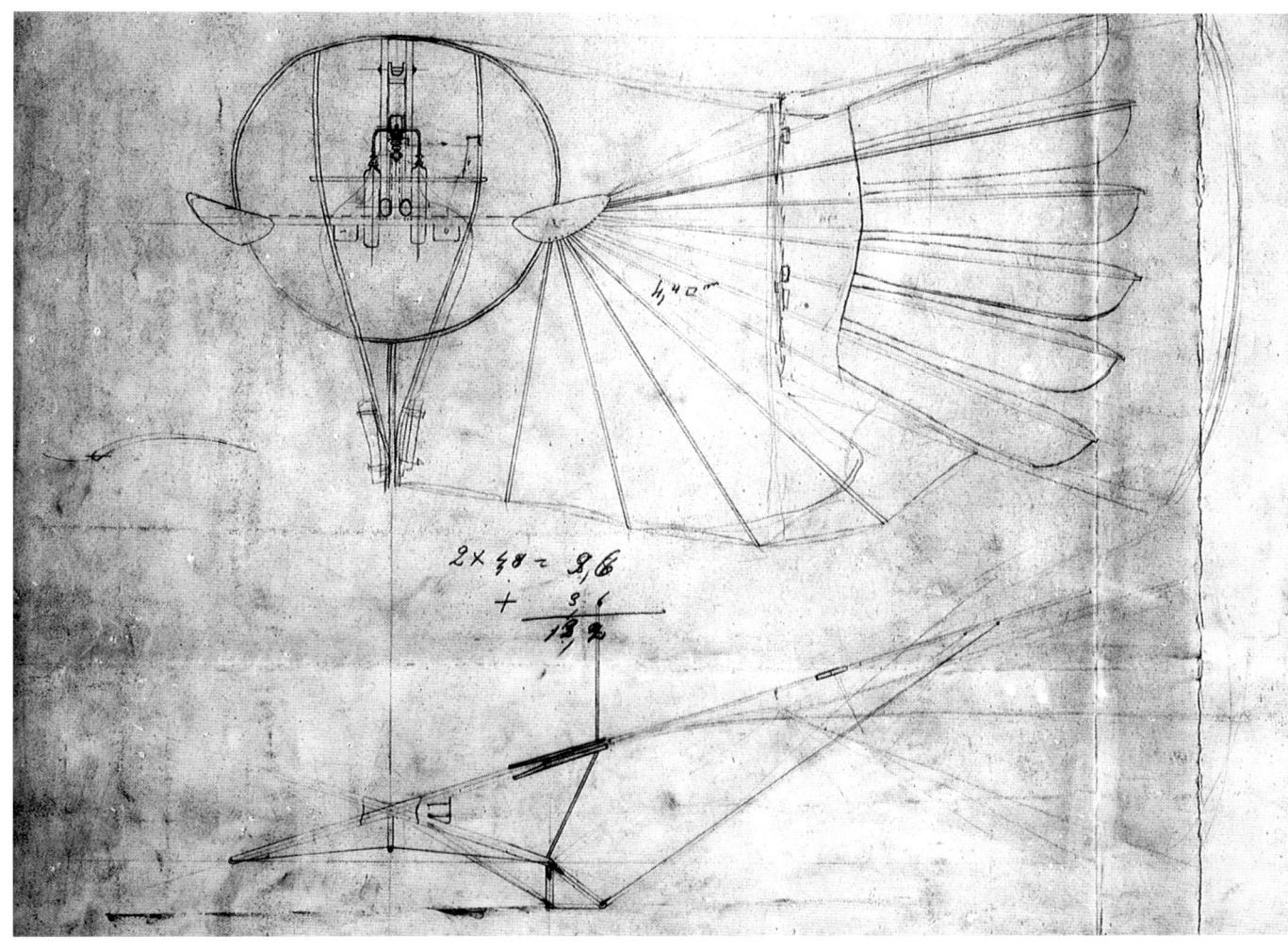

Entwurf eines Motorflugzeuges mit Einzylinder-Kohlensäuremotor und zwei Betriebsstoffbehältern

W as bewegt den Flugpionier, sich wieder intensiv dem Flügelschlag zuzuwenden? Er erwartet von den unterstützenden Flügelschlägen einen vorteilhafteren Neigungswinkel und eine zusätzliche Tragewirkung als Weg zum Horizontalflug. Lilienthal ist sich darüber im klaren, daß es besonderer Übung bedarf, um diese Flugmaschine sicher zu dirigieren.

Wieder entwickelt er ein Programm des schrittweisen Vorgehens: Erst den Apparat mit stillgehaltenen Flügeln als einfachen Segelapparat erproben, »und wenn ich hierbei wieder vollkommene Sicherheit erlangt habe, werde ich die Flügelspitzen mit den Schwungfedern zunächst nur ganz kleine Hübe machen lassen, die mit fortschreitender Übung erst nach und nach zum ganzen Ausschlag sich vergrössern. Auf diese Weise von dem Segelflug schrittweise zum Ruderflug übergehend dürfte sich die Flugdauer und die Länge der durchflogenen Strecken wenigstens noch erheblich vergrössern lassen, so dass man es wagen darf, auch längere Zeit mit dem Winde zu fliegen und zu kreisenden Bewegungen überzugehen.«[25]

Die erneute Hinwendung zum Flügelschlag resultiert auch aus dem Mangel an geeigneten Motoren. Lilienthal war keinesfalls ein Gegner von Luftschrauben oder Schraubenfliegern, zumal er selbst vielfach solche aus schwachem Blech zum Fliegen brachte und entsprechende Modelle vorführte. »Die Verwendung von Luftschrauben zum Fliegen selbst dürfte bei geschickter Anwendung keine schlechte Resultate ergeben… Gegenüber der Verwendung des Vogelflugprincips steht das Fliegen mit Luftschrauben insofern zurück, als

von einer Anwendung des Segelfluges mit Schrauben keine Rede sein kann, während der Ruderflug und Segelflug sehr wohl mit demselben Apparate sich ausführen lassen.«[26] Hinzu kommt, daß der Wirkungsgrad der Luftschrauben noch nicht so groß war. Angesichts der vielen und immer erfolglosen Projekte von Motorflugzeugen seiner Zeit glaubt er, mit dem einfachen Kohlensäuremotor und den Schwingen ohne großen Forschungsaufwand schneller zum Ziel zu gelangen. Die Umsetzung der Kolbenhübe in Flügelschläge war schließlich auch technisch einfacher.

Lilienthal gehört aber auch nicht zu jenen, die unter Umgehung des Gleitfluges zum reinen Ruderflug kommen wollen, den Ornithopter-Anhängern. Seine Konstruktionen sehen einen festen, unbewegten inneren Flügel für die Bildung des Auftriebs und dann einen beweglichen äußeren für zusätzlichen Vortrieb vor. Ausführlich befaßt er sich zu dieser Zeit auch mit der Motorenfrage. So untersucht er die Leistungskraft der Antriebe von Hargrave und eigener Flugschlangenrohrkessel. Die Leistung des Dampfkessels wächst proportional mit der Heizfläche, stellt er fest, und auch neuere Materialien wie Aluminium und Magnesium seien hier nicht geeignet. Schließlich läge aber der Schwerpunkt der Flugfrage — und das bestätigen Zeitgenossen ja immer wieder — nicht in der Herstellung leichter und starker Motore.[27]

Der Ingenieur baut für seinen Flugapparat einen Einzylinder-Kohlensäuremotor. Dieser wiegt, für dreißig Minuten Arbeit ausgelegt, »bei einer Leistung von 2 HP« (1,47 kW) »mit allen Nebentheilen 20 kg«.[28] Allerdings

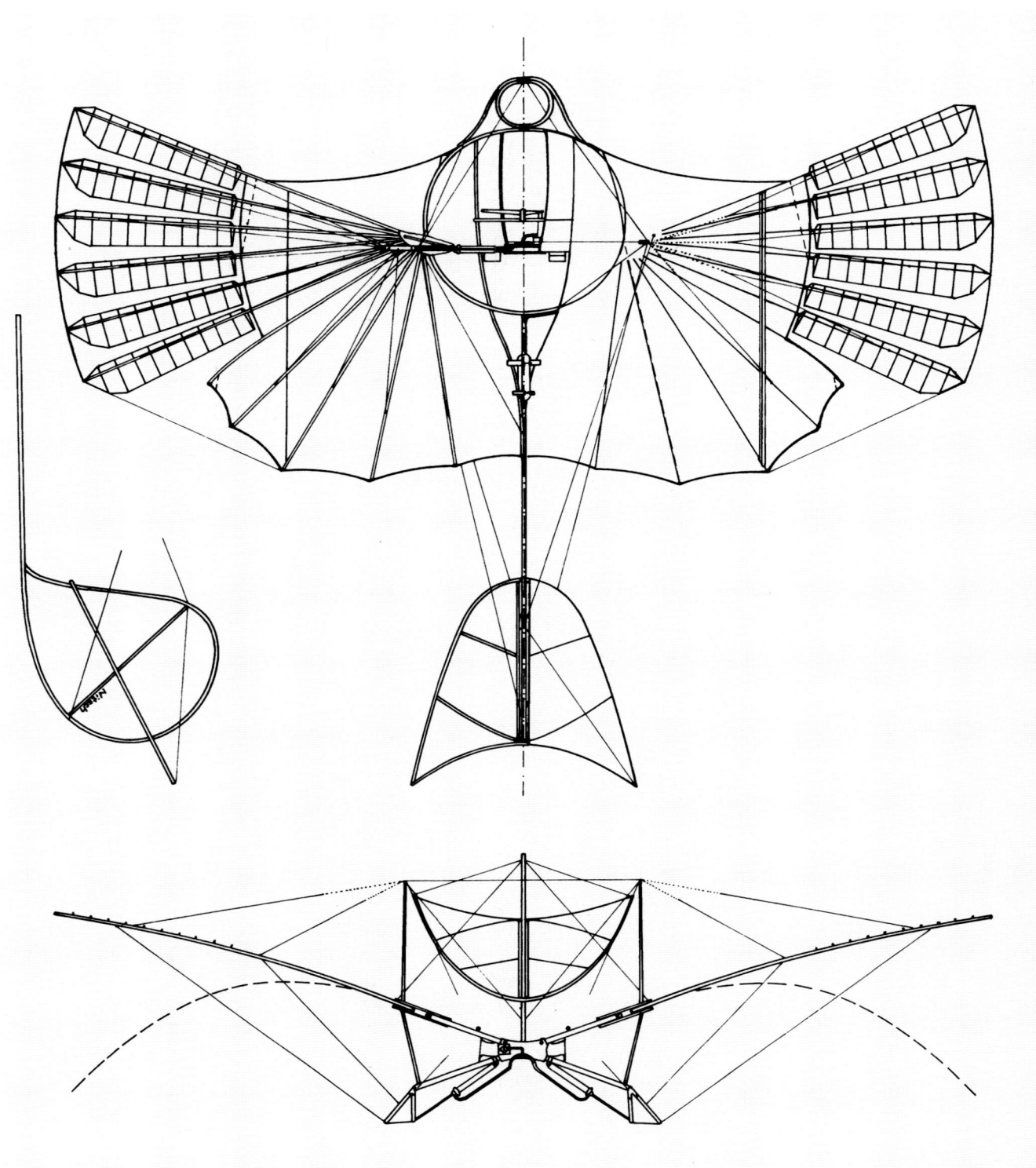

bereitet schon die Erprobung in der Werkstatt erhebliche Schwierigkeiten, weil der Kolben nach kurzer Betriebsdauer einfriert.

Die Ergebnisse des Jahres 1893 legt Lilienthal wiederum in mehreren Artikeln in der »Zeitschrift für Luftschiffahrt und Physik der Atmosphäre« sowie nun auch im »Prometheus« dar, was ihm viele neue Leser bringt. Erstmals erscheinen zwei Beiträge von ihm im amerikanischen »Smithonian report« mit den Themen: »The problem of flying« und »Practical experiments in soaring«.[29] Die Zeitschrift ist das Organ der Smithonian Institution in Washington, des Nationalmuseums der USA, dem wissenschaftliche Institute angeschlossen sind. Die Geschäfte führt zu jener Zeit als Sekretär der Physiker Samuel Pierpont Langley, selbst aktiver Forscher auf dem Gebiet der Luftfahrt.

Die Artikel waren ein Beitrag des deutschen Ingenieurs zu einem Preisausschreiben, das der Präsident und der Justizchef der Vereinigten Staaten als Vorsitzender und als Kanzler der Smithonian Institution im gleichen Jahr ausgeschrieben hatten. Es ging um einen Preis »für eine Abhandlung, die einige neue und wichtige Entdeckungen über die Natur oder die Eigenschaften der atmosphärischen Luft enthält. Die Eigenschaften sind zugleich in ihrem Einfluß auf Meteorologie, Hygiene oder auf irgend einen Teil der Biologie oder der Physik zu untersuchen.« Eine goldene Medaille sollte jährlich oder alle zwei Jahre verliehen werden. Anfragen waren an Langley zu richten.[30] Dieses Preisausschreiben spiegelte die in jenen Jahren in vielen Ländern vor sich gehende Orientierung der Wissenschaft auf die Physik der Atmosphäre wider.

*Konstruktions-
zeichnung des
ersten Flug-
motors von Hugo
Eulitz aus dem
Jahre 1893*

Generell nahm zu jener Zeit der internationale Meinungsaustausch zu, was vor allem durch zahlreiche Publikationen gefördert wurde. So fand anläßlich der Weltausstellung in Chicago 1893 vom 1. bis 4. August eine internationale Konferenz über Luftschiffahrt statt, allerdings ohne deutsche Beteiligung. Vor etwa einhundert Teilnehmern hob der amerikanische Flugpionier Octave Chanute in seiner Eröffnungsrede die Versuche Lilienthals rühmend hervor.[31]

In diesem Jahr kommt es auch zu umfangreicherer internationaler Korrespondenz Lilienthals, so mit Octave Chanute (1832-1910), einem Eisenbahningenieur, der in Chicago ein Konstruktionsbüro betreibt und 1890 die »American Aeronautical Society« gegründet hatte. Er übersendet zwei Hefte einer Eisenbahnzeitschrift mit Luftfahrtartikeln an Lilienthal verbunden mit der Bitte, ihn über die Fortsetzung seiner Artikel zu unterrichten, möglichst durch die Übersendung von Kopien.[32]

Im »Wiener Flugtechnischen Verein« zählt neben Carl Milla vor allem Hauptmann Hermann Hoernes zu den Briefpartnern, der den Deutschen persönlich kennen und schätzen lernte, als er zur Ausbildung bei der Deutschen Luftschiffertruppe in Berlin weilte. Hoernes konnte im Februar 1893 in einer Wiener Vereinssitzung zwölf Flugbilder des ersten Fliegers vorlegen, die reges Interesse fanden.

An Milla schreibt Lilienthal am 9. August 1893 auf dessen Bitte um Fotografien, auch Hoernes habe angefragt und eine Zusage erhalten. »Die gewünschten Lichtbilder können Sie in 14 Tagen erhalten... Ich hätte schon eine Veröffentlichung der Bilder gelegentlich meiner

diesbezüglichen Aufsätze durch die Zeitschrift« (zur Förderung der Luftschiffahrt) »in Vorschlag gebracht, fürchtete jedoch, daß es für den Verein zu kostspielig wäre.«[33]

Auch mit Abel Hureau de Villeneuve gibt es schriftliche Kontakte. Jener lehnt Lilienthals Vorschläge ab und beharrt darauf, daß die ebenen Flächen zum Fliegen die geeignetsten seien.[34]

Am Leben des Vereins zur Förderung der Luftschiffahrt nimmt Lilienthal nach wie vor großen Anteil. Hier trifft er auch seinen Lehrer, Prof. Reuleaux, der als Gast Veranstaltungen besuchte. Lilienthals Aktivitäten in der Vereinszeitschrift bleiben nicht ohne Anfeindungen. Buttenstedt hatte im Vorwort der zweiten Auflage seines Buches »Flugprincip« festgestellt, Lilienthal weise als Mitglied des Redaktionsausschusses der Zeitschrift seine Beiträge zurück. Bei der Besprechung antwortet Lilienthal eindeutig: »Ueber die Zurückweisung seiner Manuskripte macht übrigens Herr Buttenstedt ebenfalls falsche Angaben; ich bin zu der Erklärung autorisirt, dass dieselben von sämtlichen Mitgliedern des Redactionsausschusses abgelehnt wurden.«[35]

Die Auseinandersetzung mit Buttenstedt spielt auch im Briefwechsel mit anderen Luftfahrtenthusiasten eine Rolle, so mit Eugen Kreiss. Ihm dankt Lilienthal dafür, daß er Buttenstedt nicht noch mehr bestärkt: »Schade um die schöne Zeit, welche mit solchen Schreibereien vertrödelt wird. Gewiß, er möchte gern ein Rob. Meyer der Flugtechnik sein. Dazu gehört aber, daß er zuerst einmal ein Lehrbuch der elementaren Mechanik vornimmt und unterscheiden lernt, was Kraft und Arbeit ist.«[36] Dabei bezieht sich Lilienthal auf einen Brief Buttenstedts, in dem dieser mitteilt, in der »Märkischen

Octave Chanute

Samuel Pierpont Langley

Buttenstedt hatte sich übrigens auch an Hauptmann Moedebeck gewandt, der aktiv im Verein mitwirkt: »Ew. Hochwohlgeboren kennen ja Herrn Lilienthals Bekämpfung meiner Flugbestrebungen« und bat vergeblich im Unterstützung der Veröffentlichung seiner Arbeiten in der Zeitschrift.[37]

Das große Interesse an Lilienthals Versuchen bestätigen sich mehrende Zuschriften zu seinen Flugapparaten. So schreibt er in Beantwortung eines Briefes von Alois Wolfmüller (1864-1948), einem Ingenieur und Motorenbauer, »daß von mehreren Seiten mir die Herstellung von Segelapparaten übertragen wurde«. Die Kosten eines Apparates betrügen dreihundert Mark, »und da ich kein Geschäft hieraus ableiten möchte, so habe ich die Apparate den Interessenten für 300 Mk geliefert«. Als Herstellungszeit gibt er vier Wochen an, als Hauptmaterial Holz, mit Bandeisen und Draht versprengt bei fünffacher Sicherheit. Er garantiert für mäßigen Wind eine gegenüber der Fallgeschwindigkeit acht- bis zehnmal größere Horizontalkomponente und eine günstige Neigung von sechs Grad.[39]

Was lag bei diesem Interesse näher als Überlegungen zum Flugsport. Kein Mittel würde mehr zur Förderung der Flugfrage beitragen, »denn in kurzer Zeit würden Hunderte von jungen kräftigen Leuten sich solche billig herzustellenden Segelapparate halten und in der Weite der Segelflüge sich überbieten suchen... Sollte es dahin kommen, dass das Durchsegeln der Luft auch vorläufig nur als interessante Belustigung und angenehme Körperübung sich einbürgert, so wäre in einem derartigen Fliegesport wohl die gesundeste aller Erholungen im Freien geschaffen und dadurch die Reihe der Mittel zur Bekämpfung moderner Culturkrankheiten um eins der wirkungsvollsten vermehrt.«[40]

Das solche Ideen aber auch ganz praktische Hintergründe hatten, handfeste ökonomische, zeigt ein Brief an seine Schwester Marie: »Ich habe in letzter Zeit die Fliegesache mehr forciert, weil die Fortschritte recht gute waren. Ich denke sogar, die Erfindungen, welche dabei gemacht wurden, zu Geld machen zu können...« Das Maschinenbaugeschäft gehe schlecht, der Handel stocke auf allen Gebieten, und seit einem Jahr sei nichts mehr zu verdienen. »Ich suche einen Geldmann, welcher bei Berlin einen Sportplatz für Fliegeübungen errichtet... Wenn ich einen solchen Fliegesport ins Leben rufen könnte und meine patentierten Flugapparate zur Anwendung kämen, würde sich eine gute Einnahmequelle eröffnen.«[41]

In einem Brief an Hauptmann Moedebeck, der zu jener Zeit auf der Festung Ehrenbreitstein, einem riesigen Fels hoch über dem Rhein, stationiert war, schreibt Lilienthal im Dezember 1893: »Der Fliegesport ist aber vorläufig nichts weiter als eine Idee von mir. Ob es mir gelingt, genügend Begeisterung dafür zu erwecken, bleibt abzuwarten.« Schließlich war Träumen auch für einen fünfundvierzigjährigen Ingenieur nicht verboten. »Der Ehrenbreitstein ist verlockend und es wird mir Überwindung kosten, im Sommer den Flug doch nicht zu versuchen. Es müßte einen eignen Reiz gewähren, über den Rhein durch die Luft dahinzusegeln. Ich werde mir die Sache noch überlegen.«[42] Es war mehr als eine Vision. Es lag bereits im Bereich des Möglichen.

Volkszeitung« habe ihn »der gelehrte Verfasser sogar neben den berühmten Kollegen des Herrn von Helmholtz, neben den Dr. Meyer gestellt«.[37]

Reformgedanken, Standpunkte und Taten

Otto Lilienthal gehörte zu den Unternehmern im zu Ende gehenden 19. Jahrhundert, die noch bei den Begründern der Berliner Industrie in die Lehre gegangen waren. Diese Männer hatten selbst Hand angelegt oder ihre Unternehmen mit eigenen Erfindungen vorangebracht. Er wurde in der Überzeugung erzogen, daß komplizierte Arbeit, opferreiches Ringen um technische Neuerungen Produkte und Profit schaffen, die bewußt zur Entwicklung des technischen und kulturellen Fortschritts eingesetzt werden sollten.

Bei Vertretern der liberalen Bourgeoisie des 19. Jahrhunderts existierten solche Ideen in einer langen Tradition. Lilienthal war als Student mit den Vorstellungen des englischen Ökonomen Adam Smith konfrontiert worden. Die philosophischen Ansichten seines Lehrers Franz Reuleaux wurzelten in solchen und ähnlichen Vorstellungen. Dessen Auffassungen über den Zusammenhang von Maschinenentwicklung und Arbeiterbewegung beeinflußten den Weg des Schülers bis hin zum Produktionsprofil der Maschinenfabrik. Otto schöpfte daraus auch Motivationen und Anregungen für soziales und kulturelles Handeln.

Reuleaux war in seinem Standardlehrbuch »Kinematik« und erneut in späteren Veröffentlichungen zu dem Schluß gekommen, dem Bündnis von »Kraft der Maschine... mit dem Kapital« sei der Arbeiter ausgeliefert, es hätte »den Wohlstand ganzer Landschaften vernichtet«. Die Maschine trete immer mehr an die Stelle des Menschen, »der Mensch aber, ihr Diener,... sinkt auf die Stufe der Maschine herab«.[1] Mit der Schaffung der Großindustrie sei es zu einem allmählichen Verschwinden des Mittelstandes gekommen, und im gesellschaftlichen Leben herrsche »bittere Gegnerschaft gegen den als Feind gesetzten anderen Teil der Gesellschaft statt des gemeinsamen Strebens«.[2]

»Eine Kraftmaschine, die Dampfmaschine, die Mutter einer Legion von Arbeitsmaschinen, damit aber auch zugleich Herrin der Situation« — Reuleaux zitiert hier Karl Marx — zeige jedoch, »daß nicht im Prinzip der Maschine selbst ihre zu Tage getretene Feindseligkeit gegen das Menschenwohl enthalten ist. Demnach darf von Seiten des Mechanikers an die Frage herangetreten werden, ob und auf welche Weise im Gebiete des Maschinenwesens selbst zur Heilung der Schäden, welche die Maschine der Gesellschaft als Zugabe zu ihren Spenden gebracht hat, beigetragen werden könne«.[3]

Während Reuleaux in der Analyse der Zustände sich in Methode und Sprache an frühe sozialistische Vorbilder und an Karl Marx anschloß, formulierte er dann aber einen anderen Ausweg.[4] Er ging davon aus, daß der Aufschwung von Wissenschaft und Technik, wenn auch nicht sofort, so doch in Zukunft die soziale Frage lösen würde. Als Technikwissenschaftler, der sich immer für

Qualitätsarbeit und die Förderung des Kunstgewerbes einsetzte, gab er Maschinenbauingenieuren deswegen den Auftrag, Möglichkeiten zur Hebung des gewerblichen Mittelstandes zu suchen.

»Was also das Maschinenwesen zu tun hat, um einem wesentlichen Teil des Übels zu begegnen, ist, billige kleine Betriebskraft oder mit anderen Worten: kleine, mit geringen Kosten betreibbare Kraftmaschinen zu beschaffen. Geben wir dem Kleinmeister Elementarkraft zu ebenso billigem Preise, wie dem Kapital die große mächtige Dampfmaschine zu Gebote steht, und wir... heben eine zurückgebliebene Industrie, ohne die Krebsschäden des Großbetriebes eingeführt zu haben... Die Männer, welche der neuen Maschinengattung sich gewidmet und ihr stellenweise bedeutende Opfer gebracht haben, sind für eine große Sache tätig«.[5]

Mit der Eröffnung seiner Fabrik im Jahre 1883 und deren erfolgreicher Entwicklung zählt Otto Lilienthal zu ihnen. Auch er versteht sein Wirken als Maschinenfabrikant in diesem Sinne. Der Absatz seiner Produkte und die ihm überreichte gewerbliche Auszeichnung bestätigen ihn darin. So ist es auch kein Zufall, daß er ab 1890 einige Schritte weitergeht; zuerst am 12. März dieses Jahres mit der Gewinnbeteiligung seiner Arbeiter.

Mindestens zu dieser Zeit wurde dem politisch denkenden Angehörigen des Bürgertums klar, daß eine neue Phase in der Entwicklung Deutschlands begonnen hat.[6] Der Fall des Sozialistengesetzes, das Ende der fast dreißigjährigen Amtszeit des Reichskanzlers und preußischen Ministerpräsidenten Bismarck im März ließen das sichtbar werden. Der neue Kaiser Wilhelm II. stand gegenüber der Arbeiterklasse mindestens in Konfrontation wie der Exkanzler. Sein eigenes »persönliches Regiment« zu stabilisieren verlangte, sich populär zu machen. Eine bedeutende Rolle im »neuen Kurs« spielte nun die soziale Frage.

Bereits Bismarck hatte seine Unterdrückungsmethoden gegenüber der Sozialdemokratie durch die Politik der dosierten Reformen ergänzt, die nun verstärkt zur Wirkung kommen sollte. Es war eine klügere und für die Arbeiterbewegung gefährliche Taktik, unter Vermeidung frontalen Terrors die Sozialdemokratische Partei von innen zu zersetzen und zu veranlassen, die Überwindung der in Frage gestellten bürgerlichen Gesellschaft aufzugeben. »Versittlichung« der ökonomischen Beziehungen zwischen Kapitalisten und Arbeiterklasse, Anhebung des Lebensstandards der Arbeiter auf dem Wege von Lohnerhöhungen, gerechtere Steuerbelastung und andere sozialpolitische Maßnahmen wurden empfohlen und teilweise praktiziert, ohne grundlegende Wandlungen in der sozialen Lage herbeizuführen.

Das Ostendtheater in der Großen Frankfurter Allee

Die von Lilienthal eingeführte Gewinnbeteiligung ist in diesem Kontext zu sehen. Er wußte, daß eine solche Art der Zahlung höherer Löhne eine sehr differenziert bewertete Methode war. Ihre Befürworter in der Diskussion des »Vereins zur Beförderung des Gewerbefleißes« erblickten darin zunächst ein Mittel gegen die befürchtete Revolution der organisierten Arbeiterklasse. Der »Industriefrieden« sollte durch diese Variante einer »gerechteren Verteilung des Arbeitsertrages« dauerhaft gesichert werden. Hinweise auf die Vorteile für die Konkurrenzfähigkeit gaben die ökonomische Begründung.

Auch Lilienthal ging »von der Ueberzeugung aus, dass durch regen Fleiss und gesteigerte Umsicht jedes einzelnen Arbeiters die Gesamtleistung der Fabrik… vermehrt werden kann«. Die so erhöhte Qualität der Produkte und der verbesserte Kundendienst würden den Absatz vergrößern.[7] Menschenfreundliche, humanitäre Begründungen gipfelten in der Behauptung, die Gewinnbeteiligung sei ein Beitrag zur Lösung der Arbeiterfrage als soziales Problem, da der höhere Lohn Voraussetzungen für besseren kulturellen Lebensstandard der Arbeiter schaffe.

Vieles belegt, daß es Lilienthal auch sehr um diese Seite des Vorteils der Gewinnbeteiligung ging. In seiner Zeit als Praktikant und Student sowie auf seinen Reisen nach Galizien hatte er direkte Einblicke in die Lebensbedingungen der besitzlosen Klassen erhalten.

Gemessen an der Gesamtzahl der Betriebe entschlossen sich nur sehr wenige Unternehmer zu dieser zusätzlichen Entlohnung. Es gab solche Formen schon seit einem halben Jahrhundert in allen europäischen Ländern. Wie tief diesen klaren Denker, nüchternen Konstrukteur und Rechner, den mutigen Flugpionier die Herzlosigkeit der frühen kapitalistischen Gesellschaft traf, spiegelt sich in dem von ihm geschriebenen Theaterstück wider: »… so herzlos sind auch die Menschen. Nicht nur, dass sich die meisten kaum darum kümmern, wenn ihre Mitmenschen neben ihnen verhungern, nein, gerade im Gewerbeleben laufen Hunderte, ja Tausende herum, die nur auf eine Gelegenheit warten, ihren Geschäftsfreunden ungestraft die Gurgel abzuschneiden und das Fell über die Ohren zu ziehen«.[8]

Aufgeschlossen steht Otto den sozialen Bestrebungen seines Bruders gegenüber, der sich der Freilandbewegung zuwendet und bei Oranienburg die Obstbaukolonie Eden mitbegründet. Otto wird deren Mitglied. Als erster Vorsitzender der gemeinnützigen Baugenossenschaft »Freie Scholle« in Tegel sucht Gustav nach neuen Wegen zu billigen und menschenwürdigen Unterkünften im Interesse der Arbeiter.

Mit kulturellen Reformbestrebungen geht Otto bald einen Schritt weiter. Das Theater wird bis zu seinem Tode zu einem nächsten Feld solcher Bestrebungen − keineswegs unvorbereitet. Von Kind auf interessiert, leidenschaftlich singend, wirkt er an der Berliner Singakademie mit, liebt Hausmusik, spielt Waldhorn, besucht Konzerte. Im Winter 1889/90 nimmt er an einem Kursus für Sing- und Sprechgymnastik teil. Er kommt in Berührung mit internen Theaterproblemen, schaut hinter die Kulissen, pflegt persönliche Kontakte mit Schauspielern. Diesen ist der fliegende Mensch ein interessanter Gesprächspartner. Im Sommer 1891 begleitet ihn eine Gruppe von Mimen zu Flugversuchen nach Derwitz/Krielow.

In Kunst und Theaterleben vollzogen sich in diesen Jahren besonders tiefgreifende Umschichtungs-prozesse. Nach der Anerkennung der Romane von Zola, Flaubert und anderer war der Siegeszug der natu-ralistisch-realistischen Dramatik nicht mehr aufzuhal-ten.[9] Auf den Bühnen der europäischen Hauptstädte hatten die Werke von Ibsen, Strindberg, Tolstoi und Hauptmann aufsehenerregende Premieren. Unter dem Eindruck der erstarkenden Arbeiterbewegung und in Opposition gegen den bürgerlichen Kulturverfall erstrebten die Repräsentanten des Naturalismus ein ungeschminktes Abbild der gesellschaftlichen Wirklich-keit.

Bühnenwerke solchen Inhalts erhielten in Berlin nur im ständigen Ringen mit dem »Dramaturgen des Kai-sers«, dem Polizeipräsidenten der Hauptstadt Ernst Freiherr v. Richthofen, den Zensurstempel »geneh-migt«. Vielfach geschah das erst nach erfolgreichen mehrmaligen Aufführungen in privaten Theaterverei-nen.

Zeitnahes Theater unter Umgehung der Zensur in geschlossenen Veranstaltungen war Zweck der Grün-dung der »Freien Bühne« als erste Besucherorganisa-tion. Hier wurden unabhängig von Gelderwerb und Zensur in gemieteten Theatern, mit jeweils nur für eine Aufführung von anderen Theatern ausgeliehenen Schauspielern, Werke aufgeführt. Diese unterlagen ent-weder einem Aufführungsverbot, oder die öffentlichen, meist privaten Bühnen spielten sie aus wirtschaftlichen Gründen nicht.[10]

Mit Gerhard Hauptmanns »Vor Sonnenaufgang« initiiert die »Freie Bühne« im Oktober 1899 das »Jahr der deutschen Theaterrevolution«. Damit beginnt in Deutschland die Bewegung des politischen Theaters. Autoren erhalten nun die Möglichkeit, in ihren Werken die Verbindung zwischen Literatur und den Verhältnis-sen in der Gesellschaft wiederherzustellen. Das konnte nur gelingen, wenn der arbeitende Mensch und darüber hinaus die sichtbaren, aber auch die verborgenen Pro-bleme des gesellschaftlichen Lebens in der Dramatik zu ihrem Recht kamen.

Nach dem Vorbild der »Freien Bühne« entstehen zahlreiche ähnliche Vereine. Sie verfolgen als Volksbühnenbewegung die Absicht, das Thea-ter allen Schichten des Volkes zugänglich zu machen. Am 29. Juli 1890 findet die Gründungsversammlung des Vereins »Freie Volksbühne« statt, der maßgeblich von der Sozialdemokratischen Partei Deutschlands beein-flußt wird und sich durch sein Programm deutlich von der »Freien Bühne« unterscheidet. Ibsens »Stützen der Gesellschaft« wird als Eröffnungsveranstaltung am 19. Oktober 1891 unter der Regie von Max Samst im Ostendtheater gegeben. Der Regisseur, zugleich Direk-tor und Pächter des Theaters in der Großen Frankfurter Straße 135, der heutigen Berliner Karl-Marx-Allee, Ecke Koppenstraße war der Volksbühnenidee – nicht zuletzt auch ökonomisch stark motiviert – sehr zugetan. Der Verein pachtet für die Vorstellungen der ersten Spielzeit

Der Schauspieler Oeser, Lilienthal und Direktor Samst schwören sich auf das Volkstheater ein

das Haus mit seinen eintausendzweihundert Plätzen. Regelmäßige und sichere Einkünfte waren garantiert. Samst stellt sein Theater einschließlich Personal und Dekorationen für dreihundertdreißig Mark je Vorstel-lung zur Verfügung.[11] Im ersten Jahr sind es immerhin sechstausendeinhundertvierundfünfzig Mark und fünf-zig Pfennige Einnahmen aus diesem Vertrag.[12] Doch schon in der nächsten Spielzeit zieht die Volksbühne in das Belle-Alliance-Theater, das ihr bessere künstlerische und materielle Möglichkeiten bietet; durchaus ein Anlaß für Samst, neue Finanzierungsquellen zu suchen.

In Otto Lilienthal findet er in dieser Zeit — wie Doku-mente vermuten lassen — einen begeisterten Mitstreiter, bereit, zur Finanzierung beizutragen. Heute läßt sich nicht mehr sagen, wie der Fabrikant zu dieser, für das damalige Berlin nicht ungewöhnlichen Mäzenatenrolle kam. Erwiesen ist, daß Otto Lilienthal im Jahre 1895 Maschinen- und Kesselanlagen zum Betrieb der elektri-schen Beleuchtung des Hauses lieferte.[13] Auf techni-schem Gebiet war er im Theater die ganzen Jahre aktiv. Das beweist ein Protokoll vom 27. Oktober 1892, nach der ein Brandmeister und ein Bauinspektor in Gegen-

Franz Mehring, Vorsitzender der Freien Volksbühne

wart des Hauseigentümers die Verwirklichung sicherheitstechnischer und baulicher Auflagen kontrollierten. Lilienthal unterzeichnet als Vertreter des Direktors.[14] Fest steht ebenfalls, daß Lilienthal mit seinem finanziellen Beitrag zur Volksbühne weitreichende Pläne verfolgt. Die Umbenennung des Hauses in »National-Theater« ab 1. Oktober 1892 spricht dafür. Er berechnete auch detailliert Kosten und Einnahmen.

Das Theater, es befindet sich in einer Wohngegend von Arbeitern, soll nun soziale und kulturelle Funktionen für diese erfüllen. Lilienthal bewegt Samst, in größerem Umfange deutsche Klassiker und zeitgenössische realistische Stücke zu spielen. Wie konsequent er an die Verwirklichung der Volksbühne denkt, beweist sein Projekt für ein »Zehn-Pfennig-Theater«. Soviel sollte ohne Ausnahme jeder Platz kosten. Die Idee dafür fand er bei Wilhelm Meyer-Förster, dem später durch das rührselige Schauspiel »Alt-Heidelberg« sehr bekannten Autoren. Dieser verstand jedoch sein »Zehnpfennigtheater als eine vom Staat oder der Stadt zu errichtende Bühne... — alles in allem eine rein ideal gedachte Sache«.[15] Der Fabrikant nimmt diese Anregung jedoch sehr ernst und greift tief in die Brieftasche. Nicht vollständig, aber mit »bedeutend ermäßigten Preisen«, wie es in den Anzei-

gen heißt, setzt er die Idee um. Sie sollen zwischen zehn und fünfzig Pfennigen gelegen haben.

Vor den Toren der Stadt im Jahre 1877 eröffnet, hatten die Direktoren des Hauses ständig gewechselt. Nun ist es in der Folge zumeist stark besucht. Zu den Zuschauern zählen auch die Arbeiter aus der nahegelegenen Lilienthalschen Maschinenfabrik, so Paul Beylich: »wenn neue Stücke im Ostend-Theater aufgeführt wurden, dann gingen wir alle Mann hin. 'Für zwanzig Pfennig muß der Arbeiter ins Theater gehen können', hat Lilienthal immer gesagt«.[16]

Lilienthal und Samst, die »Direktoren«, wenden sich am 17. Juli 1893 an das Königliche Ministerium für geistliche, Unterrichts- und Medicinal-Angelegenheiten in Berlin wegen eines Zuschusses für ihr Volkstheater. Sie verweisen auf die Preise von meist zehn, zwanzig oder dreißig Pfennige je Sitzplatz und auf das klassische Repertoire. »Der Erfolg war ein derartiger, daß die Direktoren sich veranlaßt sahen, allwöchentlich zwei bis drei Volksvorstellungen zu dem genannten billigen Preise zu veranstalten«. Die Aufmerksamkeit des Publikums sei sehr groß. Da das Ministerium die Einrichtung eines solchen Theaters in Erwägung gezogen hatte, bot das National-Theater nun seine Dienste an. »Zur Beurteilung der infrage kommenden Kosten sei erwähnt, daß unter Heranziehung besserer dramatischer Kräfte und sorgfältiger Dekorationsausstattung die durchschnittlichen täglichen Ausgaben des Theaters sich auf 450 Mark belaufen, während die Einnahmen bei den bisherigen Volkspreisen bei ausverkauftem Hause sich ebenfalls auf 450 Mark stellen«. Es sei nur in Zeiten, wo der Theaterbesuch ohnehin schlecht ist, ein gewisser Zuschuß erforderlich.[17]

Im Zusammenhang mit Auseinandersetzungen in der deutschen Sozialdemokratie und dem Ausschluß von Linksopportunisten kommt es zur Spaltung der »Freien Volksbühne«. Auf Vorschlag von Julius Türk, der zum revolutinären Programm der Partei tendiert und als Kassierer des Vereins wirkt, wird der bisherige Vorsitzende Dr. Bruno Wille (1860-1928) abgewählt. Seinen Platz nimmt am 12. Oktober 1892 Franz Mehring (1846-1919) ein. Von diesem Zeitpunkt an ist das Haus in der Großen Frankfurter Straße neben dem Lessingtheater wieder als Spielstätte einbezogen.

Auf diesem Hintergrund steht Lilienthal vor einer politischen Entscheidung. Der durch Franz Mehring vom Parteivorstand der Sozialdemokratischen Partei stark beeinflußte Verein »Freie Volksbühne« nimmt in sein Repertoire alles auf, was den politischen, moralischen und sozialen Vorstellungen seiner Mitglieder entsprechen kann. Das sind überwiegend Arbeiter und kleine Handwerker, viele politisch, zumindest gewerkschaftlich organisiert.[18]

Der Verein entwickelt sich zu einer politisch-kulturellen Organisation. Fast achttausend Mitglieder umfaßt er Ende 1895. Viele Stücke sind durch humanistische Forderungen, wie Lessings »Nathan der Weise«, oder auch durch klassenkämpferischen Charakter geprägt, so Calderons »Der Richter von Zalamea«. In dieser Zeit wird der Grundstein zu einem neuen Verhältnis von Arbeiterklasse und klassischem Erbe auf dem Theater gelegt.[19]

Am 3. Dezember 1893 führt die »Freie Volksbühne« Gerhard Hauptmanns Drama »Die Weber« im National-Theater unter der Regie von Samst auf. Zum ersten Mal in der deutschen Literatur erschien in diesem Stück das Proletariat als kollektiver, spontan rebellierender Handlungsträger auf der Bühne. Die Aufführung wurde zum größten Erfolg der Volksbühne in ihrer bisherigen Tätigkeit.

Um dieses Schauspiel war nach seinem Erscheinen im Januar 1892 ein jahrelanger Kampf zwischen fortschrittlichen Theaterdirektoren und der Berliner Polizeibehörde entbrannt. Der Polizeipräsident untersagte eine öffentliche Aufführung mit folgender Begründung: »... alle im Rahmen des Stückes auftretenden Besitzenden« (werden) »als... brutale Ausbeuter der Arbeiterschaft hingestellt, und es wird... die ganze Staats- und Gesellschaftsordnung der Zeit, in welcher sich die Handlung abspielt, als des Bestehens unwert geschildert. Darum erscheint die bewaffnete Erhebung der unterdrückten Arbeiterschaft hier als die unabweisbare Folge der sozialen Mißstände, die Beteiligung am Aufstand ist als Pflicht des tüchtigen Menschen hingestellt... Es steht zu befürchten, daß die kraftvollen Schilderungen des Dramas... einen Anziehungspunkt für den zu Demonstrationen geneigten sozialdemokratischen Teil der Bevölkerung Berlins bieten würde«.[20]

Daraufhin gab es am 26. Februar 1893 eine inoffizielle Uraufführung durch den Verein »Freie Bühne«. Das veranlaßte die Politische Polizei, »die Angelegenheit weiter zu verfolgen«, weil ihr mitgeteilt worden war, daß dies »nur als Deckmantel einer öffentlichen Aufführung dient..., der noch weitere folgen dürften«. Sie charakterisierte solche Absichten als eine Umgehung des politischen Aufführungsverbotes.[21] Die Polizei sollte recht behalten. Im Oktober 1893 fand in Berlin bereits eine zweite Aufführung durch den Verein »Neue Freie Volksbühne« statt.

Zum Volksbühnenspielplan gehört von Bader »Andere Zeiten«. Dessen Hauptfigur ist ein sozialdemokratischer Agitator, der in Volksversammlungen wütende Reden gegen die Besitzenden richtet. »Das Fest auf der Bastille« von Frank Held (1862-1908) hat die französische Revolution zum Inhalt. Allein in der Spielzeit 1892/93 geht Lessings »Nathan der Weise« unter der Regie von Samst zweiunddreißigmal über die Bühne. In der darauffolgenden Spielzeit zeigt die »Freie Volksbühne« siebenmal »Die Weber« und fünfmal Schillers »Kabale und Liebe« neben drei anderen Stücken unter der Regie von Samst und Julius Türk. Dieser führt mehrfach Regie und leitet zudem auch zahlreiche Proben gemeinsam mit Samst. Vor diesen Hintergründen kulturpolitischer Auseinandersetzungen kann wohl fast damit gerechnet werden, daß Lilienthal und Mehring einander nicht nur kannten, sondern miteinander disputierten.

Die Partnerschaft der »Freien Volksbühne« mit dem Haus in der Großen Frankfurter Straße besteht bis zum Verbot des Vereins durch die Polizei im Jahre 1895 und ihrer darauf folgenden Selbstauflösung. Samst wird ausdrücklich die Bereitstellung seines Theaters untersagt.

Eine dem Publikum gerecht werdende Spielplanpolitik und niedrige Eintrittspreise füllen das Haus. Doch

Otto Lilienthal als Räuberhauptmann

ohne Zuschüsse geht es nicht, besonders nach dem Ausfall der Volksbühneneinnahmen. Samst findet eine Erleichterung: »Wir reduzierten die Spesen, indem Lilienthal selbst in die Rolle stieg. Am besten lag ihm der Räuberhauptmann im Volksstück 'Preciosa'.«[22]

Das ist nicht er einzige Part, den Otto mit viel Freude selbst spielt. Die Schwägerin Anna Lilienthal berichtet, warum sie einmal »lieber nicht da gewesen« wäre. Auf dem Programm stand »Die Jungfrau von Orleans«. »Rollenbesetzung unzureichend — wer hilft? — Wer betritt im Kostüm des Heroldes die Bühne? — Es war unser Otto selbst, der Mann der unbegrenzten Möglichkeiten! Aber hier, als Schauspieler, war er fast unmöglich. Selbst das anspruchslose Publikum lachte ihn aus, wir, seine Angehörigen saßen wie auf Kohlen. Der einzige, den das Fiasko nicht störte, war er selbst. Frohgemut trat er nach der Vorstellung zu uns und 'beruhigte' uns mit den Worten: 'Ich werde von nun an öfters spielen, um mich zu üben!'«[23]

Theaterkritik aus dem »Vorwärts« vom 17. Januar 1895 (aus den Akten der Zensur)

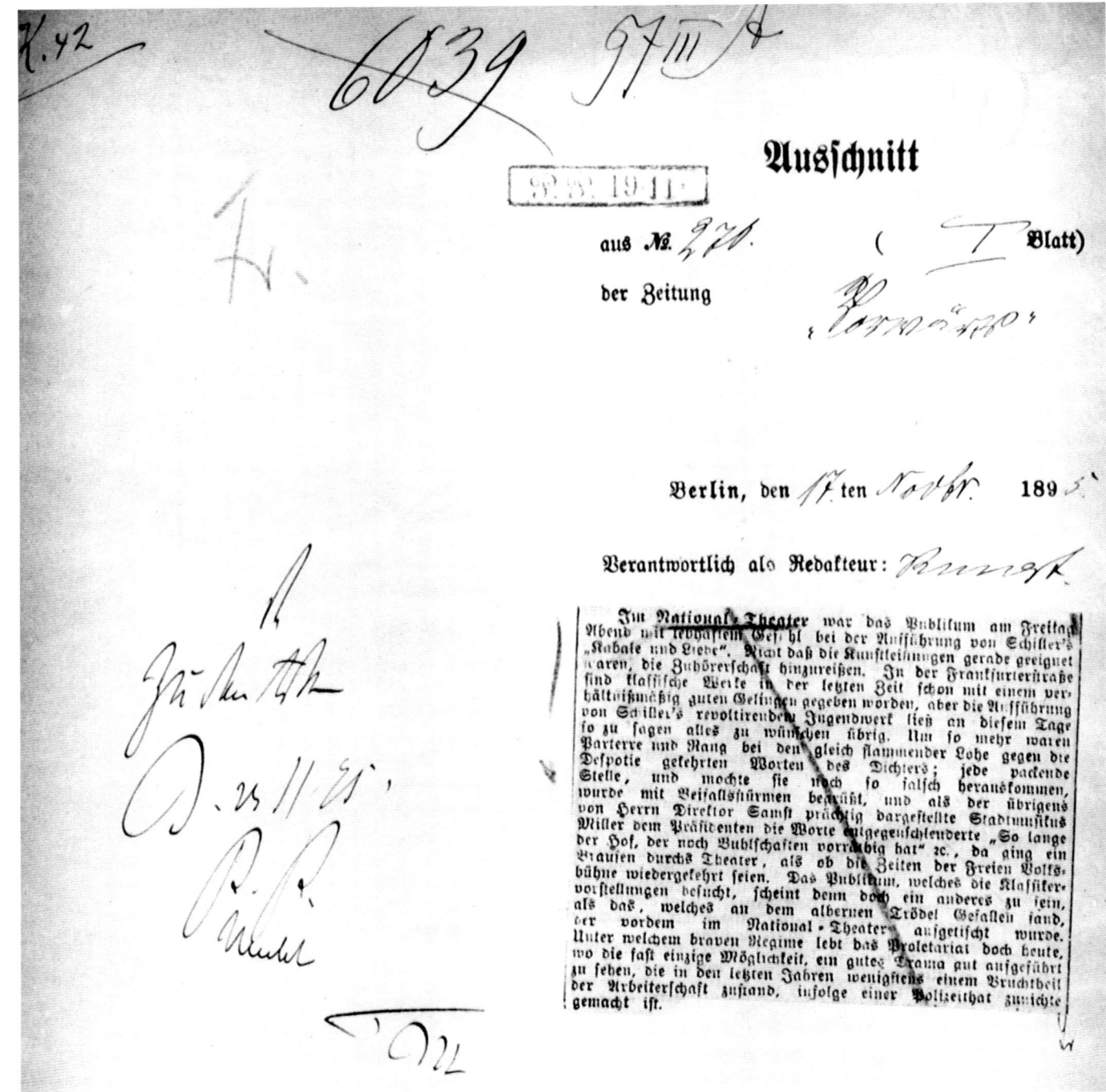

Mann der unbegrenzten Möglichkeiten? Selbst als Zeichner eines Theaterplakates probierte er sich. Ein Schillerkopf löste sich bei näherer Betrachtung in die Gestalten von zwei Männern auf. Es wurde gedruckt und gelangte an die Plakatsäulen, wie Samst berichtete.

Über noch eine Einnahmequelle und Werbung verfügt das Theater — den großen Garten. Hier kann man sich bei Essen und Trinken in den Pausen erfrischen oder besondere Programme besuchen, selbst Karussel fahren. Die Spielplaninserate in Tageszeitungen verweisen auf Konzerte, große Ringkämpfe, Spezialitäten ersten Ranges wie Mr. Hull, der Dynamit-Mensch, der Mann mit dem Steinkopf, Theaterstücke, große Kinderfreudenfeste u. a.[24]

Mitte der neunziger Jahre erringt das Haus den Ruf eines »verdienstvollen Volkstheaters«.[25] Der »Vorwärts«, Organ der Sozialdemokratischen Partei, berichtet im November 1895 über eine Aufführung von Schillers »Kabale und Liebe«: Parterre und Rang reagierten sehr einfühlsam, »jede packende Stelle… wurde mit Beifallsstürmen begrüßt, und als der übrigens von Herrn Direktor Samst prächtig dargestellte Stadtmusikus Miller dem Präsidenten die Worte entgegenschleuderte 'So lang der Hof, der noch Buhlschaften vorrätig hat' usw., da ging ein Brausen durchs Theater, als ob die Zeiten der Freien Volksbühne wiedergekehrt seien«.[26]

Gerhard Hauptmanns »Weber« inspirieren Lilienthal, selbst ein sozialkritisches Stück zu verfassen. »Solche Stücke sind die einzig richtigen, das Beste, was jemals geschrieben wurde. Es müssen mehr solcher Stücke auf die Bretter, die die Welt bedeuten.«[27]

Er stellt den Konflikt zwischen einem Großhändler und einem kleinen Fabrikanten in das Zentrum der Handlung. Wilhelm Krüger, der selbstentworfene Möbel fertigt, erfüllt einen Lieferauftrag erst mit drei Tagen Fristüberschreitung. Der Großhändler verweigert deshalb die Abnahme, weil er hofft, auf diese Weise in den Besitz der Fabrik zu gelangen.

Zeitungsanzeige zur Uraufführung »Moderne Raubritter«

Krüger, er trägt autobiographische Züge, verteidigt verzweifelt seine Interessen und die der Arbeiter, denen — wie er meint — menschenwürdiger Lohn zusteht. Lilienthal schildert, eingebettet in Heiratsabsichten, Krügers Aufstieg vom Tischler zum Fabrikanten. Ein liebenswerter junger Mann wird gezeigt, der sich Gedanken zur Verbesserung der kulturellen Lebensumstände in einer friedlichen Welt macht, und der den Zustand beklagt, den gnadenloser Konkurrenzkampf mit sich bringt.

Der Autor konfrontiert die Zuschauer zudem mit der schwierigen Situation eines arbeitslosen Tischlers und seiner sieben Kinder, stellt sie dem sorgenfreien Leben des Großhändlers gegenüber. Der Bierkutscher Paul, mit dem Wilhelm zusammen den Militärdienst ableistete, greift rettend in die verfahrene Situation ein. Er erreicht mit der Drohung, die Moral der Familie des Großhändlers in der Öffentlichkeit bekannt zu machen, die Abnahme der Ware.[28]

In der ersten Fassung des Stückes begeht Wilhelm Krüger Selbstmord, die gute Nachricht erreicht ihn nicht mehr. Das war für den Autor aber zu traurig. Er ändert und läßt den sich aus dem Fenster stürzenwollenden Wilhelm in den Armen seines Freundes Paul verharren, der ihn nun wieder der Braut in die Arme legt.

Nach einer Verordnung aus dem Jahre 1851 mußten alle Manuskripte der Polizeibehörde zur Aufführungsgenehmigung vorgelegt werden. Lilienthal überschreibt das Stück »Gewerbeschwindel«. Nach wahren Begebenheiten für die Bühne bearbeitet von Carl Pohle. Als Pseudonym wählte er den Mädchennamen seiner Mutter. Der Polizeipräsident genehmigt das Stück im September 1894 sofort.[29]

Samst plant mehrfach die Aufführung und beantragt zunächst einen anderen Titel.[30] Als »Moderne Raubritter, Bilder aus dem Berliner Leben« wird es am 13 Mai 1896 uraufgeführt und bis zum 22. Mai fast täglich, insgesamt neunmal gespielt. Im gleichen Jahr erscheint es auch unter dem richtigen Namen des Autors im Druck. Nach Lilienthals Tod läuft es noch einige Zeit, nun wieder unter dem Pseudonym Carl Pohle.

Das Stück hat keinen bleibenden künstlerischen Wert. Daß es dennoch erfolgreich aufgeführt werden konnte, wird durch ein differenziertes Betrachten der Literatur jener Jahre verständlich. Neben dem Siegeszug der realistisch-naturalistischen Dramatik schossen Werke der Trivialliteratur ins Kraut. Die Romane der Eugenie Marlitt, eigentlich Eugenie John (1825-1887), und anderer im illustrierten Familienblatt »Gartenlaube« erreichten eine Millionen zählende Leserschaft. Auch Lilienthal wird es als einen Erfolg seiner Bemühungen angesehen haben, daß sein Publikum das Stück ganz naiv als eine gelungene Nachbildung des Lebens

Moritz v. Egidy

Die Grenzen der Länder würden ihre Bedeutung verlieren, weil sie sich nicht mehr absperren lassen, die Unterschiede der Sprachen würden mit der zunehmenden Beweglichkeit der Menschen sich verwischen. Die Landesverteidigung, weil zur Unmöglichkeit geworden, würde aufhören, die besten Kräfte der Staaten zu verschlingen, und das zwingende Bedürfnis, die Streitigkeiten der Nationen auf andere Weise zu schlichten als den blutigen Kämpfen um die imaginär gewordenen Grenzen, würde uns den ewigen Frieden verschaffen.

Wir nähern uns diesem Ziele. Wann wir es ganz erreichen weiß ich nicht… Ich werde stolz darauf sein, wenn ich einen kleinen Beitrag liefern kann zu den hohen und idealen Kulturaufgaben, welche Sie verfolgen.«[31]

Das schreibt Lilienthal im Jahre 1894 an den Sozialethiker Moritz v. Egidy (1847-1898), dessen Ideen wie auch die Vorstellungen der »Gesellschaft für Ethische Kultur« aktiv unterstützend. Besonders der ehemalige Oberstleutnant v. Egidy, Verfasser der 1890 publizierten Schrift »Ernste Gedanken«, wird für Otto zu einem wichtigen Bezugspunkt. Egidy vertrat die Ansicht, daß die Kirche in der zu seiner Zeit gegebenen Gestalt die Ausbreitung des Christentums verhindere. Deshalb müsse sie dafür sorgen, daß dieses »von dem Glauben an die Gottessohnschaft Christi und an die im Alten und Neuen Testament erzählten Wundergeschichten« gereinigt werde.[32] Er trat für die Erhaltung und bessere Ausstrahlung des Christentums ein und erstrebte eine Erneuerung innerhalb der bestehenden Kirche. Seine Ideen waren nicht neu. Sie finden in Lilienthals religiösen Vorstellungen lebhaften Widerhall.

In der klassischen deutschen Philosophie, aber auch in der evangelischen Theologie diskutierte man solche Gedanken seit Jahrzehnten. Dennoch wurde Moritz v. Egidy mit seiner Schrift und den darauf aufbauenden Aktivitäten in den folgenden Jahren zu einer der bekanntesten Persönlichkeiten Deutschlands. Dafür gab es mehrere Gründe. Die Schrift stieß auf wütende Ablehnung der Kirche wegen ihres Inhalts, aber auch, weil durch sie weite Kreise der Bevölkerung, denen philosophisch-theologische Werke unbekannt waren, Kenntnis von derartigen Gedanken erhielten und diesen zustimmten. Mehrere Auflagen und einige Übersetzungen sorgten für eine nationale und internationale Verbreitung.

Zum anderen kam hinzu, daß hier ein Offizier und Angehöriger einer angesehenen Adelsfamilie sprach, ein persönlicher Freund des Königs von Sachsen und Gatte einer Prinzessin von Schwarzberg-Rudolstadt. Eine solche Stimme hatte besonders im Kleinbürgertum Gewicht. Daß Egidy wegen seiner Schrift sogar den Abschied vom aktiven Militärdienst erhielt, machte ihn nur populärer. Sein Beispiel ermutigte viele, eigene kritische Gedanken auszusprechen.

Otto Lilienthal beteiligt sich an solchen Diskussionen. Wie er in einem Brief an eine religiöse Zeitung mitteilt, verfolgt er aufmerksam das Wirken der Männer, »die ihrer Zeit die Augen zu öffnen versuchen und dem großen Gedanken der reinen Lehre Christi wieder Geltung verschaffen wollen, dem großen, Frieden und Glück bringenden Gedanken, der durch Dogmen und Formeln zur Unkenntlichkeit entstellt wurde, dem wah-

dankbar aufnahm und sich freute, wenn es sagen konnte: So ist das Leben. Aus dieser Einsicht heraus sollte dann die Bereitschaft erwachsen, im Rahmen der gesellschaftlichen Verhältnisse Zustände zu schaffen, in denen alle Menschen sozial und kulturell menschenwürdig arbeiten und leben können.

Obwohl Lilienthal sich für den von Sozialdemokraten geleiteten Theaterverein entschieden hatte, ist er weit davon entfernt, die Ziele der Partei in Theorie und Praxis zu unterstützen. Er folgt, mit sozialdemokratischen Auffassungen sympathisierend, anderen weltanschaulichen Leitbildern, die ihn jedoch immer wieder in die Nähe sozialdemokratischer Argumentationen bringen.

Die Suche und das Streben nach menschlichen Werten, die Lilienthal zeitlebens kennzeichnen, lassen ihn die Frage nach Sinn und Bedeutung seiner Erfindungen aufwerfen, danach, wozu Menschen seine Flugzeuge benutzen werden. »… ich habe mir die Beschaffung eines Kulturelements zur Lebensaufgabe gemacht, welches länderverbindend und völkerversöhnend wirken soll. Unser Kulturleben krankt daran, daß es sich nur an der Erdoberfläche abspielt. Die gegenseitige Absperrung der Länder, der Zollzwang und die Verkehrserschwerung ist nur dadurch möglich, daß wir nicht frei wie der Vogel auch das Luftreich beherrschen.

Der freie, unbeschränkte Flug des Menschen, für dessen Verwirklichung jetzt zahlreiche Techniker in allen Kulturstaaten ihr Bestes einsetzen, kann hierin Wandel schaffen und würde von tief einschneidender Wirkung auf alle unsere Zustände sein.

ren Erlösungsgedanken, der Eintracht und Sitte fördern will, aber in seiner Entstellung nur Haß und Zwietracht verbreitet«.[33] Zu diesen Männern gehören, wie er schreibt, Egidy und Wilhelm Foerster.

Von Egidy weiß Lilienthal seit dessen erstem öffentlichen Auftreten im Jahre 1891 in Berlin. Bald lernen sie sich persönlich kennen und korrespondieren zu den verschiedensten Themen, so zur Entwicklung der Luftfahrt und deren künftige Bedeutung sowie zu weltanschaulich-philosophischen Fragen der Evolution in Natur und Gesellschaft. Mehrmals greift Lilienthal zur Feder, um auf den Sozialethiker aufmerksam zu machen oder ihn vor »gehässigen Ausfällen« in Schutz zu nehmen, ein Ausdruck enger Verwandtschaft ihrer weltanschaulichen Grundauffassungen und sozialen Zielsetzungen. Da bislang nur verstreut einzelne Gedanken Ottos bekannt sind, die sich mit denen Egidys im Gleichklang befinden, bietet dessen Sicht auch Einblicke in Lilienthals Vorstellungen.

Die Egidy-Bewegung ragte bald aus der Fülle bekannter Personen, Vereine und religiöser Auffassungen auch dadurch heraus, weil sie zur Erkenntnis kam, »daß es keine 'religiöse Frage' losgelöst von den politischen und sozialen Problemen der Zeit geben kann«.[34] In Wort und Schrift tritt Egidy für die Rechte der Arbeiter ein. Seine Stimme und Unterschrift wirkt auf die Ergebnisse von Geldsammlungen für streikende Arbeiter.

»Der Sozialdemokratie, deren Ziele er mit den seinigen eins hielt, schloß er sich nicht an, weil er seine persönliche Unabhängigkeit wahren wollte« — so bewertete der »Vorwärts« die Beziehungen.[35] Wilhelm Liebknecht (1826-1900) wechselte Briefe mit dem Sozialethiker und August Bebel (1840-1913) besuchte dessen Vorträge. Abstammung, Bildungsweg und Beruf hinderten Egidy jedoch, zu den Wurzeln der Auseinandersetzung zwischen Kapital und Arbeit vorzustoßen. In seine Ansichten mischten sich Vorstellungen verschiedener Vertreter des utopischen Sozialismus mit solchen des christlichen Solidarismus.

Er kam in Berührung mit einer internationalen Bewegung, die in Deutschland nach dem Fall des Sozialistengesetzes ebenfalls organisatorische Formen annehmen konnte. Die im Jahre 1892 gegründete »Gesellschaft für Ethische Kultur« vereinte Menschen aller sozialen Klassen und Schichten, die für die Ausbreitung einer nicht religiös gebundenen Sittlichkeit eintraten. Sie stellte sich die sittliche Verbesserung der Menschheit zum Ziel, da sie davon ausging, daß für »den größten Teil der Menschheit der religiöse Glaube keine Kraft zu sittlich wertvoller Tat mehr hervorbringe, Staat und Gesellschaft bedürften daher der Kirche und Religionsgemeinschaften nicht mehr«.[36]

In Berlin wirkte unter anderen Wilhelm Foerster als Propagandist der ethischen Kultur. Lilienthal kennt ihn durch Carl Kassner, ehemals Assistent an der Uraniasternwarte. Gemeinsam besuchen sie Vorträge Foersters.

Von allen Einflüssen der Egidy-Bewegung und der »Gesellschaft für Ethische Kultur« auf Lilienthal ist die aktive Teilnahme am Kampf um den Weltfrieden von größtem Gewicht.

Egidy hatte schon zu Beginn seiner politischen Laufbahn begriffen, daß die »religiöse Frage«, auf die er zuerst soviel setzte, für die großen politischen Auseinandersetzungen der Zeit sekundär war. Seit Anfang der neunziger Jahre stand er mit der Präsidentin der Wiener Friedensgesellschaft Bertha v. Suttner (1843-1914) in brieflichem Kontakt. Den Weltfriedenskongressen widmete er in seiner Zeitschrift »Versöhnung« große Aufmerksamkeit. Ständig sprach er in seinen zahllosen Vorträgen vor vielen Menschen.

»Wenn ich das Wort 'Frieden' in den Mund nehme, denke ich nicht an den Nur-Waffenstillstand von heute, der den dauernden Kriegszustand nur vorläufig unterbricht; ich denke an die krieglose Zeit. Andererseits... weiss ich genau, daß dieser Friede nicht das Ergebnis einer einseitigen Entschließung sein kann, daß er nur das Ergebnis einer Übereinstimmung, einer Übereinkunft unter den Kulturvölkern sein kann... es wird Menschen geben, die sich nicht vorstellen können, daß ein Volk in verjüngter Kraft dahin leben kann, wenn es den rohen Waffenkampf aus seinen Begriffen ausgeschlossen hat.«

Und er bezeichnete es als notwendig, »sich für die krieglose Zeit heute schon in Gedanken vorzubereiten. Haben wir uns — mit großem Recht — bisher mit unserer nationalen Volkskraft für den Krieg erzogen, so ist es von nun an unsere Pflicht, uns mit demselben Ernst für den Frieden zu erziehen. Der Friede, der Gedanke an den Frieden, wandelt unsere Begriffe von Grund auf. Es ist nicht damit erledigt, daß wir von Abrüstung sprechen und daß wir den Gedanken Wehrwesen aus unseren Begriffen ausschließen. Die Erziehung für eine krieglose Zeit erfordert ganz andere Bedingungen als die für eine Kriegszeit.«[37]

Der Gedanke vom ewigen Frieden fasziniert Lilienthal so, daß er auch in seinem Theaterstück darauf zurückkommt. Er läßt den Möbelfabrikanten rechnen, was sechzigtausend Soldaten in den zwei Jahren ihrer Dienstzeit für das Wohl der Menschen leisten könnten, und ihn mit einem Blick auf den Planeten Mars sagen: »Ich stelle mir immer vor, dass die Völker da oben, nachdem sie ewigen Frieden geschlossen hatten — ob sie nun durch Dowesche Panzer oder durch einfache, vernünftige Ideen dazu gekommen waren — ihr zahlreiches Militär verwendeten, um die breiten Kanäle durch alle Festländer durchzuführen und überall Wasserverkehr, und was noch viel wichtiger ist, ein gleichmässig feuchtes Klima herzustellen.«[38]

Ein eigener Fliegeberg

Als Otto Lilienthal im Januar 1894 die Antwort Moritz v. Egidys auf seinen Brief über Luftfahrt und Frieden erhält, schöpft er daraus neue Kraft für die weitere Arbeit, fühlt sich bestärkt auf seinem Weg: »Die freundliche Form, mit der Sie mir Ihre Übereinstimmung mit meinen Bestrebungen aussprechen, ist mir eine wohlthuende Genugthuung, ganz sicher gehen die Erfindungen Hand in Hand mit den großen geistigen Befreiungs-Gedanken... Wir brauchen Pioniere für die Einzelwege sowohl wie für die große Grundrichtung, die die Menschheit endlich endgültig einschlagen soll: vorwärts — aufwärts.«[1]

Und er braucht mehr den je Kraft und Mut für seine Versuche, für sein Ringen um Mitkämpfer, die mit ihm den Weg in die Lüfte wagen. Er bleibt in dieser Hinsicht voller Erwartungen und läßt keine Möglichkeiten aus. So spricht er am 22. Januar, kurz nach Erhalt des Briefes, erneut vor dem »Deutschen Verein zur Förderung der Luftschiffahrt«. Sein Thema: »Allgemeine Gesichtspunkte bei Herstellung und Anwendung von Flugapparaten«. Er zieht ein Resümee seiner bisherigen Erkenntnisse, wägt Vorteile motorischer Antriebe gegenüber der Nachahmung des Vogelfluges ab und stellt Grundlagen seiner Berechnungen von Tragflügeln vor. Keine große Flugmaschine, sondern der Einzelflug sei zunächst das erstrebenswerte und mögliche Ziel, erklärt er im Bewußtsein der vorhandenen technischen Voraussetzungen.

Nicht nur die lebhafte Diskussion macht den Abend zu einem Erlebnis für die Vereinsmitglieder, sondern auch die Vorführung des Flugapparates. Es dürfte das »Modell 93« gewesen sein — obwohl die Zeichnung für eine neue Konstruktion schon vorliegt[2] — noch ohne Prellbügel, diesen hätte man sonst sicher im Protokoll hervorgehoben. Mehrere Anwesende nutzen die Möglichkeit, den Apparat einmal im Stehen zu probieren. Sie legen die Unterarme zwischen die Polster und heben ihn an, allgemein als »bequeme Handhabung« beurteilt.

Am gleichen Abend wird der Vereinsvorstand »beinahe mit Stimmeneinhelligkeit« wiedergewählt. Lilienthal bleibt, gemeinsam mit Arthur Berson, Schriftführer. Anschließend erfolgt auch seine Berufung in den Technischen Ausschuß, dem neben dem Redakteur der Vereinszeitschrift Victor Kremser Premierleutnant a. D. Richter, Premierleutnant Hans Gross — später Luftschiffkonstrukteur und Kommandeur des Preußischen Luftschifferbataillons — und Dr. Pringhans angehören, also kein weiterer Praktiker des Fluges »Schwerer als Luft«.[3] Es nimmt nicht wunder, daß daraus viele Aufgaben für den Ingenieur entstehen, denn die öffentliche Diskussion ist und bleibt lebhaft und kontrovers.

In den Wintermonaten wendet sich der Flugpionier konstruktiven Überlegungen und theoretischen Betrachtungen zu, wie sie sich in seinem Vortrag zum Teil bereits niedergeschlagen hatten. Ausführlich beschäftigt er sich mit rotierenden Antrieben, die bei der Lokomotive, dem Fahrrad, dem Schrauben- und Raddampfer angewandt wurden. Die rollende Reibung erleichterte die Bewegung auf dem festen Lande, aber schon beim Schiff sieht er im hin- und hergehenden Ruder eine ergiebigere Antriebsquelle.

Lilienthal arbeitet dabei drei verschiedene Methoden für rotierende Propeller und Hebevorrichtungen heraus: zum ersten die horizontalen Hebeschrauben nach Art des bekannten Kinderspielzeugs, denen er die meiste Aussicht einräumt. Das erfordere aber mehrere Schrauben, da bei nur einer vorhandenen diese stillstehen und der Flugkörper sich drehen kann. Der Nutzeffekt ist geringer, da die Schraube nur außen , wo sie sich schnell dreht, voll zur Wirkung kommt, der Vogelflügel dagegen auch in der Nähe des Schwerpunktes. Insgesamt werde die Konstruktion kompliziert durch die Zwischenglieder mehrerer Schraubenachsen.

Die Anwendung von Schaufelrädern statt Schrauben als zweite Methode vermindere den Effekt noch mehr. Da nur die Hälfte der Flächen tragend wirkt, ist die andere immer eine tote Last. Hinzu kämen Stellmechanismen für die einzelnen Flügel. Dem zeige sich die Schraube überlegen.

Die dritte Gruppe habe dann schon Ähnlichkeit mit dem Vogelflug: durch Propeller angetriebene Drachenflieger. Hier blieben jedoch die Erfolge hinter den Erwartungen zurück, »und zwar, wie mir scheint, weil die gewünschte Segelwirkung durch die Anwendung der rotirenden Propeller zerstört« würde. Dann verweist er auf das Festhalten an ebenen Flächen, doch gewölbte brächten hier auch keinen viel günstigeren Effekt. Zudem verursachen Schrauben Wirbel und »zerstören den vorteilhaft hebenden glatten Strich der Luft, und das muss den Nutzeffect unbedingt wesentlich vermindert«. Eine Anordnung der Schrauben käme nur links und rechts, seitlich von der Segelfläche in Frage. Das sei aber wiederum dem Vogelflug nahe mit den vorwärtstreibenden Bewegungen der Flügelspitzen.

Bestechend für den Maschinentechniker war die rotierende Bewegung der Luftschrauben und -räder, weil sich »durch rotirende Transmissionen die Arbeitsleistung am bequemsten fortleiten« läßt. Das erweise sich jedoch als Umweg, »denn brauchbare rotirende, auf Expansivkraft der Gase beruhende Motoren giebt es kaum«. Die hin- und hergehende Kolbenbewegung würde zudem künstlich in eine einfache Drehung verwandelt. Viel einfacher wäre es, die Kolbenbewegung statt über die Kurbelwelle geradlinig auf den Flügelschlag einwirken zu lassen. So bleibe auch hier wenig empfehlenswertes übrig. Beim Flügelschlag sind die Flächen zudem gleichzeitig auch für den Segelflug nutzbar, der Antrieb könne also unterbrochen werden. Der Autor betont, er wolle nicht ausschließlich dem Prinzip des Vogelfluges das Wort reden, doch die Erörterung der Fragen hätten ihn dahin geführt.[4]

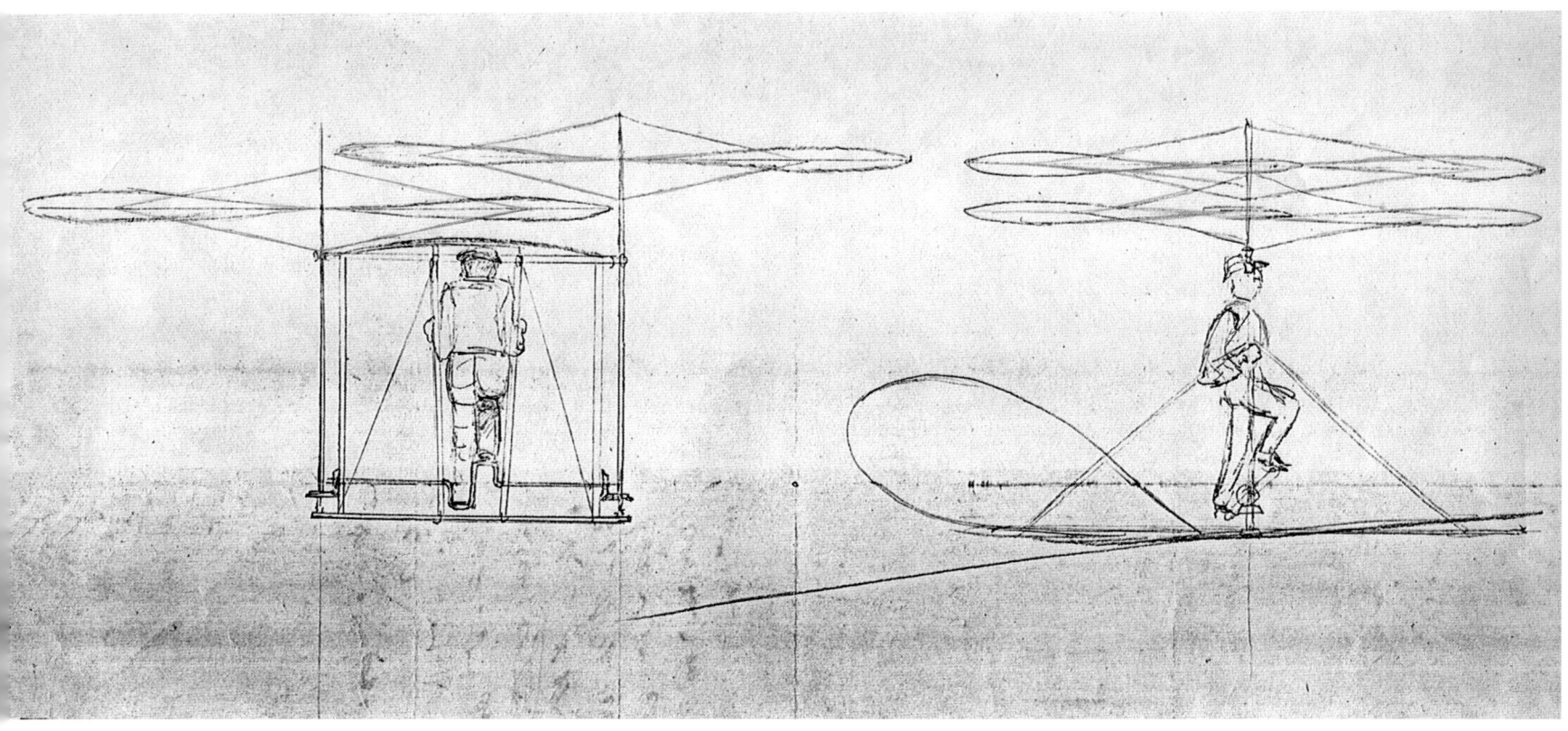

Entwurf eines Hubschraubers

Dem Vortrag war im Jahre 1893 ein Briefwechsel mit Eugen Kreiss vorausgegangen: »Die Gründe welche ich Ihnen gegen die Anwendung der Schrauben früher anführte, halte ich auch jetzt noch aufrecht. Der gewöhnliche Flügel kann durch Stillhalten in eine Segelfläche verwandelt werden, während der Schraubenflügel immer in Bewegung bleiben muß, um wirkungsvoll zu sein.

Meine immer weiter fortgesetzten Schwebeversuche haben mich auch immer mehr in dem Glauben bestärkt, daß das Segeln gegen den Wind der Ausgangspunkt des Fliegens sein muß, erstens weil es mit außerordentlich einfachen Apparaten geübt werden kann, und zweitens weil die Stabilitätsfrage und die damit verbundene Gefahrlosigkeit am leichtesten sich lösen läßt. Erst wenn man ganz sicher in dem gefahrlosen Abfliegen und Landen ist, kann man sich auf dynamisch bewegte Apparate einlassen. Man wird sonst ein Spielball der Winde und kommt aus den Reparaturen nicht heraus, die sich von den Flügeln auch leicht auf die eigenen Gliedmaßen erstrecken können. Dies gilt auch für die Schraubenapparate; denn unter 8 bis 10 qm wird auch eine Gesammt-Schraubenfläche zum Tragen eines Menschen nicht gewählt werden können.

Ich bitte Sie nun sehr, sich in Ihren Versuchen durch mich nicht abhalten zu lassen. Vielmehr erachte ich es für durchaus erforderlich, daß durch eingehende Versuche die Schlagwirkung bei Schrauben genau ergründet wird.«[5]

Doch Kreiss bleibt bei seinen Überlegungen, ändert aber den Standpunkt zum Buch über den Vogelflug. Darauf antwortet der Ingenieur: Es freue ihn, daß »durch die Zergliederung eines von der Natur angewendeten Verfahrens, durch umfangreiche theoretische Betrachtungen und fast erschöpfende Elementar-

versuche ein von der Natur gewählter und bis zu wunderbaren Wirkungen entwickelter mechanischer Vorgang nicht nur als das denkbar sinnreichste System sich herausstellt, sondern wenn auch mit Schärfe nachgewiesen werden kann, daß jede Abweichung von diesem natürlichen System große Nachtheile an dem Gesammteffecte im Gefolge hat, so würde es doch eitel Thorheit sein, wenn man bei den gleichen Zielen, nicht auch das von der Natur gewählte System in Anwendung brächte; und dieser Thorheit möchte ich mich nicht schuldig machen«.[6] Und er verweist dann auf seinen Artikel.

Nun irrt Lilienthal jedoch, wenn er erwartet, Propeller würden die Umströmung des Flügelprofiles stark beeinträchtigen. Ihm fehlen Meßmethoden, um zu anderen Ergebnissen zu kommen. Leicht gemacht hat er es sich aber nicht. Der Hinweis auf fehlende brauchbare Motoren verdeutlicht einerseits die augenblickliche Lage, andererseits bleibt er auch stark auf den Flügelschlag als stützendes, den Segelflug verlängerndes Element orientiert.

Für seine Gründlichkeit sprechen Untersuchungen zum Bau eines Fluggerätes mit Vertikalschrauben — eines Hubschraubers. Zwischen zwei senkrechten Achsen, auf denen sich zwei gleichgroße Tragschrauben mit etwa je dreieinhalb Meter Durchmesser befinden, sitzt der Flieger. Er hält sich an Streben fest und treibt über Pedale und Kegelräder die Schrauben an. Diese Art der Kraftübertragung sichert auf einfachste Weise deren Gegenläufigkeit. Eine vertikale Stabilisierungsfläche soll der Steuerung dienen. Die Ergebnisse von Berechnungen mögen Lilienthal davon abgehalten haben, einen derartigen Apparat zu bauen.[7]

Gebaut wird aber in diesem Frühjahr ein Fliegeberg. Damit geht ein langgehegter Wunsch in Erfüllung, der mit der Hoffnung verbunden ist, nun täglich fliegen zu können. Er entsteht etwa zwei bis drei Kilometer vom

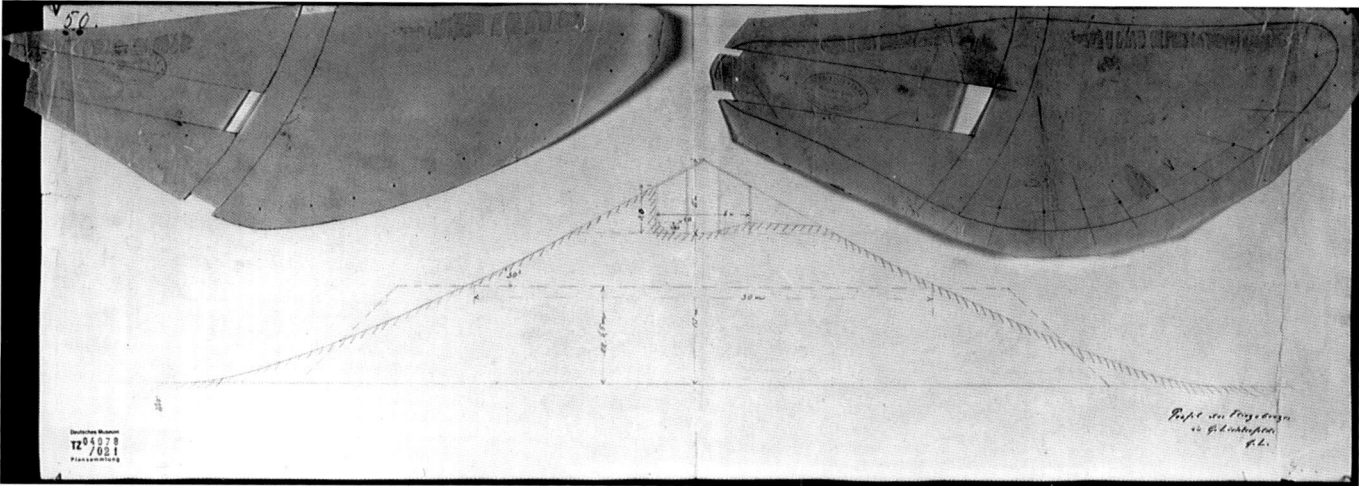

*Zeichnung des
Fliegeberges,
dazu zwei
Papierschablonen
für Gelenk-
taschen*

*Fliegeberg mit
Flugprofil*

Wohnhaus Boothstraße entfernt aus der Abraumhalde der Heinersdorfer Ziegelei. Fünfzehn Meter hoch erreicht der Kegel am Fuß einen Durchmesser von rund fünfundsechzig Meter. Dreißig Grad steile Hänge ermöglichen einen raschen Abflug, erschweren aber auch das Hinauftragen des Gleiters. In der Spitze des Berges befindet sich ein gezimmerter Schuppen. Er ist außen mit Rasen bedeckt, um den Anlauf zu erleichtern. Eine Steinplatte auf der Spitze sichert festen Stand. Zum Eingang des Schuppens, von der Südostseite zu betreten, führt ein steiler Fußpfad. Beträchtliche Abraummassen der sechs Meter hohen Halde der Ziegelei sind auf diese Höhe zu bringen.[8] Die Kosten mögen bei zehntausend Mark gelegen haben.[9] Etwa dreitausend Mark seiner Schulden zahlt Bruder Gustav zu dieser Zeit zurück.

Paul Beylich (1874-1965), der Anfang 1894 von Otto Lilienthal speziell für flugtechnische Aufgaben eingestellt wurde, berichtete, er habe mit der Maurermolle Sand und Rasenplatten hinaufgetragen.[10] Zur gleichen Zeit schied Hugo Eulitz, der bewährte Mitarbeiter in der Fabrik und Teilnehmer an den ersten Flügen aus, um ein Studium aufzunehmen.[11] Er blieb Zeit seines Lebens dem Flugpionier und Ingenieur sowie dessen Familie verbunden. Einbezogen in die flugtechnischen Arbeiten wurde der Ingenieur Paul Schauer (1870-1958), der 1894 in der Fabrik seine Tätigkeit aufnahm.

Der Fliegeberg bringt dem Ingenieur bedeutenden Zeitgewinn für seine Flugversuche, er kann nachmittags und an den Wochenenden üben. »Die flugtechnischen Versuche werden in der Regel am Sonntag vormittag von 10–12 und nachmittags von 3–5 angestellt«, schreibt er am 23. September 1894 auf einer Postkarte.[12] An jedem Arbeitstag muß er mit dem Vorortzug früh von Lichterfelde ins Zentrum Berlins fahren. Vom Bahn-

hof Jannowitzbrücke oder vom Schlesischen Bahnhof (dem heutigen Hauptbahnhof) führt ihn ein kurzer Fußweg zu seiner Fabrik. Es war schon eine in Freundschaft verbundene Gemeinschaft, die sich da in ihrem Coupee traf und eine reichliche halbe Stunde gemeinsam fuhr. An Gesprächsstoff fehlte es nicht, kamen sie doch alle aus unterschiedlichen Berufen, so der Ingenieur und Fabrikbesitzer, der Hofbuchhändler Radetzki, der Gastwirt Theodor Müller und andere.[13]

Noch war der Aviatiker in diesem Jahr nicht einmal geflogen, und doch stehen seine Versuche im Blickpunkt zahlreicher Fachleute. Octave Chanute bedankt sich im März für die Übersendung des Artikels zur Tragfähigkeit gewölbter Flächen. Dieser erscheint dann im Aprilheft der Zeitschrift »Aeronautics« mit einem Foto der Flüge von der Maihöhe als Titelbild. Lilienthals Buch wolle er jetzt lesen, nachdem ein Übersetzer gefunden war.[14]

In Nummer 1 und 2 der französischen Zeitschrift »L'Aerophile« würdigte Emmanuel Aime Lilienthals Leistungen: »Aber das, was ihn von Allem, was bis jetzt gemacht worden ist, unterscheidet, das ist sein Princip, das ist die Grundidee, welche seine Erfindung beherrscht... Die concave Flügelfläche wird in der That derart gedreht, dass der Windstoss aufgefangen und unter der Kraft dieses Fluidums aufgestiegen wird: das ist die erste Anwendung einer neuen Theorie.«[15]

Ein Artikel des Verfechters ebener Flächen, Hureau de Villeneuve, wird von der französischen Zeitschrift »L'Aeronaute« veröffentlicht, dem ebenfalls Lilienthals Artikel über die Tragfähigkeit gewölbter Flächen folgt. Der Franzose schreibt ungerechterweise, der Apparat sei »ein lenkbarer Fallschirm. Man weiss, dass der Fall-

*Phasen eines
Fluges vom
Fliegeberg*

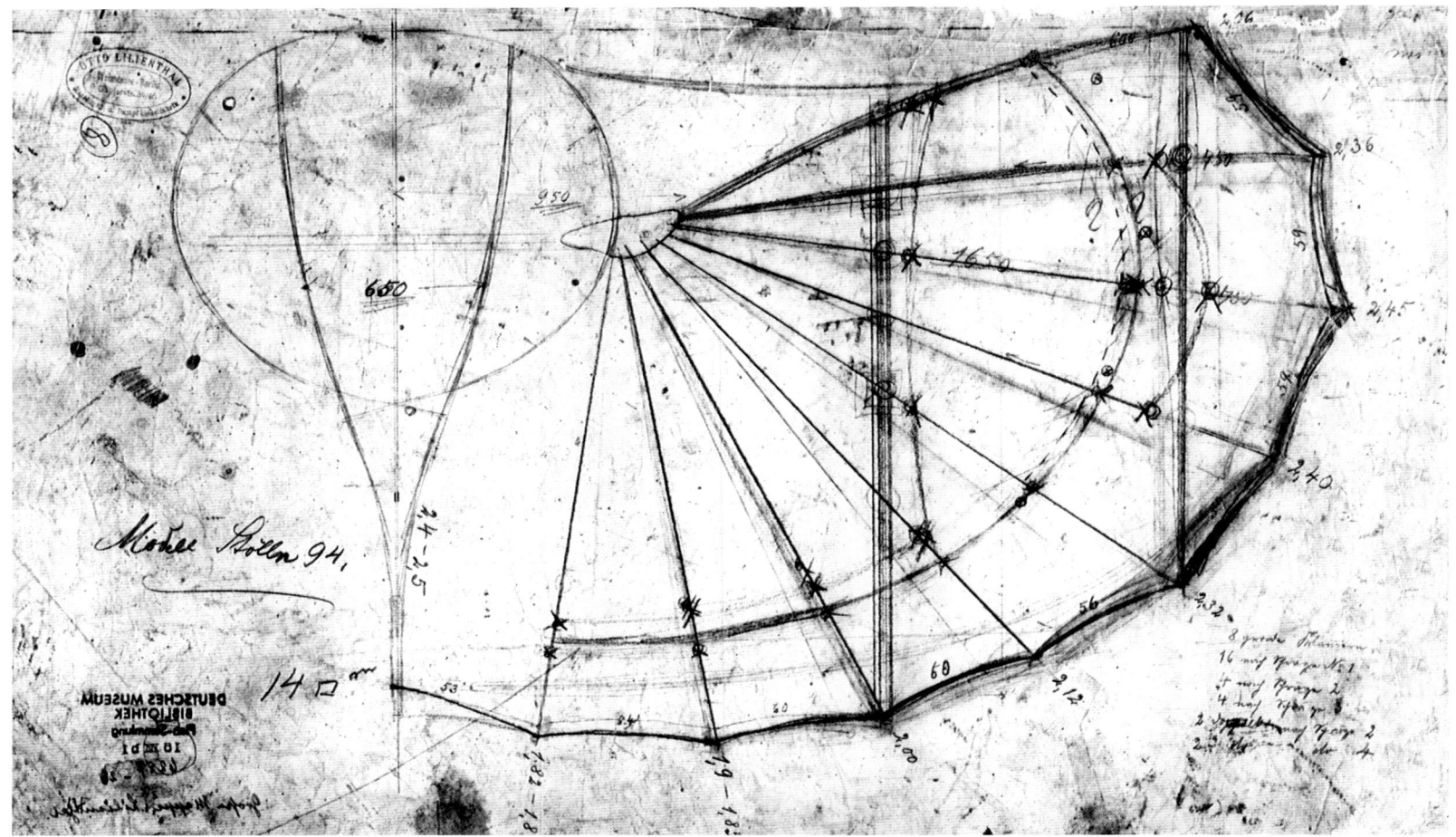

Modell Stölln 94 mit vierzehn Quadratmeter Flugfläche

schirm ein sehr alter Apparat ist.« Doch er kommt nicht umhin, zu erklären: »Aber es liegt in diesen Versuchen eine Wahrheit, ein Streben, etwas Gutes zu schaffen und ein Scharfsinn, die es nicht gestatten, sie unbeachtet zu lassen.« Und er wünscht sehr, »daß derartige Versuche auch in Frankreich aufgenommen werden«.[16]

M n Berlin berichtet am 15. Dezember 1893 in der Sitzung der »Physikalischen Gesellschaft« Allard du Bois-Reymond über Lilienthal. Er verweist auf die Wendung während des Fluges in den Rhinower Bergen 1893 mit einer Geschwindigkeit von fünfzehn Metern je Sekunde. Es sein ein interessanter neuer Sport, erklärt der Redner, dem es gelungen war, beim fünften oder sechsten Versuch selbst etwa 15 Meter weit zu fliegen.[17] Es sei an der Zeit, so meint er, der »Physikalischen Gesellschaft« einen zusammenfassenden Bericht über die Versuche Otto Lilienthals, das Fliegen zu erlernen, vorzulegen.[18]

Währenddessen bereitet Lilienthal seine nächsten Flüge vor. In der Fabrik entstehen zwei sich stark ähnelnde Typen von Flugapparaten, deren einer, »Seilers Apparat« — wie auf der Zeichnung vermerkt — an Heinrich Seiler, Liegnitz (heute Legnica in Polen), verkauft wird. Der Apparat hat nahezu die gleiche Größe wie der zweite, das »Modell Stölln 94« mit vierzehn Quadratmeter Flügelfläche. Erstmals ist ein Prellbügel vor dem Flieger angebaut, ein Ring aus Weidenruten, der bei einem Sturz nach vorn einen eventuellen Aufprall mindert, Mensch und Apparat schützen sollte.

Mehrere Apparate werden gebaut, neben dem für Seiler wahrscheinlich einer für Stölln und einer für den

Fliegeberg. Sie haben ein »genaues mit der Kreislinie fast zusammenfallendes Parabelprofil«. Der Körperschwerpunkt liegt im Mittel um ein Zehntel der Flügelbreite vor dem Flächenmittelpunkt.

Wieder einmal von seinen Bruder Gustav begleitet, fährt Otto an einem Wochentag vor Ostern in die Rhinower Berge. Schon bei den ersten Flügen bemerkt der Flugpionier, daß er sich mit dem Oberkörper bedeutend hintenüber legen muß, um nicht kopfüber abzustürzen. Während eines hohen Fluges streckt er zum Ausgleich die Arme, ist aber schon so ermüdet, daß er sich nicht wieder vorziehen kann. Bei etwa fünfzehn Meter je Sekunde Fluggeschwindigkeit richtet sich der hinten zu sehr belastete Apparat auf und schießt fast senkrecht in die Höhe.

»Ich hielt mich krampfhaft fest«, schildert Otto die Situation,»sah nichts als den blauen Himmel mit weissen Wölkchen über mir und erwartete den Moment, wo der Apparat hintenüberschlagen würde, um meine Segelversuche vielleicht für immer zu beenden. Plötzlich jedoch hielt der Apparat im Ansteigen inne und ging rückwärts aus der Höhe wieder herab, lenkte in kurzem Kreisbogen durch den schrägaufwärts gerichteten Horizontalschweif mit dem Hinterteil wieder nach oben, stellte sich hierbei auf den Kopf und sauste nun mit mir aus etwa 20 m Höhe senkrecht zur Erde hinunter. Mit klarem Bewußtsein, die Arme und den Kopf voran, den Apparat immer noch an den Handhaben festhaltend, stürzte ich dem grünen Rasen zu. — Ein Stoss, ein Krach, und ich lag mit dem Apparat auf der Erde. Eine Fleischwunde an der linken Seite des Kopfes, mit dem ich auf das Apparatgestell geschlagen war, und das verstauchte

102

linke Handgelenk waren die einzig schlimmen Folgen des Unfalls.« Der Apparat selbst bleibt unversehrt, denn der elastische Prellbügel, zum ersten Male angebracht, hat alles abgefangen und ist vollkommen zersplittert, einzelne Teile stecken fußtief in der Erde.

Gustav, der den Flug im Profil beobachtete, »sagte, es hätte ausgesehen, als wenn ein Blatt Papier willenlos in der Luft herumsegelt. Bei meinen Tausenden von Segelflügen ist dies der einzige derartige Fall,« bemerkt Lilienthal, »und auch diesen hätte ich bei noch mehr Vorsicht vermeiden können.«

Sofort geht der Flieger an die gründliche Auswertung. Da die neue Profilform den Tragepunkt der Luft wesentlich nach hinten verlagert hat, werden auch die Angriffspunkte der Hände nach hinten verlegt. Um die Oberarme zu entlasten, bringt er hinter ihnen im geringem Abstand Polster an.[19] Wahrscheinlich zur gleichen Zeit führt er eine zweite Veränderung ein. Anstelle der Polster im Kreuzgestell, in die er die Unterarme legt, bringt er gepolsterte Röhren an. Sie sparen Kraft, denn die Arme haben jetzt auch nach außen einen Halt, müssen nicht mehr nach innen gedrückt werden. Zugleich ist es aber schwieriger, sich aus dem Apparat herausfallen zu lassen. Nach den Stürzen erscheint das Lilienthal wohl als kleineres Risiko.

Noch im Sommer 1894 fliegt er in den Rhinower Bergen und weist Heinrich Seiler in seinen Flugapparat ein. Zu dieser Zeit beginnen auch die ersten Flüge am Fliegeberg, die bald fast jeden Sonntagmorgen und an den Wochentagen, meist ab 16.00 Uhr, stattfinden.[20] Hier untersucht der Flieger mit Hilfe von Profiländerungen den Einfluß der Wölbungstiefe auf die Tragfähigkeit der Flächen. Dazu zieht er unterschiedliche Profilschienen auf. Bei Experimenten mit einer möglichst starken Krümmung, die Wölbungsfläche lag etwas über einem Zwölftel der Flügelbreite, wird »beim Segeln mitten in der Flugbahn der Apparat vorn durch Oberwind herausgedrückt und etwas unsanft in den Sand gebohrt«.

Zufällig ist an diesem Tag ein Reporter zugegen und sieht das vorläufige Ende der Lilienthalschen Flüge gekommen. Der erfolgreiche Dädalus sei am Fliegeberg in eine nahe Lache gestürzt. »Die Flügel brachen dabei und der Fliegende verletzte sich empfindlich«, schreibt die »Vossische Zeitung« am 24. Juli 1894. Nichts dergleichen. Wieder hat sich der Prellbügel als Retter erwiesen.

Aus allem zieht Lilienthal weitere Schlußfolgerungen. »Bei diesen stark gekrümmten Profilen stellt sich die Gefahr ein, dass die vorn stark ansteigende Fläche durch plötzliche Windänderung Luftdruck von oben erhält, was die Stabilität des Fluges sehr vermindert.« Die Profilhöhe sollte deshalb besser nicht über ein Zwölftel der Flügelbreite ausgedehnt werden. »Sehr sicher wirkende und doch stark tragende Eigenschaften erzielt man bei Profiltiefen zwischen 1/18 und 1/15 der Flügelbreite«.[21] Der Luftdruck von oben, oder der »Oberdruck«, beschäftigt ihn aber noch längere Zeit.

*I*m August erprobt Otto den im vorhergehenden Jahr gebauten Schlagflügelapparat ersteinmal ohne Motor, denn vorsichtige motorische Flügelschläge am Boden haben ihn gewarnt. In einem Brief an Octave Chanute, den Gustav am 5. Mai 1894 in seinem Namen schreibt, berichtet er von Versuchen, die unterbrochen werden mußten, »weil Form und Gleichgewicht noch nicht ausreichend erforscht waren. Die letztere Schwierigkeit haben wir überwunden«, es könne erneut mit Versuchen begonnen werden.[22]

Die Handhabung ist der einfacher Segelflächen gleich. Und dennoch erweist sich, »dass, wenn ich ohne weiteres mit Flügelschlägen in die Luft mich hineingestürzt hätte, der Apparat wahrscheinlich nicht unzerstört unten angekommen wäre. Es treten doch immer neue ungewohnte Erscheinungen auf, und eine einzige unglückliche Landung genügt, um die ganze Vorrichtung zu ruiniren. Auch hier heisst es wiederum: 'Keine zu großen Anforderungen auf einmal stellen!'«

Lilienthal mit dem Eindecker nahe dem Fliegeberg

Mit dem Schlagflügelapparat

Im Fluge mit dem Schlagflügel-apparat ohne Motor, durch den Prellbügel gesichert

So muß er sich mit dem doppelt so schweren Apparat — er wiegt vierzig Kilogramm — zunächst auf Segelflüge beschränken.[23] Am 16. August wird er mehrfach bei seinen Versuchen fotografiert. Immer ist dieser für ihn wertvolle, weil komplizierte Apparat mit dem Prellbügel versehen, der allerdings im zusammengefalteten Zustand abgenommen werden muß.

Als Motor sucht Otto Lilienthal zweifellos nach einem wirksameren Antrieb als dem eigenen. Er bemüht sich bei Carl Benz um einen Motor von zwei Pferdestärken aus dessen Fertigung, muß jedoch angesichts der zu großen Masse darauf verzichten.[24] Eingehend beschäftigt er sich dann mit der Eigenentwicklung.

In diesem Jahr hat der Ingenieur auch einen Briefwechsel mit Carl Dienstbach (geb. 1870), einem Deutschen, der nach einem Musikstudium gerade erst in die USA gegangen war. Dieser sendet am 13. August 1894 einen Brief mit der Skizze eines neuen Antriebs. Sie »stellt den Moment vor, wo es sich darum handelt, in die Luft hineinzukommen. Die Verwendung von Sprengstoffen zu Motorzwecken hat mir auf verschiedene Art vorgeschwebt; gegen die obige Verwendung einer starken Rakete… finde ich keinen Einwand, wenn es sich bloß um den ersten Anlauf handelt.«[25]

*I*ndessen hat sich der Flugpionier neuen Konstruktionen zugewandt. Schon im Februar 1894 beantragt er für die USA das Patent für eine Flugmaschine; ein britisches soll er im gleichen Jahr erhalten haben. Es handelt sich im wesentlichen um den Gleiter aus dem ersten deutschen Patent. Er hofft damit offensichtlich, durch die Dokumentation seiner Rechte weitere Kunden zu gewinnen. Seine Verbindungen in die Vereinigten Staaten mochten ihn sicher zu diesem Schritt angeregt haben.[26]

*N*och eine weitere Konstruktion steht auf dem Programm, erst einmal »Modell Lambert« genannt, nach dem französischem Auftraggeber, dem Comte de Lambert (1865-1944) in Versailles. Mit dreizehn Quadratmeter Flügelfläche wurde es das erste Modell der späteren »Normal-Segelapparate«. Am 18. August 1894 geht es als Eilgut auf die Reise.[27] Vorher hatte bereits Charles E. L. Brown (1827-1903), ein Pionier der Elektrotechnik, in der Schweiz einen solchen Apparat erhalten, den er auch benutzte.[28]

Der Baurath Ritter v. Stach, Obmann des Wiener Flugtechnischen Vereins, hatte sich schon Ende 1893 an Lilienthal wegen der Überlassung eines Flugapparates gewandt, worauf ihm ein Preis von vierhundert Mark angegeben wurde. Lilienthal kündigte zugleich an, er wolle versuchen, im Frühjahr 1894 seinen Apparat selbst in Wien vorzuführen.[29] Doch dazu ist es offensichtlich

Zusammenklappbarer Schlagflügelapparat, über dem Kopf Lilienthals die Kohlensäureflasche

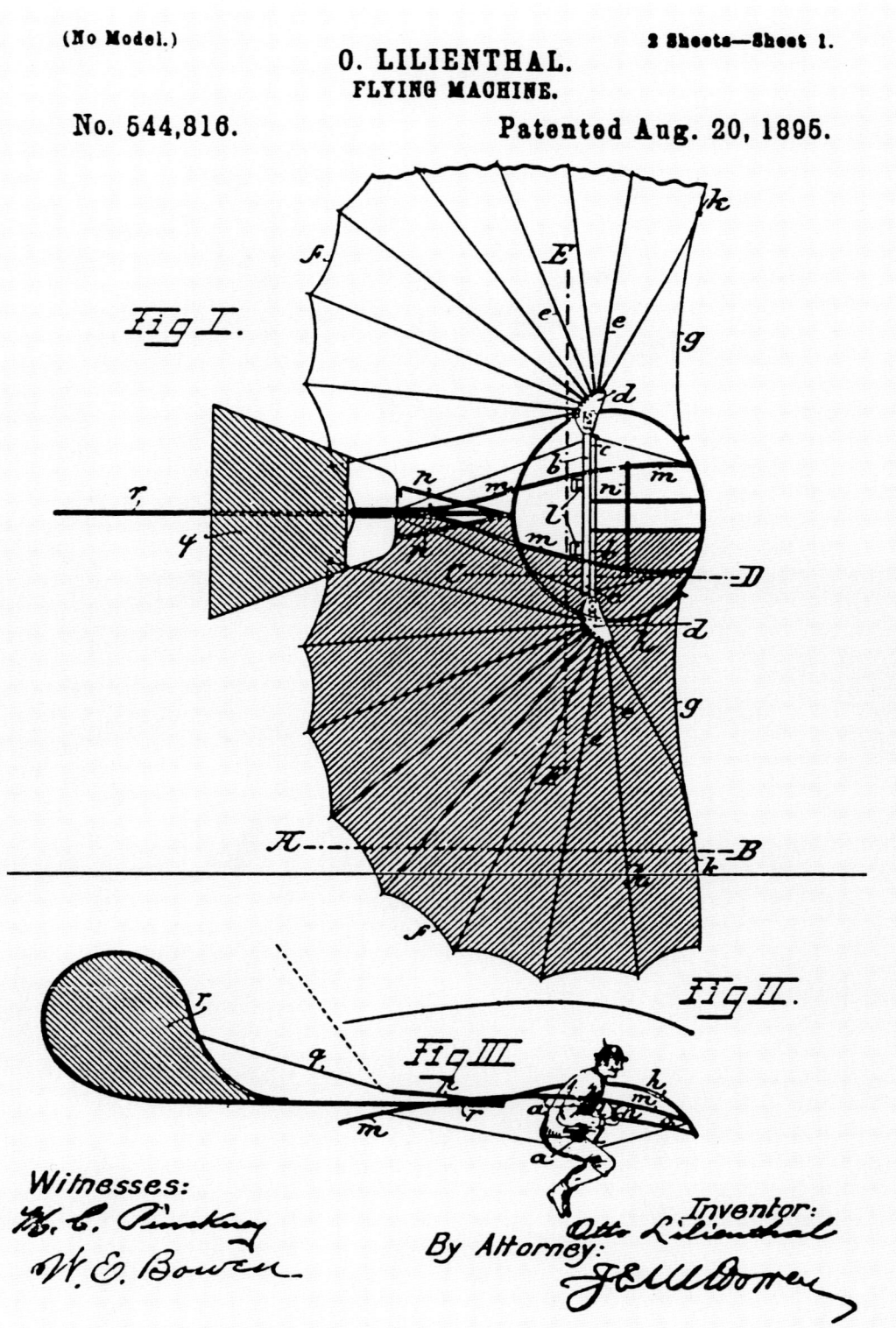

nicht gekommen. Im November berichtet Stach über die Tätigkeit des Vereins in der Sommersaison, auch »über die durch ihn bewirkte Installation eines Lilienthal'schen Flugapparates auf dem Kohlenberge«.[30] Otto lieferte also bereits im Sommer 1894 ein weiteres Flugzeug nach Wien, einen fünften Apparat.

Als nächster Kunde schreibt am 4. November der Rechtsanwalt Dr. Kilian Franck aus Karlsbad (heute Karlovy Vary in der CSFR) und informiert über die Bildung eines »I. Fliegevereins«. Er bittet Lilienthal, den Verein »mit seinen reichen Erfahrungen und seinen ausgezeichneten Kenntnissen in flugtechnischen Dingen zu unterstützen« und fragt, »wo seine Segelapparate verfertigt werden«.[31]

Sofort antwortet dieser, er beeile sich, seine »Freude über die Gründung des I. Fliegevereins mitzuteilen. Für die Lösung der Flugfrage dürfte diese Thatsache als ein großes Ereigniß aufzufassen sein, da nur durch eine derartige praktische Bethätigung ein Weiterkommen auf dem Gebiete der Flugtechnik zu erwarten steht. Ich knüpfe hieran die Hoffnung, daß es mit diesem Fliegesport ähnlich kommen muß wie mit dem Radfahrsport, daß eine außerordentliche Entwicklung der Apparate und der Anwendung derselben daraus hervorgehen wird.« Und er bedauert, daß bis zum Bau seines Fliegeberges in Berlin keine Voraussetzungen für einen solchen Verein bestanden hätten. Nun wolle man folgen.

(No Model.)

O. LILIENTHAL.
FLYING MACHINE.

2 Sheets—Sheet 2.

No. 544,816.

Patented Aug. 20, 1895.

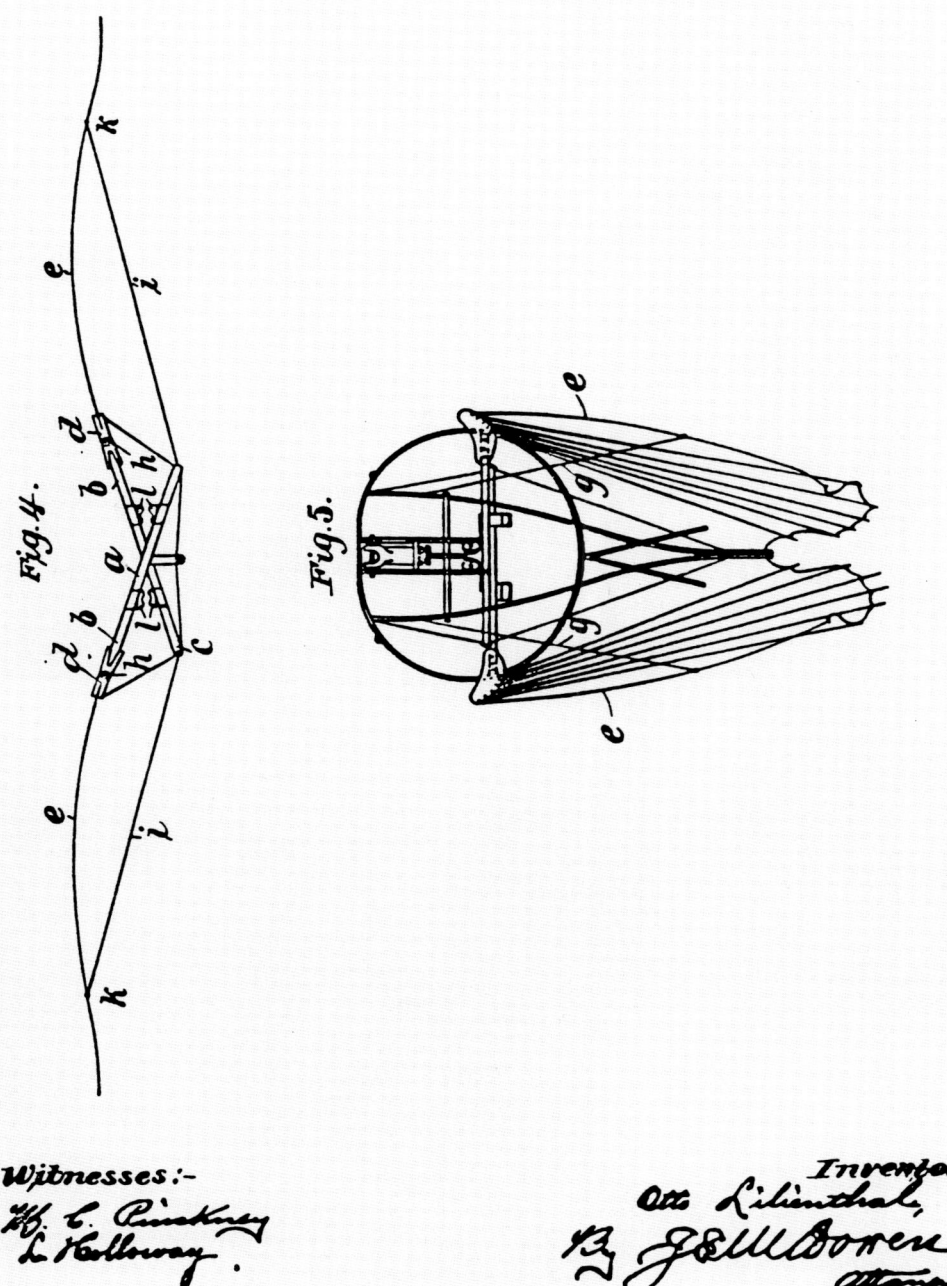

Fig. 4.

Fig. 5.

Witnesses:-

Inventor.
Otto Lilienthal,
By
Attorney.

»Ich hoffe, daß dort sehr günstige Gelände zur Veranstaltung der Uebungen vorhanden sind.« Die Erfordernisse seien seinen Veröffentlichungen zu entnehmen. »Im übrigen stehe ich Ihnen gerne mit Rath und That bei. Auch zur Anlernung würde ich gern einmal nach dort kommen, doch muß dieses wohl bis zum nächsten Frühjahr verschoben werden, denn der Winter ist mit seinen kurzen Tagen zum Ueben ungeeignet.

Die Segelapparate werden von mir für den Preis von 500 Rmk angefertigt. Hierzu muß ich jedoch bemerken, daß Herr Baurath von Stach in Wien, Kohlenbergbahn, den Alleinvertrieb für Österreich übernommen hat, Sie daher mit diesem Herrn sich gefl. in Verbindung setzen wollen.«[32]

Übrigens berichtet bereits am 11. November 1894 die »Berliner Börsenzeitung« und die Morgenausgabe des »Berliner Börsen-Courier« mit gleichlautendem Text über den Brief des Karlsbader Fliegevereins. Er »besteht aus Mitgliedern des Radfahrervereins, die nun auch gern in einer anderen Dimension sich bewegen und durch die Lüfte schweben möchten. Sie wollen das Fliegen nach der Methode des Ingenieurs Lilienthal üben und haben diesen bereits ersucht, ihnen über die Konstruktion seiner Flügel und die sonstigen Erfordernisse seiner Kunst Aufschluß zu geben.«

Die erwähnte Information in den Zeitungen entsprang keineswegs einem Zufall. Sie konnte nur direkt von Lilienthal kommen. Das Beispiel unterstreicht, wie

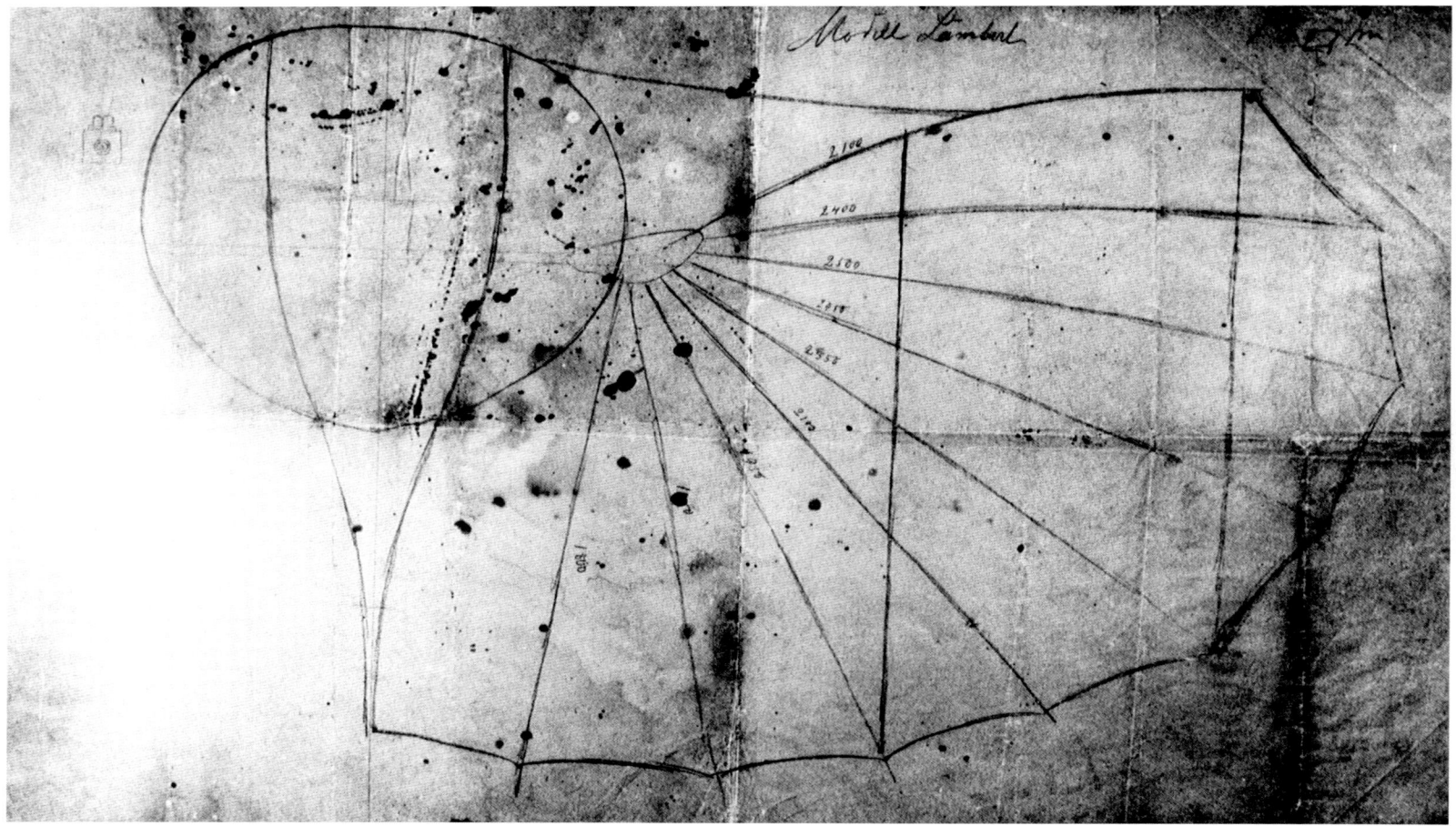

Modell Lambert

der Flugpionier auch zunehmend besser versteht, über Zeitschriften hinaus informierend und werbend für seine gute Sache wirksam zu werden.

Das hat auch einen ganz praktischen Hintergrund. Er verfügt mit dem Normal-Segelapparat über eine im wahrsten Sinne des Wortes serienreife Konstruktion. Erstmals wird mit diesem Typ ein Flugzeug kommerziell in Serie, mindestens in neun Exemplaren, gebaut und weltweit verbreitet! Lilienthals Maschinenfabrik in der Köpenickerstrasse 113 ist damit zur ersten Flugzeugfabrik in der Geschichte geworden, Berlin aber die Stadt, aus der das Flugzeug kam! Und das bedurfte natürlich auch einer absatzwirksamen Werbung.

In Wien ist der Apparat von dem Akrobaten J. Stocklas vorgeführt worden. Dieser war zuvor längere Zeit bei Lilienthal in Lichterfelde zur Ausbildung. Als Stach den Apparat nach Karlsbad lieferte, bestätigte er schriftlich, dieser sei bei Lilienthal in Berlin hergestellt und in Lichterfelde erprobt. Es wird wohl der in Wien befindliche Apparat gewesen sein. Dem jungen Verein aber empfiehlt der Wiener, den Apparat durch Stocklas anliefern zu lassen. Er bietet so gleichzeitig einen Fluglehrer. Doch im Namen der Karlsbader lehnt Oberingenieur Dix ab, weil man »nicht nur über gute Radfahrer, sondern auch über vorzügliche Turner verfüge und deshalb auf die Mithilfe eines Akrobaten verzichten werden könne«. Doch das war wohl etwas vorschnell geurteilt, wie sich zeigen sollte.

Am 13. Februar 1895 trifft der in Wien »Fittig« genannte Gleiter in Karlsbad ein. Dix behebt Transportschäden, und am 1. März wird in einer feierlichen Vereinssitzung die Taufe auf den Namen »Lilienthal« vollzogen, was man telegrafisch nach Berlin vermeldet.

A m 6. März kommt die Antwort auf das Telegramm. Erneut spricht Otto von einer Reise nach Karlsbad. »Suchen Sie mir ein recht geeignetes Terrain aus, welches einen Anlauf bergab gegen den Wind gestattet. Einige kahle Bergabhänge werden sich wohl dort verfinden, in deren Nähe die Unterbringung des Apparates tunlich ist. Wenn Sie mir eine recht genaue Karte der dortigen Gegend senden, könnte ich Ihnen vielleicht dienlich sein...«

Die Karlsbader warten vergebens auf seinen Besuch. Sie finden den »gegen Nordosten allmählich abfallenden Horner Berg« als Übungsgelände, das jedoch nicht sehr günstig war. »Unregelmäßig auftretende kräftige Windstöße« beanspruchten den Apparat stark und beschädigten ihn des öfteren. Schließlich wurden die Versuche eingestellt, weil der »Apparat für Anfänger offenbar zu groß und noch nicht ganz widerstandsfähig« war.[33]

Und mindestens noch einen Käufer gab es im Jahre 1894. Am 5. November bestätigt der Flugzeugbauer dem Motorradfabrikanten Alois Wolfmüller in München, fünfhundert Mark für einen Flugapparat bekommen zu haben. Acht Tage später wird der Segelapparat abgesandt.

Detailliert beschreibt Lilienthal in einem Brief die Montage des Apparates, ergänzt durch Zeichnungen. Nahezu analoge »Betriebsanleitungen« bzw. Hinweise erhalten auch andere Käufer von ihrem Lieferanten, so Bennet und Fitzgerald. »Die Uebungen werden nun zunächst nur bei ganz mäßigem Winde gemacht, indem man gegen den Wind bergab läuft und bei horizontal gehaltenem Apparate kleine Sprünge zu machen versucht. Erst ganz allmählig steigert man dann die Sprung-

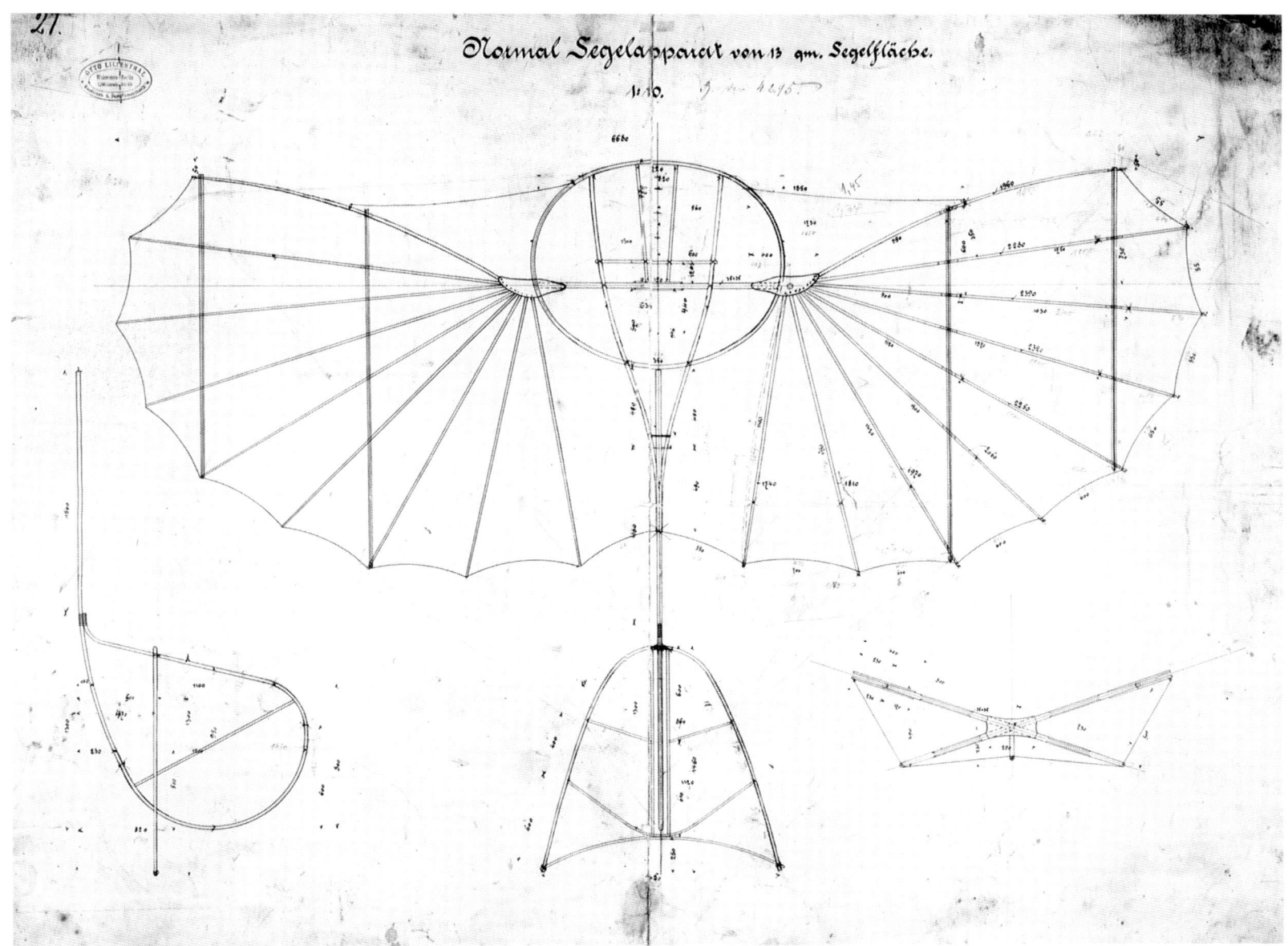

Zeichnung des Normal-Segelapparates

weite bis man sich ganz sicher fühlt und beim Landen jedesmal ohne zu fallen auf die Erde tritt.« Es folgen dann noch eine Reihe von Ratschlägen zum Fliegen und die Bitte um Information über die Ergebnisse.[34]

Wenn Lilienthal zur Vorsicht mahnt, dann gibt es allen Grund dazu, und das nicht nur wegen Stürzen. Er weiß, was es heißt, »mit Courierzuggeschwindigkeit durch die Luft dahinzusausen… Mit mir selbst hat der Wind oft genug Fangeball gespielt, wenn ich bei meinen Segelübungen mitten in der Flugbahn von Windstössen überrascht, zuweilen um Haushöhe plötzlich angehoben und so hin und her geschleudert wurde, dass mir, ehe ich mich daran gewöhnte, der Athem stockte. Dabei kann man Luftgymnastiker werden in des Wortes verwegenster Bedeutung…« Und er bezieht sich dabei auf Aufnahmen von Ottomar Anschütz, die am 14. September 1894 gemacht wurden. Sie zeigen, »welche Kunstgriffe man nöthig hat, um sich bei einem solchen Ritt durch die Luft vom Wind nicht aus dem Sattel werfen zu lassen und ausserdem das Flugzeug unversehrt auf der festen Erde wieder abzusetzen«.[35]

Als Lilienthal erneut solche Flugerfahrungen sammelt, verfügt er längst über einen speziellen Apparat, das bereits erwähnte »Sturmflügelmodell«. Seine Flugfläche liegt nur bei neun Quadratmetern, also bei rund zwei Drittel der sonst üblichen. Die Spannweite war mit etwa sechs Meter ebenfalls geringer.[36] Er eignet sich selbst für windigeres Wetter.

»Bei mässig starker Luftbewegung kann man nach wenig Uebung ganz sichere und gefahrlose Schwebeflüge von grösserer Ausdehnung zurücklegen. Es ist aber gerade interessant und lehrreich, in so starkem Winde zu üben, dass man zeitweilig vom Winde ganz getragen wird. Die Grösse der Apparate setzt uns jedoch hierbei leider eine Grenze«, resümiert der Flugpionier später. Bei sieben Meter Spannweite und vierzehn Quadratmeter Fläche »kann man bei gehöriger Uebung allenfalls noch eine mit etwa 7 m Geschwindigkeit wehende Luft ertragen.«[37]

Und doch fliegt er bei windigem Wetter mit dem größeren Apparat, läßt sich auch nicht mit dem kleinen Apparat fotografieren. Offenbar bewährt sich dieser nicht, die erhoffte Wirkung blieb aus.

In diesem Jahr wächst Lilienthals Gästeliste weiter. Der Maler Arnold Böcklin (1827-1901) — bekannt durch seine stimmungsvollen dunklen Landschaften, dann die Neuromantik einleitend —, selbst ein Flugenthusiast und an dieser Aufgabe scheiternder Konstrukteur, besucht ihn. Er kommt auf Empfehlung. Nie-

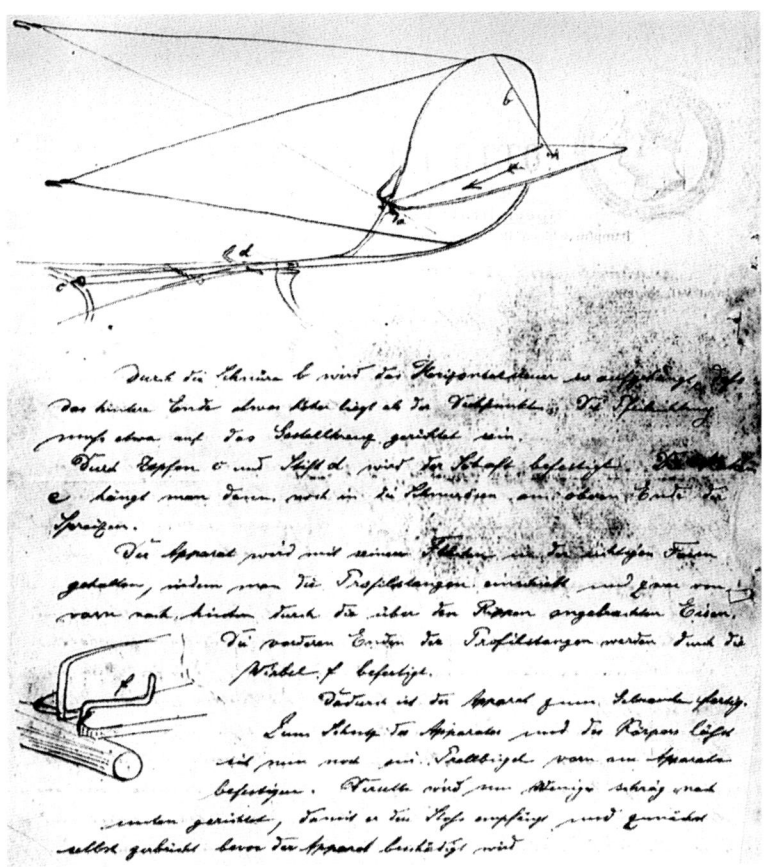
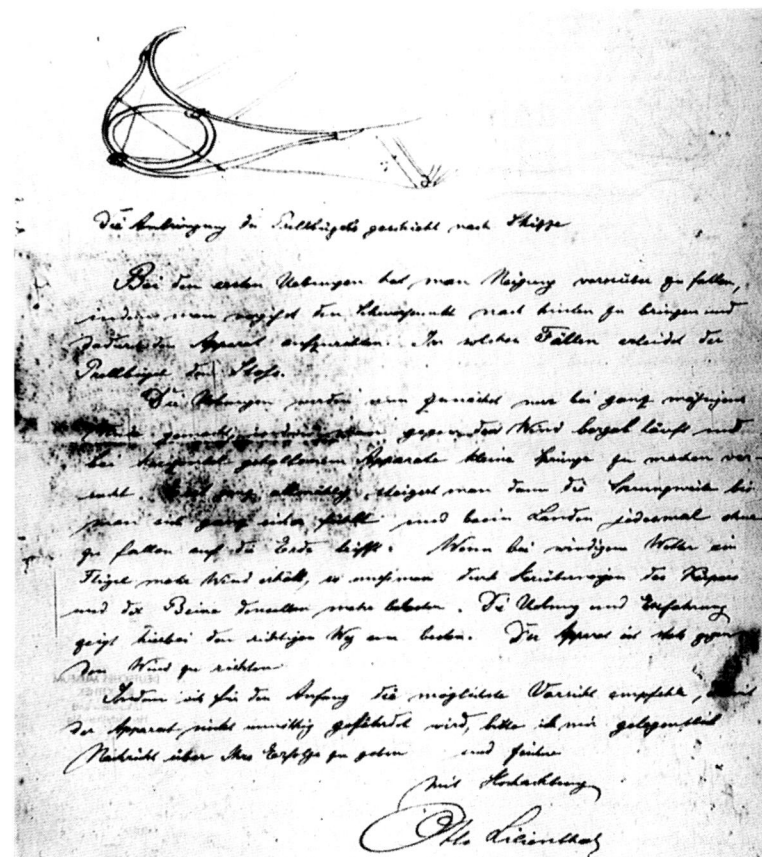

Anleitung für die Montage des Eindeckers

mand anderer als Hermann v. Helmholtz riet ihm zu diesem Schritt und führte den Maler zugleich auch bei Werner v. Siemens ein. Dieser hatte Lilienthal im Verein kennen und schätzen gelernt.

So sieht Böcklin in der Fabrik, wie gerade der Kohlensäuremotor in den Schlagflügelapparat eingebaut wird. Am nächsten Tag treffen sich Lilienthal, der einundzwanzig Jahre ältere Gast und dessen Sohn Carlo am Fliegeberg. Es weht nur ein schwacher Wind, und der Flieger erreicht gerade fünfzig Meter Weite. Carlo versucht, ebenfalls zu fliegen. Doch er bewältigt nur wenige Meter, und selbst das fällt ihm schwer. Der Maler zeigt sich skeptisch. Auf diese Weise käme man nie zum freien Fluge, zumal eine Steuerung fehle und die Flächen zu klein wären.[38]

Anfang November lädt Lilienthal Premierleutnant Groß, zu dieser Zeit Lehrer der Lehranstalt der Luftschifferabteilung und auch Mitglied der Technischen Kommission des »Deutschen Vereins zur Förderung der Luftschiffahrt« mit seinen Kursanten zum Fliegeberg ein. Er holt sie bereits am Bahnhof Lichterfelde ab. Nach einigen Flugvorführungen erzählt der Flugpionier, er bilde gerade einen Akrobaten aus — Stocklas. Das Erlernen sei nicht schwer, man könne es in vierzehn Tagen schaffen. Georg v. Tschudi (1862-1928), späterer Flughafendirektor in Johannisthal und Vizepräsident des Deutschen Aeroclubs, und Richard v. Kehler (1866-1943), späterer Präsident des Deutschen Aeroclubs, meinten, diese Zeit brauche man gar nicht. Zu ihrem Erstaunen gestattete ihnen Lilienthal, zu fliegen. Noch zwei weitere Offiziere wollten es wagen.

Otto belehrt sie über Haltung und Schwerpunktverlagerung. Dann geht es los. Kleinere und größere Sprünge sind das Resultat, die etwa fünfundzwanzig Meter

Tschudis das weiteste. Der erinnert sich: »Allerdings streckte ich bei einem meiner beiden Flüge beim Landen die Füße etwas weiter als nötig nach vorn, wodurch ich mich sanft auf den Boden setzte.«

»Wir waren begeistert«, berichtete von Kehler, »aber unser Enthusiasmus wurde gedämpft durch die Lehren, die wir in unseren Unterrichtsstunden erfuhren. Vielleicht könnte ein Sport daraus werden, so hieß es, aber eine praktische Lösung des Flugproblems würde auch durch diese Versuche nicht nähergerückt. Menschenkraft reiche nicht aus, und die Maschinenkräfte würden immer ein zu hohes Gewicht bedingen, um sie von den Flügeln tragen zu lassen. Hierbei wurde stets das Zeugnis von Helmholtz angerufen, ohne daß es uns klar wurde, daß sein Urteil nur in recht bedingter Form ausgesprochen war.«[39]

Eine Erfahrung bestätigt der erste Flieger aber auch diesen Besuchern: »Leicht ist es wahrlich uns Menschen nicht gemacht, frei wie der Vogel das Luftreich zu durchmessen… Die Erscheinungen des natürlichen Fliegens sind zergliedert, anatomisch und mechanisch, optisch durch die Momentphotographie und graphisch durch elektrische Aufzeichnungen. Jetzt haben wir den Vogel endlich soweit, dass er uns theoretisch nicht mehr hinters Licht führen kann, aber praktisch macht er uns dennoch ein X für ein U.«

Und es klingt schon ein wenig Bedauern mit. »Es mag wohl auf keinem anderen technischen Gebiete so schwierig sein, den rechten Uebergang von der Theorie zur Praxis zu finden.« Die Experimentatoren kämen meist nicht über den ersten Versuch hinaus, entweder in die Luft hinein oder wieder zur Erde herunter. »Entwicklungsfähig muß die Methode sein, welche uns zum freien Fluge führen soll, möge sie so primitiv beginnen, wie sie will, und dazu gehört, dass wir durch die anzustellenden Versuche Gelegenheit erhalten, zu einem wirklichen, wenn auch zunächst begrenzten Durchfliegen der Luft, bei dem wir über die Stabilität des Fliegens, über die Windwirkungen und über das gefahrlose Landen Erfahrungen sammeln können, um durch stete Vervollkommnung dem dauernden freien Flug allmählich uns zu nähern. Die Vollendung lässt sich nicht gewaltsam herbeiführen.«[40]

Flug im starken Wind am Fliegeberg

Immerhin bestätigt man ihm in der Öffentlichkeit in dieser Hinsicht allerhand. Zweihundertfünfzig Meter sei sein weitester Flug in den Rhinower Bergen gewesen. Fünfzig deutsche Meilen (oder siebzig Kilometer) habe er, wenn man seine Flüge im Jahre 1894 addiert, zurückgelegt, schreibt die »Berliner Börsen-Zeitung« vom 7. November 1894 im Zusammenhang mit einem Vortrag des Flugpioniers vor dem »Berliner Architekten-Verein«.

Vor diesem Kreis erläutert Lilienthal, verbunden mit der Vorführung eines seiner Flugapparate, die Grundlagen der Flugtechnik, begonnen beim ebenen Flügel und der Berechnung des gewölbten. Ausführlich beschäftigt er sich mit den bereits verschiedentlich dargelegten drei Arten des Antriebs, um dann zum Flügelschlag zu kommen. »Wenn wir uns im Fliegen versuchen, im Fliegen üben wollen, so müssen wir aber doch vor allem erst in die Luft hinein.« Dann müsse die Stabilität gewahrt, gesteuert werden. »Wer hat denn schon einmal einen solchen Steuerapparat einer frei fliegenden Flugmaschine dirigirt? Auf dem Wasser ist das Steuern eine Kleinigkeit, doch handelt es sich nur um das Rechts und Links. In der Luft aber gilt es eine Bewegung im Raum zu machen, dort muß auch noch nach oben und unten gesteuert werden… Wir wollen dann den Flug beenden, und damit kommt der eigentliche kritische Moment, die Landung.« Der Mensch könne »keinen einzigen freien Flug unternehmen, ohne gleichzeitig mit diesen drei Schwierigkeiten sich abzufinden«. Zudem müsse auch schnell geflogen werden.

Es klingt bald etwas nach Entschuldigung für seine im wesentlichen gleichbleibenden Leistungen, wenn er dann betont, »daß man das Fliegen nur erlernen kann, wenn man das Fliegen übt, daß man aber das Fliegen ohne den Hals zu brechen nur üben kann, wenn man das Fliegen schon versteht«. Den Ausweg aus diesem scheinbaren Dilemma sucht er in einer Definition des Fliegebegriffs:

»Fliegen heißt: 'Sich mit einer Flugmaschine vom Boden in die Luft erheben.' Das können wir nicht!

Fliegen heißt ferner: 'Von einer Bergspitze zu einer anderen gleich hoch gelegenen Bergspitze durch die Luft sich hinüberbewegen.' Das können wir auch nicht!

Fliegen heißt aber auch: 'Sich von der Spitze eines Hügels in's Thal durch die Luft herablassen.' Das aber können wir und hierbei haben wir Gelegenheit zu lernen und zu üben und auch schließlich die andern Arten des Fliegen's , das horizontale und ansteigende Fliegen nach und nach auszubilden und somit wirklich zu erfinden.

Energischer Ausgleich mit großem Körpereinsatz

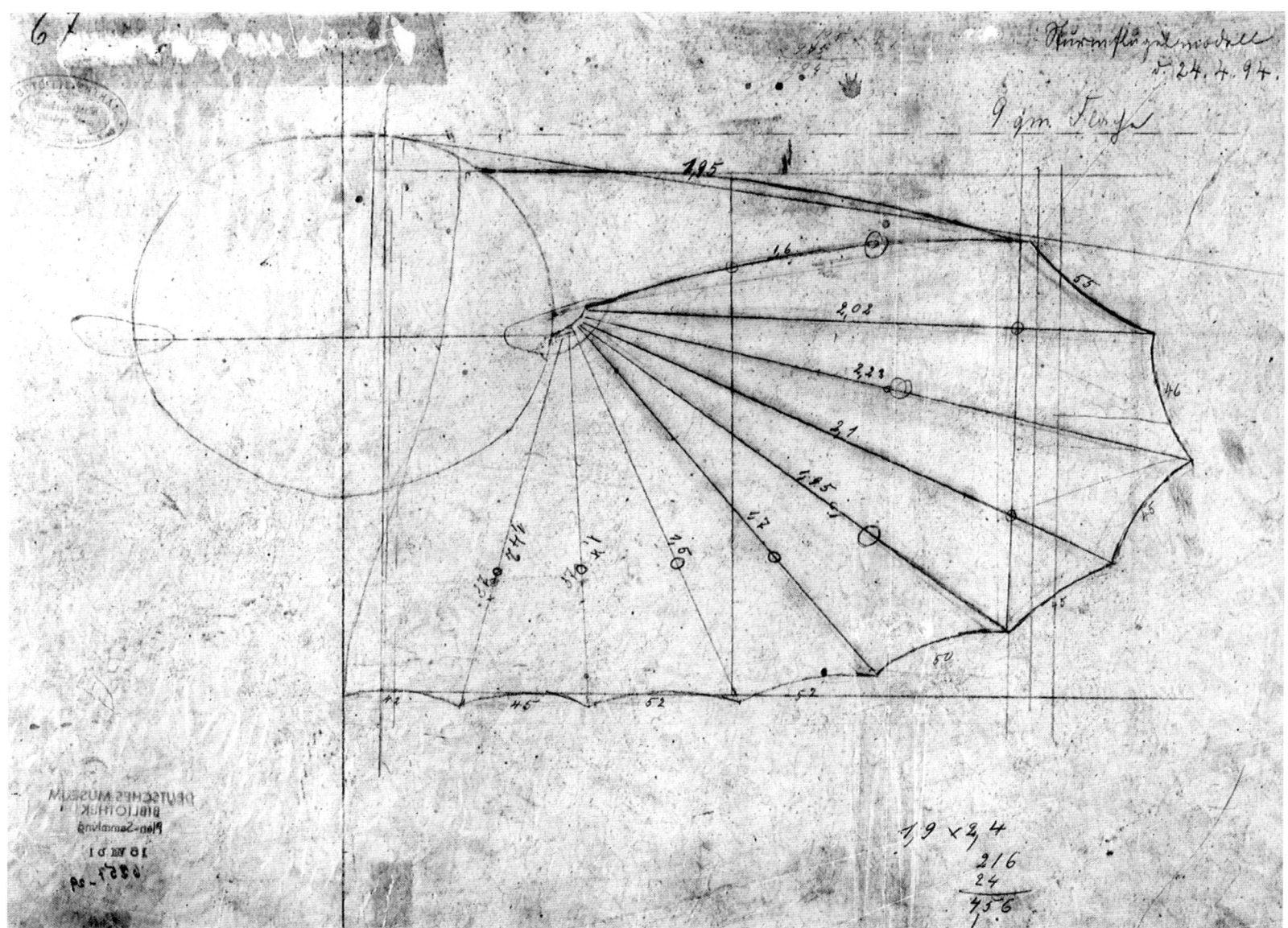

Zeichnung des Sturmflügelmodells

Sie sehen, wer in der Lösung der Flugfrage vorwärts kommen will, der muß bescheiden sein und nicht gleich über alle Berge fliegen wollen, sondern erst einmal von den Bergen herunterzufliegen versuchen.« Schließlich könne man zur Bewegung der Flügel übergehen und dann einen Motor zu Hilfe nehmen, um »den zunächst schräg abwärts gerichteten Flug immer mehr der Horizontalen zu nähern und dadurch das wirkliche Fliegen vollends auszubilden«.

Bescheiden fügt er hinzu: »Die von mir geübten Segelflüge sind für den freien Flug des Menschen nichts weiter als was die ersten unsicheren Kinderschritte für den Gang des Menschen bedeuten. Aber der betretene Weg scheint der richtige zu sein. Man hat wenigstens Gelegenheit, in der Luft frei schwebend seine Studien über das Fliegen zu machen, und deshalb bieten diese Segelflüge ebenso eine Grundlage für die praktische Flugtechnik, wie die gewölbte Flügelfläche eine Grundlage für die Theorie des Fluges im Allgemeinen darstellt.« So hat Lilienthal hier noch einmal sein Programm, seine Schule in wenigen Worten begründet, nicht ohne auch vor diesem Zuhörerkreis des Architekten-Vereins die Hoffnung auszusprechen, daß »recht zahlreiche Fachgenossen hinzutreten, denen es an Begeisterung und Opferfreudigkeit für dieses höchste aller mechanischen Probleme nicht gebricht«.[41]

Zu dieser Zeit hat Lilienthal offensichtlich geschäftliche Probleme. Sie zwingen ihn, im Oktober eine zweite Hypothek auf sein Grundstück zu nehmen, die nach Tilgung der ersteren an deren Stelle rückt. Es handelt sich um nicht weniger als fünfzehntausend Mark.[42]

So nimmt es nicht wunder, wenn er sich auch mit der Frage befaßt, welche Rolle das Geld für die Entwicklung des Fliegens spielen könne. »Aber die größte Triebfeder des technischen Fortschrittes, die Speculation, vermag noch nicht erfolgreich ihren Hebel einzusetzen. Von dem Momente, wo dieses möglich ist, werden wir mit Riesenschritten auch im Fliegen vorwärts kommen. Eine Verbesserung wird der anderen auf dem Fuße folgen.« Und er verweist hier auf die Elektrotechnik, deren stürmischen Fortschritt er ja gerade miterlebt. »Wie die Geier über das Aas herfallen, ... so stürzen sich heute die Aftererfinder und ausbeutenden Industriellen auf einen großen genialen Gedanken ... Die Geschichte der Erfindungen lehrt, daß die Väter großer entwicklungsfähiger Ideen selten die Früchte ihrer Bemühungen ernteten. Deshalb bleiben sie aber doch die eigentlichen Wohltäter der Menschheit.

Welche Rolle nun das Fliegen in unserer Culturentwicklung spielen wird, ist heute noch nicht abzusehen. Vielleicht tritt durch dasselbe eine Umwälzung aller bestehenden Verhältnisse ein; vielleicht wird auch sein

112

Einfluß bedeutend überschätzt… Die Thatsache jedoch, das fast in allen Culturstaaten Fachleute von Ruf sich finden, welche mit Eifer an der Lösung der Fliegeräthsel arbeiten, läßt die allgemeine Gleichgültigkeit gegen die Flugtechnik unter den Physikern und Ingenieuren mehr und mehr schwinden.«[43]

Einen treffenden Beweis dafür liefert im September 1894 die »66. Versammlung Deutscher Naturforscher und Ärzte« in Wien. Prof. Dr. Ludwig Bolzmann (1844-1906), der der kinetischen Gastheorie und der Maxwellschen Theorie zur Anerkennung verhalf und unter anderem den fundamentalen Zusammenhang zwischen Entropie und Wahrscheinlichkeit fand, hält einen Vortrag zum Menschenflug. Er erweist sich als ein profunder Kenner der Materie. »Jede Erfindung hat ihre Vorarbeiter und ihre nachherigen Verbesserer,« stellt er fest, »aber doch muss meist ein Mann als der eigentliche Erfinder bezeichnet werden.«

Sir Hiram Maxim habe nach der Erfindung des Luftballons durch die Brüder Montgolfier »entschieden den zweiten grossen Schritt zur Erfindung des lenkbaren Luftschiffes gemacht; er hat bewiesen, daß man durch einen dynamischen Flugapparat in der That grosse Lasten frei in die Luft zu erheben vermag. Die grössten englischen Physiker, die alle Theoretiker sind, Lord Kelvin, Lord Reylaygh, Lodge etc., sprachen mit Begeisterung von Maxim's Maschine und ich dachte schon, dass wiederum die Engländer eine neue epochemachende Erfindung die ihre nennen. Allein die Sache hat doch noch einen Haken.« Damit sei die Frage nach der richtigen Lenkung in den Vordergrund getreten.

»Ein Experiment, welches ich als den dritten Schritt zur Erfindung des lenkbaren Luftschiffes bezeichnen möchte,« so Boltzmann, »ist einem Deutschen, Herrn Otto Lilienthal, Ingenieur in Berlin, gelungen.« Dieser bewaffne seine Arme mit zwei zunächst festverbundenen Flügeln von fünfzehn Quadratmeter Fläche, die im wesentlichen denen des Vogels nachgeahmt sind. Und der Redner beschreibt dann die Experimente und Fortschritte. »Freilich hätte dieser Flugapparat zunächst noch wenig praktische Bedeutung. Grossartige Verbesserungen, die Ausführung in weit grösseren Dimensionen wären nothwendig…Allein das Problem wäre doch theoretisch gelöst; ein zum Ziele führender Weg gefunden, die eigentliche Erfindung des lenkbaren Luftschiffes vollzogen. Diese theoretische Entdeckung des richtigen Weges geht meist der Vervollkommnung zum praktischen Gebrauch voran…

Der Erfinder des lenkbaren Luftschiffes muss hierin dem Muster aller grossen Entdecker, Christoph Columbus, gleichen, der ebenso durch persönlichen Muth wie durch Scharfsinn allen Entdeckern der Zukunft das Beispiel gab. 'Setzest Du nicht das Leben ein, nie wird Dir Grosses gewonnen sein'…Ausser der Ueberlegung und Begeisterung ist nur noch eines nöthig, was auch Columbus am schwierigsten erlangte, — Geld.«

Ja, es sei Geld für die weitere Entwicklung nötig. Diese Feststellung verbindet der berühmte Physiker mit dem Vorschlag, daß die »Gesellschaft Deutscher Naturforscher und Ärzte« etwas für die Luftschiffahrt leisten solle oder bewirke, daß die Regierungen dazu Mittel bereitstellen.[46]

Flugsport

Die Zeitschrift »Prometheus« wandte sich 1894 in einem der zusammenfassenden Rundschauartikel, deren Nachdruck wegen ihrer besonderen Attraktivität verboten war, der Entwicklung des Menschenfluges zu. Ihr Herausgeber Otto Witt war zugleich Professor an der Gewerbeakademie.

In den letzten Jahren sei das Flugproblem von den verschiedensten Technikern wieder aufgenommen worden. Man habe sich zunehmend von den Schwächen des Ballons überzeugt. Das Studium der Kinematik des Vogelfluges trete in den Vordergrund auf dem Wege zum ersehnten Ziel des freien Fluges. Sehr bemerkenswerte Resultate, so der Artikel, lägen bereits vor. »Wir befinden uns in einem Uebergangsstadium, in welchem wir uns klar geworden sind über die Natur des sogenannten Segelfluges der Vögel, während hinsichtlich des Auffliegens und des Zustandekommens einer Bewegung durch Flügelschläge offenbar noch Manches zu erforschen bleibt.«[1]

Der »Prometheus«, der sich rühmen konnte, diesem neuen Gebiet der technischen Entwicklung von Anbeginn größte Beachtung geschenkt zu haben, verwies dann auf die zwei Methoden, Kraft für den Flug zu gewinnen. Er nutzte dabei die Entwicklung der Schifffahrt als Ordnungsschema. Im Zeitalter des Verkehrs, wie die technische Situation jener Jahre bewertet wurde, zog man solche Vergleiche gern heran, um die Lage in Theorie und Praxis zu erhellen.

»Während die Segelschiffe sich damit begnügen, die in strömender Luft, also im Winde enthaltene lebendige Kraft auszunutzen, hat man schon frühzeitig begonnen, andere Quellen lebendiger Kraft in das Schiff selbst zu verlegen, indem man dasselbe entweder mit Ruderern

bemannt oder mit Kraftmaschinen ausrüstete. So kann auch die Construction eines Luftschiffes« (gemeint ist das Flugzeug) »entweder bloss auf die Windkraft begründet werden, oder wir können einen Schritt weitergehen, wir können in das Luftschiff eine Kraftquelle verlegen, welche die schiefen Flächen der ruhenden Luft entgegentreibt… Sehr richtig hat Herr Lilienthal… es als erste und einfachste Aufgabe des Flugtechnikers erkannt, zunächst einmal den Segelflug der Vögel nachzuahmen.« Man habe darüber ausführlich berichtet. Nunmehr sei er bereits damit beschäftigt, »den Flug mit bewegten Flügeln experimentell zu studieren«.[2]

Sodann werden Lilienthals Ideen, seine Methoden und der Stand der Realisierung mit den »in sehr grossartigem Maassstabe angestellten Versuch« von Sir Hiram Maxim verglichen, der gar nicht daran denke, »das Luft-Ruderboot zu erfinden, er macht sich sofort an das Luft-Dampfschiff«.[3] Zu dieser Zeit, im Jahre 1894 glaubten viele Fachleute in aller Welt, mit dieser Konstruktion des Erfinders des Maschinengewehrs Maxim einen bedeutenden Schritt vorwärts gekommen zu sein.

Auch Boltzmann nutzt in seinem schon erwähnten Vortrag diesen Vergleich. »Die Schiffahrt auf dem Wasser begann nicht beim Oceandampfer, sondern beim ausgehöhlten Baustamme als Kahn. Ebenso begann Herr Lilienthal mit einem möglichst kleinen Flugapparat… Natürlich konnte er, da er keine Kraftquelle besass, nicht beliebig weit und auch nur in höchst beschränktem Masse aufwärts fliegen«, aber es gelang ihm, eine Strecke von zweihundertfünfzig Metern dahinzuschweben. Er überzeugt sich auch von der Möglichkeit, »sich durch jahrelange Übung volle Sicherheit im Steuern zu erwerben«.[4]

Flugapparat von Sir Hiram Maxim

Segelapparate

zur Uebung des Kunstfluges

fertigt die Maschinenfabrik von

O. Lilienthal

Berlin S. Köpenickerstrasse 113.

Verkaufsanzeige für Lilienthal-Gleiter

Die Zeit war nun endgültig vorbei, in der das Erfinden des Fliegens mit Flugapparaten von der wissenschaftlichen Welt ignoriert werden konnte. Erneut gab es zudem mit der Veröffentlichung im »Prometheus« sowie der mehrmaligen Publikation des Vortrages von Ludwig Boltzmann Anerkennung und Ansporn für Otto auch außerhalb des »Vereins zur Förderung der Luftschiffahrt«. In breiter Öffentlichkeit überwog nun eine sachliche Diskussion über seine Ergebnisse. Interesse fanden die vom ihm gewählten Lösungsvorschläge für weitere theoretische und praktische Fortschritte.

Bewunderung und Anerkennung, Kritik und Ansporn erhält der Flugpionier zu einem Zeitpunkt, als er selbst nach neuen Wegen sucht, mit den Fortschritten unzufrieden ist. In Theorie und Praxis hat er mit siebenundvierzig Jahren eine Qualität erreicht, die er bis zu seinem frühen Tod nicht mehr zu überbieten vermag. Nach wie vor schöpferisch, beschäftigt er sich gleichzeitig mit vielen Verbesserungen, neuen Experimenten und organisatorischen Maßnahmen. Stärker prägen sich in dieser Periode seine Auffassungen vom Flugsport, einzelne Zweifel vergangener Jahre überwindend.

Die Öffentlichkeit ist für solche Gedanken vorbereitet, seine Konstruktionen von Gleitern sind ausgereift,

mehr Breite ist für den Fortschritt unumgänglich. Bewußt versteht er seine Aktivitäten zur Entwicklung des Flugsports als Reaktion auf die aufwendigen und kostspieligen Versuche Maxims und anderer Techniker mit derartigen Konzepten. Er weiß: »Sowohl von Staats wegen in Moskau, als auch von privater Seite in Boston beschäftigt man sich sehr lebhaft mit der Bildung einer Station für praktische Flugversuche in grossem Maassstabe«.[5]

*I*n Wien gabe es schon seit 1892 im Flugtechnischen Verein die Forderung, mit gewölbten Flächen von sechs bis dreißig Quadratmeter Fläche »das Flügelschlagen zu erlernen, hierauf käme die Uebung in laufender Bewegung, sodann die eigentliche Flugübung«. Man war der Ansicht, daß die Einhaltung dieser Methode, »falls dieselbe von Tausenden befolgt würde, zu solchen Resultaten führen müsste, welche werthvolle Aufschlüsse über die beim Fliegen statthabenden Vorgänge ertheilen könnten«.[6] Tatsächlich blieb es aber beim Theoretisieren.

Allein Lilienthal beherrscht in der Welt den persönlichen Kunstflug auch praktisch. Mit Artikeln im »Prometheus« und im »Taschenbuch zum praktischen Gebrauch für Flugtechniker und Luftschiffer« wirbt er nun in Deutschland für seine Auffassungen. Mit diesem Taschenbuch, herausgegeben von Hermann Moedebeck, erscheint 1895 ein Standardwerk zu allen theoretischen und praktischen Fragen der Luftschiffahrt. Es informiert umfassend über die vorliegenden Erkenntnisse von der Physik der Atmosphäre, im Ballonbau und von Ballonfahrten, über flugtechnische Fotografie, Tierflug, Luftschiffe und dynamische Luftschiffe, also Flugzeuge.

Lilienthal hat das Kapitel »Der Kunstflug« geschrieben. Viele andere Flugtechniker sprechen im Gegensatz zu ihm nur von der Notwendigkeit des persönlichen Kunstfluges. Der mißlungene Versuch von Maxim demonstrierte erneut, wie wichtig es war, vor dem kommenden Motorflug Kenntnisse und Fähigkeiten im Verhalten des Menschen mit Fluggeräten in der Luft zu erwerben. Viele Nachfragen nach seinen Apparaten veranlassen Lilienthal, auch eine Verkaufsanzeige für den Normal-Segelapparat in dieses Buch aufnehmen zu lassen.

*D*er ausführlichen Anleitung zum praktischen Kunstflug stellt der erfolgreiche Aviatiker eine Definition voran: »Kunstflug bedeutet willkürliches Fliegen eines Menschen mittels eines an seinem Körper befestigten Flugapparates, dessen Gebrauch persönliche Geschicklichkeit voraussetzt. Der Kunstflug des einzelnen Menschen ist der Ausgangspunkt für alles künstliche Fliegen, weil die zu letzteren erforderlichen Bedingungen sich durch den Flug des einzelnen Menschen am leichtesten erfüllen lassen.«[8]

Lilienthal begründet sein Konzept vom Kunstflug mit der Analyse des Entwicklungsstandes der Flugtechnik. Erneut betont er damit, daß für ihn die Anwendung methodischer Grundsätze ein wesentlicher Schlüssel sei, um zu theoretischen und praktischen Fortschritten zu kommen. Schließlich gibt er eine detaillierte »Anleitung zum praktischen Kunstflug«.

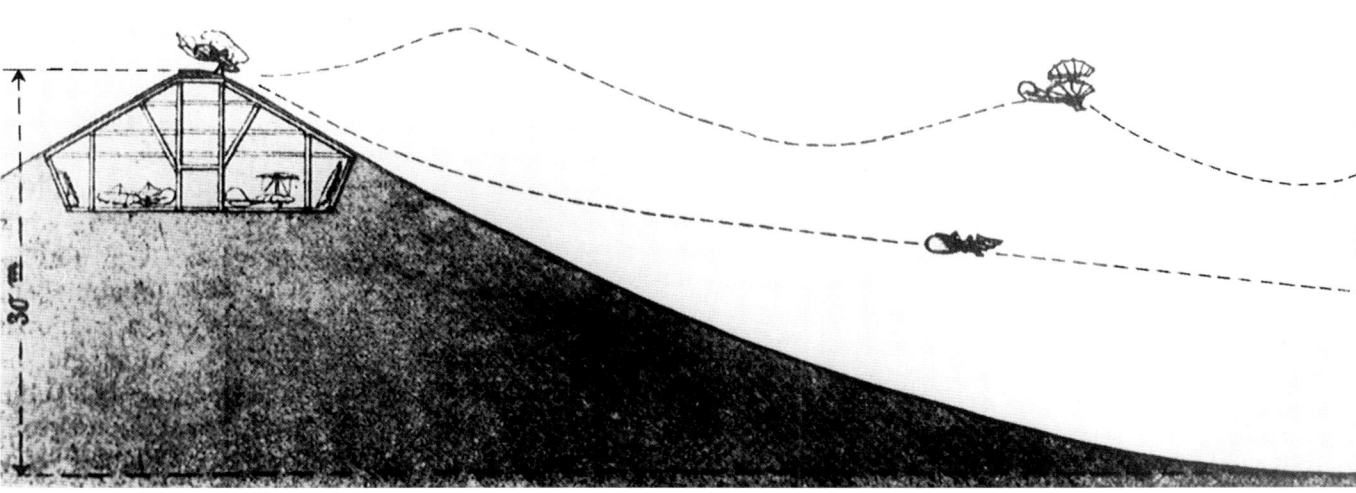

»Fliegesport und Fliegepraxis« überschreibt Lilienthal dann einen Artikel im »Prometheus«. Hier äußert er die Überzeugung, »dass das freie Fliegen des Menschen sich nicht durch eine einzige technische Grossthat erfinden lässt, sondern in allmählicher Entwickelung seiner Vollendung entgegengeht«. Und tatsächlich vollbrachte ja nur der Flugforscher eine entwicklungsfördernde Leistung, der diesem methodischen Grundprinzip folgte, physikalische und technische Kenntnisse Schritt für Schritt erworben hatte.

Nachdem die Gesetze des Luftwiderstandes soweit erforscht waren, »sind die physikalischen Vorgänge des natürlichen Fluges der Thiere eingehender untersucht und meist in geeigneter Weise erklärt worden. Auch die Natur des Windes und der Einfluss desselben auf fliegende Körper hat man studirt und dadurch manche bisher unbegreiflichen Erscheinungen des Vogelfluges verstehen gelernt, so dass dieselben auch für den Flug des Menschen in Aussicht genommen werden können.« Zu den bisherigen Erkenntnisstufen zählt Lilienthal auch, daß wenigstens »die Maschinenelemente von Fliegevorrichtungen mit ausreichender Genauigkeit berechnet und construiert werden können… Damit sind wir aber noch lange nicht in die Lage gekommen, fertige Flugmaschinen, welche allen Anforderungen genügen, zu bauen und anzuwenden… Kenntnisse in der Fliegepraxis lassen sich nur sammeln, wenn man im wirklichen Fluge sich befindet… Die Constructeure und Erbauer von Flugmaschinen haben diese durchaus erforderlichen praktischen Erfahrungen in der Regel nicht gesammelt und deshalb ihre oft kunstvollen und kostspieligen Arbeiten nutzlos verschwendet«, wie Hiram Maxim.

Spätestens an dieser Stelle wird verständlich, warum Lilienthal noch 1894/95 bereits bestätigte, mehrmals dargelegte Erfahrungen wiederholt und mit den neuesten Erkenntnissen verbindet. Er wirbt für den praktischen Flug, weil er darin einen entscheidenden Weg zu schnellem Fortschritt in Theorie, Konstruktion und Fliegepraxis sieht.

»Beim freien Durchfliegen der Atmosphäre treten viele ganz eigenartige Erscheinungen auf, welche dem Constructeur auf keinem anderen Gebiete der Technik begegnen. Insbesondere sind es die Eigenthümlichkeiten des Windes, welche beim Bau und bei der Anwendung von Flugapparaten berücksichtigt werden müs-

sen. Wie wir uns den Unregelmäßigkeiten des Windes gegenüber zu verhalten haben, wenn wir frei in der Luft schweben, das lässt sich nur in der Luft selbst erlernen.«

Popularität und möglichst verbreiteter Flugsport heißt für ihn primär, daß Versuche und Flugübungen »nicht nur von den Forschern allein ausgeführt werden«. Die sportliche »Unterhaltung im Freien« mit Flugapparaten wäre ein Beitrag, um »zu einer schnellen Entwicklung des Menschenfluges« zu gelangen.[9]

Er geht davon aus, mit seiner Methode günstige Bedingungen für den Flugsport geschaffen zu haben und will sie durch Errichtung eines dreißig Meter hohen Fliegeberges in Berlin weiter verbessern. Dafür sucht er noch einen zweiten Mäzen. Die zu solchen Flugübungen notwendigen, zunächst sehr einfachen, leicht herstellbaren billigen Apparate kann er liefern. Auch darin unterscheidet sich Lilienthal von den Zeitgenossen, die ebenfalls den persönlichen Kunstflug propagieren.

Begeistert wirbt er für seine Idee. »Ein solcher Sportplatz, auf dem die jungen Männer sich im Segelfluge üben…, wird eine gewaltige Anziehungskraft sowohl für das interessierte als auch für das nur schaulustige Publikum bilden. Wenn dann gar von Zeit zu Zeit ein richtiges Wettfliegen veranstaltet wird, so dürfen sich bald ähnliche Volksfeste herausbilden wie bei anderen sportlichen Wettkämpfen. Man kann schon jetzt übersehen, dass die Freude und Theilnahme des Publikums an diesem Wettstreite, bei welchem die fluggewandten Jünglinge durch die Luft dahinschiessen, eine grössere und innigere sein wird, als wie z. B. beim Wettrennen und Wettrudern…

Kann irgend ein anderer Sport soviel Reiz gewähren wie der Flugsport? Kraft und Gewandheit, Muth und Entschlossenheit können nirgends solche Triumphe feiern, wie bei diesen gigantischen Luftsprüngen, in denen der Turner sein Flugsegel haushoch über den Köpfen der Zuschauer sicher dahin führt. Das alles ist aber nur Mittel zum Zweck. Unser Endziel bleibt die Entwickelung des Menschenfluges bis zu möglichst hoher Vollkommenheit.«[10]

So kann er auch nicht auf der »Ausstellung für Sport, Spiel und Turnen« fehlen, die 1895 in Berlin stattfindet. Sein Apparat wird vorgeführt, und er hält einen Vortrag über »Die Fliegekunst als ein Zweig des Turnens«. Zum Einrad gehöre ein Turner, um Gleichgewicht zu bewahren, zum Fliegen aber bedürfe es »noch in höherem Maße einer turnerischen Schulung... es gehört Muskelkraft, Geschicklichkeit, Wagemut, kurz ein Turner dazu«. Und der Redner weiß, wovon er spricht, spürt es bei jedem seiner Flüge, muß sich in seinem Alter stets beweisen: Ein Rezensent durchschaut jedoch den Zweck, den Otto mit der Betonung des Turnerischen verfolgt und meint, Lilienthal hätte besser gesagt »Das Turnen im Dienste der Fliegekunst. Denn als einen Zweig eines geregelten Turnbetriebes will er die Flugversuche doch nicht gehandhabt wissen. Er behauptet nur – und das mit Recht – daß ein turnerisch geübter Körper am meisten für erfolgreiche Flugversuche geeignet sei.«

Der Flugpionier äußert in diesem Vortrag einen weiteren Grund für die Notwendigkeit des Flugsports. Er identifiziert sich mit den Dimensionen seiner Flugzeugkonstruktionen und seiner nahezu starr zu nennenden Anlehnung an den Vogelflug. Beispiele in der Natur zeigten, daß »es zwar Riesen auf dem Lande und im Wasser gebe, aber nicht Riesen in der Luft, denn kein einziger fliegender Vogel habe einen Riesenleib.«

Zusammen mit der »jetzt allgemein vorherrschenden Ansicht, daß der Luftballon für das menschliche Fliegen nicht zu verwenden sei, zog Lilienthal daraus vorerst die Schlußfolgerung, den Gedanken des Gesellschaftsfluges, des Fluges mehrerer Personen gleichzeitig mit demselben Apparate, überhaupt fallen lassen« (zu) »müssen... Daraus ergibt sich die Folge, daß wir nicht in größerer Zahl gemeinsam, sondern nur als Einzelperson werden fliegen können. Dies ist aber schwerlich mit einem Schlage durch eine Erfindung zu erreichen, sondern es bedarf einer längeren Lehrzeit in der Schule der Praxis. Anstatt sein Augenmerk so eifrig auf die Konstruktion selbst zu richten... soll man mehr auf die Anwendung und ihre Schwierigkeiten achten, welche sich nur in der Praxis herausstellen können.«[11]

Den «Gesellschaftsflug« – also das Passagierflugzeug – schätzte Lilienthal schon 1894 als schwierig zu realisieren ein. Das hieße, »unnötige Schwierigkeiten suchen bei dem schon an sich zu lösenden Problem, wenn man Flugmaschinen grösser baue, als zur Feststellung der Flugmöglichkeiten für den Menschen zunächst erforderlich ist«. Die Entwicklung bestätigte das im Grunde ja. Dennoch denkt er keineswegs daran, eine solche Möglichkeit generell auszuschließen. Diese scheinbare Widersprüchlichkeit mag mehr taktischen Erwägungen zuzuschreiben sein, der Konzentration auf das Nahziel, als strategischen. Nicht nur bei Betrachtungen über »Allgemeine Gesichtspunkte bei der Herstellung und Anwendung von Flugapparaten« relativiert er nämlich, findet er entwicklungsfördernde Hinweise.

»Jedenfalls aber gelingt der Flug im kleinen Massstabe leichter, und wenn erst ein einziger Mensch wirklich fliegen kann, wenn reichlich praktische Erfahrungen über den Einzelflug vorliegen, ist immer noch Zeit genug, die Gesellschaftsflugmaschine näher ins Auge zu fassen.« Bedeutungsvoll ist der Verweis auf »bisher ungeahnte physikalische Hülfsquellen«, die dazu noch zu erschließen seien.[12]

In Briefen an die Käufer der Apparate und im »Taschenbuch für Flugtechniker und Luftschiffer« liefert Lilienthal bereitwillig das »know how« zur Benutzung seiner Apparate. Zu den Übungen ist ein gegen den Wind geneigtes Terrain zu wählen. Am besten eignet sich ein nach allen Seiten unter ca. 20° abfallender kahler Hügel.

Man hält den Apparat zunächst nach vorn etwas geneigt, nimmt einen Anlauf gegen schwachen Wind und versucht bei horizontal gehaltenem Apparat zunächst kurze Luftsprünge. Beim Landen ist der Apparat vorn anzuheben, um die Geschwindigkeit zu mindern. Nach erlangter Sicherheit sind die Segelflüge allmählich weiter auszudehnen.«[13]

Die Bemühungen des Flugpioniers um den Flugsport sind uneigennützig auf dessen Weiterentwicklung orientiert. Auch das unterscheidet Lilienthal von einigen Zeitgenossen. »Wenn von Charlatanen das Problem des Fliegens zur melkenden Kuh gemacht wird, so dient eine derartige Speculation nicht zum Segen sondern als Hemmschuh der freien Entwickelung. Desgleichen kann die verfrühte speculative Verwerthung bescheidener Erfolge auch nur Unsegen stiften.

Einer meiner früheren Techniker«, (gemeint ist Rauh) »welcher beim Bau meiner Apparate und bei meinen Flugübungen mir behilflich war, hatte sich verleiten lassen, seine Kenntnisse zu Fliegevorstellungen in Weißensee bei Berlin zu verwerthen. Als Mr. Nelson aus Boston erkletterte denn auch der junge Mann in einem neuen blauen Schifferanzug das auf einem schwimmenden Floß errichtete hohe Leitergerüst, ergriff den schon oben befindlichen Flugapparat, um nach einem in der Nähe schwimmenden Floß zu fliegen, nahm Anlauf und – plumste dicht vor dem Gerüste ins Wasser, gerade so, wie es seiner Zeit der Schneider Berblinger in Ulm gemacht hatte. Wie sein bekannter Vorgänger wurde auch Mr. Nelson durch bereit gehaltene Boote wieder unversehrt auf's trockene gerettet.«[14]

Wie ähnlich und wie unterschiedlich waren beide Begebenheiten. Der Schneider von Ulm versuchte im Jahre 1811 zu fliegen. Die Bedingungen hatten sich seitdem enorm geändert, aber die Reaktionen des Publikums blieben je nach Temperament gleich. Kopfschüttelnd, lachend oder böse ging es nach Hause.

Die Voraussetzungen der beiden Akteure waren sehr verschieden. Ludwig Berblinger stand am Anfang der Entwicklung. Ihm gehört deshalb ein Platz in der Luftfahrtgeschichte. Die Landung im Wasser wurde zum Symbol trotzigen Wagemuts gegen Pessimismus und Engstirnigkeit. Nach über achtzig Jahren hätte es der ehemalige Techniker eines Lilienthals besser machen können. Er feilte schließlich in der Köpenickerstrasse und in den Rhinower Bergen mit am Schlüssel für den Eintritt in den Luftraum. Zu Recht wäre diese Begebenheit vergessen, hätte Lilienthal selbst sie nicht aufgeschrieben. »Trotz solcher Mißerfolge wächst doch das Interesse für die Fliegekunst täglich«.[15] In jener Zeit entwickelt Otto Lilienthal ein Ausbildungsprogramm und kalkuliert die Kosten für einen Lehrgang junger Amerikaner in den Rhinower Bergen.

Die Gleichgewichtshaltung und der Doppeldecker

Es ist keine einfache Aufgabe, vollkommener zu fliegen, schneller voranzukommen. Lilienthal sucht deshalb zunehmend nach neuen Qualitäten, die wesentlich über bisheriges hinausgehen, setzt seine gewissenhafte Kleinarbeit systematisch fort. Andere wollen das Problem immer noch mit einem Schlag lösen. Aber die Aufgabe, muß er erkennen, erweist sich als groß und schwierig. »Die Einsichtigen bemühten sich deshalb weniger, daß Flugproblem als Ganzes zu bearbeiten, sondern zergliederten dasselbe in seine einzelnen Theile und suchten zunächst über die Elemente der Flugtechnik, auf denen eine erfolgreiche Bearbeitung sich aufzubauen hat, Klarheit zu verbreiten.«[1] Er zählt sich nach wie vor zu diesem Kreis der Einsichtigen.

Den Jahreswechsel 1894/95 nutzt der Konstrukteur zu Überlegungen zum Schlagflügel, der die Flugweiten vergrößern soll. Grundlagenversuche werden vorbereitet. Ein neues Gerät entsteht auf dem Papier, der »rotierende Versuchsapparat mit cycloider Bewegung«, Grundlage für eine neue Qualitätsstufe zunächst im Labor. Sorgfältige und detaillierte Bauzeichnungen liegen vor.[2] Daraus könnte man folgern, Lilienthal hätte diesen Apparat auch gebaut und erprobt, zumal handschriftliche Bemerkungen auf einer Zeichnung ebenfalls dafür sprechen. Allerdings ist nicht bekannt, daß er zu Ergebnissen kam.

Der Idee und Ausführung des Apparates liegt eine gründliche Analyse der bisherigen langjährigen Bemühungen zugrunde, den Ruderflug der Vögel mechanisch nachzuahmen. Zur Entwicklungslinie seiner Schlagflügelkonzeption gehört, daß er von einer durchgängig in einzelne Federn zergliederten Flugfläche abging. Eingegangen vom Vorbild der Natur hielt er daran fest, nach dem Beispiel der großen Vögel die Flugfläche folgendermaßen zu gliedern: in eine von der Mittellinie der Apparate ausgehende unbewegliche, geschlossene Gleitfläche und sich daran anschließende gegliederte, bewegliche Schwungfedern. Nur diese äußeren Flugelemente sollten bewegt werden und Vortrieb erzeugen.

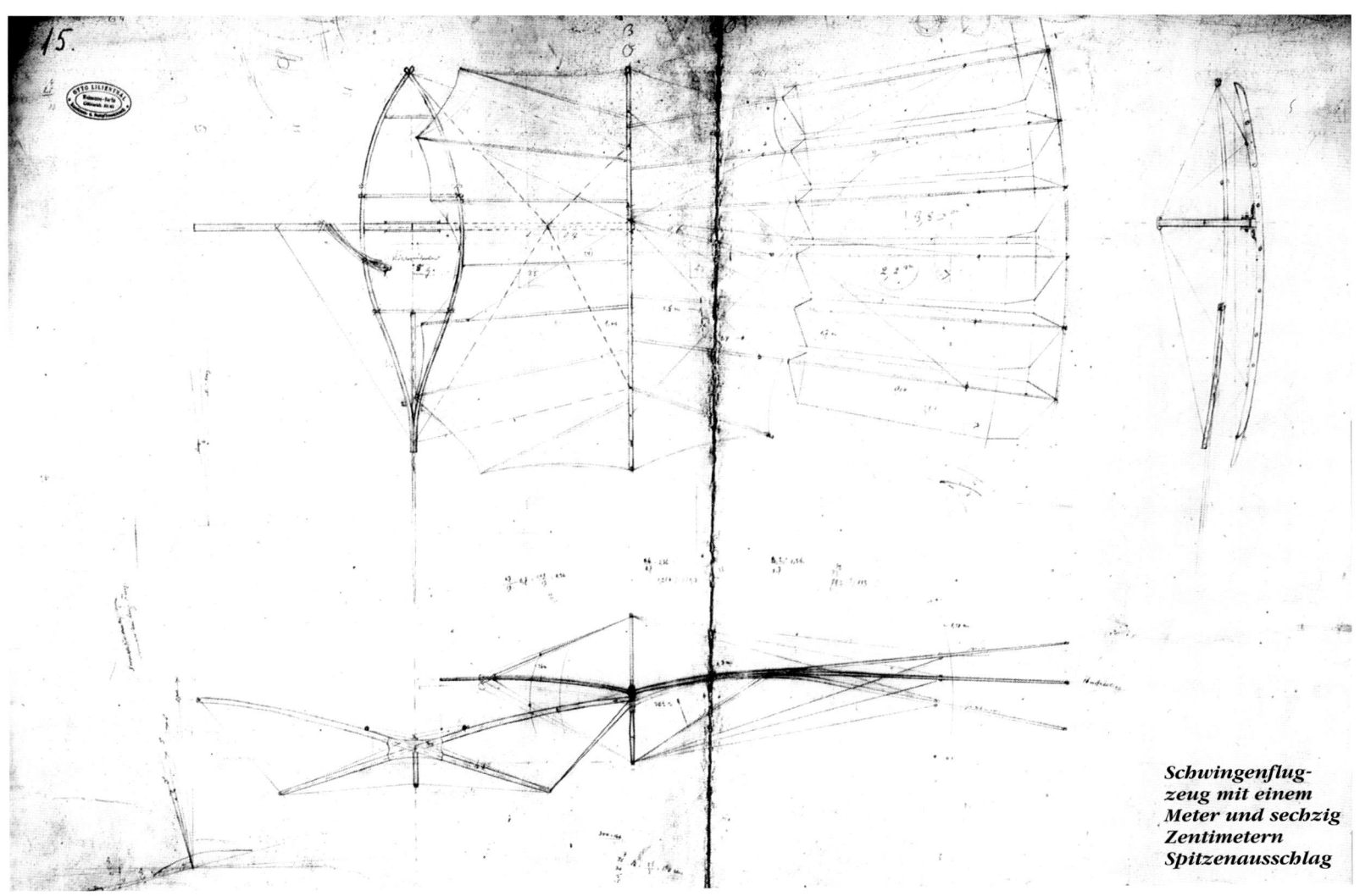

Schwingenflugzeug mit einem Meter und sechzig Zentimetern Spitzenausschlag

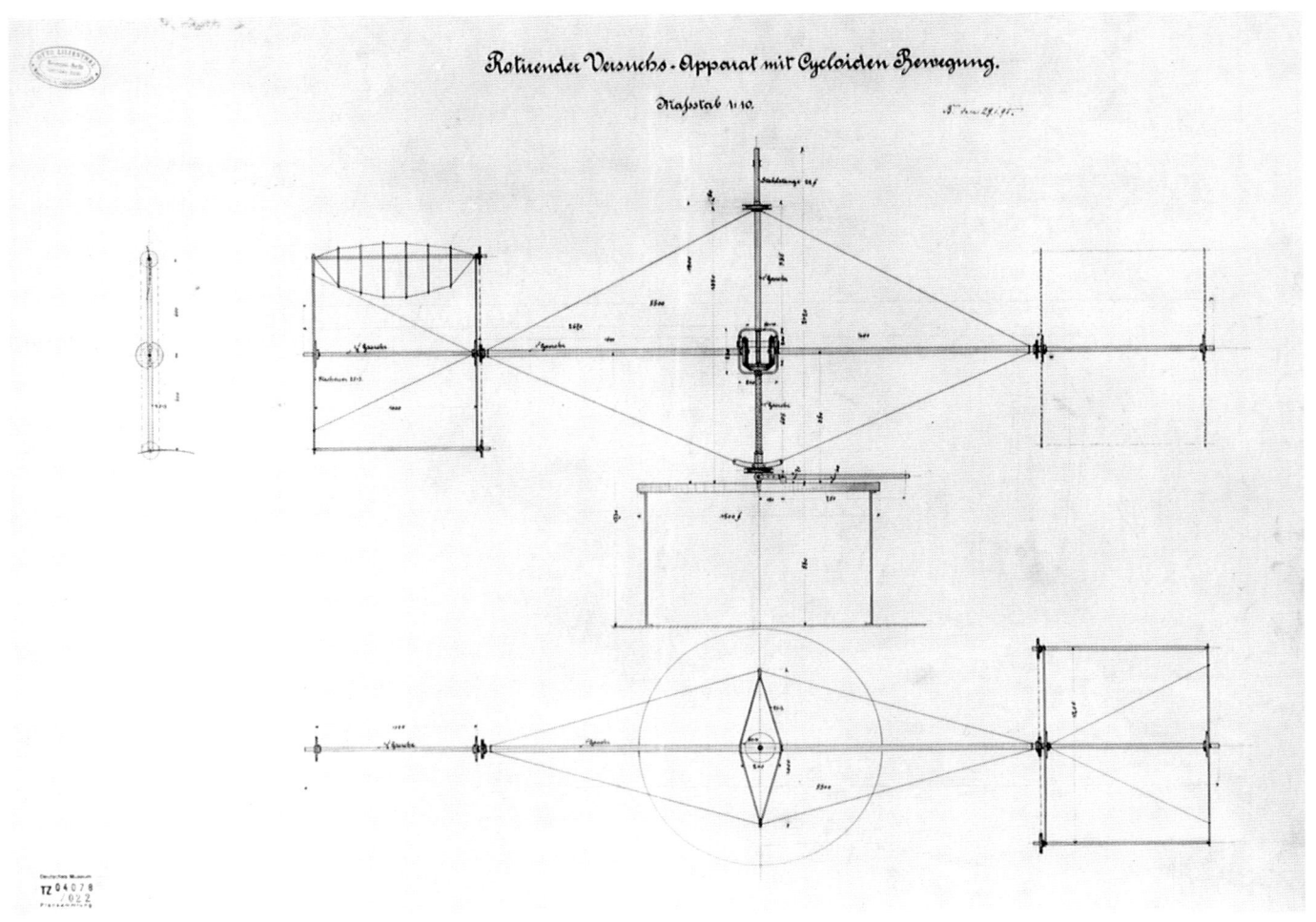

Rotierender Versuchs-Apparat mit Cycloiden-Bewegung.

Maßstab 1:10.

ier ging es ja auch um ein Stabilitätsproblem bei durchgängiger Bewegung des ganzen Flügels. Dem will Lilienthal unter anderem durch eine Konstruktion begegnen, die von den Spanntürmen nach innen feststehende Flügelflächen vorsieht, während die äußeren Teile der Flächen, bereits in sechs Federn gegliedert, beweglich sind.[3] Der Apparat wurde wahrscheinlich nicht gebaut.

Die ausführlichen Konstruktionen lassen darauf schließen, daß Lilienthal die Idee aufgegeben hatte, die Bewegung der Schwungfedern mit menschlicher Muskelkraft zu erreichen. Ein Motor sollte hier wirken.

Folgerichtig schließen sich die Experimente mit dem rotierenden Versuchsapparat mit cycloider Bewegung an. Bereits im Flugzeugpatent vom 3. September 1893 war vorgesehen, daß sich die Schwungfedern zwischen Auf- und Niederschlag verdrehen können. Nun macht der Konstrukteur Anfang 1895 einen nächsten Schritt. Die Versuchsflächen sind über ein Kegelradgetriebe kreisförmig bewegbar. Der Maschineningenieur versucht so, die technisch wesentlich kompliziertere Schlagbewegung in eine einfachere kreisförmige Bewegung der Schwungfedern umzuwandeln.

Zeitgenössische Flugtechniker arbeiten nach ähnlichen Prinzipien. Lilienthal ist unter anderem durch die Wiedergabe eines Vortrages in der »Zeitschrift für Luftschiffahrt« ausführlich über die Segelrad-Flugmaschine von Georg Wellner informiert, der mehrere ringförmig angeordnete Tragflächen beiderseits des Rumpfes wie Schaufelräder eines Dampfbootes bewegen wollte. Mit dem Ziel des Schwebefluges läßt Wellner vier Profile rotieren, deren oberstes und unterstes während der Rotation in Drehrichtung einen positiven Anstellwinkel

durch einen Exenter erhalten. Während der Auf- und Abwärtsbewegungen nehmen sie eine sogenannte »Totlage« ein. Der Cycloiden-Apparat von Lilienthal dagegen hält die Flächen immer in der Auftrieb erzeugenden Lage. In einem Beitrag der Vereinszeitschrift tritt er im Januar 1895 den Beweis an, daß Wellners Segelrad für die Lösung der Flugfrage ungeeignet ist.[4]

Ein entscheidener Grund wird den Flugpionier zunächst von weiteren Experimenten mit rotierenden Schwungfedern abgehalten haben: die Anforderung, das Prinzip seiner Flugapparate total zu verändern. Aus Weidenholz wären solche Konstruktionen nicht ausführbar gewesen. So findet er auch sehr schnell zu den bereits früher begonnenen Versuchen zurück.

Ganz besonders beschäftigt ihn dabei die Motorenfrage. An Wolfmüller schreibt er im März 1895, er freue sich auf einen Besuch und eine Unterhaltung über leichte Motoren, »worüber Sie jedenfalls viel Erfahrungen besitzen«.[5]

In einem Brief an Heinrich Bolzani in Wien unterstreicht Lilienthal am 13. Juni 1895 den Wert, den sein Kohlensäuremotor für ihn hat. »Mein Kohlensäuremotor wirkt genau wie ein Dampfmotor. Die Spannung der Kohlensäure ist bei gewöhnlicher Temperatur etwa 50 Atm. Ich habe meine Motoren selbst hergestellt. Die Anwendungsdauer kann nur eine kurze sein, wenn nicht für die Erwärmung der Kohlensäure gesorgt wird, weil sonst die Kohlensäure erstarrt. Von der Verwendung der Kohlensäuremotoren bin ich nicht abgekommen. Dieselben sind zur Erzeugung leichter Betriebskräfte für geringe Zeitdauer offenbar das bequemste Mittel. Die von mir verwendeten Kohlensäureflaschen enthalten 1 kg CO_2.«[6]

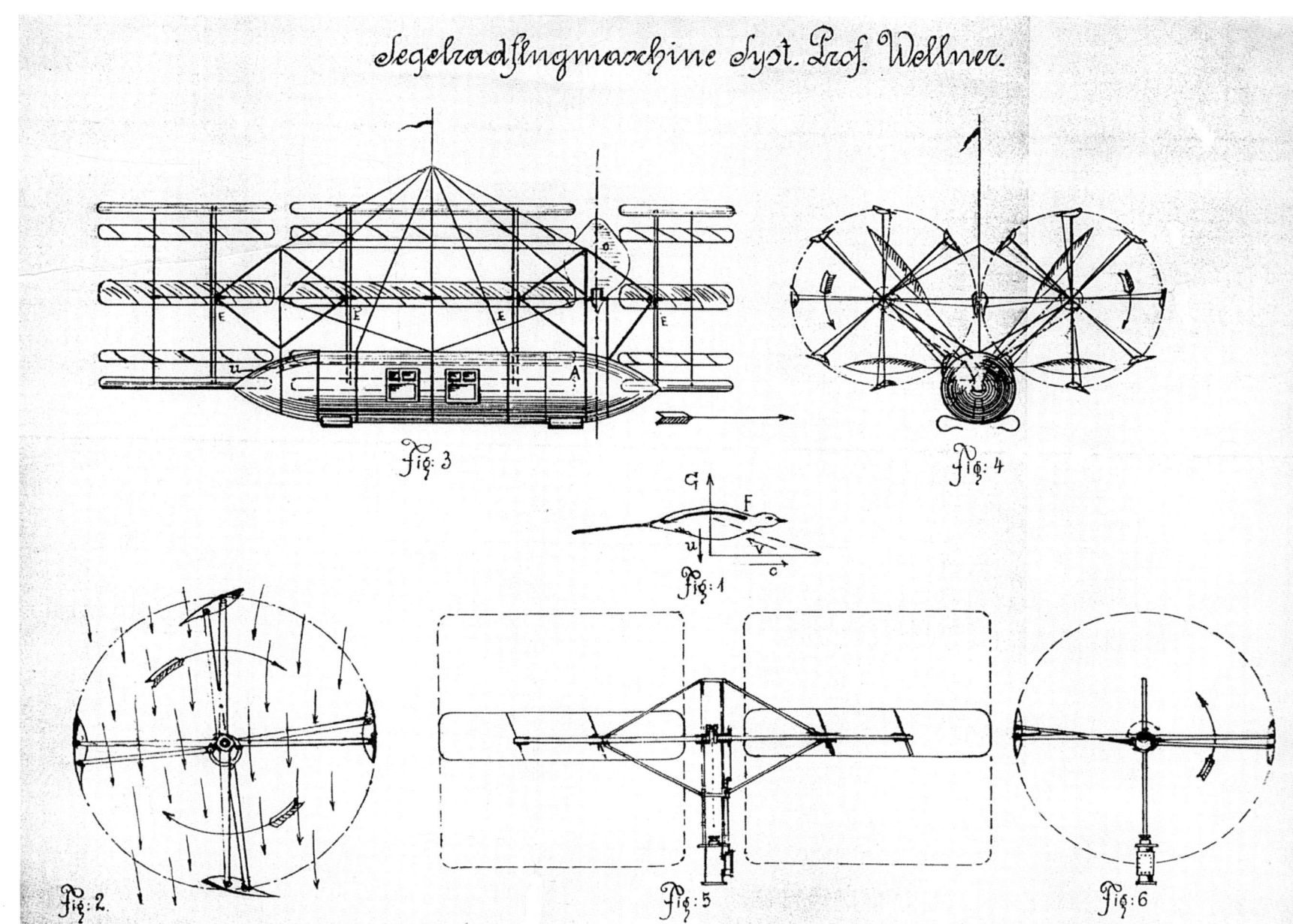

Segelradflugmaschine von Prof. Wellner

Doch das Projekt eines Schlagflügelapparates erweist sich als sehr kompliziert. Im August 1895 teilt der Konstrukteur noch dem Amerikaner James Means mit: »Auch mit den beweglichen Apparaten und ihren Motoren sind neuerdings wesentliche Fortschritte von mir gemacht worden.«[7] Bereits zwei Monate später muß er aber Wolfmüller schreiben: »Auch mit dem beweglichen Apparate bin ich noch nicht fertig, so daß ich fürchte, ihn vor dem Winter kaum probiren zu können.«[8]

Um neue Qualität geht es dem Flugzeugbauer auch bei einem größeren Segelapparat von etwa zwanzig Quadratmeter Fläche, vor allem für Windstille gedacht, der im März 1895 gebaut wird. Mit dieser Konstruktion will er dem Oberdruck, oder Oberwind, begegnen, den er bereits früher als eine Gefahr bezeichnet hatte.[9] Überzeugt vom zu erwartenden Effekt, beantragt er für seine Lösung einen Zusatz zum Flugzeugpatent vom 3. September 1893, den ihm das Kaiserliche Patentamt ab 29. Mai 1895 bestätigt.[10]

»Bei dem unter Nr. 77916 geschätzten Flugapparat hat sich der Uebelstand gezeigt, daß, wenn der Apparat die Luft unter sehr spitzem Winkel durchschneidet, die Vorderkante infolge der gewölbten Flächenform Druck von oben erhalten kann. Dadurch wird ein stabiles Durchsegeln der Luft gefährdet, und der Apparat aus seiner Flugrichtung gedrängt«, heißt es in der Patentschrift. »Um dieses zu vermeiden, wird die vordere Flächenpartie derart beweglich gemacht, daß dieselbe um die Vorderkante drehbar sich nach unten richten kann.« Der Patentanspruch bezieht sich nun auf eine Lösung, bei welcher »der vordere Theil der Flügelfläche um die Vorderkante nach unten drehbar ist und durch federnde Organe nach unten gedrückt wird, so daß er sich beim Nachlassen des von unten wirkenden Luftdruckes nach unten dreht und dadurch ein den Apparat aufrichtendes Moment erzeugt.«

Doch die fliegerische Praxis läßt den gewünschten Effekt — die selbsttätige Gleichgewichtshaltung — vermissen. Lilienthals Vorstellungen von der Aerodynamik sind in dieser Hinsicht recht unklar. Heutige Erkenntnis bestätigt dies, denn der Oberdruck bei stärker gekrümmten Profilen resultiert aus negativen Anstellwinkeln. Die ungenügende Wirkung der horizontalen Stabilisierungsfläche an Lilienthals Apparaten mag dazu beigetragen haben. Öffnet sich nun bei der neuen

*Konstruktions-
zeichnung für
einen Flugapparat
mit selbsttätiger
Gleichgewichts-
haltung*

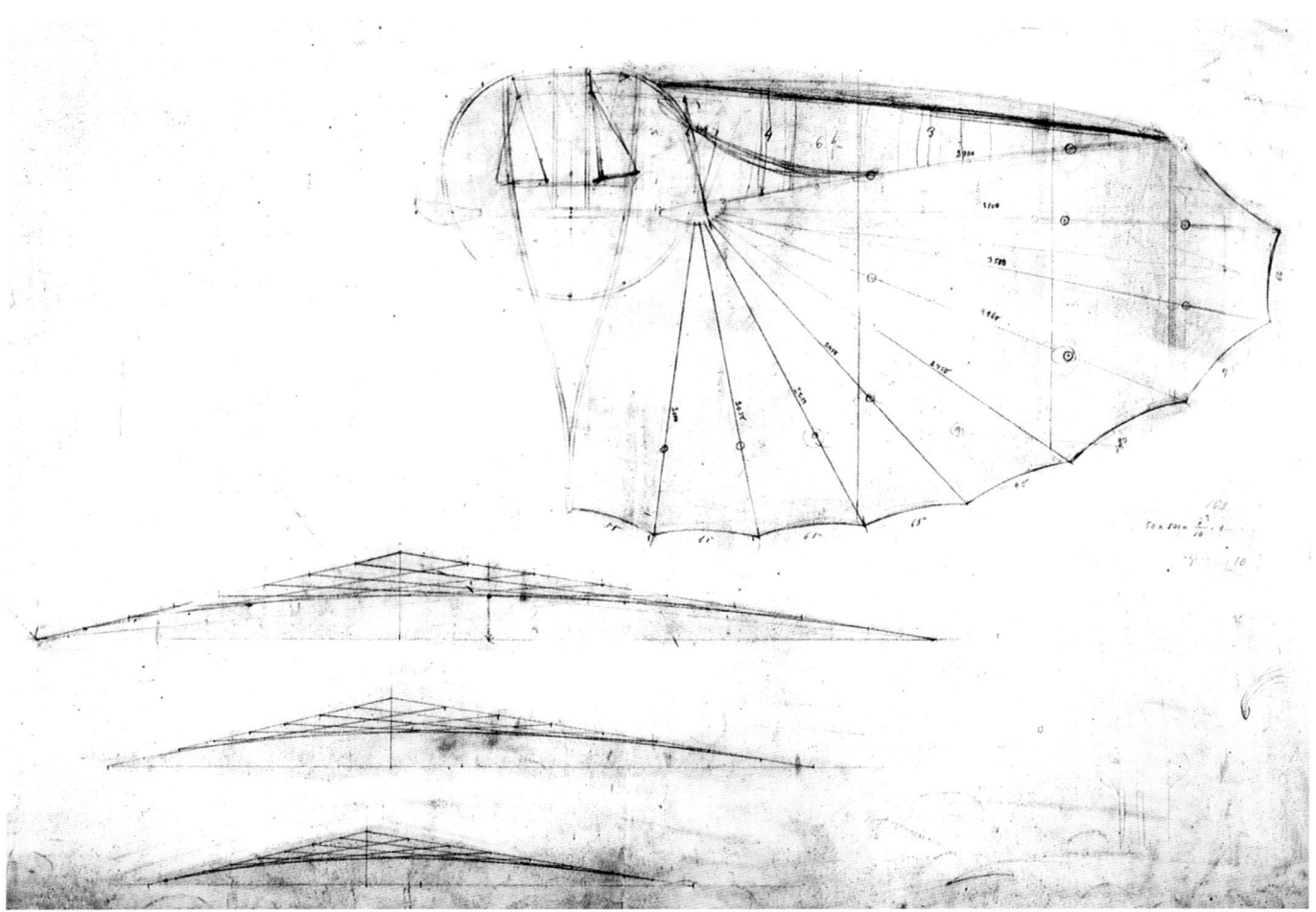

Lösung die Klappe im Fluge, so ging von ihr ersteinmal ein größerer Widerstand, eine bremsende Wirkung aus.

Vorerst erprobt Lilienthal den Apparat mit der vermeintlich selbsttätigen Gleichgewichtshaltung. Für den Tag der Patentanmeldung, den 29. Mai 1895, ist die Versammlung des »Vereins zur Förderung der Luftschifffahrt« an den Fliegeberg einberufen worden. »Eine große Zahl von Mitgliedern und Gästen war der Einladung des Herrn O. Lilienthal gefolgt, welcher dort den Versammelten seine weithin bekannt und berühmt gewordenen Flugversuche vorführte«, heißt es im Protokoll. »Dieselben gestalteten sich um so anregender und belehrender als die allermeisten Anwesenden mit den Experimenten des Herrn Lilienthal bisher nur aus der Beschreibung bekannt waren, wenn auch die gar zu schwache Luftströmung den Fliegenden vielfach an der vollen Entfaltung seiner Kunst hinderte.«[11] Es hinterläßt tiefen Eindruck, wie der Flieger über die Köpfe seiner interessierten Zuschauer dahinfliegt.

Und noch eine Attraktion hat der Ingenieur zu bieten, den Schlagflügelapparat. Ihn führt er jedoch nur am Boden vor. Der Kohlensäuremotor bewegt die Flügel, wobei »ein eigentümlich pfeiffendes Geräusch« entstand[12], wie Zeitungen am nächsten Tag berichten, deren Vertreter unter den Gästen waren.

Zu dieser Zeit gibt es eine Reihe ernstzunehmender Meinungen gegen Lilienthals Steuerung durch Schwerpunktverlagerung. Sein Absturz im Vorjahr bestärkt die Gegner dieser Methode. Carl Milla in Wien nennt sie eine gefährliche Klippe bei der ausübenden Luftschifffahrt. Wilhelm Kress und Ludwig Boltzmann melden sich zu Wort.[13] Lilienthal hat das Problem bereits

OTTO LILIENTHAL in BERLIN.

Flugapparat.

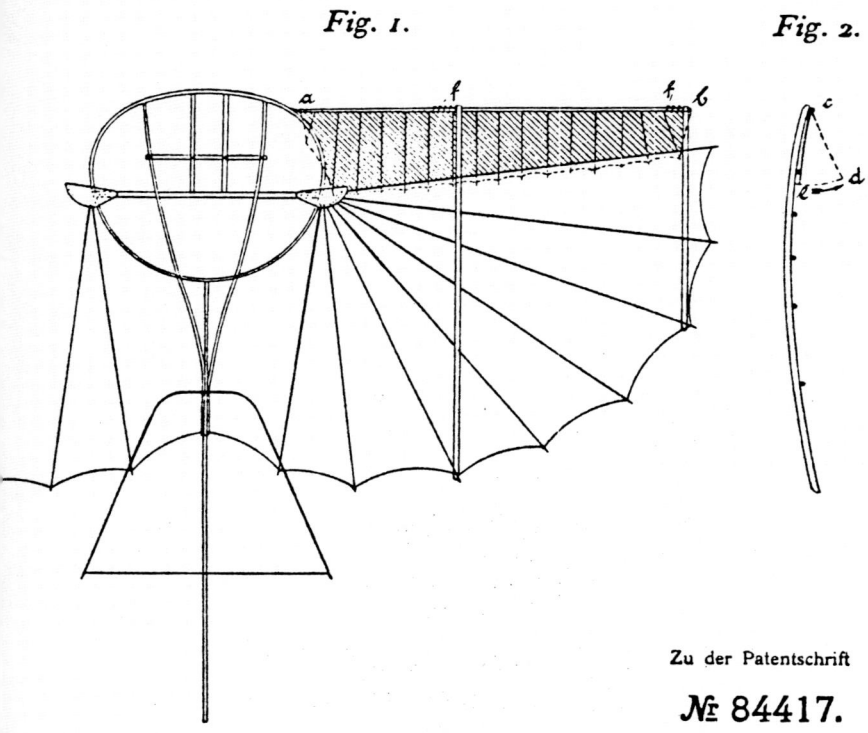

Fig. 1. Fig. 2.

Zu der Patentschrift

№ 84417.

PHOTOGR. DRUCK DER REICHSDRUCKEREI.

Im sicheren Flug, im Hintergrund die Ziegelei am Fliegeberg

Der Anstellwinkel wird vergrößert

erkannt, denn so waren Flüge in stärkerem Wind nicht zu bewältigen. Er wendet sich konstruktiven Lösungen zu, die eine neue Qualität der Steuerung zum Ziel haben.

D er Apparat mit der beweglichen Flächenvorderkante wird in dieser Zeit zu einem oft und vielseitig genutzten Experimentiergerät. Nachdem zunächst nur ein Vornüberkippen verhindert werden sollte, sucht der Pionier nun nach neuen Wegen, beide Flügel bei unterschiedlichen Windkräften wieder in die Waagerechte zu bekommen, das Voreilen einer Fläche zu korrigieren, den vertikalen Schweif für Kurskorrekturen zu nutzen und schließlich eine sitzende Stellung im Apparat einzunehmen. Es ist ein Mammutprogramm, dem sich 1896 noch weitere Vorhaben anschließen werden.

Beylich zeigt Besuchern am 29. Mai 1895 den neuen Apparat am Boden

123

*Flug vor dem
»Deutschen Verein
zur Förderung
der Luftschiffahrt«
am 29. Mai 1895
mit dem Eindecker*

*Rekonstruktion
des Experimen-
tiergeräts*

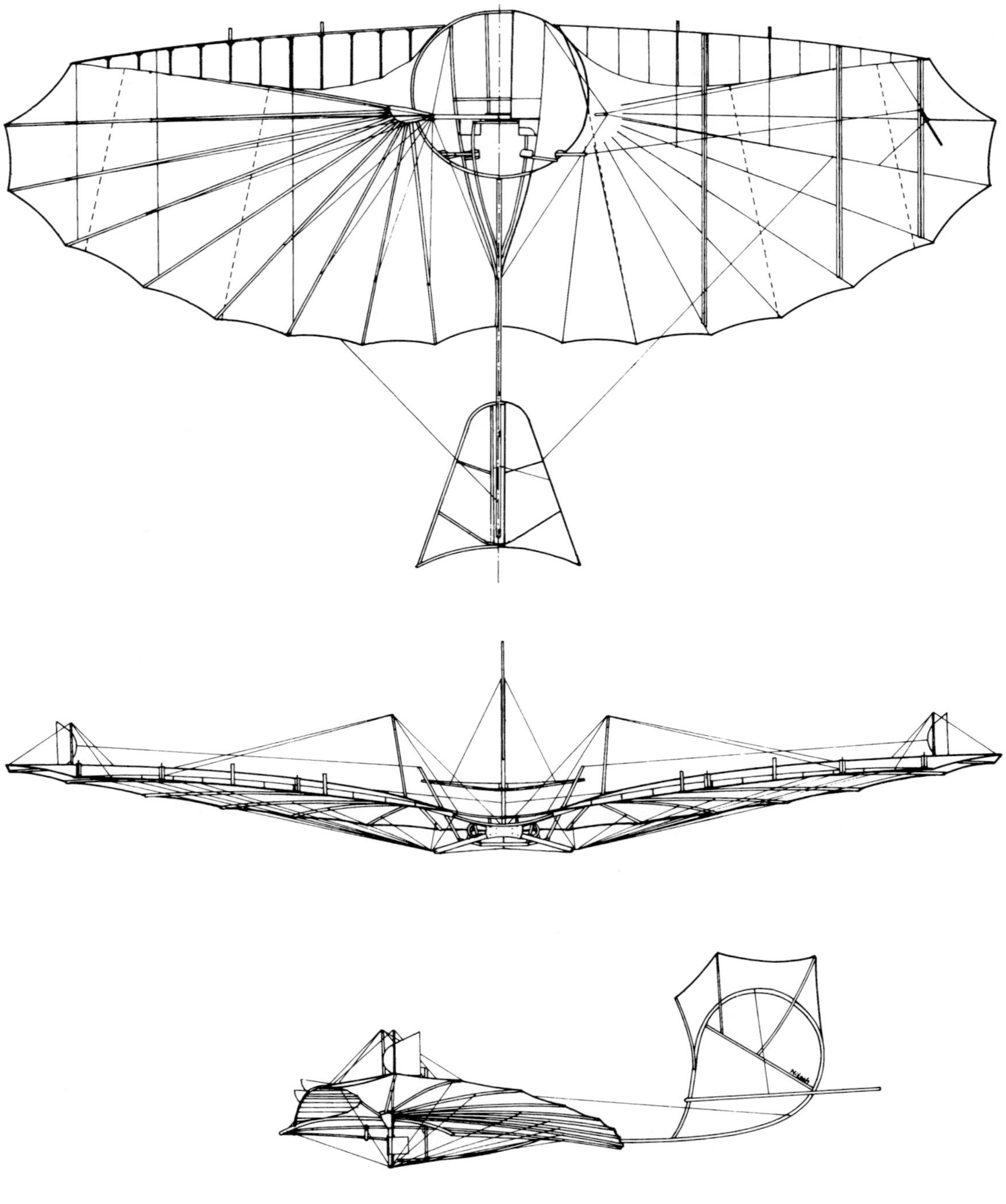

Zunächst wird jeder Schritt für sich erprobt, die Wirkung in der Luft ertastet. »Die Schwerpunktverlagerung muß stärker sein, als man zu leisten vermag, wenn man mit größeren Flügeln im Winde segelt«, schreibt Lilienthal später zusammenfassend an Wolfmüller. »Als einfachste Methode, die Tragfähigkeit der beiden Flügel auszugleichen, empfehle ich, die Flügel um ihre Längsaxe drehbar zu machen. Ich habe gefunden, daß dies das aller sicherste Mittel ist. Dasselbe wird auch von den Vögeln angewendet.«[14] Und damit verweist er zugleich auf neuerliche Vogelbeobachtungen.

Kurz darauf, am 3. Oktober, beschreibt er in einem Brief an Wolfmüller den Lösungsweg näher, den man als Verwindung bezeichnen könnte. »Eine ähnliche Anordnung wie Sie habe ich auch zum Bewegen oder Drehen der Flügel gemacht, indem die äußeren Spanndrähte nach verschiedenen Punkten eines Hebels gehen, der am unteren Fußpunkt gelagert ist, und dadurch den ihnen zukommenden Hub erhalten, damit das Flügelprofil die richtige Drehung macht.«

Eine Zeichnung für den Experimentierapparat enthält detaillierte Angaben über das Flügelprofil an drei Stellen gegenüber zweien in der Patentzeichnung. Zudem sind zwei Seilzüge festgehalten, die hinter dem Körper des Fliegers enden. Offenbar feste Dreiecke lassen sich um Oberarme und Schenkel des Fliegers legen. Der Seilzug führt über die Vorderkante des Gestellrings zu den Flügeltaschen und von dort vermutlich über Spanntürme zu den auslösenden Hebeln.[15]

Als im Frühsommer 1895 P. W. Preobrashenski aus Moskau zum Fliegeberg kommt — offensichtlich im Auftrag Nikolai Jegorowitsch Shukowskis —, erlebt er ein weiteres Experiment. Lilienthal führt es bereitwillig vor und läßt den Gast fotografieren. An jeder Flügelspitze habe er, teilt der Konstrukteur am 3. Oktober Wolfmüller mit, eine Fläche angebracht, die durch einen Schnurzug aufzurichten ist, »um die voreilende Flügelspitze zurückzubringen. Die Bewegung dieser Theile geschieht von den Hüften aus, welche an eine verschiebbare Leiste drücken, wenn man den Körper zur Schwerpunktregulierung seitwärts legt«.

Es sind etwa einen halben Meter hohe, nach vorn kreisförmig und hinten senkrecht gerade auslaufende bespannte Flächen vertikal auf der Flügeloberseite befestigt. Sie richten sich beim Fluge selbständig in den anströmenden Wind und werden auf dem voreilenden Flügel durch Schnurzug mehr oder weniger quer in den Wind gestellt. Der auftretende Widerstand wirkt dann dem Voreilen entgegen. Die »verschiebbaren Leisten« — zwei von etwa eineinhalb Meter Länge parallel untereinander — befinden sich hinter dem Flieger. Sie lassen sich mit Verlagerung des Körperschwerpunktes nach rechts oder links verschieben. Von den Endpunkten gehen Seilzüge in Richtung des Flächenendes aus, wie das einzig vorhandene Foto zeigt. Kleine Querleisten deuten auf die Möglichkeit einer festen Verbindung durch einen Gurt hin. Einer solchen Lösung steht entgegen, daß jede Vorwärts- und Rückwärtsverlagerung des Körpers des Fliegers zwangsläufig ebenfalls zu einer, wenn auch gleichmäßigen Verstellung beider Flächen führte. Vielleicht lag hier der Grund dafür, daß Lilienthal diesen Weg nicht weiterbeschritt.

Der vertikalen Stabilisierung, dem Seitenleitwerk, wendet sich der Konstrukteur in zweifacher Hinsicht zu. Er vergrößert zum einen die Leitwerkfläche durch einen Anbau nach oben und erhöht deren stabilisierende Wir-

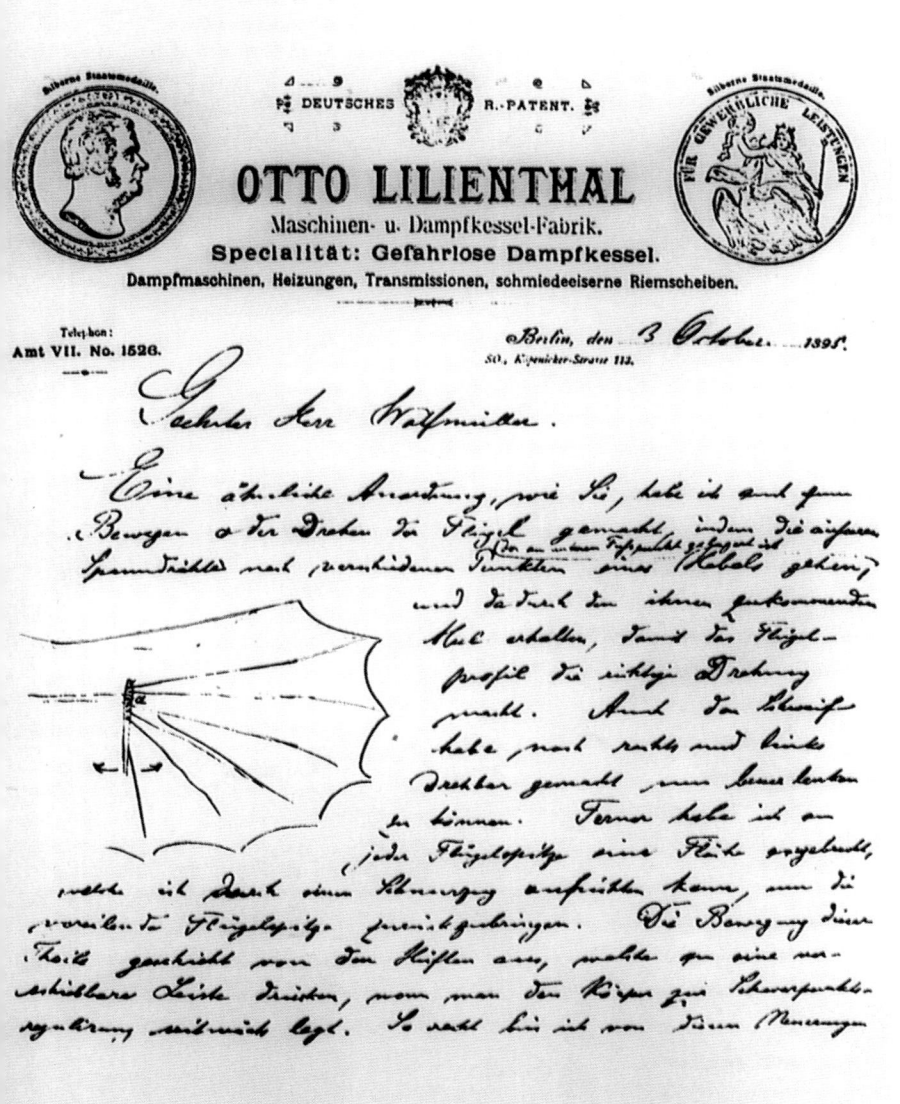

kung. Dieser Vorteil wird auch an anderen Apparaten genutzt, was Fotografien aus dem Juni 1895 beweisen.[16] Zum anderen aber hat er den Schweif »nach links und rechts drehbar gemacht, um besser lenken zu können«, wie er ebenfalls am 3. Oktober an Wolfmüller schreibt.

Eindrucksvollster Beweis dafür ist die Modifizierung des »Sturmflügelmodells«, daß sich im Wiener Technischen Museum befindet. Es handelt sich um die erste komplette Steuerung durch Seiten- und Höhenleitwerk, die durch Körperverlagerung des Fliegers erreicht wurde und diese in der Steuerwirkung verstärkte.[17]

Der Flieger trug einen Gürtel, an dem mehrere Drähte befestigt waren. Einer davon wurde vor dem Körper über ein Seil zwischen den Halterungen für die Unterarme geführt. Es lag zwischen den Beinen des Fliegers und teilte sich dann. Über Rollen führte es zu Laschen am Höhenleitwerk, in denen es glitt, und dann weiter zum erhöhten Leitwerk. Bewegte der Flieger den Körper nach vorn — um zu sinken —, dann wurde das Seil gegenüber der Normalstellung länger. Das Höhensteuer konnte sich nach unten bewegen. Aber es konnte nur, es wurde nicht gezogen. Legte der Flieger den Körper nach hinten — wollte er also steigen —, dann wurde das Seil gezogen, und das bewirkte zwangsläufig eine entsprechende Schrägstellung des Seitenruders, die allerdings durch das vergrößerte Leitwerk gering war.

Ein anderer Draht verband den Gürtel des Fliegers unmittelbar mit der gleichen Stelle am Seitenleitwerk. Das führte zumindest bei jeder Körperbewegung nach vorn zu einer Verzögerung. Eine Verlagerung nach links — in einem solchen Fall hätte sich der linke Flügel gehoben und das Flugzeug drehte nach rechts — hatte zur Folge, daß sich das Höhensteuer durch den Zug am Draht vor dem Flieger bis zum Auf-

*Mühsam bergauf.
Die aufrecht-
stehenden Steuer-
flächen sind
gut zu erkennen*

*Lilienthal fliegt
im normalen
Eindecker
mit erhöhtem
Leitwerk*

127

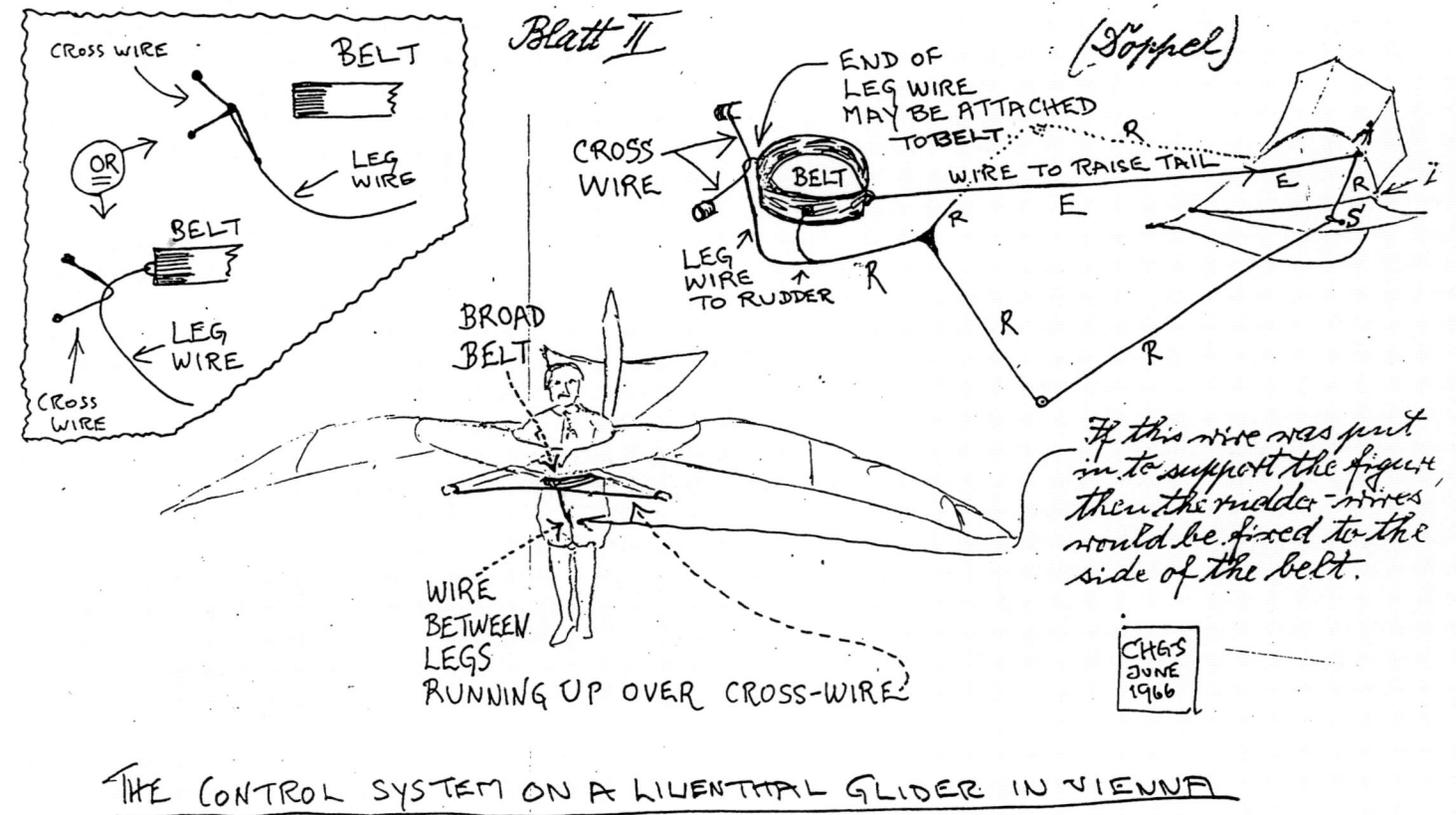

THE CONTROL SYSTEM ON A LILIENTHAL GLIDER IN VIENNA

Skizze der Steuerung des Sturmflügelapparates, wie er im Technischen Museum Wien ausgestellt war

schlag auf Steigen stellte. Der geteilte Draht wurde links länger, rechts kürzer. Folglich wurde auf eine Neigung des Apparates nach rechts mit Steigflug und Rechtslenkung reagiert. Das konnte aber nicht beabsichtigt sein, weil es zu gegenläufiger Wirkung führt. Der Körper lenkte nach links, das Leitwerk nach rechts. Versuche mußten bewiesen haben: auch keine Lösung.

Schließlich münden alle diese Experimente in den Versuch, während des Fluges zu sitzen. Lilienthal weiß, daß der Schwerpunkt des Körpers so tief liegen kann, daß der Kopf unter der Fläche bleibt.[18] Aber zufrieden ist er nicht. »Ich habe schon verschiedene Sitzvorrichtungen durchprobiert, bin aber immer wieder davon abgekommen, weil man bei windiger Luft in der Bewegung nicht frei genug bleibt«.[19] Der englische Flugpionier Percy S. Pilcher, der Lilienthal im Sommer 1895 in Berlin besucht und mit einem Eindecker fliegt, soll auf einem Sitzbrett gesessen haben, das ähnlich einer primitiven Kinderschaukel am Apparat befestigt war.[20]

Ist es die Gewohnheit, die Otto zurückhält? Fehlt es ihm an Zeit? Waren die Erwartungen zu gering oder die Ergebnisse zu klein? Die Antwort läßt er offen und formuliert in seinen Brief an Wolfmüller vom 3. Oktober 1895: »So recht bin ich von diesen Neuerungen aber nicht eingenommen, denn wenn der Körper recht frei ist, um den Schwerpunkt schnell genug zu verschieben, so kann man schließlich mehr auf einfache Weise erreichen…

Alle diese Versuche, mit denen ich den ganzen Sommer hinbrachte, führten mich auf wesentliche Aenderungen, mit denen ich noch nicht im Klaren bin und zu denen ich leider wenig Zeit augenblicklich habe.« So nimmt es nicht wunder, daß seine Vorträge und Artikel im einzelnen darauf nicht eingehen.

»Die neueste Verbesserung meiner zu praktischen Versuchen verwendeten Flugapparate bezieht sich auf die Erzielung größerer Stabilität bei windigem Wetter«, erklärt er in der Zeitschrift »Prometheus«. »Meine Experimente erstrecken sich besonders nach zwei Richtungen: Einerseits bin ich bemüht, meine Erfolge im Durchsegeln der Luft mit unbeweglichen Apparaten dahin auszudehen, daß ich die Ausnutzung immer stärkerer Winde einübe, um dadurch womöglich in den dauernden Schwebeflug hineinzukommen. Andererseits suche ich den dynamischen Flug durch Flügelschläge zu erreichen, die als einfache Zuthat zu meinem Schwebeflügel eingeführt werden.«[21] Doch die Größe der Apparate setzt Übungen im starken Wind eine Grenze, und die Wirkung des Aufwindes verkennt er noch immer.

Mit seinen Eindecker-Konstruktionen hat Lilienthal zu dieser Zeit eine Grenze erreicht. Sie ist nur mit neuen Lösungen zu Struktur und Steuerung der Apparate zu überschreiten. Er verbindet wiederum die Grundlagenforschung mit der schrittweisen Einführung und Erprobung veränderter und verbesserter Konstruktionselemente. Erneut wendet sich Lilienthal dem Vogelflügel zu, nun auf höherer Stufe.

Praktische Fortschritte glaubt er nun mit der Ausnutzung weiterer Besonderheiten der Vogelflügel erzielen zu können. »So ist die Umrißform des Flügels gewiss von Bedeutung. Noch mehr aber wird die Querschnittsform der Flügel und Schwungfedern zum vorteilhaften Fliegen beitragen. Ob die aus Federn gebildete Struktur des Flügels dem selben besondere Eigenschaften verleiht, wodurch der Trageeffekt erhöht wird, ist zwar von Forschern schon vermutet, jedoch noch nicht bewiesen, weil es an vergleichenden Versuchen fehlt… Es ist wichtig, dass wir über die Einzelheiten uns Gewissheit verschaffen, denn diejenigen Flügel, welche unter sonst gleichen Umständen die beste Tragfähigkeit entwickeln, verdienen den Vorrang, weil wir durch sie am meisten an der schwer zu beschaffenden motorischen Leistung beim Fliegen ersparen können.«[22]

Erneut wird sichtbar, wie konsequent Lilienthal darum ringt, die aus der Evolution der Vögel resultierenden Anpassungen an das Fliegen technisch auszunutzen. Er will die Schranke in der Anwendung natürlicher Strukturen öffnen, indem er an der konstruktiven Verwendung weiterer durch die Natur vorgegebener Formen arbeitet. »Die bisher üblichen Methoden gestatten leider gar nicht, die feinen Unterschiede in der Tragewirkung von Flügelflächen zu messen.«

D ie Befestigung der Versuchsflächen an den Apparaten, die Reibung der Rotationsapparate und entstehende Wirbel schließen von vornherein genaue Resultate aus. Auch das Umströmen der Flächen im Wind führt zu Fehlerquellen. Die durch Georg Wellner von der Technischen Hochschule Brünn (heute Brno in der CSFR) in dieser Zeit genutzte Methode der Luftwiderstandsmessung auf einer fahrenden Lokomotive kommt für Lilienthal ebenfalls nicht in Betracht. Sie ermöglicht auch nicht die Ermittlung feiner Unterschiede.

»Es ist hierbei zu bedenken, dass ein Winkel von einem einzigen Grad schon eine wichtige Grösse bei diesen Experimenten darstellt. Der Flügen derjenigen Vögel, die auf den dauernden Segelflug sich verstehen, haben die Eigenschaft, dass dieselben, unter äusserst spitzen Winkeln von der Luft getroffen, doch noch den Vogel tragen und gegen den Wind zu führen im Stande sind. Dies kann nur an der vorzüglichen Flügelform liegen, und ehe wir über die besten Flügelformen nicht ganz im Klaren sind, können wir nicht daran denken, ähnliche Effekte selbst hervorzurufen.«[23]

Im Labor findet er keinen Erkenntnisgewinn und geht nun wieder zu direkten Naturbeobachtungen über. »Die schwebenden Vögel sind in jeder Beziehung unser Vorbild. Wenn es uns gelingt, in die Einzelheiten der Flügelform, der Flügelstellung und vor allem der Ausnutzung des Windes einzudringen, dürfen wir auch hoffen, daß wir schließlich das Schweben und Kreisen der Vögel nachbilden können. Durch vielseitige und verständnisvolle Beobachtung der Vogelwelt müssen wir den richtigen Flügelbau und die rechte Flügelanwendung kennenlernen. Es nützt uns aber wenig, wenn wir den schwebenden Vogel herabschießen und den leblosen Flügel betrachten. Nur so lange der Vogel mit den ausgespannten Fittichen auf der Luft ruht, haben dieselben jene Gestalt, welche das Rätsel des Fluges erklärt.«

Für Lilienthals Forschungsziele liefert aber auch die fotografische Methode der Vogelbeobachtung nur unzureichende Angaben. Er schaut den freifliegenden Vögeln nach. »Es bleibt uns somit nur unser ungeübtes Augenmaß, dem wir die richtigen Flügelverhältnisse einprägen können. Dies wird aber um so wirkungsvoller sein, je größer der beobachtete Vogel ist, je näher er sich befindet und je öfter wir Gelegenheit haben, die rechten Eindrücke in uns aufzunehmen.«[24]

D er Storch wird erneut Forschungsobjekt. »Wenn wir jene prächtigen Vorbilder im Fliegen nicht hätten — grosse, schwere Vögel, die ohne Flügelschlag vom Winde sich treiben lassen —, so dürften die Zweifler Recht behalten, weil uns einfach der Mut fehlen würde, dem Problem mit der nötigen Ausdauer zu Leibe zu gehen… Alles Grübeln über leichte Motoren und Spekulieren über die Verminderung der zum Fliegen nötigen Kraft tritt in den Hintergrund angesichts der Tatsache, dass der Wind allein schon ausreicht, um jede Art eines freien Fluges zu bewerten.«[25]

In Begleitung der beiden Söhne und später auch des Amateurfotografen Dr. Fülleborn fährt er nach Vehlin, zwischen Kyritz und Perleberg gelegen. Auf den vierzig Häusern des kleinen Ortes zählt man vierundfünfzig Storchennester — ein idealer Ort, um das Schweben der großen Vögel studieren zu können. Begeistert machen Vater und Söhne sich auf die interessanten Flugbilder aufmerksam. In dem Aufsatz »Unsere Lehrmeister im Schwebefluge« hält Lilienthal seine Beobachtungen fest.

»Meine Wahrnehmungen lassen sich zunächst dahin zusammenfassen, dass bei windigem Wetter, wo die Luft… etwa die Geschwindigkeit von 6 bis 8 m haben mag, der Storch überhaupt die Flügelschläge einstellt und nur schwebend oder segelnd sich in der Luft bewegt.«[26] Den richtigen Flügelformen müssen folglich noch Eigenschaften innewohnen, die das Schweben und Segeln in der Luft ganz besonders begünstigen. Ausführlich beschreibt er die verschiedenen Flugmanöver und formuliert die Einsicht: »Zum Schwebeflug gehört dreierlei: die richtige Flügelform, die richtige Flügelstellung und der richtige Wind.«[27] Aus einem zwar geringen, aber fast ununterbrochenen Drehen und Wenden der Flügel, das offenbar zum genauen Abstimmen der Windwirkung dient, schließt er, die Form des Storchenflügels sei der seiner Segelflächen überlegen. Aber auch jeder andere, ähnlich gebildete Flugkörper müsse das Gleiche bewirken können.

Damit bestätigt Lilienthal erneut Folgerungen aus seinem Buch »Der Vogelflug als Grundlage der Fliegekunst«. Aber es gehört nun einmal zu seinen gefestigten Arbeitsschritten, vor jeder neuen konstruktiven Veränderung Grundlagen zu überprüfen, sie mit Erkenntnissen anderer Forscher zu vergleichen.

Jetzt konzentriert er sich auf »die Verdickung, welche alle Vogelflügel an ihrem vorderen Rande durch Einlagerung der Arm- und Handknochen besitzen«. Diese sollen die Schwebewirkung begünstigen.[28] »Die Verdickung ist nicht unerheblich, besonders bei Vögeln mit langen, schmalen Flügeln. Ein in meinem Besitz befindlicher Albatros hat eine Flügelbreite von 16 cm und eine Flügeldicke von 2 cm. Die Dicke ist 1/8 der Flügelbreite. Da nun der Albatros einer der besten Segler ist,… kommt… auf die Vermutung, dass das Profil der Albatrosflügel ganz besonders zum Schwebeflug geeignet sei.«[29]

Zur Bestätigung seiner Beobachtungen und als Beginn des Versuchs einer technischen Umsetzung experimentiert Lilienthal nach der »Methode des freien Schwebens«. Gleich große und gleich schwere Versuchsflächen, aus starkem Zeichenpapier, zehn Zentimeter breit und fünfzig Zentimeter lang, unterscheiden

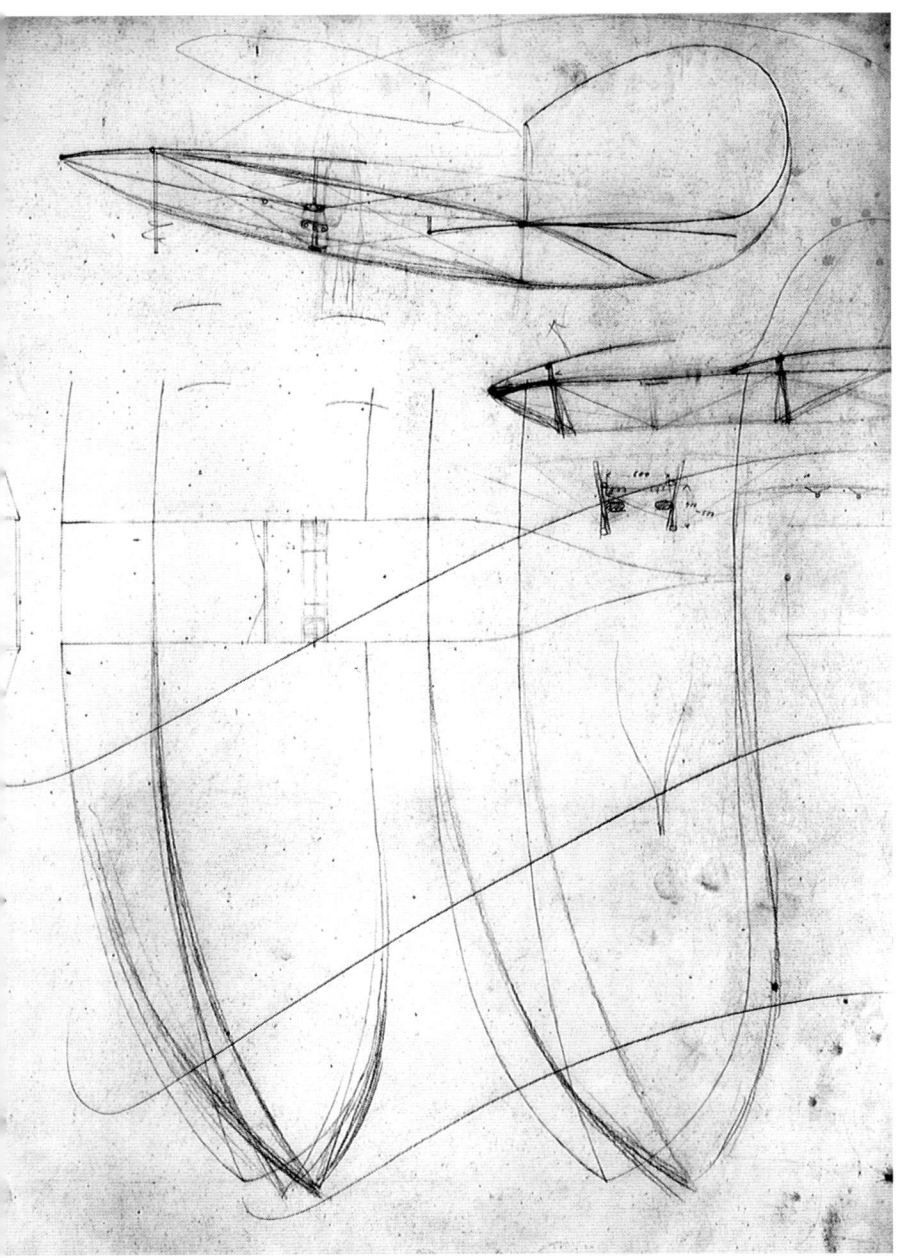

Skizze des Tandemgleiters

Hargrave-Drachen

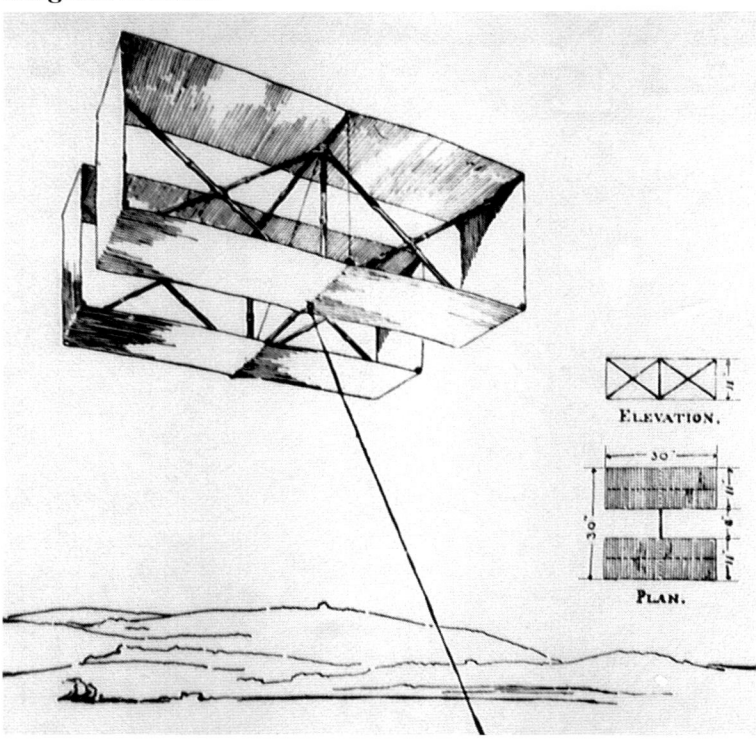

sich durch verschiedene Profilformen. »Von jedem Dach, von jedem Thurm, vor dem sich ein freier Platz befindet, kann man die Modelle absegeln lassen. Jedes Stück muss bei möglichst ruhiger Luft viele Male durch die Luft gleiten, bis es unten anlangt. Die dazu erforderlichen Zeiten werden notirt und bei jedem einzelnen Exemplare aus einer grösseren Versuchsreihe das arithmetische Mittel bestimmt… Dadurch erhält man eine zuverlässige Scala über den Werth der Profile.«

Der begeisterte Experimentator kommt auf eine neue Idee. So wie er den Flugsport zum Vergnügen der Jugend und gleichzeitig zum Erkenntnisgewinn entwikkeln will, sucht er nun Mitstreiter »zur Förderung der flugtechnischen Wissenschaft«. Diese sollen mit den billig herstellbaren und stabil segelnden Modellen in Serienversuchen den natürlichen Flügeln die »besten Eigenschaften« ablauschen und durch das Experiment den genauen Nachweis liefern, worin diese Eigenschaften bestehen …

Hinzu kommt, dass derjenige, welcher diese Art von Versuchen aufnimmt, seine helle Freude haben wird an dem prächtigen Schweben seiner kleinen Flieger, die oft mit dem besten Segler unter den Vögeln wetteifern.« Immer weiter strebt er so auf einfallsreiche Art nach Tempogewinn und mehr Breite.

Diesen Vorschlag äußert der Forscher in der Versammlung des »Vereins zur Förderung der Luftschifffahrt« am 26. Oktober 1895. Und zugleich macht er damit deutlich, daß er längst noch nicht am Ende seiner theoretischen und praktischen Einsichten ist. Ein einzelner Erfinder kann eben nicht den perfekten Flugapparat schaffen. Solche ehrliche, den Fortschritt der Erkenntnis fördernde Haltung unterscheidet sich von der vieler Zeitgenossen, die in ihren Theorien und Projekten der Weisheit letzten Schluß sehen.

Er bleibt damit seinem Standpunkt treu, den er gegenüber dem Rechnungsrat Keiper in der Auseinandersetzung mit irrigen Auffassungen äußert: »Was uns bei der Lösung der Flugfrage am meisten fördern kann, das sind zahlreiche mit Verständnis und Geschick ausgeführte Versuche. Auf dem Papier allein kann überhaupt das Flugproblem nicht reifen. Theorie und Praxis müssen in steter Wechselwirkung sich ergänzend und gegenseitig verbessernd nach und nach uns eindringen lassen in die Geheimnisse der Luftwiderstandserscheinungen, denen der Vogel sein Flugvermögen verdankt. Strenge Wissenschaftlichkeit gepaart mit hervorragender praktischer Erfahrung kann allein uns Schritt für Schritt dem Ziele näher bringen. Jede neue flugtechnische Idee aber, welche nicht direct das Ergebnis systematisch durchgeführter Experimente ist, wird wenig Anspruch auf eine überzeugende Wirkung machen können.«

Die Modellversuche bringen mannigfaltige Anregungen, die bis hin zur wirksameren Schwerpunktverlagerung geprüft werden. Der Konstrukteur erwägt und skizziert eine Tandemanordnung der Flügel an einem Kastenrumpf. Kopf und Schultern des Fliegers ragen über die Flügel hinaus.[30] Lilienthal kommt der Gedanke, »zwei kleine Flächen übereinander anzubringen, welche beim Durchsegeln der Luft beide hebend wirken«.[31] Aus Papier fertigt er kleine Modelle, die ihn durch die Stabilität der Flüge überraschen.

Ein Jahrhunderte altes Kinderspielzeug mag bei der Doppeldeckeridee Pate gestanden haben. Drachen waren inzwischen ein vielfältig genutztes Fluggerät geworden. Der von Lilienthal geschätzte Australier Lawrence Hargrave (1850-1915) führte 1893 erfolgreich den Kastendrachen in die Flugtechnik ein. Dieser erwies sich in der Luft als sehr stabil. Im Juni 1894 gelang es Baden Powell zum ersten Male in Europa, mit einem Drachen einen Menschen emporzuheben. Otto kannte auch die Versuche Riedingers, Sigsfelds und Parsevals, die in Augsburg mit Modellen von Flugmaschinen experimentierten, gestartet von Fesselballonen. Mit Hilfe mechanischer Mittel zur Steuerung versuchten diese drei vergeblich, ihre Segelflächen zu zwingen, die Flugrichtung beizubehalten, ein für Lilienthal keineswegs unbekanntes Problem.

»Nachdem ich erst einige kleine Doppelflächen zu stabilem Fluge gezwungen hatte«, berichtet er, »versuchte ich, auch bei Modellen mit einer Fläche ein stabiles Segeln zu erzielen. Dasselbe gelang ohne alle Schwierigkeiten. Wenn ich jedoch die Gründe für die Ermöglichung dieser sicheren Gleitflüge angeben soll, so komme ich fast in Verlegenheit, weil ich wirklich nichts anderes gemacht habe wie früher, wo mir dergleichen nicht gelingen wollte.«[32]

Erstmals in der Fluggeschichte wird hier vor dem Bau eines Flugzeuges dessen Modell im strömenden Medium getestet, eine Methode, die schon bald zur Grundlagenforschung der Flugtechnik gehören sollte. Natürlich gab es Zeitgenossen, die freifliegende Modelle nach verschiedenen Flugprinzipien auch zum freien Flug bringen konnten. Jedoch war es noch keinem Modellbauer in den europäischen Ländern gelungen, auf dieser Grundlage einen erfolgreichen Flugapparat zu entwickeln.

Lilienthal baut »zunächst einen Doppelapparat, bei dem jede Fläche 9 □ m besitzt, erhielt also eine verhältnismäßig große Tragfläche von 18 □ m bei nur 5 1/2 m Spannweite. Die obere Fläche hat keineswegs eine aufhaltende Wirkung beim Fluge, noch wirkt sie je nach Stärke des Windes mehr oder weniger hintenüberdrehend auf die Stellung des Apparates, sondern entwickelt nur eine senkrecht hebende Zugkraft. Die ganze Handhabung eines solchen Doppelapparates ist genau wie bei der einfachen Schwebefläche. Ich konnte so die von mir erlangte Fertigkeit ohne Weiteres anwenden. Die energische Wirkung der Schwerpunktverschiebung und die dadurch erreichte sichere Einstellbarkeit des Apparates gab mir Muth, mich einem Winde anzuvertrauen, bei welchem zuweilen über 10 m Geschwindigkeit gemessen wurden.«[33]

Diese Flüge werden für ihn zu Erlebnissen. Fast horizontal schwebt er von der Spitze des Fliegeberges ab, ohne den gewohnten Anlauf, wenn der Wind mit sechs bis sieben Metern je Sekunde weht. Ist dieser stärker, so hebt er den Flieger einfach von der Bergspitze ab, und der segelt nun langsam dem Wind entgegen. Nimmt dieser noch zu, beginnt Lilienthal zu steigen und kommt auf dem Gipfelpunkt der Flugbahn oft längere Zeit zum Stehen. Später wird er in solchen Situationen mit den Fotografen über die günstigste Stellung für die Aufnahmen verhandeln.

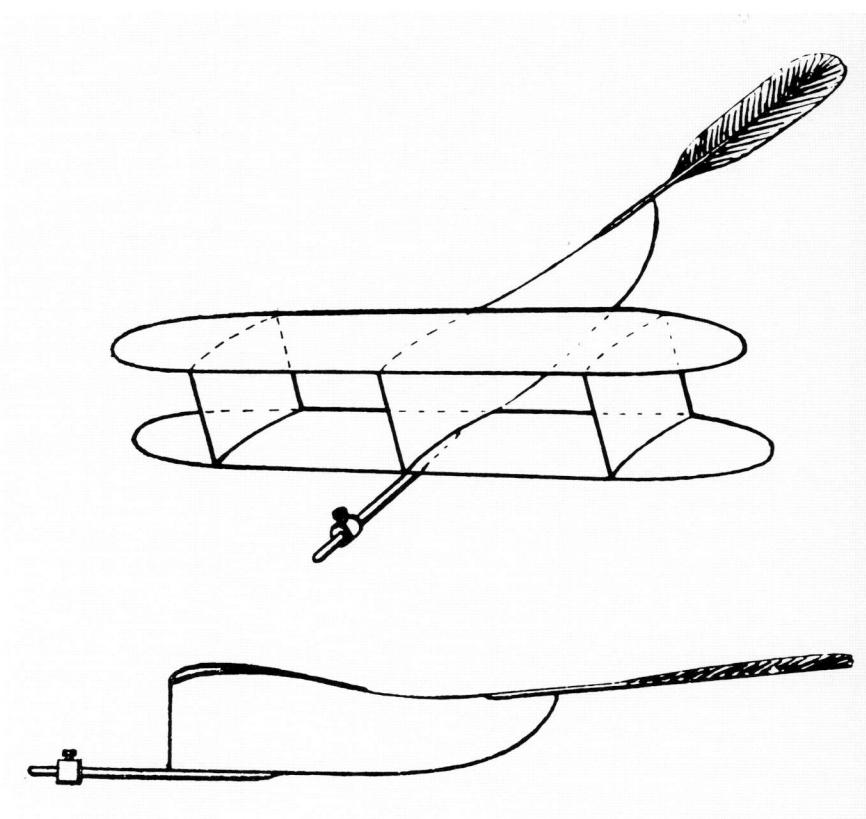

Das Doppeldeckermodell

Ihn ergreifen angesichts der Fortschritte Freude und Optimismus. Das neue Prinzip bringt überraschend gute Resultate. So spricht er von den »interessantesten Ergebnissen« seiner »sämmtlichen bisherigen Flugversuche«. Dennoch zeigt sich sogar in dieser, man möchte sagen euphorischen Phase ein neuer, bis dahin unbekannter Zug bei dem Flugpionier. Er hält sich gegenüber der Öffentlichkeit erst einmal zurück, will sich des Neuen erst sicher sein.

Als Samuel Pierpont Langley Anfang August 1895 zwei Tage in Berlin weilt, fährt er auch mit zum Fliegeberg, wo Lilienthal für ihn mit dem Eindecker fliegt. Der Amerikaner berichtet sofort von dieser Begegnung: »Er versuchte in meiner Anwesenheit auch ein zweites Flügelpaar, das er auf das erste aufstockte, was er aber nicht erwähnt wissen möchte. Die Resultate waren die gleichen.«[34]

Vom Gipfel des Berges hob der Wind den Flieger mit dem kleinen Doppeldecker ab.

131

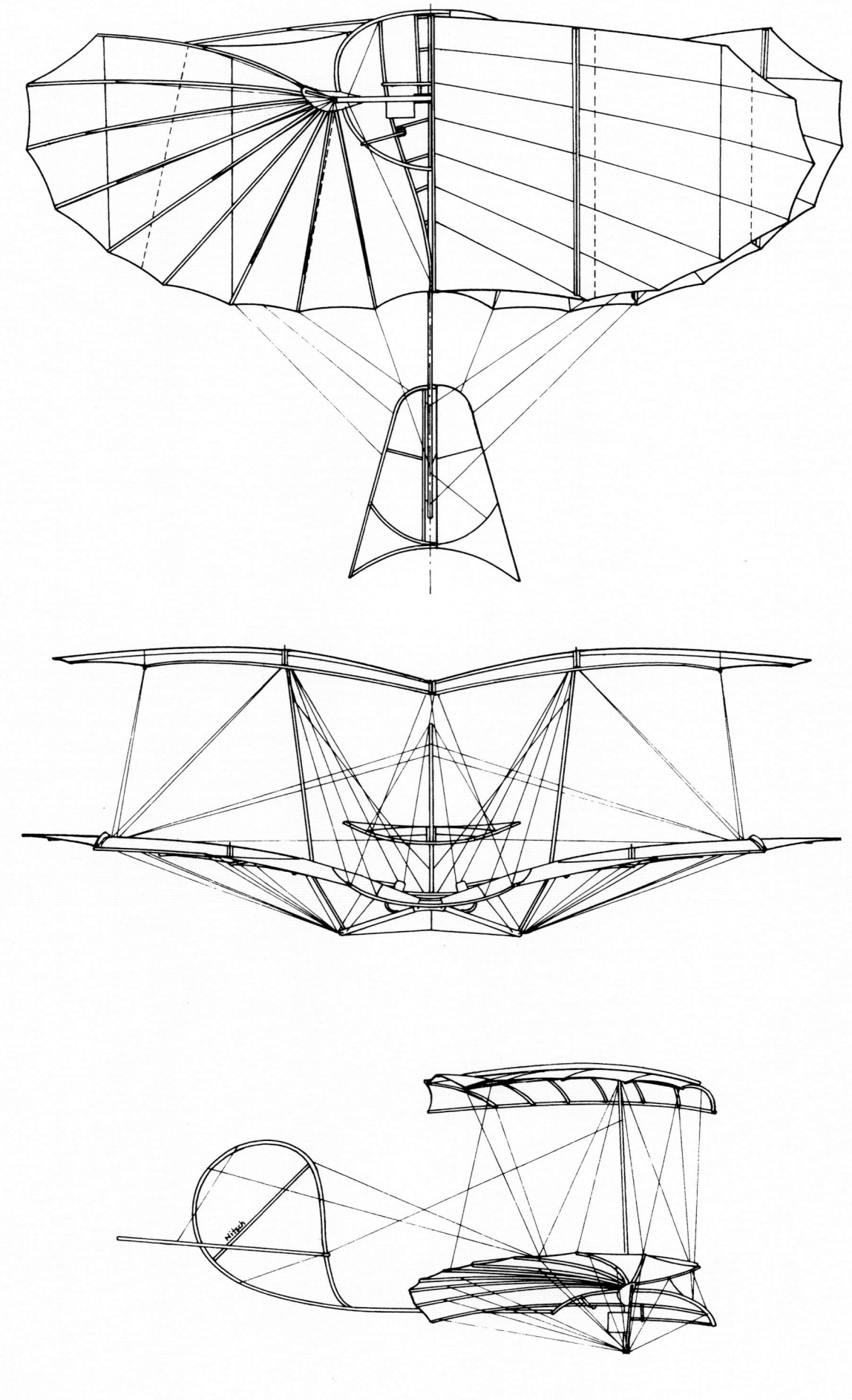

Zwei Aspekte sind hier interessant. Der Doppeldek-
ker wird — wie die Indiskretion des auch mit großer
finanzieller Erwartung empfangenen Sekretärs der Smithonian Institution zeigt — vorerst geheimgehalten. Man
findet kein Wort über den Apparat in den Briefen, die
Lilienthal in dieser Zeit an Wolfmüller richtet. Wenn er
ihn dennoch Langley zeigt, ist das ökonomisch bedingt
und zugleich ein Nadelstich gegen den Geheimniskrä-
mer, der eigene Konstruktionen auf das strengste verbirgt. Zum anderen liegt der Vorteil nur in der Steuerbar-
keit und der Flugdauer. Der Wunsch, weiter zu fliegen,
bleibt ihm auch mit dem neuen Gerät versagt.

An die Öffentlichkeit geht Lilienthal mit dem Doppeldecker erst Wochen später, als er überzeugt ist, mit ihm
einen weiteren Schritt nach vorn zu machen. Jetzt
begleiten ihn auch Fotografen, Dr. Richard Neuhauss
(1855-1915) — ein Arzt und Fotoamateur, der die Stege-
mannsche Geheimkamera, einen leistungsfähigen
Apparat konstruierte, seit 1894 Herausgeber der Zeitschrift »Photographische Rundschau« — und Dr. Fülleborn. Am Gipfelpunkt eines Fluges fühlt Otto sehr deutlich, daß er gehoben bleiben würde, wenn er sich
»etwas auf eine Seite legte, einen Kreis beschriebe und
mit der hebenden Luftpartie fortschritte. Der Wind
selbst sucht diese Bewegung einzuleiten, denn meine
Hauptthätigkeit in der Luft besteht darin, das Wenden
nach Rechts oder Links zu verhüten, weil ich weiss, dass
hinter mir und unter mir der Berg liegt, von dem ich
abgeflogen bin, und mit dem ich in eine unsanfte Berührung kommen würde, wenn ich mich auf das Kreisen
einliesse. Mein Bestreben ist aus diesem Grunde dahin
gerichtet, entweder durch noch stärkeren Wind oder
durch Flügelschläge höher und vom Hügel weiter ab zu
kommen, so dass ich kreisend den stark hebenden
Windpartien folgen kann und den genügenden Luftraum unter und neben mir habe, um mit Sicherheit
einen Kreisflug zu vollenden und schließlich doch wieder gegen den Wind gerichtet zu landen.«

Ein Ziel, dem er sich verschreibt, fest gewillt, auf
seinem Weg zum vollendeten Flug weiter voranzukommen. »Sobald mir oder einem anderen
Experimentator der volle Kreisflug gelungen sein wird,
ist dieses Ergebnis als eine der wichtigsten Errungenschaften auf dem Wege zum vollendeten Fluge anzusehen. Von diesem Momente an wird man die lebendige
Kraft des Windes erst vollkommen ausnutzen kön-
nen.«[35] Das ist kein leichter Schritt. Und aus all dem klin-
gen erste Zweifel an seiner Segelflugtheorie, denn nach
wie vor bleibt ihm ja der Dauerflug unerreicht. Schließlich kennt er auch die Debatten der Ornithologen über
den Vogelflug, an denen sich Karl Müllenhoff führend
beteiligt. Übrigens sind sie ein Anlaß für Lilienthal, im
Berliner Zoologischen Garten mit Unterstützung durch
dessen Direktor, Dr. Heck, Messungen an einem Kondor vorzunehmen.

Zwei Doppeldecker baut sich Lilienthal, einen mit
achtzehn Quadratmeter Fläche, dessen Unterteil ein
verändertes Sturmflügelmodell bildet, und einen mit
fünfundzwanzig Quadratmeter. Einen von beiden nutzt
der Amerikaner Greely S. Curtis, der zu dieser Zeit in
Zürich studiert, während eines mehrtägigen Besuchs in
Berlin zu einem Sprung.

Abflug mit Startüberhöhung

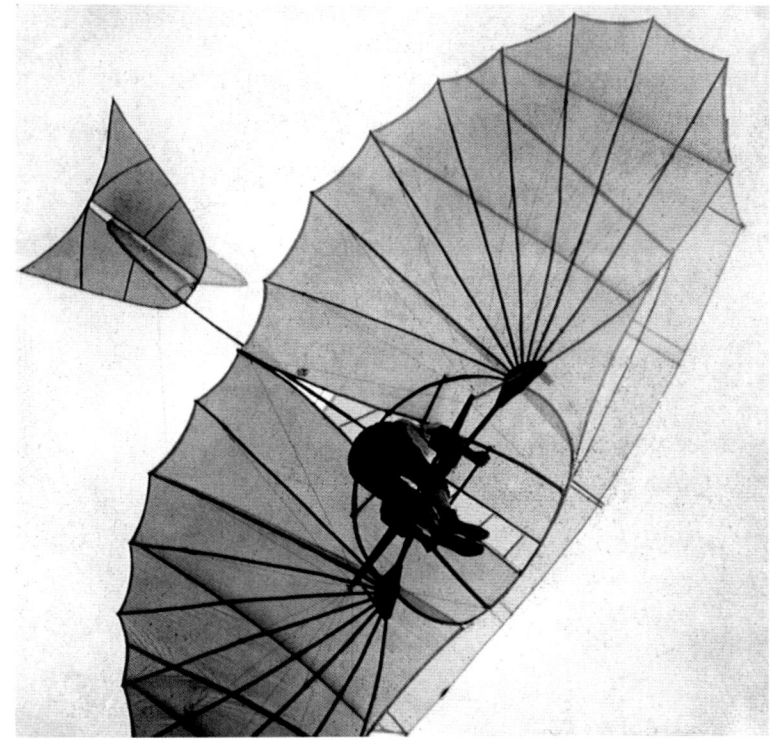

Über dem Kopf des Fotografen

Weite Flüge

K napp einen Monat später kommt es dann zur Begegnung mit Nikolai Jegorowitsch Shukowski (1847-1921), Professor in Moskau, der »mit Freude die liebenswürdige Einladung Lilienthals« angenommen hatte. Auf der Rückfahrt von der »67. Versammlung der Gesellschaft deutscher Naturforscher und Ärzte« in Lübeck — ein Jahr zuvor hatte vor diesem Gremium Boltzmann Lilienthal gewürdigt — unterbricht der russische Gelehrte seine Reise in Berlin. Auch dieses Mal spielt auf der Tagung, die vom 30. August bis zum 17. September dauert, das Flugwesen eine Rolle. Friedrich Ahlborn (1858-1937) aus Hamburg spricht über den Segelflug der Vögel und erörtert Theorien, die das Kreisen beschreiben. An einem Rotationsapparat demonstriert er den Luftwiderstand verschieden gestalteter schräger Flächen.[36]

Sichere Landung

Rekonstruktion des kleinen Doppeldeckers

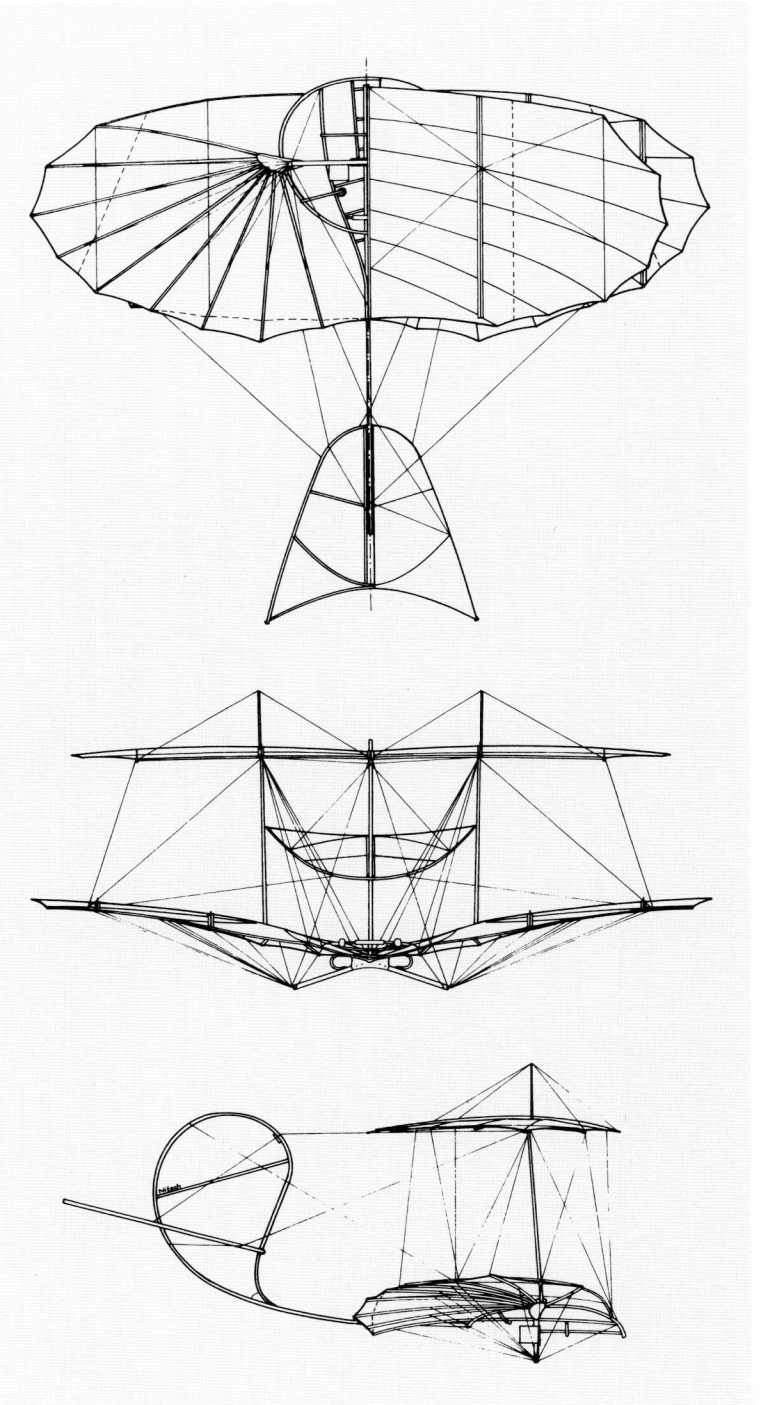

Am Fliegeberg gibt es zwischen dem 10. und dem 14. September 1895 ein internationales Treffen. Shukowski, der russische Student Nikolai Artjomow von der Technischen Hochschule Charlottenburg und ein weiterer russischer Begleiter, ein Engländer, ein Amerikaner und Dr. Neuhauss als Fotograf sind gekommen, um Lilienthal fliegen zu sehen und mit ihm zu debattieren. Shukowski, der deutsch sprach, hatte seinen Besuch offensichtlich langfristig vorbereitet, was seine umfassenden Kenntnisse über die Versuche des deutschen Flugpioniers bestätigen. Noch ist längst nicht alles in den Archiven dazu ausgewertet.

Nicht nur die Flüge mit dem Doppeldecker beeindrucken den Gast aus Moskau. Und schon sie sind sehenswert, bei verhältnismäßig starkem Wind von sechs bis sieben Meter je Sekunde. Auch Artjomow, übrigens ein Schüler von Adolf Slaby, versucht sich mehrmals erfolgreich.[37]

Otto entwickelt »seine Ansichten vom Fliegen. Er war ganz und gar von der Überzeugung durchdrungen, das die erste Lösung des Flugproblems durch das Segeln des Menschen ähnlich den Adlern geschehen wird.« Die Debatten offenbaren das leidenschaftliche Engagement des deutschen Flugpioniers, sei es mit dem Blick auf den Flugsport, was den Moskauer Gast sehr beeindruckt, sei es hinsichtlich der Verwendung der Flugapparate, was dieser folgendermaßen reflektiert: »Wenn Luftfahrtgeräte in Form von Lenkluftschiffen oder mächtigen Flugmaschinen erscheinen, werden sie in Geheimnisse von Regierungen umgewandelt, weil diese vor allem militärische Ziele verfolgen. Entwickeln sie sich dagegen auf dem Boden eines friedlichen Sportes, so zieht das Flugproblem Interessenten aller Nationalitäten heran, die in gemeinsamer Arbeit zum Nutzen der ganzen Menschheit das Problem lösen werden.«[38]

Es hat lebhafte Debatten gegeben zwischen den beiden fast gleichaltrigen Männern, die im Grundanliegen ihrer Arbeit, ihrer Methodik so übereinstimmten. Erfahrungen und Erkenntnisse wurden im Beisein Artjomows ausgetauscht, was sich in späteren Veröffentlichungen widerspiegelte.

Zu dieser Zeit sind Lilienthals Verbindungen weltweit gewachsen. Chanute bemüht sich um einen Apparat für die Ausstellung 1896 in Denver. Doch Lilienthal verknüpft eine mögliche Lieferung mit dem Verkauf seines US-Patents — erteilt am 20. August 1895 unter der Nummer 544.816, das der Briefpartner noch nicht kennt —, wobei er für die Folgezeit auch die Lieferung neuester Erkenntnisse in das Angebot mit einbezieht. Chanute preist daraufhin den Apparat im »American Engineer« an.[39]

Auch der Amerikaner James Mean, Herausgeber der »The Aeronautical Annual«, bietet Publikationsmöglichkeiten. Er möchte einen Originalbeitrag des deutschen Flugpioniers für die Ausgabe 1896. Doch der Geschäftsmann Lilienthal will sich begreiflicherweise die Möglichkeit der Patentierung wichtiger Neuerungen durch zu frühe Veröffentlichung nicht nehmen, vielmehr sein Patent zu Geld machen. Das Angebot: »Der Käufer könnte dann auch die neuen Patente vor der Veröffentlichung einreichen.« Und er bietet dazu alle Voraussetzungen.

James Means

kel von sechstausend bis siebentausend Worten kostenlos liefern — bis zum 1. November.[41] Dieser trifft mit Verzögerung am 11. Dezember bei Means ein; aber kein Original, sondern die Übersetzung von »Fliegesport und Fliegepraxis«. Was mag diesen zuverlässigen Ingenieur und Fabrikanten dazu bewogen haben? Diese Frage drängt sich umsomehr auf, wenn Dr. Victor Kremser — als er Ende 1895 die Redaktion der »Zeitschrift für Luftschiffahrt« niederlegt — schreibt: »Dass es mir aber wenigstens gelungen ist, die Zeitschrift lebenskräftig und auf einer gewissen Höhe zu halten, verdanke ich in erster Linie der regen Mitarbeit der Herren Ingenieur O. Lilienthal und Hauptmann Moedebeck.«[42]

Nikolai Jegorowitsch Shukowski, wie ihn Lilienthal kannte

Betrachtet man die Ergebnisse derer, die seinen Apparat ohne Konsultation mit ihm nachbauten und Probleme damit hatten, so erscheint seine Feststellung dazu besonders bemerkenswert, er »glaube nicht, daß man große Erfolge erzielt, weil es beim Bau und bei der Anwendung auf Einzelheiten ankommt, auf die jeder noch ganz besonders hingewiesen werden muß«.[40] In der Tat gibt es viele Details, die in den Patentzeichnungen fehlen, aber für praktische Flüge unverzichtbar sind, zum Beispiel Spanntürme.

Als Means eine Anzeige auf der letzten Seite des Annuals vorschlägt, greift Lilienthal zu. Er will einen Arti-

Lilienthal und die flugtechnischen Zentren in der Welt

Es war eine Zeit, in der die Wissenschaft zunehmend als Produktivkraft wirkte. Ingenieurwissenschaftliche Erkenntnisse schlugen sich immer mehr in der Produktion und im Leben nieder. Auf dem Gebiet der Flugtechnik steckte man jedoch noch in den Kinderschuhen. Stellte man die Frage, wie groß bei gegebener Masse und Flächenmaß eines Apparates die zur horizontalen Fortbewegung notwendige Arbeit ist, so gab es viele Antworten. Selbst das Ingenieurtaschenbuch »Hütte« — bewährter Hort technischen Wissens für Generationen — gab 1892 noch keine klare Antwort.

Aufsätze und Jahresberichte in den Zeitschriften der europäischen Luftfahrtvereine spiegelten den tiefen Graben zwischen akademisch betriebener Theorie und der Praxis wider. Im Jahre 1889 hieß es in der »Zeitschrift für Luftschiffahrt«, die Flugtechnik sei »ein beliebter Tummelplatz des Erfinderwahnsinns, sie ist die Alchymie des 19. Jahrhunderts. Wir haben die Hoffnung, dass es besser werde, seitdem sich eine spezifische flugtechnische Wissenschaft zu entwickeln beginnt, die auf zwei mächtigen Säulen beruht, auf der Mathematik und der Physiologie.«[1]

George Cayleys Skepsis — ausgesprochen zu Beginn des Jahrhunderts — blieb auch gegen dessen Ende immer noch berechtigt. Er glaubte nicht daran, daß die theoretische Wissenschaft jemals wichtige Beiträge zur Erforschung des Fluges leisten könne. »Wie ich befürchte, ist dieser ganze Gegenstand seinem Wesen nach so undurchsichtig, daß er nur experimentell — nicht theoretisch — untersucht werden kann. Da überzeugende Ergebnisse bisher auf keinem der beiden Wege erzielt wurden, scheint als einziger Ausweg eine Nachahmung der Natur übrig zu bleiben.«[2] Mit dem Hinweis auf die Nachahmung der Natur lieferte Cayley den Schlüssel zum Erfolg, indem er diesen mit seinen eigenen bedeutenden Arbeiten für die wisschenschaftliche Fundierung der Flugtechnik passend gemacht hatte.

Shukowski knüpfte ebenfalls an die Idee von der Nachahmung der Natur an und begann, sich theoretisch mit dem Flugproblem zu beschäftigen. Gemeinsam mit Frederick Williams Lanchester (1889-1946), Martin Wilhelm Kutta (1867-1944) und Ludwig Prandtl (1875-1953) zählt er zu den Begründern der modernen Aerodynamik. Die Erfolge Shukowskis sind unter anderem in der Methode begründet, mit der er die wissenschaftlichen Fundamente der Flugtechnik erforschte. Als Professor für Mechanik an der Moskauer Universität beschäftigte er sich mit der Analyse der allgemeinen Funktionsprinzipien von Organismen und Maschinen. Auf dem Fundament der jahrhundertealten Nachahmungstheorie suchte er für alle organisierten Systeme, für die Tiere, den Menschen und die Maschinen, einheitliche Prinzipien aufzudecken.

Während Forschungsreisen, die ihn ab 1877 unter anderem nach Berlin und Paris führten, lernte er Helmholtz Arbeiten über die Aerodynamik kennen. Aufmerksam verfolgte er die Bemühungen der Flugtechniker in allen europäischen Ländern. Aus Frankreich brachte er eine Vielzahl von Flugmodellen mit nach Hause, die er auch während der Vorlesungen fliegen ließ.[3]

Schon 1890, am 26. Oktober, sprach Shukowski in Moskau über Lilienthals Untersuchungen zum Vogelflug.[4] Dabei beschäftigte er sich mit dem Buch über den Vogelflug, das er in den folgenden Jahrzehnten immer wieder als Quelle heranzieht, dessen Berechnungen er prüft und nachvollzieht und dessen Abbildungen er mit ausdrücklicher Quellenangabe mindestens noch 1911 in Vorlesungen verwendet. Im Protokoll dieser »71. Tagung der Sektion Physikalische Wissenschaften der Gesellschaft der Freunde der Naturwissenschaften« wird ausdrücklich auf drei neue Fakten verwiesen: das Demnitzer Experiment mit dem Tretapparat, die gewölbten Flächen und den um drei Grad ansteigenden Wind.

Es folgten in den nächsten Jahren Vorträge über den Flugapparat von Georg Wellner, die Flugmaschine von Hiram Maxim, die Methode der Momentfotografie von Marey und über experimentelle Untersuchungen von Eiffel.

Aus seinem Interesse an der Dynamik, in erster Linie der Aerodynamik, wandte sich Shukowski mehrfach der Analyse des Vogelfluges zu. In dem 1890 verfaßten Artikel »Zur Theorie des Fliegens« fragte er nach den Kräften, die den Vogelflug ermöglichen. »Wenn wir rings um uns her die fliegenden Lebewesen betrachten.... stellen wir uns unwillkürlich die Frage: Gibt es für uns etwa keine Möglichkeit, diese Geschöpfe nachzuahmen?«[5]

Im Jahre 1892 veröffentlichte er »Über den Gleitflug der Vögel«. Das Ziel bestand darin, zu zeigen, wie die Vögel — die Kraft des Windes ausnutzend — Gleitflüge ohne eigenen Energieaufwand ausführen können. Der Wissenschaftler ging von den vielen vorliegenden Arbeiten zu diesem Thema aus, die eine mathematische Beschreibung der konkret zu beobachtenden Bewegungen des Vogels geben wollten. Und eben darin sah er den Grund für die Mißerfolge der Forschungen. Der Flug des Vogels gegen den Wind, in Windrichtungen, bei gleichmäßigem Wind, bei stürmischen Wind, der gerade, der schräge, der aufsteigende Flug und andere Begleiterscheinungen wurden hier gleichzeitig betrachtet.

Shukowski vertrat eine andere Methode. Er lehnte eine Beschreibung des Gleitfluges der Vögel mit kon-

Летательный аппаратъ Отто Лиліенталя.

Н. Е. Жуковскаго.

Наиболѣе выдающееся изобрѣтеніе за послѣднее время въ области аэронавтики представляетъ летательный аппаратъ нѣмецкаго инженера Отто Лиліенталя. Этотъ аппаратъ состоитъ изъ неподвижныхъ крыльевъ, сдѣланныхъ изъ ивовыхъ крыльевъ и парусины и обращенныхъ книзу вогнутою стороною. Крылья имѣютъ 7 м. длины и около 2½ ширины (18 к. м.). Весь аппаратъ вѣситъ 20 клг. и безъ труда держится на рукахъ, продѣваемыхъ до плечъ въ отверстія, сдѣланныя въ передней части аппарата, причемъ руками слѣдуетъ ухватиться за поперечную перекладину прибора.

Снимокъ представляетъ Лиліенталя съ надѣтымъ на него летательнымъ аппаратомъ. Съ такимъ снаряженіемъ онъ легко можетъ бѣгать. Первые опыты паренія по воздуху Лиліенталь сдѣлалъ въ 1893 г. въ мѣстечкѣ Steglitz около Берлина, гдѣ на горѣ для него была построена башня (10 м.). Съ

этой башни онъ бросался съ своимъ аппаратомъ противъ вѣтра и двигался въ воздухѣ, ниспадая внизъ по отлогому пути. Потомъ онъ перенесъ свои эксперименты на горы Rhinower, которыя представляютъ коническіе холмы, дающіе во всѣ стороны пологіе ската отъ 10° до 20°. Эти горы оказались чрезвычайно удоб-

N. J. Shukowski: Der Flugapparat Otto Lilienthals

kreten Bedingungen zunächst ab und ging vielmehr davon aus, daß es in der Forschung unmöglich sei, alle Eigenschaften des Gegenstandes gleichzeitig zu erfassen. Die Untersuchungen müßten sich zunächst auf die wichtigsten Eigenschaften konzentrieren.

Während Lilienthal den Vogelflug analysierte, idealisierte der russische Wissenschaftlicher zunächst den Gleitflug der Vögel, indem er ihn in reiner Form, ohne Berücksichtigung irgendwelcher Einflußfaktoren wie der Kraft des Windes, seiner Richtung, der Flügelspannweite des Vogels, dessen Masse und anderen betrachtete.[6] Im Unterschied zu dem Berliner Flugpionier und Theoretiker erstrebte er zunächst »die vollständige Lösung der Aufgabe über das Gleiten der Vögel in ruhender Luft«.

»Gewöhnlich denkt man, daß das Ziel der mathematischen Untersuchung einer Naturerscheinung in der Berechnung aller Größen besteht, die diese Erscheinung charakterisieren, und wenn zum Erreichen dieses Zieles die Mittel der mathematischen Analyse nicht ausreichen, dann wird die Untersuchung einer gegebenen Naturerscheinung als eine nicht faßbare mathematischen Aufgabe angesehen«, notierte Shukowski. Doch er war nicht dieser Meinung. Da eine idealisierte Darstellung des Gleitfluges keinen Wert für die Technik hatte, ging er nun einen Schritt weiter.

»Außer der Möglichkeit, Größen zu berechnen, die eine Erscheinung charakterisieren, stellt die mathematische Analyse den Zusammenhang zwischen Größen her, macht uns mit der Verlauf der Erscheinung und ihren Besonderheiten bekannt und erlaubt manchmal, eine mathematische Analogie zwischen zwei Erscheinungen zu bemerken, die in ihrer physikalischen Natur völlig unterschiedlich sein können.«[7]

In idealisierter Form verschwinden alle Besonderheiten beim Gleitflug des Vogels als einem lebenden Organismus. Damit ist ein Ausgangspunkt für die Beschreibung des Gleitfluges »vogelähnlicher« Gegenstände gegeben; der des Vogels bleibt hinsichtlich einer solchen Theorie nur noch ein spezieller Fall. Einen anderen Sonderfall bildet zum Beispiel die Bewegung einer Scheibe im Luftstrom. In Analogiebetrachtungen setzte er jetzt den Vogel einer Scheibe gleich. Mit der Scheibe betrachtete Shukowski einen Gegenstand, der für eine theoretische und experimentelle Untersuchung geeignet war. Flugzeuge und andere technische Flugapparate erscheinen so ebenfalls als Sonderfall. Nach Ableitung der allgemeinen theoretischen Beziehungen demonstrierte Shukowski dann, wie diese durch die Berücksichtigung der zuvor eliminierten Faktoren zu präzisieren seien.[8]

Er zeigte nun, »auf welche Art und Weise die gefundene Bewegung sich scheinbar in der Luft ändert, welche in horizontalen Schichten mit unterschiedlichen Geschwindigkeiten strömt, böenhaft bläst oder leicht aufsteigende Bewegung hat«. Auf diesem Weg kam er zur Beweisführung für die Möglichkeit der Bewegung auf einer Flugbahn, »die etwa eine Schleife darstellt«.

Der Russe Pjotr Nesterow flog am 27. August 1913 den ersten Looping der Welt, kurz darauf folgte ihm der Franzose Alphonse Pegoud. Shukowski konnte die Bestätigung seiner theoretischen Voraussage erleben. Am 17. Mai 1914 erklärte er im Beisein der beiden Piloten im überfüllten Auditorium Maximum des Moskauer Polytechnischen Museums: »Schon vor 20 Jahren habe ich die Möglichkeit der Todesschleife bewiesen… Die Zeitungen sind übervoll von Meldungen über Luftakrobatik, Zirkusnummern der Aeroplane und Fliegertricks. Wie traurig, dies alles zu lesen. Nein, nicht der Hokuspokus, sondern die Krone des Fliegens. Fortsetzung des von Otto Lilienthal begonnenen Weges. So und nicht anders kann ich die Todesschleife einschätzen.«[9]

Zu diesem Zeitpunkt war Shukowski längst ein anerkannter Aerodynamiker. Das 1905 formulierte Theorem für die Auftriebskraft und die Aussagen zur Bedeutung der Zirkulation hatten ihn weltweit berühmt gemacht. Sein Hinweis auf Otto Lilienthal war aber mehr als

Bescheidenheit. Er galt dem ersten erfolgreichen Flieger, mit dem ihn vieles verbunden hatte. Das gleiche Ziel, den Gleitflug der Vögel nachzuahmen, basierte auf Gemeinsamkeiten im methodischen Grundverständnis. Die Idealisierung durch den Mathematiker Shukowski entsprach in vielem dem schrittweisen Vorgehen des Ingenieurs Lilienthal: Nicht sofort alle Bedingungen einbeziehen, sondern die im Augenblick theoretisch und technisch gegebenen Möglichkeiten aufgreifen, sie in Theorie und Praxis testen, um so zu weiteren Erkenntnissen vorzustoßen.

Shukowski hatte die Flüge und Erkenntnisse Lilienthal durch dessen Berichte in der »Zeitschrift für Luftschiffahrt« verfolgt. Es liegt auf der Hand, daß die Begegnung in Berlin mit vielen gegenseitigen Anregungen verbunden war, insbesondere auch auf theoretischem Gebiet. Nach Moskau zurückgekehrt — schon am 19. September 1895 wiederholt er seinen Lübecker Vortrag und berichtet über die Tagung — begann der Professor an der Universität unmittelbar Versuche mit gewölbten Flügelprofilen. Mit einem Studenten arbeitete er an der Herstellung von Modellen aus Schilf und Seide.[10]

Am 21. November 1895 leitete Shukowski einen Vortrag in der Sitzung der Abteilung der physikalischen Wissenschaften der »Gesellschaft der Freunde der Naturwissenschaften« über seine Reise mit den Worten ein: »Die wichtigste Erfindung der letzten Jahre auf dem Gebiet der Flugtechnik ist der Flugapparat des deutschen Ingenieurs Otto Lilienthal.« Er zeigte Fotografien von Preobrashenski und eine Aufnahme des Flugpioniers im Doppeldecker, »einen von den Flügen, die ich selbst beobachten konnte«. Der Redner informierte von Lilienthals Überzeugung, »daß die erste Lösung des Flugproblems durch das Segeln der Menschen ähnlich den Adlern geschehen wird« und verglich den Gleiter mit der Maschine von Maxim.

»Als ich von Berlin zurückfuhr, dachte ich über diese Richtung nach, die jetzt die Lösung des Flugproblems erlaubt. Die unerhört viel Geld kostende dreihundertpferdige Maschine Maxims mit ihren mächtigen Luftschrauben tritt zurück hinter den anspruchslosen Weidenapparat des scharfsinnigen deutschen Ingenieurs, weil die erste, ungeachtet von ihrer starken Antriebskraft, keine zuverlässige Steuerung besitzt, während der Experimentator mit dem Gerät Lilienthals bei kleinen Flügen anfangend, vor allem die richtige Steuerung seines Apparates in der Luft erlernen kann.«[11]

Der Vortrag intensivierte die Diskussion über Lilienthal in Rußland. Am 6. März 1896 sprach Shukowski in St. Petersburg vor der Russischen Technischen Gesellschaft über den Flugsport, ein Thema, das er am 27. Dezember des Vorjahres bereits vor der Physikalischen Abteilung der Gesellschaft der Freunde der Naturwissenschaften in Moskau behandelt hatte. In einem Beschluß der Leitung der Abteilung vom 7. März 1896 wurde dann die Bitte an den Referenten ausgesprochen, den Lilienthal-Gleiter zur Verfügung zu stellen.[12]

Übrigens erschien nach Lilienthals Tod in einer russischen ingenieurtechnischen Zeitschrift im Jahre 1896 ein Artikel von ihm »Zu Fragen des mechanischen Fluges«, der sich mit Formen der Flügel befaßte. Er war aus dem Französischen übersetzt worden.[13]

N. J. Shukowski: Über den Tod des Fliegers Otto Lilienthal

Lilienthals Werk war russischen Forschern und Pionieren der Luftfahrt schon lange bekannt. Der Arzt Nikolai Andrejewitsch Arendt (1833-1893) aus Simferopol schrieb seit den siebziger Jahren über den Gleitflug und wies darauf hin, daß dieser den Menschen eine Chance biete, Fähigkeiten zum Fliegen und Verhalten im Fluge zu erlernen. Im Jahre 1889 veröffentlichte er die Arbeit »Über die Luftfahrt, auf dem Prinzip des Segelns der Vögel beruhend«.[14] Einfluß auf die weitere Entwicklung hatte er jedoch nicht.

Einen Zusammenhang zu Lilienthal stellte der Ingenieur Jewgeni Stepanowitsch Fjodorow (1851-1909) her, als er 1890 schrieb: »Arendt bestätigt, daß der Wind kein Hindernis für das Fliegen ist, sondern im Gegenteil eine große Hilfe; das gleiche sagt auch Herr Lilienthal; ersterer spricht, daß der Mensch, der das Fliegen zu erlernen wünscht, sich zuerst mit dem Segelfliegen beschäftigen muß, wobei es nicht ausreichend ist, einen Flugapparat zu bauen, sondern ebenso notwendig ist, mit ihm umgehen zu können; nahezu das gleiche hören wir von Herrn Lilienthal.«[15]

Der Absolvent und Hochschullehrer der Petersburger Ingenieurschule, ein guter Mathematiker, war Mitglied der Kaiserlichen Russischen Technischen Gesellschaft, bald sogar Mitglied ihres Rates, des obersten Leistungsgremiums, und dessen Sekretär.[16] Schon Anfang 1884 hatte diese Gesellschaft wie auch die Russische Polytechnische Gesellschaft einen Austausch von Zeit-

Отто Лиліенталь.

ПОЛЕТЪ ПТИЦЪ,

КАКЪ ОСНОВА ИСКУССТВА ЛѢТАТЬ.

Матеріалы для систематики техники полета.

Составлено на основаніи многочисленныхъ опытовъ,
произведенныхъ братьями О. и Г. Лиліенталь,
инженерами и строителями машинъ въ Берлинѣ.

Начерталъ съ нѣмецкаго
Е. С. ѲЕДОРОВЪ

Приложеніе
къ «Запискамъ Императорскаго Русскаго Техническаго Общества».
1905.

С.-ПЕТЕРБУРГЪ.
1905

Titelblatt der russischen Ausgabe des »Vogelfluges«

schriften mit dem Deutschen Verein zur Förderung der Luftschiffahrt eingeleitet.[17] Weitere Kontakte zwischen St. Petersburg und Berlin entstanden durch die Mitgliedschaft des Generalmajor Boresnikoff im Deutschen Verein ab 14. November 1885.[18]

Angesichts der Sprachkenntnisse von Fjodorow muß man davon ausgehen, daß er die Publikationen Lilienthals auf diesem Wege kennenlernte. Als er 1896 das verkleinerte Modell einer eigenen Flugzeugkonstruktion mit vier Quadratmeter Flugfläche baute, das verschiedentlich recht stabil geflogen sein soll, schrieb er auf seinen Apparat bezogen: »Wenn diese Unterstellung, die sich auf die Angaben Otto Lilienthals stützt, bestätigt wird, so kann man Geräte für kleinere Windgeschwindigkeiten bauen, indem man die Flügelfläche entsprechend vergrößert…« Er berief sich also auf den deutschen Flugpionier.[19]

Fjodorow war es dann auch, der Lilienthals Buch über den Vogelflug ins Russische übersetzte. Die Ausgabe erschien 1905 in St. Petersburg. Im Vorwort des Übersetzers hob dieser hervor: »Das Werk O. Lilienthals, das nun in der russischen Übersetzung erscheint, wurde 1889 herausgegeben und zog sogleich die Aufmerksamkeit aller gebildeten Menschen auf sich, die sich für die Fragen der Luftfahrt interessierten. Die Übersetzung, auch wenn sie stark verspätet ist, wird, dessen ungeachtet, aller Wahrscheinlichkeit nach mit

Freude vom russischen Publikum begrüßt werden, weil alle von O. Lilienthal dargebotenen Gedanken nichts von ihrer Frische und nichts von ihrer Bedeutung für die Sache der Luftfahrt verloren haben…

Die Liebe, die O. Lilienthal in das Studium der Luftfahrt legte und die er mit seinem ruhmvollen Tod bekräftigte, durchweht jedes Wort seines Werkes; vom tiefen Glauben, der an eine völlige Überzeugung von der Möglichkeit des Menschenfluges grenzt, ist sein ganzes Werk durchdrungen. Man kann sogar erhöht sagen, daß das angebotene Büchlein ein Poem der Luftfahrt ist; an vielen Stellen war dem Autor die einfache Darlegung in Prosa nicht ausreichend, und er greift zur Hilfe der Poesie. Zu den Vorzügen des Buches ist auch der Umstand zu zählen, daß alles Dargelegte einfach, verständlich und populär und nicht für den Spezialisten, sondern für den gewöhnlichen Leser berechnet ist. Deswegen bringen wir unsere völlige Überzeugung zum Ausdruck, daß die vorliegende Übersetzung mit großem Interesse gelesen werden wird.«[20]

Auch eine Rezension der Übersetzung aus dem Jahre 1909 ist erhalten: »Das Original entstammt der Feder des bekannten Pioniers der praktischen Verwirklichung des Fliegens, der seine Treue zur eigenen These, daß ›es nicht ausreichend ist, einen Flugapparat zu erfinden und zu bauen, sondern man muß auch mit ihm umgehen können‹, mit dem Leben bezahlte.

Das Buch erschien 1889. Seit dieser Zeit sind dank der verbesserten Beobachtungsmethoden — der Chronophotographie von Prof. Marey —, der größeren Anzahl gesammelter Fakten und letztlich der Arbeit einer großen Anzahl von Persönlichkeiten viele Erscheinungen des Fluges richtiger zu verstehen. Es läßt sich feststellen, daß der Überblick der auf dem Gebiete der Luftfahrt Tätigen in den letzten 20 Jahren bedeutend größer geworden ist, aber das Buch O. Lilienthals kann man auch jetzt ohne geringsten Vorbehalt jedem empfehlen, der mit dem Studium von Fragen des ›Fliegens‹ beginnen will, und Jewg. Step. Fjodorow — im Herbst dieses Jahres verstorben — leistete dem russischen Leser einen gewaltigen Dienst, indem er ihm diese klassische Arbeit zugänglich machte.«[21]

Mit Lilienthal befaßte sich ebenfalls der russische Forscher und Erfinder Anatoli Georgijewitsch Ufimzew. Sein Aufsatz »Ein neues Prinzip des Haltens des Gewichts in der Luft ohne Aufwand von Arbeit für dieses Halten« spiegelt das wider. Dabei analysiert er einige Folgerungen Lilienthals aus dem »Vogelflug« gestützt auf Shukowski. Ufimzew baute vor allem mehrere Flugmotoren, ein Rotationsmotor wurde 1909 in Kursk in Serie gefertigt, und zwei Motorflugzeuge.[22]

Als auf dem »12. Kongreß der russischen Naturforscher und Ärzte« im Dezember 1909 erstmals unter Leitung Shukowskis eine Untersektion Luftschiffahrt ihre Arbeit aufnahm, konnte sie schon zweitausendfünfhundert Mitglieder zählen. Sie veranstaltete in der Moskauer Technischen Hochschule eine Ausstellung. Wie die Zeitschrift »Der Luftschiffer« berichtete, »erregte die besondere Aufmerksamkeit der Besucher ein echter Lilienthal-Gleiter, den die Moskauer Universität bei Lilienthal ca. eine Woche vor dessen Tod gekauft hatte«. Er befindet sich heute im Shukowski-Museum in Moskau.[23]

*I*n den internationalen Debatten ergriffen auch Amerikaner das Wort. So wie Shukowski von theoretischen Untersuchungen zur Beschäftigung mit dem Gleitflug der Vögel überging und die praktische Richtung des »Kunstfluges« unterstützte, kam Pierpont Samuel Langley (1834-1906) ebenfalls von theoretischen Forschungen zu praktischen Folgerungen. Doch er vertrat eine andere Entwicklungsrichtung: Versuche mit großen kraftgetriebenen Maschinen, unter denen noch nicht Explosionsmotoren zu verstehen waren. Der Amerikaner baute große Modelle, nicht manntragende Flugapparate, erkundete insbesondere als Sekretär der Smithsonian Institution den internationalen Wissensstand auch auf dem Gebiet der Luftfahrt und beteiligte sich selbst an den Forschungen.

Im Jahre 1893 erschien von ihm eine Untersuchung über die »innere Arbeit« des Windes und den dadurch möglichen Segelflug. Technische, physikalische und meteorologische Zeitschriften informierten sofort darüber. Langley griff die Diskussion von Prof. John W. S. Rayleigh (1842-1919) über die Erklärung des Segelfluges auf, der 1876 als erster Theoretiker die Möglichkeit eines dynamischen Segelfluges erkannte und begründete. Er ging davon aus, der Wind sei entweder aufwärts gerichtet oder ungleichförmig. Der Autor kam nun zu dem Ergebnis, »daß es mechanisch und praktisch möglich sei, einen schweren Körper, der mit passenden ebenen oder gekrümmten Oberflächen versehen ist, unbeschränkt im Winde schwebend oder selbst gegen den Wind schwebend in Bewegung zu erhalten, ohne daß derselbe mit dem Erdboden in Verbindung stünde« (also nicht nach dem Drachenprinzip) »und ohne daß innere Energie aufgewendet würde. Dies wird dadurch möglich, daß man die innere Unregelmäßigkeit des Windes benützt, welche aus einzelnen Impulsen besteht, die sich mehrmals in der Minute folgen.«[24]

In der Tat gibt es diese »innere Arbeit« des Windes, die angesichts der Masseträgheit des Segelflugzeuges für einen Flug nutzbar ist. Somit kann man auch keinen Widerspruch zur Mechanik herstellen; bei ausreichenden Windschwankungen läßt sich der Flugapparat ohne eigene Energie in der Luft halten. Langley ging in seinen Erkenntnissen noch einen Schritt weiter: Nimmt der Wind ab, so muß der Flugapparat seine eigene Geschwindigkeit erhöhen, innerhalb von Gebieten höherer Windgeschwindigkeit kann er im Steilflug an Höhe gewinnen.

Die Arbeit löste international lebhafte Diskussionen aus. Müllenhoff berichtete 1894 in der »Zeitschrift für Luftschiffahrt« über die widersprüchliche Debatte zu dieser Theorie auf dem »Aeronautischen Kongreß« in Chicago. Die Palette der Meinungsäußerungen reichte dort von Zustimmung bis zu totaler Ablehnung.[25]

In Wien beschäftigte sich Friedrich Ritter v. Loessl — er experimentierte unbeirrt zum Luftwiderstand ebener Flächen — ausführlich mit diesen Theorien. »Aus der von Sekunde zu Sekunde sehr bedeutend variierenden Bewegungsgeschwindigkeit der Luft, welcher Langley den Namen ›Innere Luftarbeit‹ beilegt, hat dieser Experimentator die Möglichkeit abgeleitet, daß eine in der Luft schwebende Fläche ohne Anwendung einer von ihr selbst ausgehenden motorischen Arbeit nicht nur in die Höhe gehoben, sondern auch gegen die herrschende Windrichtung vorwärts geschoben werden könne. Hierdurch scheine auch das Problem des mühelosen Schwebefluges der Vögel gelöst.« Loessl fand, daß durch »die innere Arbeit der strömenden Luft die Erscheinung des auch bei ruhiger Luft vor sich gehenden Schwebefluges der Vögel noch lange nicht völlig aufgeklärt ist und die Langley'sche Beweisführung unzulänglich sei.«[26]

Lilienthal kannte Langleys Arbeiten seit 1891, dem Jahr, in dem dieser »Experiments in Aerodynamics« veröffentlichte und Otto seine Mitarbeit in der »Zeitschrift für Luftschiffahrt« aufnahm. Er informierte zu jener Zeit über einen Bericht der französischen Akademie der Wissenschaften zu den ersten aerodynamischen Experimenten des Amerikaners. Schon damals hatte er die mit ebenen Flächen angestellten Messungen öffentlich bezweifelt.[27] Angesichts der neuen Arbeit kann Lilienthal konstatieren, daß Langley — von ebenen Flächen überzeugt — nun auch schon Versuche mit nicht ebenen Flächen angestellt hat. Selbst zu diesem Zeitpunkt den Kreisflug anstrebend, findet der Berliner nun in den vorgelegten und experimentellen Ergebnissen eine befriedigende theoretische Begründung seiner praktischen Erfolge.[28] Diese Auffassung teilt auch Friedrich Ahlborn.[29]

Sehr unterschiedlich war jedoch das Herangehen des Amerikaners und des Deutschen an die Konstruktion von Flugapparaten. In einer mit L. M. gezeichneten »Litterarischen Besprechung« beschreibt vermutlich Lilienthal gemeinsam mit Müllenhoff in der »Zeitschrift für Luftschiffahrt« den mit einer Dampfmaschine betriebenen Apparat Langleys, der auf das strengste geheimgehalten wurde — und letztendlich manntragend gebaut 1903 buchstäblich ins Wasser fiel. »Sein Ruf wird sicherlich nicht darunter leiden, wenn auch seine flugtechnischen Leistungen nicht auf der Höhe seiner übrigen wissenschaftlichen Verdienste stehen.«[30]

*S*o ist verständlich, daß die Begegnung der beiden Flugforscher und -pioniere im August 1895 nicht einer gewissen Spannung entbehrt. Dennoch hofft Otto — wie sich zeigen sollte vergebens —, in dem Sekretär der Smithsonian Institution den zweiten Mäzen für den dreißig Meter hohen Fliegeberg zu finden. Langley aber unterstützt zu dieser Zeit die Konstruktionen des Hiram Maxim.[31]

Am 6. August berichtet der Amerikaner in einem Brief ausführlich: »Ich traf Lilienthal um zwölf Uhr. Da er nur wenig englisch oder französisch sprach, hatten wir Schwierigkeiten, uns zu verständigen.

Er glaubt, daß seine Methode des Flügelschlags derjenigen der Luftschraube überlegen ist, weil dabei die Luft unter dem Flügel nicht verwirbelt wird. Er zeigte mir einen seiner Flugapparate, — daß heißt die Flügel ohne Steuerfläche und Leitwerk. Der Apparat hat, wie er sagt, 13 Quadratmeter Fläche und wiegt 20 Kilogramm.

Er ist aus Weidenholz gefertigt. Es ist ziemlich krumm und unregelmäßig gewachsen. Das Leinen war straff gespannt wie ein Trommelfell.

Zur Flügelwölbung kann ich nichts sagen, da ich zum Messen keine Möglichkeit hatte, das Ganze wirkte schwer und klobig. — Wie auch immer. Schön ist, was sich als schön erweist.« Sodann geht der Amerikaner auf den Kohlensäuremotor ein.

»Obwohl ich nur knapp zwei Tage in Berlin war,« fährt der Besucher fort, »konnte ich es einrichten, auch zu Lilienthals Übungsplatz hinauszufahren und ihn dort mehrere Flugversuche ausführen zu sehen. Sie waren interessant, doch ich hatte nicht das Gefühl, viel dabei zu lernen…

Seine Flugmaschine sieht, wie gesagt, unnötig schwer aus… Er segelt nahezu parallel zur Neigung des Hanges abwärts und kommt im Grund nach einer Entfernung von nahezu 50 Meter auf die Füße… Ich sah ihm vier- oder fünfmal zu. Sein bester ›Flug‹ war rund 50 Meter weit bei einer Fallhöhe von 12, 3 für den Anlauf gerechnet…

Ich fragte ihn, warum er nicht eine Plattform auf dem Hügel errichtet hätte, um davon abzuspringen und den Flug einzuleiten. Er sagte, er hätte es versucht, sei aber wieder abgekommen wegen der auftretenden Windstöße.

Er war der Meinung, daß es möglich sei bei starkem Wind unbegrenzt zu fliegen, aber sehr gefährlich. Die spezielle Gefahr wäre, daß der Wind auf einen Flügel stärker einwirke als auf den anderen, der Apparat in der Luft herumgeschleudert würde, seine Geschwindigkeit verlöre und abstürze. Diese Gefahr sah ich ebenfalls als gegeben.«[32]

Der Empfänger dieses Briefes, Augustus Moore Herring (1867-1926) war im Sommer 1895 für fünf Monate Mitarbeiter von Langley. Er stand mit Lilienthal im Briefwechsel. Ein Jahr zuvor hatte er Versuche mit Nachbauten von Lilienthal-Konstruktionen begonnen. Und das kommende Jahr sollte ihn am Michigansee im Fliegerlager Chanutes finden.

Octave Chanute, der nun schon langjährige Briefpartner Lilienthals, führt umfangreiche Korrespondenz mit Flugtechnikern in aller Welt, so auch mit Hauptmann Moedebeck. Zweifellos ist er eine internationale Autorität in der zeitgenössischen Luftfahrtentwicklung. Im Gegensatz zu Lilienthal fliegt er aber wegen seines Alters nicht selbst, sondern finanziert seit 1892 von ihm geleitete Versuche mit manntragenden Apparaten.

Mit Lilienthal verbinden ihn gleiche Erkenntnisse. Chanute geht davon aus, daß der »Erfolg vermutlich durch einen Entwicklungsprozeß erreicht wird, und der letzte, vom Erfolg begünstigte Mensch wird vermutlich nur eine Kleinigkeit zu den Fortschritten seiner vielen Vorgänger hinzugefügt haben.

»Es ist wahr, der wichtigste Faktor des zukünftigen Flugapparates wird ein ausserordentlicher Motor sein. Es ist der Mangel eines solchen, der bisher das dynamische Fliegen unmöglich gemacht hat… Aber selbst mit einem ausserordentlich leichten Motor kann Erfolg nicht erreicht werden, bevor wir nicht das Problem des Gleichgewichts in der Luft beherrschen… Diesem Hauptproblem des Gleichgewichts habe ich meine ganze Aufmerksamkeit gewidmet, in dem festen Glauben, dass erstens ein lebloser künstlicher Apparat in der Luft mit automatischer Stabilität ausgestattet sein muß, und zweitens, dass Versuche andeuten, dass dieses erreichbar ist.«[33]

Beide tauschen Publikationen aus, Chanute veröffentlicht einige und engagiert sich für den Verkauf des amerikanischen Patents. Am 17. Juli 1895 schreibt er von der Absicht der US-Armee, Lilienthals Segelapparat komplett und mit genauen Instruktionen zu erwerben. Man wolle Amerikaner in seinem Gebrauch unterweisen und den Apparat auf einer Ausstellung in Denver zeigen.[34] Fünftausend Dollar für das Patent hält Chanute für ein faires Angebot. Er bemüht sich durch gezielte Zeitungsinformationen, einen Käufer zu finden und hofft, Fahrradhersteller dafür zu gewinnen.

Der Amerikaner ist sehr an einem Besuch des deutschen Flugpioniers, an Vorführungen in den Staaten interessiert. Dieses Ziel verfolgt er gemeinsam mit seinem Freund James Means aus Boston, der die konkreten Angebote unterbreitet. Im Sommer 1895 — vermutlich anstelle Chanutes — tritt dieser mit Lilienthal in einen Briefwechsel. Seit Jahren hat er dessen Wirken verfolgt und darüber auch in seinem Sammelband »The Aeronautical Annual« erstmals 1895 informiert. Means gehört zu den Begründern der am 2. Mai 1895 gebildeten Boston Aeronautical Society, die ihre Mitgliederzahl auf zwanzig begrenzt, wobei nahezu alle aktiv experimentieren. In den Jahren 1893 und 1894 war er mit eigenen Flugmodellen hervorgetreten, die zu dieser Zeit bis sechzig Meter weit flogen. Hinzu kamen Versuche mit Drachen, die die Gleitermodelle in größere Höhen brachten.

Was Lilienthal erstrebte, war Means gelungen. Er berichtet in einem Brief, als Schuhfabrikant soviel verdient zu haben, »um mich von den Geschäften zurückzuziehen und nur noch meinen Neigungen für Bücher und Forschung leben zu können«.[35] Beide vertreten in vielem gleiche Auffassungen. Wie Chanute unterstützt auch Means den Verkauf des Lilienthal-Patents.

Es ist ein lebhafter Meinungsaustausch, den Otto Lilienthal mit den amerikanischen Zentren der Luftfahrt führt und der beiden Seiten Impulse gibt. Das außerordentliche Interesse an seinem Besuch und seinen Vorführungen sprechen genauso dafür, wie die Wirkungen auf die kommende Fliegergeneration, repräsentiert von den Brüdern Wright.

Wenn man ein weiteres Zentrum der Luftfahrtentwicklung jener Jahre nennen soll, zu dem engste Kontakte bestehen, so ist es Österreich, genauer: der »Wiener Flugtechnische Verein«. Schon die gemeinsame Herausgabe der »Zeitschrift für Luftschiffahrt« mit dem Berliner Verein ab 1888 trug dazu wesentlich bei, begründete aber nicht die Beziehungen.

In den zwei letzten Jahrzehnten des 19. Jahrhunderts wirkte in Österreich eine Gruppe von Ingenieuren und Wissenschaftlern, die in der europäischen flugtechnischen Diskussion eine bedeutende Rolle spielten. Im Jahre 1887 hatte sich in Wien auf Initiative von P. W. Lippert, Friedrich Ritter v. Loessl, Ernst Mach, Josef Popper, Georg Wellner, Wilhelm Kress, Siegfried Markus und anderen der Wiener Flugtechnische Verein gebildet. Sein erklärtes Ziel war, allen praktischen flugtechnischen Bestrebungen durch die Anwendung von Wissenschaft und Technik mit Hilfe des Experiments eine solide Basis zu geben.[36]

Als wichtigste Aufgabe des Vereins begründete der Ingenieur Josef Popper die Förderung der »Flugmaschine ohne Ballon«. Auch »wenn die Fortschritte auf dem Gebiet des lenkbaren Luftballons... noch größere wären, so werde doch immer die viel bequemere... Methode der Aviation, die ihre Hauptstütze in der Thatsache hat, dass wir solche Maschinen in der organischen Welt in schönster Weise bei den Vögeln verwirklicht sehen,... das eigentliche Ziel der Flugtechnik bleiben.«[37]

Hermann Hoernes, Georg Wellner und Wilhelm Kress waren es vor allem, die den dynamischen Flug bald für möglich hielten und dazu aufforderten, alle auf der experimentellen Methode beruhenden Projekte zu fördern. »Speziell die Aviation ist in ein Stadium getreten, dessen Devise lautet: ›Probieren geht über Studieren‹.« Diesen Satz schrieb Hoernes 1891 in das Programm des Vereins. Er forderte auf, Wilhelm Kress, »eines der ältesten und tätigsten Mitglieder des Vereins, sehr bewandert in allen flugtechnischen Fragen«, der »auch schon kleine Modelle gebaut, welche tatsächlich flogen«, zu unterstützen und ihm behilflich zu sein, ein größeres Modell zu bauen.[38]

Im Wiener Verein wurden Lilienthals theoretische Arbeiten und praktische Flugversuche aufmerksam verfolgt. Fotos seiner Flüge machten die Runde. Man diskutierte sein Wirken als den Beginn einer Entwicklung und verglich seine Bestrebungen mit der Evolution des Flugvermögens bei den Vögeln.[39] Seine Betonung der Vorteile gewölbter Flächen wurde nicht widerspruchslos aufgenommen. Carl Milla und August Platte sprachen sich wiederholt für ebene Flächen aus. Als prominentester Gegner hielt Friedrich Ritter v. Loessl an den ebenen fest, weil gekrümmte einen zu großen Stirnwiderstand bieten würden. Einzig Georg Wellner experimentierte ebenfalls mit den gekrümmten. Aber keiner in Wien flog zu dieser Zeit.

In England, wo Maxims Versuche dominierten, hat Lilienthal in dem Marineingenieur Percy Sinclair Pilcher (1866-1899) einen Mitstreiter, der die Erfahrungen des deutschen Flugpioniers aufgreift und weiterträgt. Die alten Verbindungen zur »Aeronautical Society of Great-Britain« waren im Laufe der Jahre versandet, Informationen flossen im wesentlichen nur über die Literatur, von Kontakten bei Flugzeugverkäufen abgesehen.

Unterkühlt sind die Beziehungen zu den französischen Theoretikern und Praktikern. Zwar erregen die Experimente des deutschen Flugpioniers in der dortigen Presse Aufsehen. Doch Hureau de Villeneuve beharrt auf seinem Standpunkt und sieht in Lilienthal einen Fallschirmkünstler in einer langen Reihe von Namen zwischen Leonardo da Vinci und Zirkusakrobaten.[40] Dieses Urteil mag auch zur Folge gehabt haben, daß man in zeitgenössischen französischen Publikationen Fotos der ersten Flüge vermißt, die doch weltweit bekannt wurden.

Einige Autoren machen Ansätze zur Vermittlung, so im Jahre 1895 Louis Rambeau in »L'aeronaute«, der versuchte, die Differenzen »zwischen den Vertretern des flachen und des gewölbten Flügels auszugleichen, indem er die Konstruktionen beider für biegsam erklärt, die beim Fluge bald concav, bald convex seien«.[41] Emile Veyrin lobte sogar die Versuche, vermerkte allerdings, wie Moedebeck in seinen »Litterarischen Besprechungen« des Jahres 1894 vermerkte, daß Lilienthal der gewölbten Fläche zuviel Wert beilege. Treffend für die Situation in Frankreich war jedoch die Aufforderung, »Versuche in gleicher Art anzustellen, um nicht hinter Deutschland zurückzubleiben«.

Es gibt kaum Informationen über Flugversuche nach der Methode Lilienthals im Frankreich jener Zeit. Der Comte Charles de Lambert (1865-1944) besitzt zum Zeitpunkt der Aufforderung Veyrins bereits den in Berlin bestellten Apparat. Nur Ferdinand Ferber (1862-1909), später begeisterter Schüler Lilienthals, erwähnt 1910 einige Gleitversuche, bei denen de Lambert damals nur wenig Ausdauer gezeigt haben soll.[42]

Aus Janów, Gouvernement Sjedletz, damals zu Rußland gehörig, erreicht Otto ein Brief des polnischen Malers Czeslaw Tanski, geboren 1863, der seit 1894 Flugmodelle baut. Dieser wendet sich Anfang 1896 an den Berliner mit der Bitte um neueste Erkenntnisse von Flugversuchen nebst Abbildungen. Am 3. Februar erhält er die Antwort mit dem Hinweis auf den »Prometheus« Nr. 322 und 323 nebst Adresse des Verlages von Rudolf Mückenberger. Ausdrücklich verweist Lilienthal auf die »Momentphotographien« in einer größeren Anzahl. Tanski geht es nicht nur um Informationen, sondern auch um den Nachdruck, also um die Popularisierung seines Vorbildes. »Die Clischees dieser Abbildungen wird Ihnen Herr Mückenberger auch beschaffen können. Gegen eine Übersetzung des Artikels habe ich nichts einzuwenden.«[43] Im Juni des Jahres fliegt der Pole dann mit seinem dritten Gerät erstmals etwa dreißig Meter weit, jedoch in einer freihängenden Position. Seine Erfolge hat er erst nach 1900 beim Motorflug.

Überblickt man die Kontakte des deutschen Flugpioniers insbesondere in seinen letzten Lebens- und Schaffensjahren, so erreicht er eine große internationale Ausstrahlung. Sei es der theoretische Aspekt — so die gewölbte Fläche und die Lilienthal-Polaren — oder das praktische Ergebnis — der erste Flug des Menschen, vielfältige Erfahrungen bei der Eroberung des Luftreiches —, er beflügelt die Diskussion und gibt ein Beispiel, das weit in das 20. Jahrhundert wirken sollte.

Und noch ein dritter Aspekt muß genannt werden, die Hoffnung auf die zu erwartenden Resultate für die Menschheit. »Welch ein Culturfortschritt wäre dagegen errungen, wenn man die freie Atmosphäre, wo kein Gebirge, kein Wald, kein Wasser, kein Sumpf unsere Bewegungen hindert, zum allgemeinen Verkehr benutzen könnte. Sie haben sich selbst vielleicht schon einmal ausgemalt, daß z.B. die Grenzen der Länder ganz ihre Bedeutung verlieren, weil man dieselben bis in den Himmel nicht absperren kann. Man kann sich kaum vorstellen, daß Zölle und Kriege dann noch möglich sind. Der ungeheure Aufschwung, den der Verkehr der Völker untereinander nehmen würde, müßte schließlich die Sprachen zu einer Weltsprache mischen.«[44]

Der Ingenieur war damit keinesfalls ein Phantast. Er kannte auch den Januskopf seiner Erfindung. Es ist nur zu verständlich, daß sein weltanschauliches Herangehen die Hoffnung auf friedliche, soziale Perspektiven lenkte.

Ruhm und jähes Ende

Im Frühjahr 1896 mochten Zeitungsleser glauben, die zweiunddreißig Jahre zuvor von Jules Verne geschilderte Reise »Fünf Wochen im Ballon« sei nun möglich geworden. Der Luftschiffer Salomon August Andree (1854-1897) plante, den Nordpol im Juli 1896 nach einer dreißig Tage dauernden Fahrt zu überfliegen. Lilienthal hatte sich bereits im Vorjahr mit den technischen Möglichkeiten dazu auseinandergesetzt, dem »Prinzip der theilweisen Ballonlenkung... Der Ballon gehorcht keinem Steuer.« Andree glaubte, durch ein auf dem Boden nachschleifendes Schleppseil und ein in der Gondel schräg gestelltes Segel eine gewisse Lenkbarkeit zu erreichen.

»Es ist erklärlich,« so Otto Lilienthal zu dieser Lösung, »daß die meisten Fachleute dieses Unternehmen des kühnen schwedischen Luftschiffers mit großen Besorgnissen verfolgen.«[1] Die Skeptiker, auch der »Prometheus«, sprechen von einem »unbefriedigendem Plan« — und sollen leider Recht behalten. Andree kehrt von der dann 1897 unternommenen Fahrt nicht mehr zurück.

Die Vorbereitung dieses Abenteuers und das große Interesse daran mindern selbst außerhalb flugtechnischer Kreise nicht die Ausstrahlung des deutschen Flugpioniers. So referiert er 6. Februar 1896 Graf Ferdinand v. Zeppelin vor dem Württembergischen Bezirksverein im Beisein des Königs von Württemberg über »Entwürfe für lenkbare Luftfahrzeuge«. Bevor er ausführlich zu seinen Projekten kommt, bewertet er den technischen Stand der Flugzeugentwicklung. Hiram Maxims und Georg Wellners Konstruktionen hätten in der Welt viel Aufsehen erregt. »Es ist wohl denkbar und sogar wahrscheinlich, daß sie ganz sicher fliegen könnten; — aber woher den ausgebildeten Führer nehmen, der genau weiß, in welchem Augenblick, wie schnell und wie stark er hier einen Hebel rükken, dort ein Steuer verstellen muß, um die gerade passende Fluglage zu erhalten, und der die nötigen Griffe infolge langer Uebung gewissermaßen ohne Ueberlegen, dem Gefühl nach, immer rechtzeitig, immer richtig ausführt. Das kleinste Versehen ist sicheres Verderben!...

Sehr beachtenswert sind die Bemühungen Lilienthals,... den persönlichen Flug mit großen Flügeln zu erlernen. Er hat es bereits dahin gebracht, von einer Anhöhe herab mehrere hundert Meter weit, allerdings nur die Richtung gegen den Wind, zu fliegen. Sollte er viele Nachahmer in diesem Sport finden, so ist es denkbar, daß, wie jetzt das Fahrrad bereits mit einem kleinen Motor ausgestattet wird, ein solcher auch an dem Flügelgerüst für den Einzelflug angebracht werden könnte, womit der Grund zum Fahren mit immer größer werdenden Flugmaschinen gelegt wäre.«[2]

Anfang dieses Jahres informierte James Means Lilienthal über einen Gesetzentwurf, den zweiten dieser Art, den er ausarbeitete. Er wurde vom Senator Henry Cabot Lodge als Bill S—302, 54th Congress, dem Senat vorgelegt und forderte die Regierung auf, zwei Geldpreise von einhunderttausend bzw. fünfundzwanzigtausend Dollar auszuschreiben. Während der erste von beiden dem Motorflug galt, sollte der zweite den Gleitflug fördern. Bis zum 1. Januar 1901 war er für denjenigen gedacht, der wenigsten eine Meile im freien Flug zurücklegte. In der Begründung wurde ausdrücklich auf die Versuche Lilienthals Bezug genommen.[3]

Der Berliner zeigt sich hocherfreut, als er den Eingang des »Aeronautical Annual« 1896 bestätigt, ein glänzend ausgestattetes Buch, das zudem einen Abdruck seines Patents mit Hinweis auf das Verkaufsangebot enthält. »Ich verspreche Ihnen gern«, schreibt er am 4. März 1896, »über die Neuerungen, welche ich in diesem Jahr versuchen werde, ebenfalls wieder einen längeren Bericht zu schreiben, welcher durch Illustrationen erläutert wird. Sehen Sie nur zu, daß ich mein amerikanisches Patent versilbere, um desto mehr Mittel für meine Versuche zu erhalten.«[4]

Nur Tage später erfährt Lilienthal von seinem amerikanischen Briefpartner, daß der Aufsatz »Practical Experiments for the Development of Human Flight« in den USA viel Aufmerksamkeit erregt; er habe ihn wichtigen amerikanischen Tageszeitungen gegeben, die Auszüge nachdruckten. Und Means zieht aus diesem Echo die Konsequenz: »Nun scheint es mir erforderlich zu sein, daß Sie für zwei oder drei Monate herüberkommen nach Amerika, damit die Leute Sie in der Luft sehen und aus Ihrem eigenen Mund hören können, daß jeder Sportsmann so gut wie Sie selber das Fliegen erlernen kann.«[5]

Gemeinsam mit J. B. Millet — gleichfalls Mitglied der »Boston Aeronautical Society«, Experimentator mit Drachen und Autor eines Artikels im Annual[6] — bietet Means die Kosten für Überfahrt, Aufenthalt und sogar ein Honorar als Ersatz für Verdienstausfall. Erneut sind auch größere Chancen für den Patentverkauf im Spiel.[7] Doch der Fabrikant lehnt mit Hinweis auf die Gewerbeausstellung eine Reise für 1896 ab. Dafür unterbreitet er das bereits erwähnte Ausbildungsprogramm für Amerikaner in den Rhinower Bergen.

Lilienthal muß erkennen, daß sich der Verkauf des amerikanischen Patents als außerordentlich schwierig erweist. Soll er auf einem Höhepunkt der Popularität in Amerika an seinem Weg festhalten: erst Patentverkauf, dann Flugzeugexport? Er entscheidet sich anders, in der Hoffnung, auf diese Weise zum Ziel zu kommen. Der Auftrag des amerikanischen Zeitungsverlegers William Randolph Hearst (1863-1951) wird bestätigt, noch im April 1896 geht der einzige Originalgleiter, der in die USA geliefert wird, auf die Schiffsreise. Inwieweit die ökonomischen Bedingungen besonders günstig waren, und was Lilienthal wirklich zu diesem Sinneswandel bewog, ist bisher nicht bekannt.

Hearst aber nutzt den Gleiter sofort. Schon am 27. April berichtet sein »New York Journal«, daß Harry

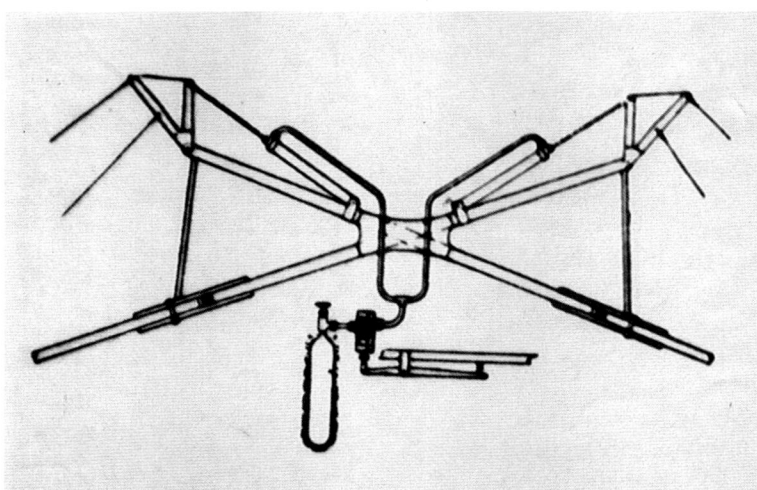

Zweizylinder-Motor von Schauer

Bodine in der Nähe von Bayonne, New Jersey, bis zu siebzig Meter weit geflogen sei. Auch ein Artist namens Frank Ver Beck versucht sich mit dem Apparat. Anfang Mai informiert das Blatt ausführlich über Flüge von J. Harper Bouelle auf Staten Islands. Dann brechen die Informationen ab.[8]

Am 30. September des Jahres schreibt Octave Chanute an Moedebeck über Versuche in seinem Fliegerlager am Michigansee: »Ich begann im Juli mit einem Lilienthalapparat, aber ich fand ihn wackelig und schwer zu handhaben. Ich gab ihn auf und versuchte dann zwei von meinen eigenen…«[9] Offensichtlich handelt es sich nicht um den Hearst-Apparat, sondern einen recht freien Nachbau durch Herring, also kein Original. Von diesem unterschied er sich in mehrfacher Hinsicht: so durch eine stärkere Profilwölbung, die die Stabilität verringerte, eine stärkere V-Form, die zu Schwankungen um die Längsachse führte und einen kleineren Abstand zwischen den Flügeln und der horizontalen Stabilisierung. Auch der Flieger hielt den Apparat anders, er hing in den Achseln. So kam Chanute zu einer falschen Bewertung.

Indes bleibt der deutsche Flugpionier keineswegs untätig. Er strebt intensiv an, die Flüge durch Flügelschläge zu verlängern. Sein Mitarbeiter, der Ingenieur Paul Schauer, hatte einen neuen Kohlensäuremotor

konstruiert, der noch im Frühjahr 1896 gebaut wird. Gegenüber dem bisherigen mit zwanzig Kilogramm Masse ist der neue ein richtiger Leichtbau. Fünf Kilogramm bringt er auf die Waage, von denen dreieinhalb auf die Kohlensäureflasche entfallen. Die Anordnung ist gegenüber der bisherigen wesentlich verändert.

Ersteinmal installiert Lilienthal den Motor in den vorhandenen, bislang antriebslos geflogenen Schlagflügelapparat und erprobt ihn am Fliegeberg. Ein Fingerdruck betätigt den Steuerschieber an der Flasche und bewegt die Kolben in den zwei Zylindern mit einer Kraft von jeweils zweihundertfünfzig Kilogramm nach oben. »Infolgedessen wurden durch den schrägen Zug der unteren Drähte die Flügel kräftig nach unten geschlagen, wobei die Flügelspitzen eine Bewegung von ungefähr 1,2 m ausführten. Sobald der Fingerdruck auf den Steuerungshebel aufhörte, drückte eine Feder den Hebel wieder in die Ruhestellung zurück. Die Zylinder entleerten sich, und die Flügel gingen wieder hoch. Durch schnelles oder langsames Wiederholen des Hebeldrückens konnte das Zeitmaß der Flügelschläge bestimmt werden…«, schildert Schauer später.

»Bei längerem Arbeiten des Motors traten anfangs Vereisungserscheinungen auf, die dann aber dadurch behoben wurden, daß die Kohlensäureflasche vor dem Fliegen in heißes Wasser gebracht wurde… Mit diesem Flugzeug führte Lilienthal zunächst einige Gleitflüge aus, ohne den Motor in Tätigkeit zu setzen. Später begann er, während der Gleitflüge vorsichtig die Flügelschläge auszuführen. Die Stabilität des Flugzeugs wurde durch die Flügelschläge nicht in erheblichem Maße beeinträchtigt. Es war deutlich zu erkennen, daß die Flügelschläge hebend und vorwärtstreibend wirkten.«[10]

Der Flieger ist von dem Resultat so befriedigt, daß er mit dem Bau eines zweiten, größeren Schlagflügelapparates beginnt. Dem gehen erneut gründliche Überlegungen zur konstruktiven Vervollkommnung voraus. Die Absicht, eine siebente bewegliche Feder anzubringen, wird verworfen. Er befaßt sich mit der Wirkung einer unterschiedlichen Zahl von Rippen bis hin zur Ausführung konstruktiver Details wie Gelenktaschen. Gummibänder, den Aufschlag der Flügel unterstützend, befestigt an Spanntürmen, werden sorgfältig berechnet. Einen Meter und achtzig Zentimeter soll der Weg der Federspitzen betragen.[11]

Neue Anordnung des Zweizylinder-Motors von Schauer

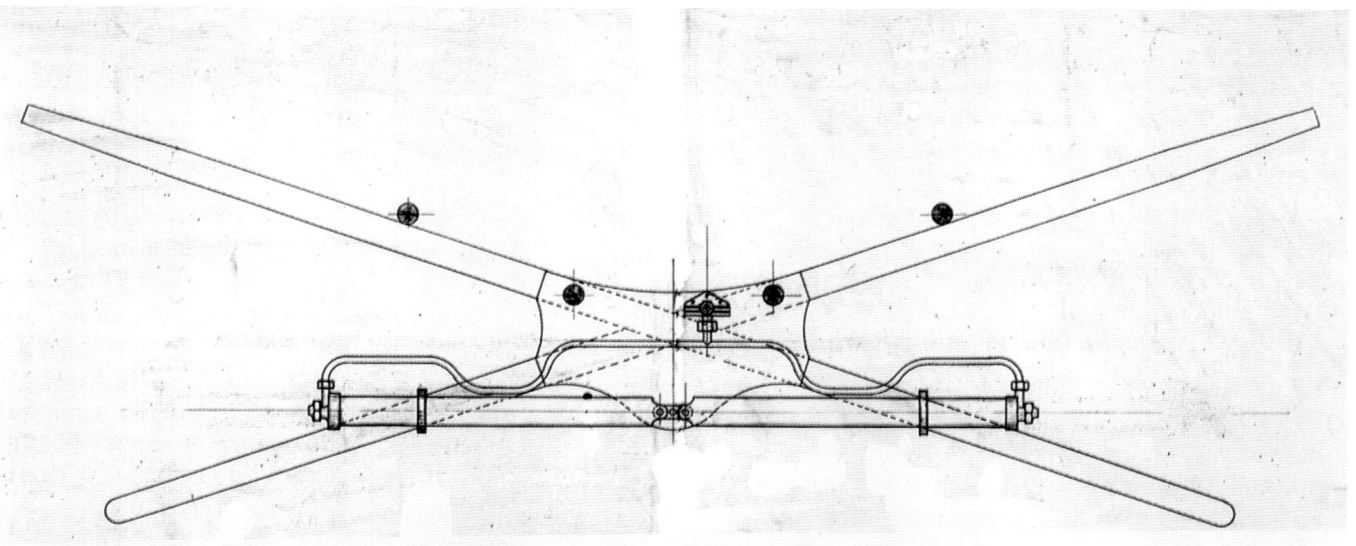

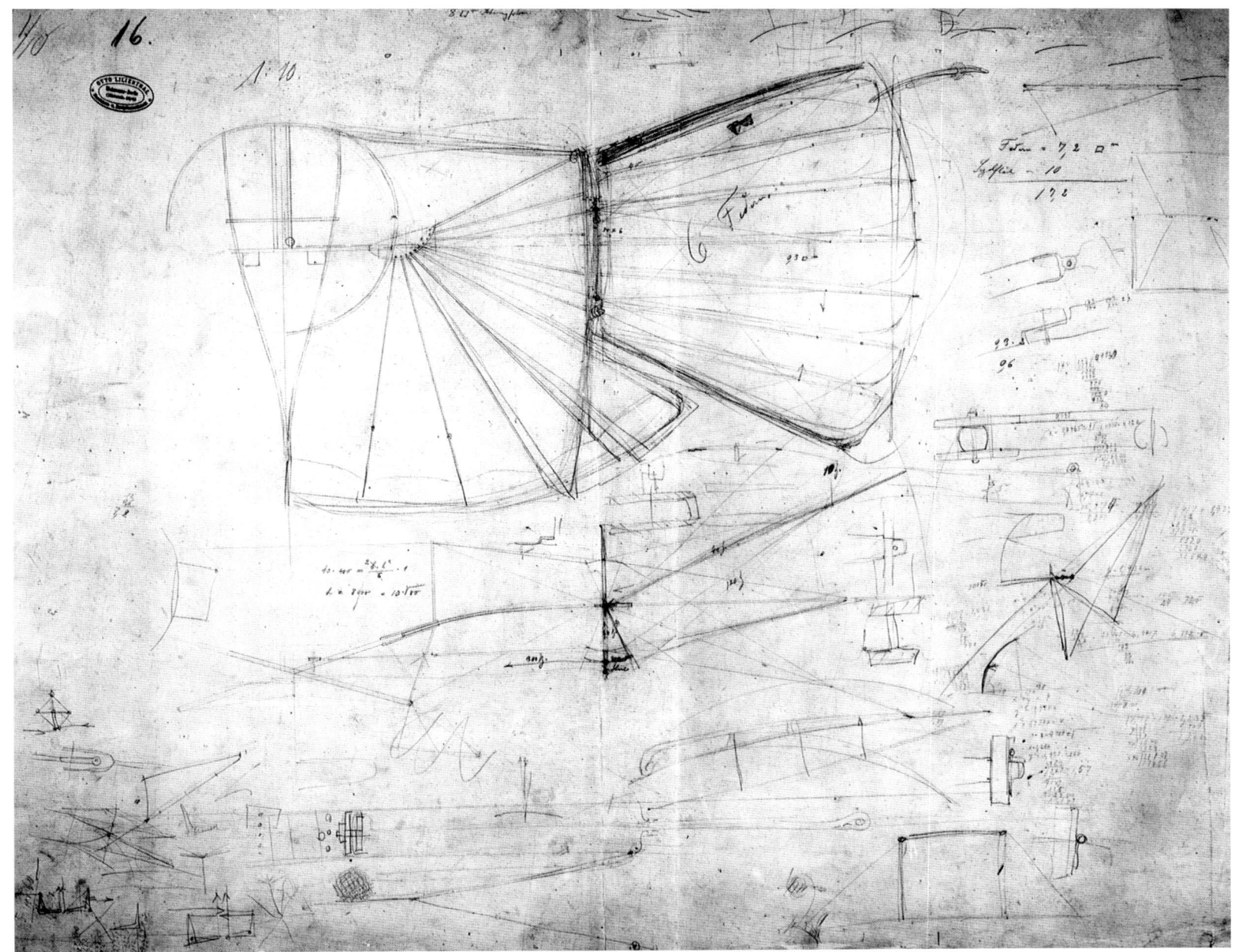

Entwurf eines Schlagflügelapparates mit sieben Lamellen

Doch keine dieser Zeichnungen wird letztlich umgesetzt. Die Federn kommen in einen rechteckigen Rahmen. Konstruktive Details der verschiedenen Zeichnungen fließen zusammen: Spannweite etwa acht Meter und eine Fläche von siebzehneinhalb Quadratmetern. Der Apparat ist im August fertig, bleibt aber unerprobt.

Der Flugpionier setzt nun die Experimente zur Steuerung fort, die er im Vorjahr wegen des Doppeldeckers aufgegeben hatte. Das spricht für eine gewisse Ernüchterung, nachdem die Flugweiten die gleichen geblieben waren. Im April schreibt er Means: »Ich bin gegenwärtig mit der Konstruktion eines Flugapparates beschäftigt, bei dem die Stellung der Flügel während des Fluges verändert werden kann, und zwar so, daß die Gleichgewichtserhaltung nicht durch Verlegung des Körpergewichts im Schwerpunkt bewirkt wird. Nach meiner Meinung bedeutet dies einen großen Schritt vorwärts, denn die Sicherheit wird sich dadurch erhöhen. Möglicherweise wird diese Neuerung auch dazu führen, daß ich vom Doppeldecker wieder abkomme, weil die Notwendigkeit, die mich zu ihm führte, nicht länger besteht.«[12]

Was Otto Lilienthal dabei konkret im Blick hat, ist bis heute sein Geheimnis. Es bleibt aber nicht die einzige Idee, an der er arbeitet. Auf der Rückseite des Blattes mit den Berechnungen von Gummizügen für den Schlagflügelapparat skizziert er ein mechanisches Höhensteuer. Zwei Möglichkeiten hält er dabei fest: Über einen Rükkenhebel, der unterhalb der Lende den Körper am Rükken berührt und seinen Drehpunkt am Gestellrahmen hat, wird ein Ausschlag des Höhenruders nach oben bewirkt. Eine um den Nacken des Fliegers gelegte Schnur, vor ihm am Gestellrahmen umgelenkt, erreicht das gleiche. Beide Arten bewegen das Höhenruder aber nur nach oben.

Gegenüber der Körpersteuerung hat der Ingenieur damit einen wesentlichen Fortschritt erzielt. Ein Flugzeug soll mit dieser Steuerung vorbereitet, aber nicht ausprobiert worden sein.[13] Das steht jedoch im Widerspruch zum nachträglich angebrachten Datum auf der Skizze, dem 8. August 1896. Da Müllenhoff als Freund des Fliegers in seinem Gedenkvortrag, wenn auch mit Bezug auf den Todessturz, erklärt, daß sich beim Segelflug »die spezielle Steuerung des beweglichen Horizontalschweifes gut bewährt« habe,[14] bestehen zumindest Zweifel an der Originalität des Datums.

147

*Entwurf eines
Schlagflügel-
apparates, der
der geplanten
Variante am
nächsten kommt*

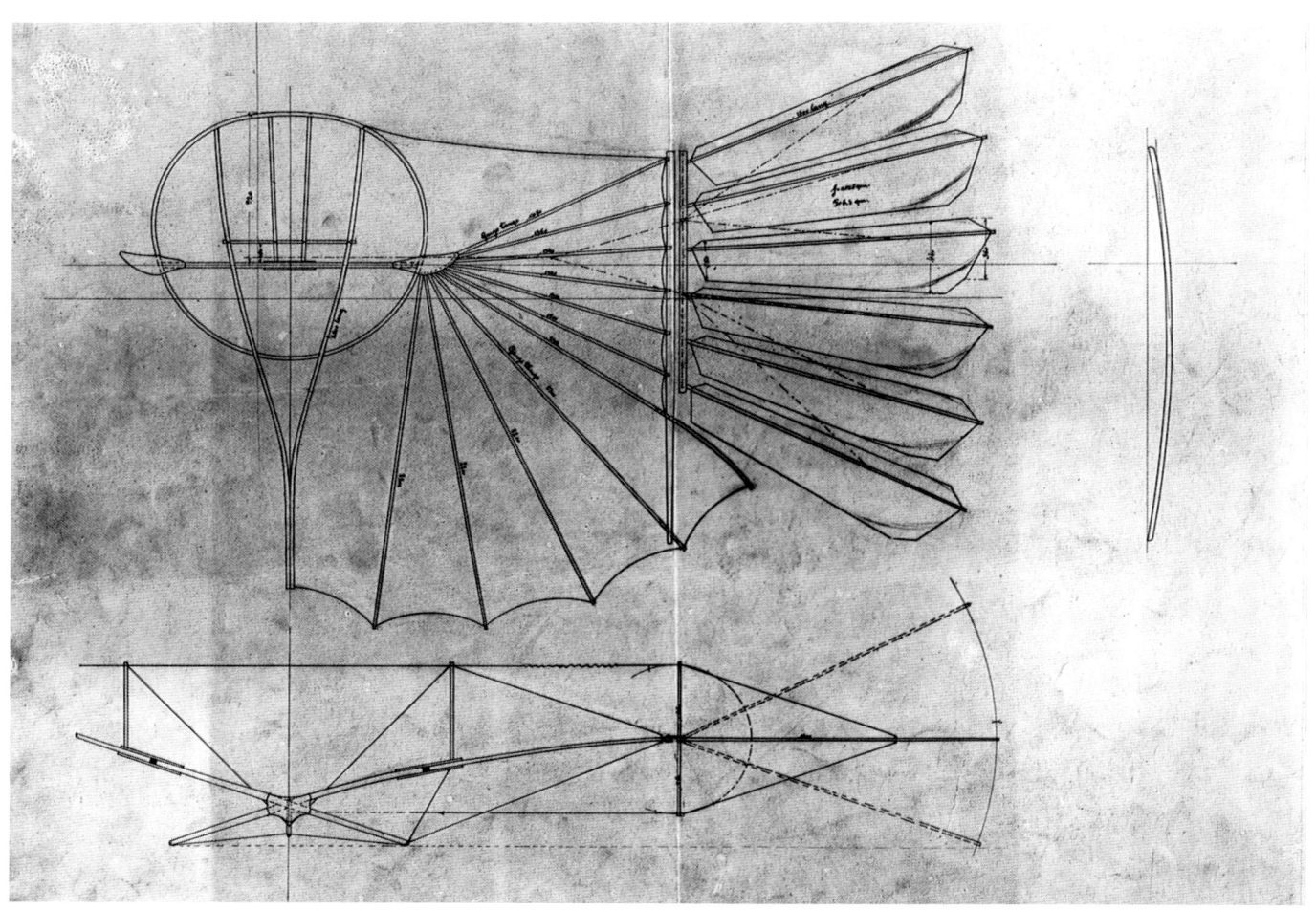

*Rekonstruktion
des zweiten
Schlagflügel-
apparates*

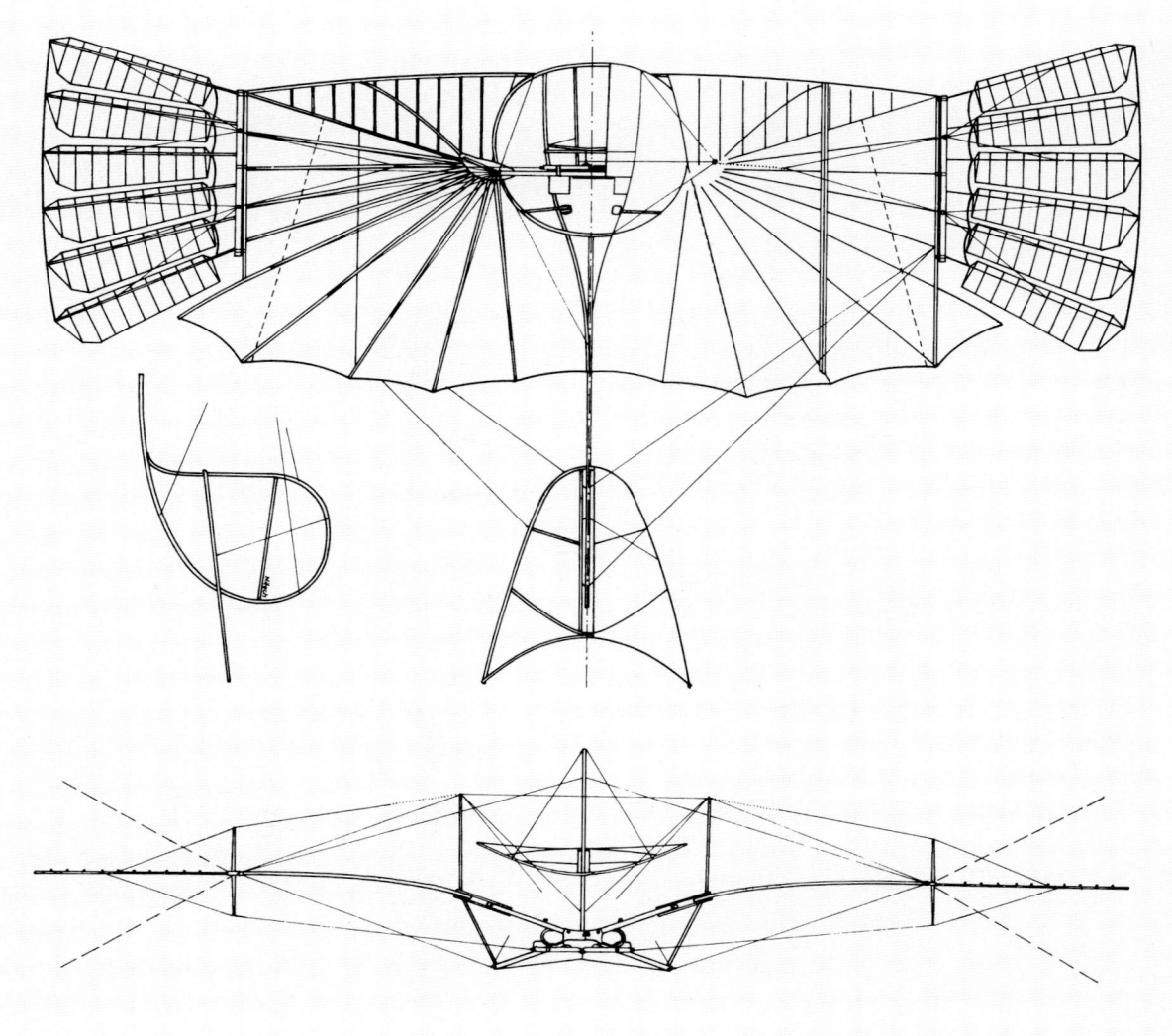

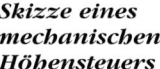

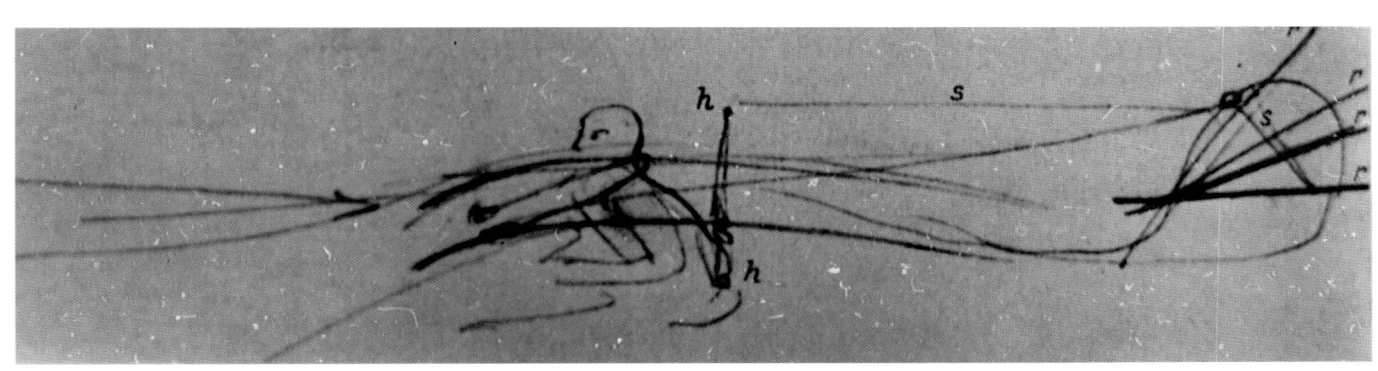

*Skizze eines
mechanischen
Höhensteuers*

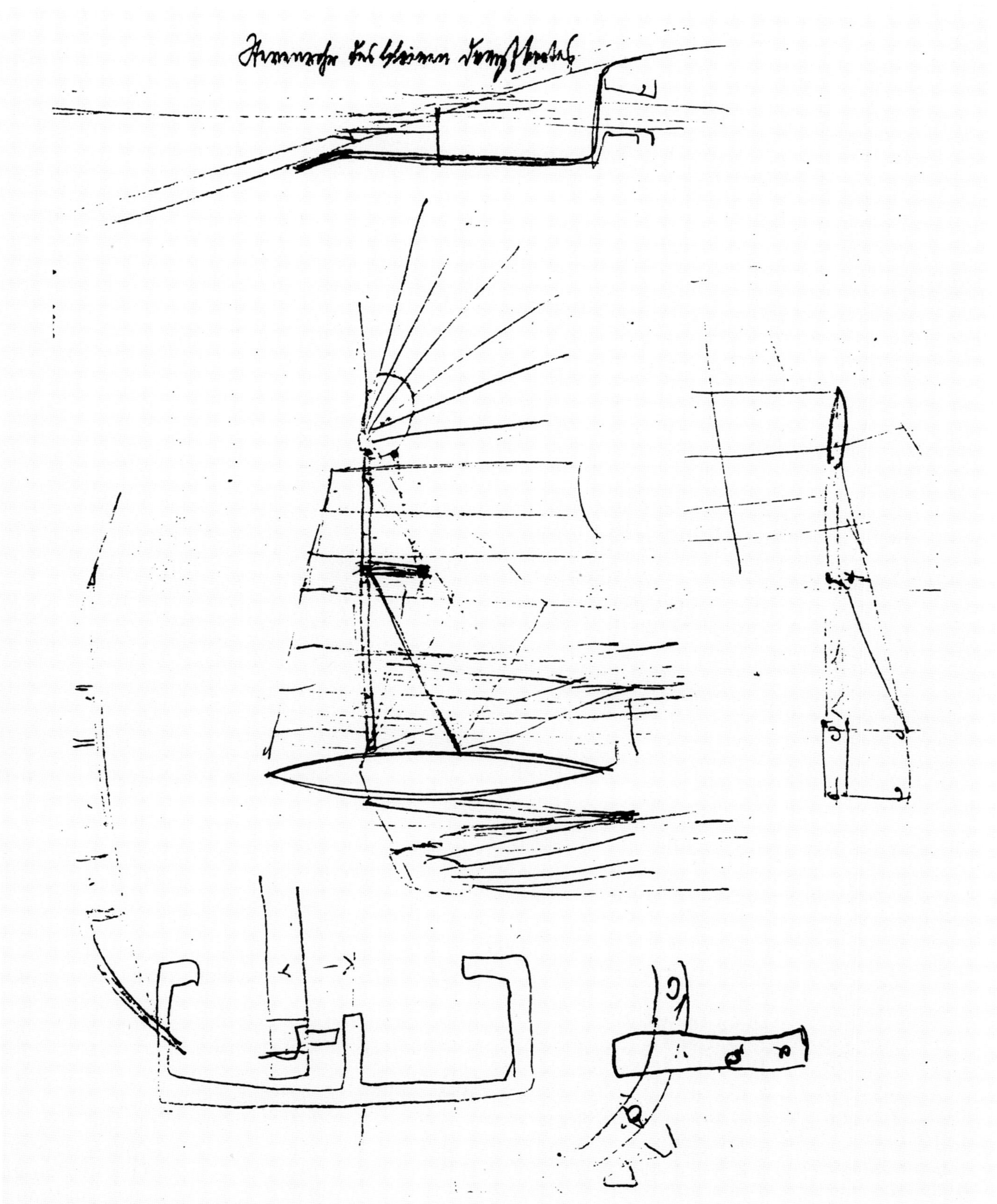

*Skizzen zu einem
Flugapparat
mit doppelt
bespanntem
Flügelmittelteil*

149

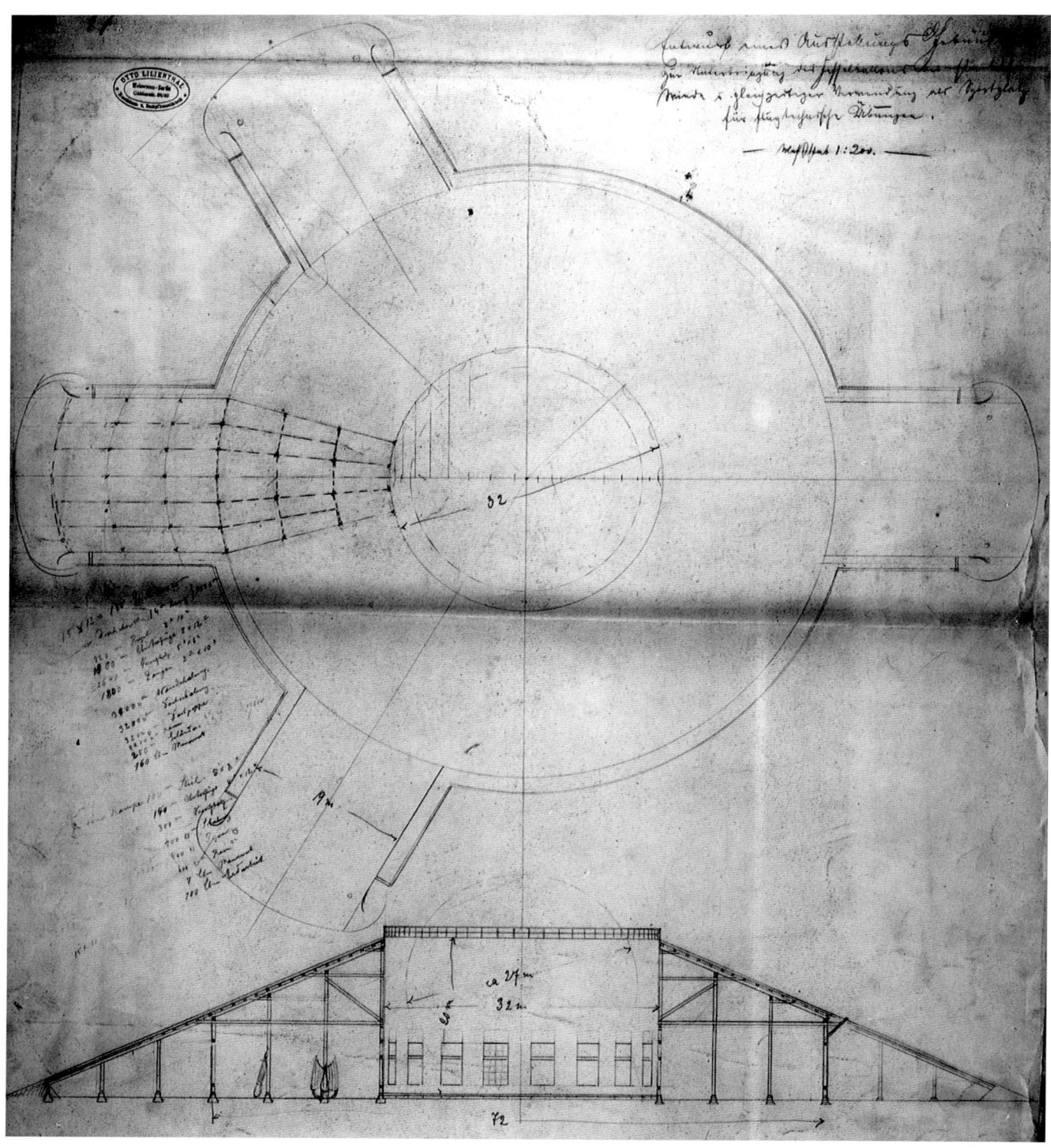

Entwurf einer Ballonhalle für das Gelände der Berliner Gewerbe-Ausstellung des Jahres 1896 mit Ablaufflächen für Gleitflieger

U nd noch eine Spur verfolgt der Ingenieur weiter, die Verdickung am Flügel; dieses Mal mit größerer Konsequenz. Auf beiden Seiten ist ein verdicktes, oben sowie unten bespanntes Flügelteil vorgesehen. Daran schließen sich Fledermausflügel mit Scharniertaschen für sieben Holme an. Auch eine Weiterführung des Flügels mit parallel verlaufenden Rippen war, wie eine Skizze zeigt, im Bereich der Überlegungen. Wiederum sind mehrere Varianten bei der Suche nach der optimalen Lösung im Spiel.[15]

Der Mittelteil besteht aus zwei Holmen, die durch Scharniere nach hinten zusammengeklappt werden können. Die Transportfähigkeit bleibt erhalten. Eine Stange dient der Verriegelung. Auf den Holmen befinden sich sieben Rippen aus je zwei spitz zulaufenden Leisten.

Zum Platz des Fliegers gibt es mehrere Ideen. Statt des Gestellrings ist ein vorn und hinten spitz zulaufendes Oval skizziert. Zeichnungen verweisen darauf, daß der Flieger hier in der Mitte einen Platz hat, der ihn über die Fläche schauen läßt. Das kastenförmige Mittelstück ließe in seiner Stabilität aber auch einen Platz unterhalb, also sitzend zu.

Zumindest zum Teil will Lilienthal zu den aerodynamisch günstigeren, dickeren Holmflügeln zurückkehren, deren Vorteile, deren größere Schwebekraft er schon im »Vogelflug« beschrieben hatte. Auch die vorn spitzen Profile gehen auf diese Erkenntnisse zurück, obwohl er inzwischen für die Rundung eingetreten war. Vielleicht bildeten auch nur Verarbeitungsvorteile des Materials den Grund. Auf alle Fälle wendet er wiederum seine bewährte Methode an, alte Resultate zum Ausgangspunkt zu nehmen und zu überprüfen. Der Vorteil lockt ihn: ein günstiges Verhältnis von Auftrieb und Widerstand — wie wir heute sagen würden — bei geringer Geschwindigkeit.

Der Ingenieur ist also längst nicht am Ende seines kreativen Schaffens. Schritt für Schritt tastet er sich weiter vor auf dem Weg der Erkenntnis.

Es läuft gut für ihn, dieses Jahr, auch in der Maschinenfabrik. Grundverschiedene Aufgaben müssen gleichzeitig gelöst werden. Viel Energie und großer Leistungswille sind erforderlich, um über die flugtechnischen Arbeiten hinaus die Teilnahme der Fabrik an einer großen Ausstellung zu sichern und auch noch die erste Aufführung seines Theaterstückes in die Wege zu leiten.

In Berlin wird seit Jahren eine Gewerbe-Ausstellung im Treptower Park vorbereitet, aus Rücksicht auf den Kaiser so und nicht als Weltausstellung bezeichnet. Dieser hatte das abgelehnt, da es in »Berlin nichts gäbe, um den Fremden zu fesseln«.[16] Von Mai bis Oktober 1896 können dann fünf Millionen Besucher vom neu erfundenen Druckknopf bis zur Luxuskabine eines Lloyd-Dampfers viel Sensationelles bestaunen.

Die Firma Lilienthal hat daran ihren Anteil. Ihr Chef engagiert sich mit großen Plänen schon an der konzeptionellen Vorbereitung. Sollte es nicht möglich sein, das Interesse an der wissenschaftlichen Ballonfahrt — der Kaiser war persönlich daran beteiligt — für die Errichtung eines Sporthügels auszunutzen? Lilienthal entwirft eine Ballonhalle mit Ablaufbahnen für Gleitflugzeuge. Die Zeichnung sieht einen Außendurchmesser von zweiundsiebzig und einen Innendurchmesser von zweiunddreißig Metern bei einer Höhe von zwanzig Metern vor. Vier neunzehn Meter breite Ablaufbahnen stehen zur Verfügung. Doch der Gedanke kommt nicht zum Tragen.

Viertausend Aussteller sind in zahlreichen Hallen und auf dem Freigelände präsent. An das Hauptindustriegebäude, nahe dem heutigen S-Bahnhof Treptower Park, schließt sich die Maschinenhalle an. Hier ist in der Gruppe Maschinenbau, Schiffbau und Transportwesen mit fast dreihundert Ausstellern auf siebzehntausend Quadratmeter Fläche auch Lilienthal vertreten. Der Ausstellungskatalog verzeichnet unter der Nummer 2479: »Otto Lilienthal, Berlin SO, Köpenickerstrasse 113, Fernsprech-Amt VII, 1526. Maschinen- und Dampfkesselfabrik. Spez.: Komplette Dampfanlagen, Dampfheizungen, Transmissionen.

Dampfmaschine, gefahrlose Dampfkessel, schmiedeeiserne Riemenscheiben, ein Nebelhorn, Schiffsmaschine mit Schlangenrohrkessel«.[17]

Eine Karte im Katalog verzeichnet zudem am Spreeufer zwischen dem Nachbau des sich im Original noch auf der Werft befindlichen Lloyd-Dampfers »Bremen«, dem sogenannten Kaiserschiff, und einem Leuchtturm den Standplatz des stündlich ertönenden Nebelhorns unter Nennung des Namens des Herstellers. In der Einleitung des Spezialkatalogs der Maschinenbauabteilung heißt es: »Dampfmotoren für das Kleinstgewerbe werden von Lilienthal und Altmann & Co. gebaut. Der Erstgenannte hat im Laufe der Zeit seine Kesselkonstruktionen wesentlich verbessert, so dass sie selbst für grössere Leistungen verwertbar sind.«[18]

Plakat der Berliner Gewerbe-Ausstellung

Aus dem offiziellen Ausstellungskatalog

72	Spezial-Katalog der Berliner Gewerbe-Ausstellung 1896

2475 Hermann Lembke, Berlin C., Münzstr. 27. Fspr.-Amt III, 8088.
Abkantmaschinen, Bohrmaschinen, Hebelscheeren, Rohrschraubstöcke, Rohrzangen, Rohrbohrer. Schleifsteine in Holz- und Eisentrog, komplette ausgerüstete Montage-Werkzeugkästen für Heizung, Elektrotechnik, Maschinenbau-Gasolingebläse etc.
Spezialität: Maschinen und Werkzeuge für die Blech- und Metallindustrie.

2479 Otto Lilienthal, Berlin SO., Köpenickerstr. 113. Fernspr.-Amt VII, 1526.
Dampfmaschine, gefahrloser Dampfkessel, schmiedeeiserne Riemenscheiben, ein Nebelhorn. Schiffsmaschine mit Schlangenrohrkessel.
Maschinen- und Dampfkesselfabrik. Spez.: Komplette Dampfanlagen, Dampfheizungen, Transmissionen.

2481 Ludw. Loewe & Co., Actiengesellschaft, Berlin SW., Hollmannstrasse 32. Fernspr.-Amt IV, 1685 und 3291. Telegr.-Adr.: „Xenophon".
Verschiedene Werkzeugmaschinen und Werkzeuge. Typensetzmaschine. Waffen und Waffentheile. Elektromotoren und elektrische Apparate.

Am Ende der Ausstellung erhält die Firma ein Ehrenzeugnis, das von einer Fachjury vorgeschlagen wurde[19], zusammen mit einer Medaille. Der abschließende amtliche Bericht würdigt ebenfalls seine Exposition. »Durch den bekannten, höchst intelligenten, leider zu früh verstorbenen Flugtechniker Otto Lilienthal sowie durch die Firma Altmann & Co., Berlin, haben die sogenannten Kleinkraftmaschinen eine besondere Förderung erfahren… Lilienthals Kessel ist seiner Zeit als eine Glanzleistung erachtet worden…« Andere Treibmittel seien ihm inzwischen überlegen. Lilienthal habe die Kessel »bis zu guter letzt, wenn auch im beschränkten Umfange« gebaut. »Auf der Ausstellung befanden sich drei in der Zusammenstellung nicht verzeichnete grössere Lilienthalsche Dampfmaschinen, eine stehende Verbund-Dampfmaschine von 20 Pferdestärken, eine ebenso starke liegende und eine Schiffsmaschine, die bei 15 Atm. Spannung des Betriebsdampfes 15 Pferde leistete, dabei aber nur 300 kg wog.«[20] Auf der Spree soll ein Dampfboot mit Schlangenrohrkessel gefahren sein. Dessen offizielle Genehmigung wurde jedoch erst am 10. September durch Eulitz beantragt.[21]

Die Auftragslage der Firma war zu dieser Zeit offenbar günstig. Nach Zeitungsberichten fanden Lilienthals Produkte »schlanken Absatz, und noch in neuester Zeit hatte er grosse Lieferungen nach Russland übernommen«.[22] Es handelte sich um nicht weniger als achtzehn Kessel.[23]

Zum Programm der Gewerbe-Ausstellung gehören Vorträge prominenter Vertreter der Industrie, Wissenschaft und Kultur. Franz Reuleaux, Karl Müllenhoff, Richard Neuhauss, Friedrich Simon Archenhold zählen zu ihnen.[24] Eine Vortragskommission ist gebildet worden, in deren Subkommission zur Gewinnung der Referenten Prof. Dr. Witt mitwirkt. Der Hörsaal des Chemiegebäudes, er faßt fünfhundert Personen, ist mit modernen Projektionsanlagen und einer neun Quadratmeter großen Leinwand ausgerüstet.[25]

Täglich erscheinen »Officielle Ausstellungs-Nachrichten«, die wie zahlreiche Zeitungen die Vorträge ankündigen. Im Morgenblatt der »Volks-Zeitung. Organ für Jedermann aus dem Volke« kann man am Mittwoch, dem 10. Juni 1896, unter der Rubrik »Von der Gewerbe-Ausstellung« lesen: »Im Hörsaal des Chemiegebäudes spricht heute Ingenieur Otto Lilienthal über praktische Flugversuche. Der Vortragende wird nach Besprechung der Arbeiten hervorragender Experimentatoren auf dem Gebiete der Flugtechnik zu einer Erklärung eigner Versuche an kleineren Modellen und einem großen Segelapparat übergehen.«

Am Abend ist es dann soweit. Otto Lilienthal, im Ausland in vollem Umfange gewürdigt, der »einzige Constructeur«, dem ein Flug gelang, fasziniert seine Hörer »in einem ungemein fesselnden und anregenden Vortrag«, so der Chronist. Von Dädalus und Ikarus schlägt er den Bogen über Montgolfier bis zu seinem Thema »Praktische Flugversuche«. Nicht die komplizierte Maschine, sondern die einfache erweist sich als Weg zur Nachahmung des Vogelfluges. Denn es ist schwierig, sich überhaupt in die Luft zu erheben. »Man muß erst schreiten, springen, den Anlauf machen lernen, ehe der Aufschwung in die Luft mit einem guten Apparat zum ersten Male bewerkstelligt werden kann.«

Schiffsmaschinen der Lilienthalschen Maschinenfabrik

as Manuskript dieses Vortrages ist nicht erhalten. Nach den Berichten geht der Flugpionier dann ausführlich auf die Gleichgewichtshaltung ein. Wenn man die Balance erlernt hat, »so ergiebt es sich als schwerste Aufgabe, in der Luft gegen den Wind anzukämpfen und die Landung ohne Lebensgefahr zu bewerkstelligen«.[26] Drei Schwierigkeiten wären zu überwinden: Erstens müsse man in die Luft hineingelangen, zweitens das Gleichgewicht halten und drittens der sichere Abstieg.[27] Fotos seiner Flüge an der großen Reproduktionswand wie auch das Doppeldeckermodell mögen die Zuschauer zutiefst beeindruckt haben.

Der Redner bietet einen Überblick über seine Versuche vom Sprungbrett im Garten über den Fliegeberg bis in die Rhinower Berge, läßt die Interessenten die Experimente miterleben. Wer hatte denn schon solche Fotos gesehen? Auch an seinen Stürzen geht er nicht vorbei, den »schlimmen Erfahrungen«. Sie hätten allerdings zur Verbeserung der Apparate geführt. Ein »grosses Flügelpaar mit doppelten Flächen« ermögliche Flüge bis zu zweihundertfünfzig Meter. Dann stellt der Flieger den mitgebrachten Doppeldecker im einzelnen vor. Achtzehn Quadratmeter Fläche bei fünfeinhalb Meter Spannweite registriert ein Berichterstatter. Es sei ein »unbeschreiblich angenehmes Gefühl«, durch die Luft zu gleiten. Und damit wirbt Lilienthal erneut für den Flugsport, spricht wieder von seiner Hoffnung, »dass das Fliegen bald ebenso ein Sport der jungen Leute werden dürfte, wie das Radfahren und Segeln«. Erst dann, so der erfolgreiche Flugpionier in seiner Bescheidenheit, »kann auch vielleicht der grosse Moment kommen,« und der Mensch frei wie ein Vogel fliegen. Der Abend fand das »lebhafte Interesse des sichtlich animierten Publikums«.

Es sind seine Flugerfahrungen, die er in diesem großen Vortrag, dem letzten seines Lebens, noch einmal in ihren Wesenszügen zusammenfaßt. Sicher ist es kein Zufall, wenn in den offiziellen Publikationen der Gewerbe-Ausstellung von den täglich stattfindenden Vorträgen im Chemiegebäude nur ein einziges Bild veröffentlicht wird, die Zeichnung »Vortrag des Herrn Lilienthal über 'Praktische Flugversuche'«.[28]

Im Sommer dieses Jahres — und das ist angesichts der weltweiten Ausstrahlung nur zu natürlich — melden sich immer mehr Besucher bei Lilienthal an. Er erhält die Mitteilung, daß »der Kaiser… auf seine Fliegerei aufmerksam gemacht worden sei und das er beabsichtige, sich… etwas vorfliegen zu lassen«. Der Flieger faßt den Gedanken — wie er in einem Gespräch mit Paul Schauer erklärt —, bei dieser Gelegenheit den Kaiser zu bitten, sich für die Schaffung billiger Volkstheater einzusetzen.[29]

*Otto Lilienthal
im Jahre 1896*

Zum zweiten Mal kommt im Juni 1896 Percy S. Pilcher an den Fliegeberg. Der Marineingenieur arbeitet zu dieser Zeit als Assistent bei Hiram Maxim und experimentiert darüber hinaus mit Gleitern, die nach dem Vorbild der Lilienthalschen gebaut waren. »Herr Lilienthal erlaubte mir freundlichst, mit einem seiner Doppeldecker von seinem Hügel abzufliegen. Es wehte eine leichte gleichmäßige Brise, und nach der

Erfahrung, die ich mit meinem eigenen Apparat bereits besaß, hatte ich keine Schwierigkeiten bei der Handhabung seiner Maschine.«[30]

Otto Lilienthal wird in seinem Aufsatz »Das Flugproblem« auch an diesen Gast gedacht haben: »Als die eigentlich Berufenen für die Lösung der Flugfrage möchte ich die Marineingenieure bezeichnen. Sie, welche täglich den graziösen Flug der Seevögel vor Augen

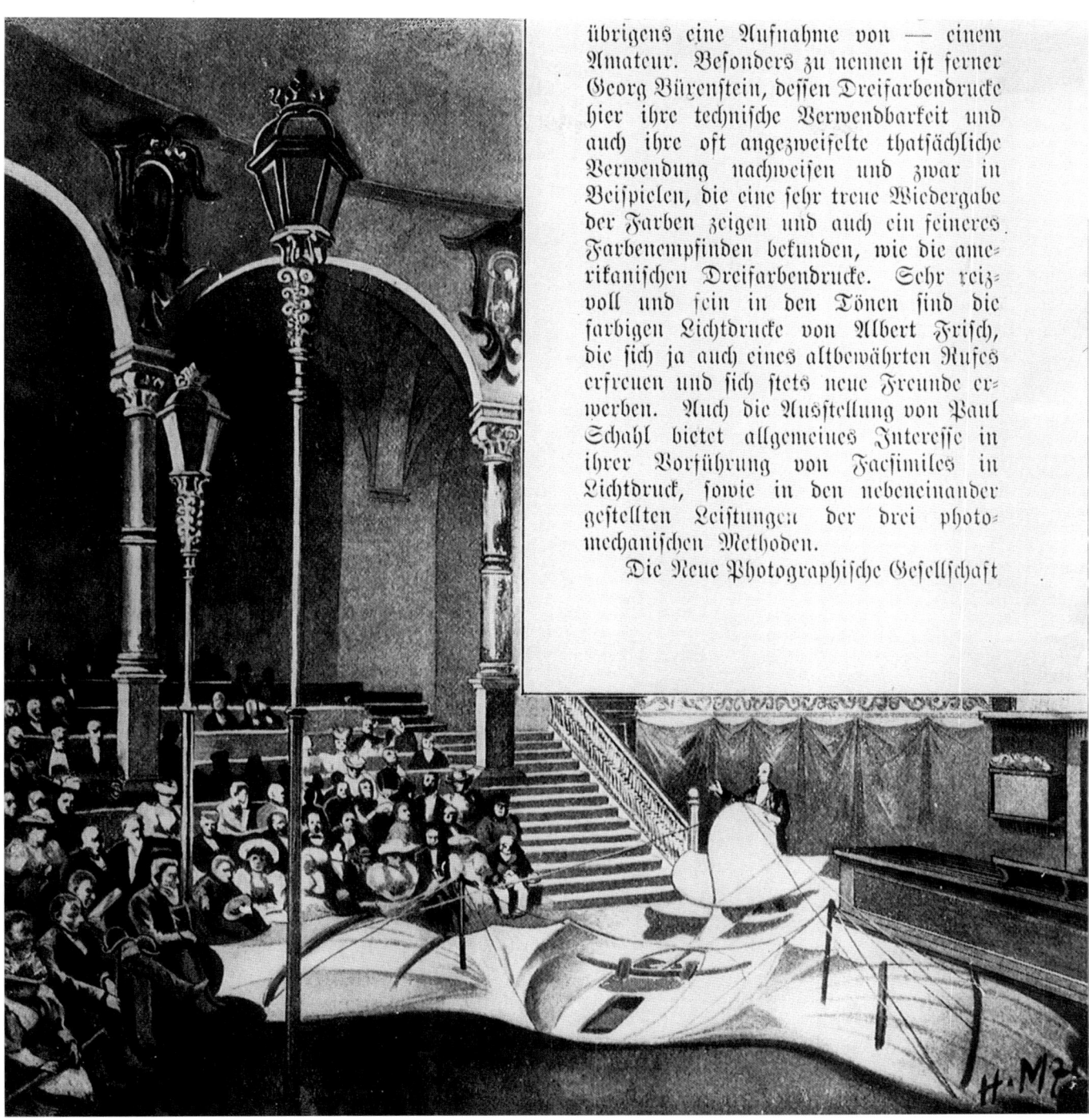

haben, welche von Hause aus in die Geheimnisse des Windes eingeweiht werden, welche die verwandten Erscheinungen im Wasser gründlich studiren müssen und nur auf die Luft zu übertragen brauchen, sie haben gewissermaßen die verdammte Pflicht und Schuldigkeit als Hauptförderer des Flugproblems aufzutreten.«[31]

Aus dem Kreis um Octave Chanute und James Means weilt Samuel Calbot eineinhalb Tage am Fliegeberg. Tief beeindruckt verfolgt er eine Reihe von Flügen. Es mag wohl ein Zusammenhang mit der Einladung aus Boston bestanden haben.[32]

Am 26. Juli reist ein weiterer Besucher an, diesmal aus Wien. Mit dem prominenten Mitglied des dortigen Flugtechnischen Vereins, Wilhelm Kress, ist es ein Anhänger der großen motorgetriebenen Flugmaschinen. Skeptisch betrachtet er Eindecker und Doppeldecker. Obwohl er Lilienthal mit diesen Apparaten fünfmal erfolgreich fliegen sieht, läßt er sich von deren Stabilität nicht überzeugen. »Sein Apparat mit zwei Tragflächen übereinander verbesserte die Stabilität nicht besonders,

wohl aber bot diese zweite obere Tragfläche infolge der primitiven Konstruktionen große Gefahren…« Er beschreibt dann, daß die obere Tragfläche nur mit zwei wackeligen Blechhütchen auf die Stangen gesteckt und durch einfache Schnüre mit der unteren verbunden wurde.

»Als ich das sah hatte ich ein beängstigendes Gefühl und war erstaunt, daß derselbe Lilienthal, der früher seine Apparate mit größter Sorgfalt baute und seine Versuche mit größter Vorsicht machte, jetzt, nachdem er freilich schon etliche tausend Gleitflüge hinter sich hatte, mit so geringer Vorsicht, fast leichtfertig vorging.« Kress macht »ihn auf die mangelhafte Konstruktion und die große Gefahr aufmerksam. Es brauchte nur eine der Schnüre zu reißen oder eines der Blechhütchen sich lösen, so mußte schon ein Unglück geschehen. Lilienthal stimmte mir zwar bei,« erinnert sich der Wiener nach dessen Tod, »meinte aber: 'Heute wird es schon noch gehen!' Und es ging; aber 14 Tage später brach er sich leider… den Hals.«[33]

155

och einmal weilt ein Amerikaner zu Besuch. Der Physiker Robert William Wood (1868-1955) ist Assistent an der Berliner Universität. Seine Bekanntschaft mit dem Ingenieur beginnt am 1. August 1896 in der Fabrik Köpenickerstrasse 113. Hier erhält er auch einen Einblick in den Flugzeugbau. In dem dafür vorbehaltenen Teil der Werkstätten zeigt ihm sein Gastgeber den im Bau befindlichen Apparat mit den doppelt bespannten Flächen.

Beide fahren dann in die Rhinower Berge. Als der Eindecker auf dem Gollenberg zusammengesetzt wird, begeistert sich der Gast: »Die Maschine war so ausgezeichnet montiert, daß es unmöglich war, auch nur eine lose Schnur oder Befestigung zu finden. Das Tuch war überall unter solcher Spannung, daß die ganze Maschine wie eine Trommel klang, wenn man mit den Knöcheln klopfte. Als sie so vor mir im strahlenden Sonnenschein ausgebreitet auf dem Gras lag mit ihren vierundzwanzig Square Yards« (etwa zwanzig Quadratmeter)»schneeweißen Tuchs, fühlte ich, daß das Zeitalter des Fliegens tatsächlich begonnen hatte. Hier war eine Flugmaschine – nicht gebaut von einem Narren, zu sehen auf einem Jahrmarkt für zehn Cents pro Kopf oder um Material für eine Enzyklopädie von Artikeln für die Luftfahrt zu liefern, sondern von einem Ingenieur mit Talent, die Ergebnisse achtjähriger erfolgreicher Experimente verkörpernd. Eine Maschine, nicht zum Betrachten, sondern zum Fliegen gemacht.«

Während Lilienthal in seinem Flugdreß, Flanellhemd und gepolsterte Kniehosen, den Doppeldecker mit Beylich an den Start bringt, postiert sich Wood mit seinem Fotoapparat im Tal. »Er flog mit einem beeindrucken-

den Tempo über meinen Kopf, in seiner Höhe von über fünfzig Fuß,« (etwa fünfzehn Meter) »der Wind spielte wilde Melodien auf den straffen Spanndrähten der Maschine und er war an mir vorbei, ehe ich Zeit hatte, die Kamera auf ihn zu richten.«

on den folgenden Flügen macht Wood einige Aufnahmen. Schließlich findet er »den Mut, die Maschine selbst auszuprobieren«. Schon das Halten bereitet ihm einige Schwierigkeiten. »Ich lief langsam gegen den Wind, das Gewicht der Maschine verringerte sich mit jedem Schritt, und ich fühlte zunehmend die hebende Kraft.« Ein zweiter Versuch ist weniger erfolgreich, ändert jedoch nichts mehr an der Absicht, einen Gleiter zu bestellen.

Auf dem Nachhauseweg erklärt Lilienthal, ein solcher Apparat koste fünfhundert Mark oder einhundertfünfundzwanzig Dollar, nicht vielmehr als ein erstklassiges Fahrrad. Erneut kommt er dabei auch auf den Verkauf seines US-Patentes zu sprechen, nun mit viertausend Dollar rechnend.[34]

Zum folgenden Wochenende erhält Wood erneut eine Einladung des Fliegers. Er sollte ihm am Sonntag, dem 9. August, nach Rhinow begleiten, ist jedoch verhindert. So fährt Otto allein hinaus. Paul Beylich hatte dort alles vorbereitet, diesmal mit dem Normalapparat – offensichtlich in Erwartung von Wood.

Am Vormittag startet der Flieger zum ersten Mal und fliegt weit. Es herrscht schönes Wetter, eine stabile Hochdrucklage. Die Meteorologen registrieren über zwanzig Grad Celsius Mittagstemperatur, etwa drei Achtel des Himmels sind mit Schönwettercumuli bedeckt, der Wind weht aus Nordost mit drei Meter je Sekunde.[35] Bei einem Flug – er ist offensichtlich zu langsam – kommt der Apparat, nahezu in Normallage, durch einen heftigen Windstoß fast zum Stehen. Wie immer wirft der Flieger Oberkörper und Beine nach vorn. Wieder Fahrt aufnehmen, mag ihm dabei durch den Kopf gehen, keine Gefahr ahnend. Doch der Wind springt plötzlich um, wahrscheinlich als Folge einer Sonnenbö, der unvermittelten und heftigen Ablösung erwärmter Luft in Bodennähe. Kein Auftrieb mehr… Aus fünfzehn Meter Höhe stürzt Lilienthal ab.

Beylich eilt zur Unfallstelle, wo Lilienthal aus einer kurzen Bewußtlosigkeit erwacht, ohne das Geschehen ganz zu erfassen. Der Aufschlag hat ihn voll getroffen, denn er flog ohne Prellbügel. Ausruhen will er sich, erklärt er seinem tief erschrockenen Helfer, der ihn von dem beschädigten Apparat befreit, und dann weitermachen; von Schmerzen keine Rede. Schon holt man den Droschkenkutscher Kuhlbars, der ihn vom Bahnhof zum Gollenberg gebracht hatte. Gemeinsam mit Zuschauern wird der Wagen den Berg hinauf zur Unglücksstelle gezogen. Dann bringt man den Flugpionier vorsichtig, behutsam in den Gasthof von Stölln, legt ihn auf ein eisernes Feldbett.[36]

D er Arzt Dr. Niendorf, aus dem nahen Rhinow gegen elf Uhr nach Stölln gerufen, erinnert sich: »Ich sehe ihn noch heute dort auf dem Rücken mit seinem blonden schönen Vollbart liegen, ohne daß er nennenswerte Schmerzen äußerte. Überhaupt nahm er seine Verletzungen nicht sehr ernst, er konnte noch beide Arme gut bewegen, doch war der ganze Unterkörper total gelähmt, ein strikter Beweis, das die Halswirbelsäule gebrochen sein mußte.«[37]

Beylich fährt, die Familie zu informieren, nachdem bereits ein Telegramm abgesandt war. Am nächsten Morgen kommt Bruder Gustav mit dem Frühzug und veranlaßt den Transport nach Berlin. Das Feldbett mit dem Flieger wird auf einen Leiterwagen gestellt und so geht es zum Bahnhof Neustadt/Dosse, in einen klappernden lärmenden Güterwagen. Aber Lilienthal merkt bald nichts mehr davon, verfällt in Schlaf und Bewußtlosigkeit, wie der begleitende Dr. Niendorf berichtet. Um fünfzehn Uhr dreißig treffen sie auf dem Lehrter Bahn-

Agnes und Otto Lilienthal

hof ein. Hier wartet bereits Agnes, die angesichts der schweren Verletzung zusammenbricht. Ein sogenannter Koppscher Krankenwagen auf Gummirädern, mit Pferden bespannt, bringt den Sterbenden in die Königliche Klinik in der Ziegelstraße, damals von dem weltweit bekannten Chirurgen Prof. Bergmann geleitet. Doch jede ärztliche Kunst bleibt machtlos. Der dritte Halswirbel ist gebrochen. Am gleichen Tage, am 10. August 1896, schließt Otto Lilienthal, der erste Flieger, gegen siebzehn Uhr dreißig für immer die Augen.

157

Danach

Zeitungen und Journalisten trugen die Nachricht vom tödlichen Unfall in alle Welt. Sie erschütterte nicht nur Freunde, Schüler und Bewunderer. »Mit dem Sturz Otto Lilienthals in den Rhinower Bergen hat die Aviatik ihr erstes Opfer gefordert und genommen, — und eines der größten gleich, die wir auf diesem Felde überhaupt zu verlieren hatten.«[1] Dieser Tenor des »Braunschweiger Tageblattes« zog sich durch die Presse. Die Anteilnahme war übergroß.

Die Staatsanwaltschaft hatte Ermittlungen eingeleitet. Sie verhörte am 12. August Paul Beylich.[2] Vom Unfallflugzeug machte der Fotograf Regis, von dem auch Flugbilder und Porträts stammen, zwei Aufnahmen. Die Leiche des Fliegers wurde aus der Klinik in das Königliche Leichenschauhaus beim Polizeipräsidium — das heutige Gerichtsmedizinische Institut der Charité — gebracht und dort untersucht.[3] Im Ergebnis bestätigt sich der Unfall. »Das Unglück wird auf folgenden Umstand zurückgeführt. L. muß beim Herabflug wohl in eine Luftstelle geraten sein, in welcher absolute Windstille herrschte und da ihm etwas Aehnliches schon einmal passirte, so dürfte sein Absturz damit im Zusammenhang stehen.«[4]

Die »Officiellen Ausstellungs-Nachrichten« der Gewerbe-Ausstellung vermerken am 12. August: »Das Nebelhorn bleibt wegen des Ablebens seines Erfinders und Ausstellers, des Herrn Fabrikanten und Civilingeni-

eurs Otto Lilienthal, der bekanntlich mit seiner Flugmaschine... verunglückte, bis Freitag Abend außer Thätigkeit.«

Viele Tageszeitungen informierten im Verlauf dieser Tage mehrmals über den Flugpionier, sein Werk und seinen Tod. »Auf dem stillen, weit ab gelegenen Friedhof der Gemeinde Groß-Lichterfelde in der dortigen Langestraße wurde heute vormittag der Flugtechniker Otto Lilienthal unter großer Teilnahme seiner Berufsgenossen und Freunde zur letzten Ruhe

Das Unglücks-flugzeug

159

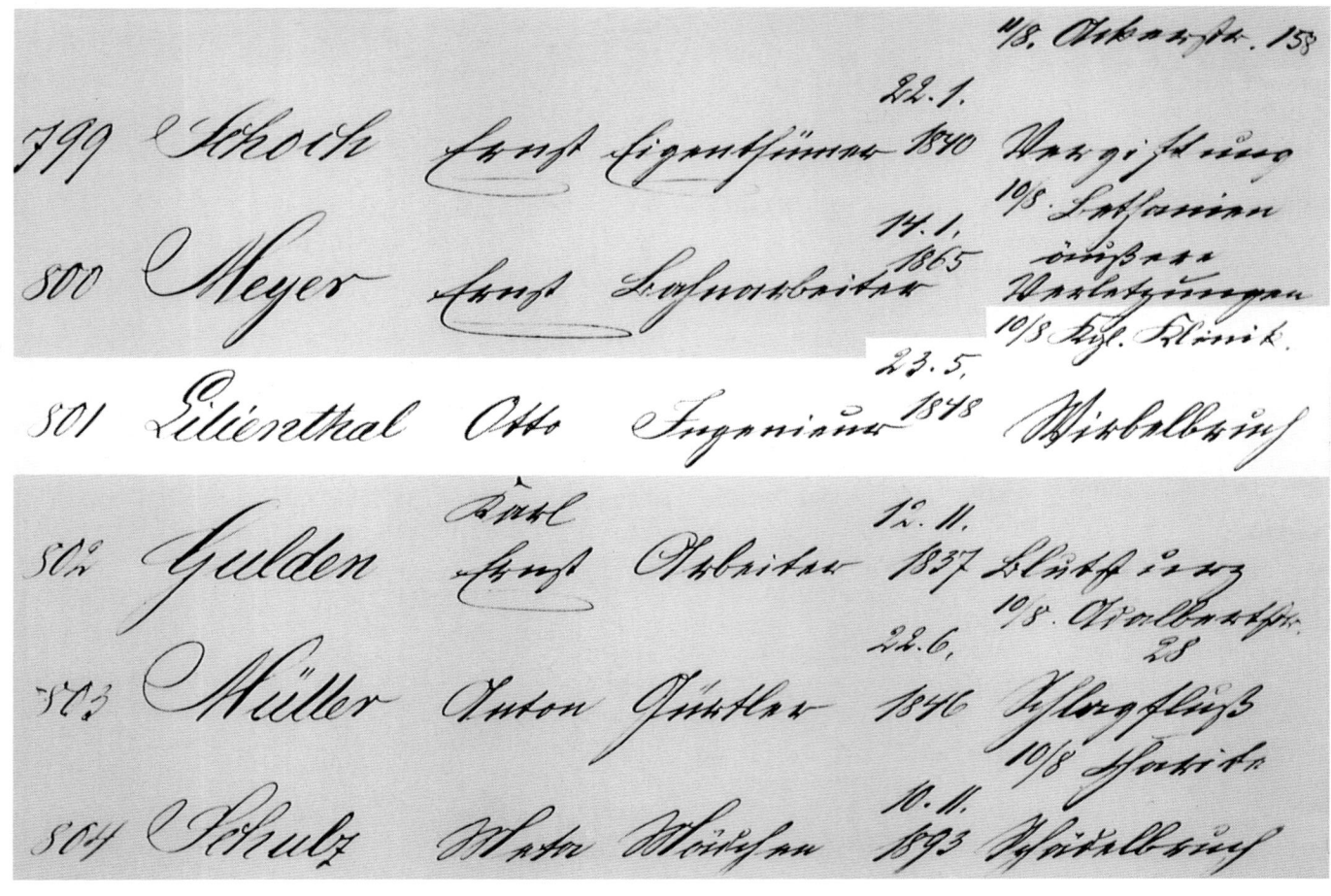

Eintragung in das Buch des Leichenschauhauses beim Berliner Polizeipräsidium 1896/97. Sterbetag und -ort wurden mit der vorhergehenden Eintragung verwechselt

bestattet«, schrieb der »Berliner Lokal-Anzeiger« in seiner Abendausgabe vom 14. August 1896. »In der Kapelle stand der reich geschmückte Sarg, zu Füßen lagen die Kränze des Beamten- und Arbeiterpersonals der Lilienthal'schen Fabrik in der Köpenickerstrasse 113, des Besitzers dieses Hauses, des Deutschen Freilandbundes und der Siedlungsgenossenschaft ›Freiland‹, der Egidy-Vereinigung und der Freunde und Coupee-Genossen aus Groß-Lichterfelde. Mit dem Direktor Samst erschienen fast sämmtliche Mitglieder des National- und Alexanderplatztheaters, um einen riesenhaften Lorbeerkranz mit rothen Rosen am Sarge niederzulegen;… Auch Oberstlieutenant von Egidy wohnte der Trauerfeier bei. Nachdem die drei unmündigen Kinder des Verewigten« (ein Fehler in allen Zeitungen dieser Tage) »mit dem Bruder und den übrigen Verwandten Lilienthals die Kapelle betreten hatten — die Gattin mußte es sich wegen Krankheit versagen, dem Verunglückten das letzte Geleit zu geben — nahm Prediger Steinemann das Wort zur Trauerrede… Er beklagte tief das Geschick des seltenen, so überaus begabten Mannes, der nicht nur ein unermüdlicher Forscher, sondern auch ein ausgezeichneter Mensch und Freund gewesen, dessen Andenken« für alle Zeiten in Ehren bestehen bleiben werde. Als der Geistliche den wiederholten Flugversuchen des Verstorbenen gedachte und ihn mit dem Sohne des Dädalus verglich, da flatterte plötzlich ein schwarzer Schmetterling, ein ›Trauermantel‹, munter und gefahrlos über dem Sarge hin und her, als wolle er seine Flugfertigkeit im Angesicht dieses Todten noch besonders beweisen. Mit einem Trostgebet schloß der Geistliche. Dann wurde der Sarg zur nahen Gruft getragen und dort im Beisein von Hunderten von Leidtragenden der Erde übergeben.«

Vom Deutschen Verein zur Förderung der Luftschifffahrt nahmen der Vorsitzende, Prof. Dr. Assmann, Prof. Müllenhoff, Dr. Kremser und viele andere Mitglieder an der Beisetzung teil. Die Vereinszeitschrift veröffentlichte unverzüglich einen Nachruf.

Am 26. November sprach dann Karl Müllenhoff in der Gedenkveranstaltung: »Der unersetzliche Verlust, den unser Verein durch den Tod von Otto Lilienthal erlitt, ist bei uns noch in frischem Gedächtnis; wir Alle haben ihn noch vor Augen, den unermüdlich strebsamen Mann, der mit zielbewusstem Streben des kräftigen Mannesalters das Feuer und die Begeisterung der Jugend vereinigte. Lilienthal hat unserem Verein eine lange Zeit, über zehn Jahre, angehört, und nur wenige von unseren ältesten Mitgliedern kennen die gesammte, dem Verein gewidmete Thätigkeit Lilienthals nach persönlichen Erinnerungen. Daher sei es mir, der seiner Zeit Otto Lilienthal in den Verein einführte, verstattet, es hier auszusprechen, was wir an ihm besassen. Habe ich doch das Glück gehabt in dem langjährigen persönlichen Verkehr den ganzen Reichthum seiner edlen Natur kennen und lieben zu lernen; es war mir insbesondere vergönnt an seinen flugtechnischen Arbeiten während dieser ganzen Zeit Antheil nehmen zu können.«

Ausführlich würdigte der Redner Leben und Leistungen des Toten. »Er hatte erkannt, dass in der Studirstube für die Lösung des Flugproblems wohl kaum noch viel zu erreichen sei… Die Theorie allein könne unmöglich zu einem Gelingen verhelfen. Nicht durch Grübeln und Differenziiren liesse sich das Ziel erreichen, sondern es gelte zu zeichnen, zu hämmern und dann zu probiren… Bereits konnten die Versuche über den Segelflug als abgeschlossen gelten und es sollte jetzt die zweite Aufgabe in Angriff genommen werden: die Nachahmung des Ruderfluges der Vögel… Es war daher gewiss berechtigt, wenn Lilienthal in einem im Juli dieses Jahres in der Berliner Gewerbe-Ausstellung gehaltenen Vortrage die Hoffnung aussprach, die Entwicklung der Fliegekunst noch weiter fördern zu können. Da bereitete am 9. August ein Unglücksfall seinem Streben ein jähes Ende…

Es ist zur Zeit nicht vorauszusehen, welche Entwickelung den von Lilienthal geschaffenen Anfängen der Fliegekunst beschieden sein wird; das eine aber steht unzweifelhaft fest, dass von den zahlreichen Forschern und Experimentatoren, die sich mit dem Flugproblem beschäftigt haben, keiner so viel wie Lilienthal dazu beigetragen hat, die spröde Aufgabe ihrer Lösung nahe zu bringen. Mit Recht ist daher in den vielen Berichten und Besprechungen, die Lilienthal's Versuche in der ganzen Welt gefunden haben, hervorgehoben worden, dass er drei Eigenschaften in glücklichster Verbindung besass. Er war erstens ein tüchtiger Mathematiker und Physiker und hat durch seine langjährigen fleissigen Beobachtungen und Messungen über den Luftwiderstand bei gewölbten Flächen wesentliche Beiträge geliefert zur Theorie des Fluges. Er war zweitens als geschickter Constructeur und speziell als Maschinenbau-Ingenieur imstande, die Apparate selbst zu erbauen, welche ihm für die Nachahmung des Vogelfluges geeignet schienen. Drittens besass er kühnen Wagemuth und körperliche Gewandtheit, so dass er persönlich zur Anstellung der Flugversuche geeignet war.

Es wird daher das Andenken an ihn von allen denen treu bewahrt werden, die auf dem von ihm begründeten Arbeitsfelde weiter zu arbeiten entschlossen sind.«[5] Und das bestätigt sich bis heute nachdrücklich.

Zum ersten Mal erschien in der Vereinszeitschrift, »vielseitigen Wünschen begegnend«, ein Porträt des Verstorbenen mit Autograph. Ihr und dem Verein waren »in den letzten Wochen so zahlreiche, warme Beileidsbezeugungen zu dem schweren Verluste, den unsere Sache durch den Tod von Otto Lilienthal erlitten hat, aus allen Teilen Deutschlands, aus Oesterreich und der Schweiz, Skandinavien und Amerika zugegangen, dass wir nur auf diesem Wege unseren herzlichsten Dank für diese allgemeine Theilnahme auszusprechen vermögen«.[6]

Das Echo um das tragische Ereignis hallte um den Erdball. Nachrufe im »Prometheus«, in der »Zeitschrift des Vereins Deutscher Ingenieure« standen neben denen ausländischer Organe. Moritz v. Egidy würdigte den Mitstreiter in seiner Zeitschrift »Versöhnung«. Der Ingenieur »nahm an allen ernsten Bestrebungen der Gegenwart teil. In Sonderheit gehörte er zu den eifrigsten Lesern unserer ›Versöhnung‹; er war einer der Ersten, der mir auf den Pfingstartikel hin begeisterte Worte schrieb. Otto Lilienthal war ein klarer Denker und Verwirklichungs-Mensch zugleich; dabei von zartem Gemüt.«[7]

In Moskau sprach am 27. Oktober Nikolai Jegorowitsch Shukowski auf der Jahresversammlung der Gesellschaft der Freunde der Naturwissenschaften »über den Tod des Flugtechnikers Otto Lilienthal«. »Sie

Allen werthen Geschäftsfreunden die traurige Nachricht, dass heute unser Chef, der Maschinenfabrikant

Otto Lilienthal

bei seinen flugtechnischen Versuchen den Tod gefunden hat. Die Fabrikation erleidet keine Unterbrechung und wird in bisheriger Weise weiter geführt.

Berlin, den 10. August 1896.

In aller Ergebenheit

Gustav Lilienthal.

Für die Geschäftsleitung: Otto Eulitz.

Trauerkarte der Firma Lilienthal

sehen,« führte er aus, »daß die aeronautischen Forschungen Lilienthals uns eine vollständig ausgearbeitete Flugmethode bieten, die, sich auf der Grundlage theoretischer Untersuchungen und einer Vielzahl Versuche entwickelnd, in die Sphäre der praktischen Existenz hinüberwuchs.«[8]

Octave Chanute schrieb im »Aeronautical Annual« 1897: »Durch dieses beklagenswerte Unglück wurde der Mann von uns genommen, der bisher das meiste zum Beweis beigetragen hat, daß der Mensch wahrscheinlich fliegen kann; der als erster in unserer Zeit versucht hat, mit einem der Körpergröße des Menschen angepaßten Apparat den Flug der Vögel nachzuahmen, und der in jeder Hinsicht so begabt war, daß ihm, wäre er am Leben geblieben, der Erfolg wahrscheinlich nicht versagt gewesen wäre.«[9]

Die Redaktion der »Zeitschrift für Luftschiffahrt« ging in ihrem Nachruf auf ein Problem ein, das alle bewegte, die an der Weiterentwicklung der Luftfahrt arbeiteten: »… unsere volle Bewunderung, die staunende Anerkennung der ganzen gebildeten Welt — und bis an deren fernste Grenzen hatte die Presse Kunde getragen von dem ›flying Man‹, dem ›homme volant‹ — gehörte dem Manne an, welcher in so einziger Art der Theorie das gerade auf diesem Arbeitsfelde so über aus, so besonders Schwierige, die That, beizugesellen wusste. Und hierin wird Lilienthal auf lange Jahre hinaus kaum — wenn überhaupt in absehbarer Zeit — ersetzt werden.«[10] Damit klang schon im Herbst 1896 an: Lilienthals Unfall »erzeugte Panik« (Skukowski), »die Furcht vor dem gleichen Schicksal hat… von dieser Beschäftigung… abgehalten« (Ferber).

In der Tat war es ein Schock, nicht ohne Wirkung, jedoch keinesfalls ein Ende. Unter der Bezeichnung »Schule Lilienthal« entwickelte sich im ersten Jahrzehnt nach seinem Tode eine Forschungsrichtung, die bewußt an die Erkenntnisse des ersten Fliegers anknüpfte, sie zum Ausgangspunkt weiterführender theoretischer und experimenteller Arbeiten machte. Dabei war das Bestimmende die Übernahme seiner Methode, nicht unbedingt aber persönliche Kontakte. Zu den Schülern im engeren Sinne zählen insbesondere Pilcher aus England, Ferber aus Frankreich, Chanute und die Brüder Wright in den USA, Etrich in Österreich, Wolfmüller in Deutschland, Tanski in Polen und Suarez in Argentinien.

Pilcher veränderte nach den Besuchen in Berlin seine Apparate entscheidend, mit deren Bau er Anfang 1893 begonnen hatte. Das Ergebnis war am 12. September 1895 sein erster wirklicher Gleitflug von zwanzig Sekunden Dauer, wobei er geradeausfliegend im Hangaufwind etwas stieg. Eine selbst entwickelte Seilstartmethode — mehrere Männer oder Pferde an einer zweihundertsiebzig bis dreihundertsechzig Meter langen Leine, die über Umlenkrollen lief — ermöglichte ihm Flughöhen bis zu sechzig Meter. Dabei stand die Schleppanlage auf einem, der startende Gleiter auf einem anderen Hügel.

S ein »Hawk« (Habicht) genanntes Flugzeug aus Bambus, Leinwand und Draht war den Konstruktionen Lilienthals am deutlichsten angeglichen. Der Pilot hing mit den Achseln im Apparat und benutzte ein Fahrgestell, um die Beine bei der Landung zu entlasten. Zweihundertachtundzwanzig Meter flog er im Juni 1897 in einundsechzig Meter Höhe. Zwei Jahre später plante er den Einbau eines Benzinmotors. Der Start sollte im bereits erfolgreich erprobten Seilschlepp erfolgen. Doch fehlte für dieses Vorhaben das Geld. Angeregt durch Hargraves Kastendrachen entwarf Pilcher auch einen Dreidecker. Mit dem »Hawk«, naß und schwer vom Regen, stürzte er am 20. September 1899 ab und verstarb zwei Tage später im Alter von dreiunddreißig Jahren.

Der französischen Hauptmann Ferdinand Ferber (1862-1909) war ein begeisterter Propagandist der Methode Lilienthals. »Als mich die Versuche Lilienthals im Jahre 1898 mit Staunen erfüllten, wurde mir klar, daß dieser Mann eine Methode entdeckt hatte, fliegen zu lernen, und daß aus der Anwendung dieser Methode unverzüglich die Flugtechnik herauswachsen mußte, weil sie jedem die Möglichkeit bot, selbst Versuche anzustellen und jederzeit wieder von vorn anzufangen«, schrieb er in seinem Buch »Die Kunst zu fliegen«.[11] »Den Tag, an welchem Lilienthal im Jahre 1891 seine ersten fünfzehn Meter in der Luft durchmessen hat, fasse ich auf als den Augenblick, seit welchem die Menschen fliegen können.«[12]

Zunächst hatte Ferber zwischen 1899 und 1901 vier Gleitflugzeuge gebaut, jedoch ohne Leitwerk. Die vierte Konstruktion — sie ähnelt Lilienthals Eindecker — brachte den ersten bescheidenen Erfolg: fünfzehn Meter gegen den Wind. Angeregt durch die Gleitflugexperimente der Wrights übernahm er dann ihr Bausystem. An einem großen Rundlaufgerät, seinem »Aerodrom«, experimentierte er mit daran hängenden Motorapparaten. Am 25. Juli 1908 glückte ihm der erste freie Motorflug. Nur Wochen später, am 22. September, kam er bei einer Landung ums Leben.

Gemeinsam mit Ernest Archdeacon (1863-1957), einem Pariser Rechtsanwalt und Industriellen, später Präsident des französischen Aeroclubs, aktivierte Ferber die französischen Flugtechniker. Der Anwalt hatte Gabriel Voisin (geb. 1880) als Helfer engagiert, der ihm einen Wright-Doppeldecker nachbaute und mit diesem flog. Als im Oktober 1905 auf einem internationalen Kongreß der Luftschiffervereine in Paris die »Fédération Aéronautique Internationale«, kurz FAI genannt, gegründet wurde, bezeichnete Archdeacon vor den Delegierten Lilienthal »mit Nachdruck als genialen Vorläufer in der Aviatik... Er ist ohne alle Frage unser aller Meister und der Vater aller vergangenen, gegenwärtigen und zukünftigen Flugtechniker.

Doch kann ich neben dieser warmen Anerkennung dessen, was von deutscher Seite her geleistet worden ist, nicht umhin, mein Bedauern auszudrücken, daß ein Genie wie Lilienthal in seiner Heimat keine Nachfolger gefunden hat, die das von ihm unternommene glänzende Werk fortgesetzt hätten. Ich spreche jedoch die Hoffnung aus, meine Herren Delegierte aus Deutschland, daß doch eines Tages sich unter Ihnen solche Leute finden werden. Denn um diese so schwierige Flugfrage zu einer glücklichen Lösung zu bringen, bedarf es einer vereinten Anstrengung der Fachleute aller zivilisierten Nationen.«

Moedebeck als Mitglied der deutschen Delegation bat ihn um Rede und Bild zur Veröffentlichung. Beides übergab der Franzose mit der Widmung: »Ein glühender Bewunderer von Lilienthal, der in seinem Lande gern ein Lilienthal sein möchte, ja der sich schon damit zufrieden gegen würde, ein halber Lilienthal zu sein. In drei Jahren werden sie genötigt sein, ihm ein Denkmal zu errichten.«[13]

Gabriel Voisin begründete dann zum Jahreswechsel 1906/07 mit seinem Bruder Charles (1882-1912) eine Werkstatt für Flugzeugbau. Beide fühlten sich als Fortsetzer des Werkes des deutschen Flugpioniers, und sie brachten das unter anderem in einem Artikel »The practice of aviation« zum Ausdruck, den sie mit den Worten begannen: »Lilienthal, unser aller Meister, schrieb einmal: Eine Flugmaschine zu erfinden, ist eine leichte Sache. Sie zu konstruieren ist schwer. Sie zu erproben, das ist alles! Der Verfechter der Segelflüge faßt hier in wenigen Worten die ganze Geschichte des Flugwesens zusammen.«[14]

Offenkundig wurde erneut, daß der Gleitflug damals auch für die Motorflugzeugbauer interessant blieb. So boten sich unter anderem kostengünstige Erprobungsmöglichkeiten für die Zelle des Flugzeugs. Das Lilienthal zugeschriebene Zitat stammt allerdings von Ferber.

In Rußland bildete Prof. Shukowski im Jahre 1909 an der Moskauer Technischen Hochschule einen Studenten-Zirkel. Die Mitglieder flogen jedoch nur einmal mit dem Lilienthal-Gleiter, um ihn nicht zu gefährden. Unter ihnen waren eine Reihe späterer Flugzeugkonstrukteure und Aerodynamiker, die sehr bekannt wurden, so Andrej Nikolajewitsch Tupolew. In Kiew befaßte sich Artjomow weiterhin mit dem Gleitflug nach Lilienthals Vorbild.

Bestimmend für die Fortführung des Werkes des ersten Fliegers wurde die Entwicklung in Amerika. Octave Chanute hatte unmittelbar nach dem 10. August 1896 einen Brief von Wilhelm Kress erhalten, in dem dieser die Unfallursache in der mangelnden Stabilität der Apparate sah. Damit bestärkte er den Amerikaner in seiner Ansicht, »daß die von der Flugmaschine zu gewährleistende Sicherheit für die Person des Kunstfliegers die unentbehrliche Grundlage für die Entwicklung des Kunstfluges ist. Der Mangel der selbsttätigen maschinellen Gleichgewichtseinhaltung machte die Lilienthal'sche Flugmaschine nur ihrem Erfinder nutzbar, der trotzdem diesem Mangel sein Leben opfern mußte.«[15] Chanute suchte nach einer selbsttätigen Regulierung des Gleichgewichts.

Zu diesem Zeitpunkt hatten zahlreiche Experimente die Trag- und Leistungsfähigkeit von Drachen erwiesen. Im Jahre 1894 wurde im Blue-Hill-Observatorium (USA), dessen Direktor der »Boston Aeronautical Society« angehörte und im »Aeronautical Annual« schrieb, erstmals ein solches Gerät als Träger von Meßgeräten benutzt. Dem Beispiel folgten meteorologische Stationen in Europa. Im Herbst 1894 zog James Means seine Flugmodelle auf diese Weise in die Luft, zwei Jahre später ließ er sich selbst tragen. Er strebte — und nicht nur er allein — die Evolution vom Drachen über den Segler zum Motorflugzeug an, wie er in seinem Memorandum »The Development of the Kite« (Die Entwicklung der Drachen) vom 20. April 1895 erklärte.[16] Charles H. Lamson, der 1895 einen Lilienthal-Gleiter nachgebaut hatte, nutzte dann auch die Flügelwölbung bei Drachen.

Die Lilienthal-Schule jener Zeit betrachtete nur Apparate, die sich gefesselt als Drachen stabil erwiesen, für aussichtsreich, auch im freien Flug die erforderliche Stabilität zu zeigen. Auf diese Weise prüfte der Physik-Professor Georg F. Fitzgerald in Dublin (Irland) den 1895 von Lilienthal erworbenen Apparat. Chanute und Kress testeten ihre Konstruktionen ebenso.[17]

Die Meinung des Leiters der meteorologischen Abteilung der Hamburger Seewarte, Wladimir Peter Köppen (1848-1940), widerspiegelt das Denken um die Jahrhundertwende: »Bei Lilienthals Versuchen hat nur die Größe seines horizontalen Steuers und seine allmählich erworbene Geschicklichkeit die Katastrophe so lange verhindert. Man muß aber verlangen, daß die Stabilität des Apparates automatisch gesichert sei und das verständige Eingreifen des Menschen nur die Richtung und Schnelligkeit des Fluges bestimme.« Köppen leitete von Beobachtungen eines Hargrave-Drachens, der sich von seiner Fessel gelöst hatte, wichtige Erkenntnisse für den Bau von Flugmaschinen ab. Ein mitgeführtes Instrument registrierte, daß der vor dem Abreißen im starken Wind sehr unruhige und heftig vibrierende Drachen danach nicht mehr die geringste Vibration zeigte. Er flog bei einer Windstärke von über zehn Meter je Sekunde sehr stabil. Auch die Landung war sanft, »da der fein und kompliziert gebaute Meteorograph keinerlei Verletzungen zeigte und das Uhrwerk weiterging«.[18]

Chanute kam über ein System aus drei Hargrave-Drachen und einen Apparat mit vier übereinanderliegenden Flügeln zum Zweidecker. Mit den Lilienthal-Erfahrungen seines Assistenten Herring gelang es diesem im Sommer 1897, eine solche Doppelflächenmaschine mit ersten Möglichkeiten selbsttätiger Gleichgewichtseinstellung zu schaffen. Auch ein Neuling konnte diesen Gleiter gefahrlos benutzten. In den folgenden Jahren wurde diese Konstruktion als »System Chanute-Lilienthal« in vielen Ländern zu Gleitflügen, gefesselt am Aerodrom durch Ferdinand Ferber, Friedrich Bendemann und andere, im freien Flug von Alberto Santos Dumont und Henri Farman beispielsweise in Frankreich, benutzt.[19]

Die entscheidenden Impulse für die weitere Entwicklung des Flugzeugs gaben jedoch Wilbur (1867-1912) und Orville (1871-1948) Wright. Als Wilbur im Mai 1899 an die Smithsonian Institution schrieb, deren Sekretär immer noch Langley war, nicht als Narr, wie er betonte, sondern als Enthusiast um Literatur über Theorie und Bau von Flugmaschinen bat, erhielt er kostenlos eine Auswahl von Artikeln, darunter »The Problem of Flying« und »Practical Experiments in Soaring« von Otto Lilienthal. Eine ebenfalls übergebene Liste von Büchern verzeichnet auch die drei »Aeronautical Annuals«.[20]

Lilienthals »Vogelflug« war den Brüdern bekannt, wie Wilbur am 2. November 1901 an Chanute schrieb: »Ich habe die Übersetzung des Lilienthalschen Werkes gelesen und die Illustrationen und Tafeln viele Male überprüft. Es ist gewiß ein wunderbares Buch... obgleich, wie ich es sehe, Irrtümer vorhanden sind. Und dennoch, für eine Pionierarbeit auf einem vollkommen neuen Gebiet ist sie bemerkenswert gesund und genau... Sein Buch muß... außerordentlich hoch eingeschätzt werden.«[21]

Zum Ende des Jahres 1901 publiziert Wilbur Wright die Ergebnisse ihrer im Oktober 1900 und im Sommer 1901 durchgeführten Experimente. Der Ausgangspunkt war: »Die Schwierigkeiten, welche einem Erfolge beim Bau von Flugmaschinen entgegenstehen, sind von dreierlei Art, sie bestehen erstens in der Herstellung der tragenden Flügel, zweitens in der Beschaffung und Anwendung der treibenden Kraft, drittens beziehen sie sich auf das Halten des Gleichgewichts und die Steuerung der Maschine, nachdem sie sich tatsächlich im Fluge befindet. Die beiden erstgenannten sind bereits als gelöst anzusehen. Die bis jetzt ungelöste Schwierigkeit ist die letztgenannte.«

Der fliegende Vogel befinde sich »in einem fortdauernd labilen Gleichgewicht, welches er gelernt hat, so geschickt zu beherrschen, daß es unserem Auge nicht sichtbar ist; wir lernen diese Geschicklichkeit erst dann zu schätzen, wenn wir suchen, sie nachzuahmen. Wie man das Reiten und Radfahren erlernen muß, so muß man auch das Fliegen durch wirkliches Versuchen erlernen.«[22] Welche Duplizität der Aussagen von Lilienthal!

Die Wrights gingen davon aus, daß die »Sicherheit des Führers... wichtiger als jeder andere Punkt für erfolgreiches Experimentieren sei. Die Geschichte vorangegangener Verluste beweist, daß eher größere Vorsicht als größere Kühnheit notwendig ist.« So stellten sie nun die Erfahrungen ihrer Lehrmeister in Frage. »Der verstorbene Herr Lilienthal war davon überzeugt, daß aufrechte Stellung des Führers das wesentliche zur Sicherheit im Fluge beitrage, und Chanute, Pilcher und andere haben ihm beigestimmt. Der Gedanke war, diese Lage erleichtere das Landen.«[23]

och den Hauptgrund für das so lange ungelöste Flugproblem sahen sie im Mangel an Übung. »Lilienthal hat während fünf Jahren seiner Thätigkeit im Ganzen nur fünf Stunden damit zugebracht, thatsächlich durch die Luft zu gleiten; daß er damit soviel erreicht hat, schien wie ein Wunder; ein Radfahrer könnte nach so kurzer Übung nicht durch eine belebte Straße fahren. Könnte eine Methode gefunden werden, um statt sekundenweise stundenweise zu üben, so würde man hoffen dürfen, der Lösung des Problems näher zu rücken«, notierte Wilbur in »Some Aeronautical Experiments«.

Vor- und Nachteile der hängenden Haltung abwägend, sprachen sich die Brüder gegen die ermüdende Muskelanspannung aus. Die waagerechte Lage fordere zwar Hilfe beim Aufstieg. Doch der Körper des Fliegers werde zum Teil der Maschine, der Flug erfolge ruhiger und die Bewegungen wären langsamer. »Es bleibt immer noch nötig, Maßregeln zu treffen, um die Mittelpunkte von Druck und Schwere in Übereinstimmung zu bringen, aber die plötzlichen Windstöße, welche die Maschine fast aus des Leiters Macht rissen, verlieren einen Teil ihres Schreckens. Die Landungen... sind weniger schwierig und gefährlich, als man... voraussetzte.« Und daraus folgerten sie:
»1. Uebung ist der Schlüssel zum Geheimnis des Fluges.
2. Die horizontale Stellung des Fahrers empfiehlt sich.
3. Eine kleine Tragfläche... der Hauptfläche voraufgehend, ist zur Regulierung empfehlenswerth.
4. Steuerung auf und ab kann durch ein Steuer bewirkt werden, ohne daß der Fahrer seine Stellung ändert.
5. Durch Verwinden der Tragflächen kann das seitliche Gleichgewicht wirksamer geregelt werden als durch Aenderung in der Körperstellung des Fahrers.«[24]

In der Folge vergrößerten sie im Sommer 1901 — beraten durch den bei ihnen weilenden Chanute — die Maschine, überwanden die Furcht, bei starkem Wind zu fliegen. Ein Vertikalsteuer hinter dem Flügel ergänzte das horizontale vorn. Das war der Zeitpunkt, zu dem sie dann ein Ziel Lilienthals aufgaben: die Nachahmung des Vogelfluges. Statt durch Flügelschläge sollte das »Chanute-Lilienthal-System« durch motorgetriebene Propeller gegen den Wind bewegt werden. Der zwölf Pferdestärken leistende Motor wog nur neunzig Kilogramm. Das war erstaunlich wenig gegenüber dem Daimler-Motor von 1899 für das erste Zeppelin-Luftschiff mit fünfzehn Pferdestärken bei vierhundertzwölfeinhalb Kilogramm.[25]

nd die Brüder flogen. Carl Dienstbach kabelte es den »Illustrierten Aeronautischen Mitteilungen« im Januar 1904: Am Vormittag des 17. Dezember 1903 sei »ein weltgeschichtliches Ereignis eingetreten«. Der erste Motorflug! Und er fügte hinzu, daß »es sich aber ziehme, des Mannes zu gedenken, der das Größte vollbracht hat, um diesen endlichen Triumph zu ermöglichen, der für den Flug das erlösende Wort aussprach: ›Im Anfang war die Tat!‹, und der dieser ›Tat‹ sein Leben opferte: unser unvergeßlicher Otto Lilienthal!«[26] Es war übrigens die einzige exakte Meldung in Europa und Amerika.

Die Wrights hielten sich zurück, wollten erst die Erfindung finanziell nutzen. Doch die Öffentlichkeit glaubte ihnen nicht, forderte Beweise. Erst im Sommer 1908 führte Wilbur Wright in Frankreich, dem damaligen Zentrum des europäischen Motorfluges, das Flugzeug vor. Bis zum Jahresende war er im Besitz aller Rekorde. Die Welt sprach vom »König der Flieger«. Doch dieser »König« gedachte immer wieder des Mannes, dessen Werk er und sein Bruder vorbehaltlos fortsetzten: »Lilienthal dachte nicht nur, sondern handelte; und indem er flog, leistete er wahrscheinlich den größten Beitrag zur Lösung des Flugproblems, der jemals von einem einzelnen geleistet wurde. Er demonstrierte die Ausführbarkeit einer tatsächlichen Praxis in der Luft, ohne die ein Erfolg unmöglich ist.«[27]

Zu denen, die in aller Welt dem Vorbild des ersten Fliegers folgten, gehörte der Argentinier Pablo Suarez, der ebenfalls im Briefwechsel mit Lilienthal gestanden haben soll. Sein dem Lilienthal-Eindecker ähnlicher Apparat hatte jedoch kein Leitwerk.

In Polen setzte Czeslaw Tanski die Versuche fort. Von einem dreieinhalb Meter hohen Absprunggerüst flog er 1897 bis zu dreißig Meter weit. Eine frei hängende Position am Flugzeug behinderte jedoch die Steuerung sehr. Nach Versuchen mit einem Muskelkraftgleiter im Jahre 1904 wandte er sich dem Motorflug zu.

In Trautenau (heute Trutnov in der CSFR), erwarb 1898 Igo Etrich den Sturmflügelapparat Lilienthals und verfügte auch einige Zeit über den zweiten Schlagflügelapparat. Er ging aber einer eigenen Entwicklung nach, zu deren Grundlage er die Form des Samens der Zanonia macrocarpa, einer asiatischen Palmenart, machte.

uch in Deutschland experimentierten Einzelne; aber noch immer galt hier Moedebecks Wort: »Während der Soldat geneigt ist, dem aerostatischen Flugschiff den Vorteil zu geben, ... hat der Fachingenieur von jeher eine Vorliebe für die aerodynamische oder aviatische Flugmaschine an den Tag gelegt«.[28] Es hatte manche Unterstützung des preußischen Kriegsministeriums für die Luftfahrt gegeben, seit Lilienthals Zeiten schon in bescheidenem Maße für den Deutschen, später Berliner genannten »Verein zur Förderung der Luftschiffahrt«. Ganze dreitausend Mark waren es 1907 gegenüber mehr als fünfzigtausend Mark, die aus der Industrie flossen.

Moedebeck war es, der vorschlug, einen flugtechnischen Ausschuß zu bilden. Dieser konstituierte sich im Oktober 1907 unter Leitung des Physikers Prof. Dr. Reinhard Süring (1866-1950), mit den Ingenieuren Ansbert Vorreiter und Edmund Rumpler, dem Physiker Friedrich Bendemann, dem auf Wunsch der »Automobiltechnischen Gesellschaft« ausgewählten Slaby-Schüler Graf Wilhelm v. Arco als Vertreter der Industrie und anderen.

Die in Frankreich erzielten Erfolge beeinflußten dieses Gremium stark. So erhielt im Jahre 1908 der Ingenieur Hermann Dorner aus Vereinsmitteln eine Beihilfe von fünftausend Mark zum Bau eines Motorfliegers.

Ein Programm bestimmte das weitere Wirken. Es »bezeichnete als nächstliegende Aufgabe des Ausschusses die Veranstaltung von Flugübungen mit Gleitfliegern, und zwar zunächst mit solchen des Lilienthal-Chanuteschen Systems und die Vornahme exakter Messungen zur Gewinnung von Anhaltspunkten[29] über Stabilität, die beste Form der Tragflächen usw.«.[29]

rof. Richard Assmann, der die kommende Flugzeugentwicklung voraussah und förderte, der als erster Deutscher Lilienthal ehrenvoll als Altmeister der Flugtechnik bezeichnete[30], schuf Vorausetzungen für Experimente im Verein mit einem Gleiter des genannten Systems. Man hatte ihn von den Brüdern Voisin in Frankreich erworben. Die Leitung lag bei Friedrich Bendemann in Lindenberg bei Beeskow. Die Absicht, den Vereinsmitgliedern Gleitflüge zu ermöglichen, kam nicht zum Tragen. Der Ausschuß hatte den Nachbau einer Abflugvorrichtung geplant, wie sie der »Schlesische Verein für Luftschiffahrt« in Breslau (heute Wroclaw in Polen) in jenen Jahren betrieb, und zwar mit einem Eindecker des Systems Lilienthal und einem Doppeldecker vom System Lilienthal-Chanute.[31]

Als Orville Wright im September 1909 in Berlin flog, legte er in einem Vortrag vor dem »Verein Deutscher Flugtechniker« dar, wieviel er und sein Bruder Otto Lilienthal verdankten.[32]

Zu diesem Zeitpunkt erhielten die Ehrungen für den ersten Flieger Deutschlands neue Inhalte und Formen. In einer Petition des »Verbandes Deutscher Flugtechniker« an den Reichstag um Unterstützung für die Luftfahrt wurde angesichts der Fortschritte in Frankreich auch »auf den für die gesamte Flugtechnik als bahnbrechend anzusehenden unvergeßlichen Ingenieur Lilienthal verwiesen«. Unterschrieben hatten auch Ludwig Prandtl, August v. Parseval und Alfred Hildebrandt.[33]

Etwa zur gleichen Zeit, im Frühjahr 1910, bildete sich ein Arbeitsausschuß zur Errichtung eines Lilienthal-Denkmals in Groß-Lichterfelde. Seinem Ehrenkomitee traten prominente Persönlichkeiten aus Politik, Industrie und Wirtschaft bei, so der Industrielle und Stifter des »Lanz-Preises der Lüfte« Dr. Karl Lanz, der Kommandeur des preußischen Luftschifferbataillons Major Groß, Parseval, der Johannisthaler Flugplatzdirektor Georg v. Tschudi sowie Graf Ferdinand v. Zeppelin. Der Ausschuß richtete noch im gleichen Jahr einen Aufruf an die Öffentlichkeit, Geld zu spenden.[34] Am 17. Juni 1914 wurde die Ikarus-Figur der Öffentlichkeit übergeben.

Bereits am 10. Mai 1910 enthüllte der Anklamer Magistrat an Lilienthals Geburtshaus eine Erinnerungstafel, die sich heute im Otto-Lilienthal-Museum befindet. Zu den Organisatoren dieser Ehrung zählten Bürgermeister Unglaube, Konsul Karl Mehlhorn — Sohn des Vormundes und Mitschüler am Gymnasium — sowie Fabrikbesitzer Rudolf Tancre, den Otto ebenfalls aus der Jugendzeit kannte. Bruder Gustav übergab ein Exemplar der im gleichen Jahr erschienen zweiten Auflage des Buches vom Vogelflug »Der Jugend der Heimath in freundlicher Erinnerung zugeeignet«.[35]

Der Arbeitsausschuß für das Denkmal beabsichtigte auch, die Familien Lilienthal finanziell zu unterstützen. Staatliche Stellen begannen daraufhin, sich über die Lebensverhältnisse der Witwe zu informieren. Auf eine Anfrage teilte Prof. Richard Assmann im Juli 1910 dem Minister für geistliche, Unterrichts- und Medizinal-Angelegenheiten mit, »daß ich mich nunmehr durch direkte Verbindung mit Frau Lilienthal in den Besitz authentischen Materials über deren Vermögensverhältnisse gesetzt habe«. Er stellte fest, »daß in der Tat die Eurer Exellenz zugegangene Nachricht über die üble Vermögenslage der Familie Lilienthal zutrifft«.[36]

Erinnerungstafel am Anklamer Geburtshaus, heute im Otto-Lilienthal-Museum Anklam

gnes Lilienthal lebte von eintausendzweihundert Mark jährlichen Zinsen eines Barvermögens. Außerdem erhielt sie Geld aus der Maschinenfabrik ihres Mannes. Bis 1900 leitete Paul Schauer die Fabrik, der dann weitere fünf Jahre Hugo Eulitz vorstand. Im Jahre 1905 wurde sie an den Kaufmann Kurt Penschke verkauft, bis sie im Oktober 1909 in Konkurs ging. Das Haus in der Boothstraße hatte Agnes schon 1902 veräußern müssen, nachdem sie es zuvor an Dr. Richard Neuhauss vermietet hatte. Eine einmalige Unterstützung aus verschiedenen Luftschiffervereinen in Höhe von zweitausend Mark half ihr 1909 zeitweilig weiter.

Den Kindern ermöglichte sie dennoch — wie schon die Mutter ihres Mannes — eine gute Ausbildung. Otto besuchte das Lichterfelder Gymnasium, dann eine Gartenarchitekturschule. Fritz erhielt für sein Ingenieurstudium das Pagenkopsche Stipendium, das seinem Vater verweigert worden war. Anna und Helene besuchten die Höhere Mädchenschule in Lichterfelde und wurden Lehrerinnen.

»Im Hinblick auf die im In- und Ausland allgemein anerkannten Verdienste des Ingenieurs Lilienthal um die Entwicklung der modernen Flugtechnik, welche auf seinen grundlegenden Versuchen und auf seinen Theorien fußen«,[37] erhielt Agnes Lilienthal ab Oktober 1910 eine jährliche Zuwendung. Fünfhundert Mark bewilligte in einem »Allerhöchsten Erlaß« der Kaiser aus seinem persönlichen Dispositionsfond, weitere fünfhundert Mark kamen vom preußischen Staat. Auch nach dem Ersten Weltkrieg wurden ihr bis zum Tode 1920 jährlich eintausend Mark gezahlt.

Wilbur Wright besuchte sie 1911 in ihrer Mansardenwohnung in der Moltkestraße in Lichterfelde. Er legte am Grab Lilienthals einen Kranz nieder und sandte Agnes nach seiner Rückkehr in die Vereinigten Staaten einen Scheck über eintausend Dollar.

In jenen Jahren hatte auch der Segelflug in Deutschland erste größere Erfolge. Nach vielen Versuchen einzelner in allen Teilen des Landes fuhren im Sommer 1911 Mitglieder des zwei Jahre zuvor begründeten »Gleit-

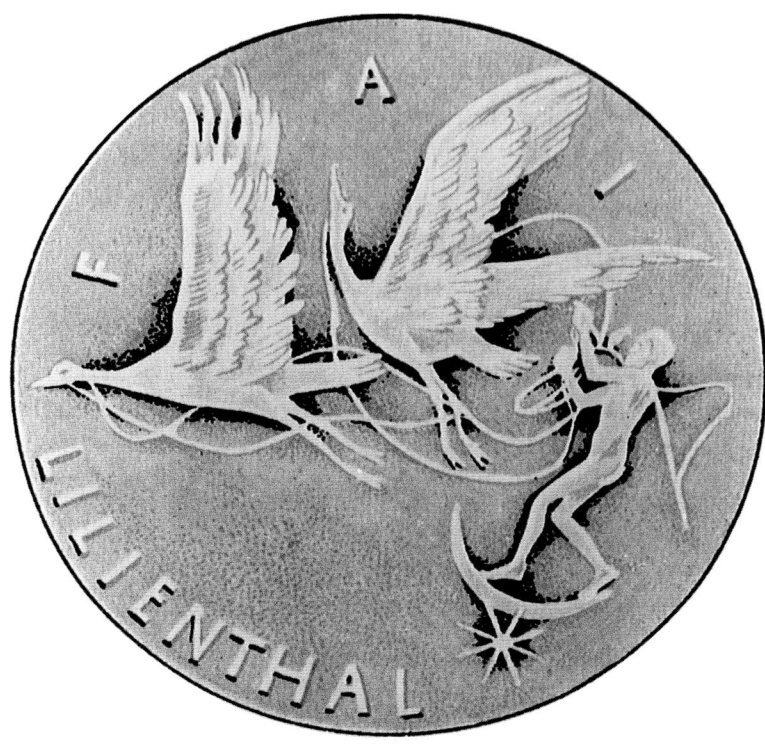

Lilienthal-Medaille der FAI

flugvereins Darmstadt« auf die Wasserkuppe in der Rhön. Mit einem Doppeldecker eigener Konstruktion erreichte man Flugweiten bis zu dreihundertfünfzig Meter.

Aktivitäten gab es ebenfalls zur tieferen Untersuchung der Grundlagen der Flugtechnik. Der Mathematiker und Wissenschaftsorganisator Felix Klein (1849-1925) — er nahm großen Einfluß auf die Entwicklung mathematisch-naturwissenschaftlichen Denkens — und die von ihm 1898 gegründete »Göttinger Vereinigung für angewandte Physik«, die ab 1901 auch die Mathematik einbezog, setzte die Gründung der ersten Institution für angewandte Mathematik in Deutschland durch. Mit Carl Runge (1856-1927) wurde 1904 ein Mathematiker auf diesen Lehrstuhl berufen, der im »Niedersächsischen Verein für Luftfahrt« mitarbeitete und Otto Lilienthal persönlich gekannt hatte. Runge beschäftigte sich in den ersten Jahren besonders intensiv mit der Flugtechnik und Aerodynamik. Er und seine Frau übersetzten die Arbeit des Engländers Frederick William Lanchester zur Aerodynamik ins Deutsche, in der sich dieser in einem ganzen Abschnitt kritisch mit der Stabilität von Lilienthals Apparaten befaßte. Auf Lanchester gestützt, gab Runge dem mathematischen Ansatz zur Berechnung der Stabilität von Flugzeugen eine allgemeinere und systematische Form. Zusammen mit dem ebenfalls 1904 nach Göttingen gerufenen Ludwig Prandtl interessierte er sich für die Strömungsmechanik. In Verbindung mit der Industrie entstanden in den folgenden Jahren wissenschaftliche Organisationsformen für den technischen Fortschritt in der Luftfahrt.[38] Runge hatte noch im August 1896 einen ausführlichen Bericht über Lilienthals Tod an die Zeitschrift »Nature« gesandt, der in dieser am 3. September veröffentlicht wurde. Damit stellte er eine Publikation über den tödlichen Unfall vom 20. August richtig.

Längst wird heute das Erbe Lilienthals in der ganzen Welt gepflegt und fortgesetzt. Museen in Anklam, München, Berlin, Wien, Moskau, Washington und London zeigen seine Gleiter. Denkmale und Gedenkstätten in seiner Heimatstadt, in Berlin, so sein Fliegeberg als erster künstlich erbauter Flugplatz, Derwitz-Krülow und Stölln erinnern seiner.

Eine erneute, weltweite Ehrung des ersten Fliegers wurde im Januar 1938 begründet. Die FAI-Generalversammlung stiftete die internationale Lilienthal-Medaille als höchste Auszeichnung auf dem Gebiet des Segelfluges. Sie wird in der Regel einmal jährlich für überragende Flugleistungen oder für das Gesamtwerk einer Persönlichkeit vergeben, die sich um den internationalen Segelflug verdient macht.

Mit der Lilienthal-Ehrung im Jahre 1991 — einhundert Jahre nach dem ersten Flug eines Menschen — wurde ein neuer Schritt getan, um den ersten Flieger, diesen begabten und schöpferischen deutschen Ingenieur zu würdigen.

Anhang

Künftige Berufe der Anklamer Gymnasiasten

»Zum Maschinenbauer bestimmt« — das war ein ungewöhnlicher Berufswunsch. Im Jahre 1856 wurden mit Otto Lilienthal dreiundvierzig Jungen in das Anklamer Gymnasium eingeschult. Nur drei von ihnen erwarben das Abitur. Mit ihren Familien wanderten drei aus, sechs starben frühzeitig. von den anderen vierunddreißig wählten als Beruf:

Justiz- oder Staatsbeamter	neun
Kaufmann	sieben
Handwerker	sechs
Gutspächter	vier
Offizier	zwei
Lehrer	zwei
Kammerherr	zwei
Pastor	einer
Ingenieur	einer

Deutscher Verein zur Förderung der Luftschiffahrt

Am 7. September 1881 gründeten nach zwei vergeblichen Anläufen siebzehn Männer den Deutschen Verein zur Förderung der Luftschiffahrt. Die zu dieser Zeit in der Presse geführte Diskussion über Versuche mit einem »lenkbaren Ballon« durch Georg Baumgarten und Hermann Wölfert begünstigten ihr Vorhaben.

Der neue Verein vermeldete seine Existenz. Die an ihn geknüpften Erwartungen möge der folgende Brief an den Vorsitzenden, Wilhelm Angerstein, dokumentieren:

Berlin, den 14. November 1881

Ew. Hochwohlgeboren
danke ich verbindlichst für die gefällige Mittheilung der Statuten des hier ins Leben getretenen »Deutschen Vereins zur Förderung der Luftschiffahrt«.

Die Lösung des Problems der freien Luftschiffahrt wird heute als etwas Unmögliches nicht mehr angesehen, sie erscheint nur als Frage der Zeit und nahegerückt, sobald es gelungen sein wird, einen brauchbaren Motor zu schaffen. Nächstdem bleiben aber noch eine Menge anderer für das Gelingen wichtiger Vorfragen zu erörtern. Zu deren Beantwortung können Vereine sachverständiger Männer, die rationelle Versuche anregen, ausführen und die gewonnenen Anhaltspunkte zum wissenschaftlichen Gemeingut für weitere Verwerthung machen, sehr günstig wirken.

Indem ich dem Deutschen Verein zur Förderung der Luftschiffahrt bestes Gedeihen wünsche, spreche ich zugleich gern aus, daß ich die Wirksamkeit desselben mit Interesse verfolgen werde.

Der General-Feldmarschall
Graf von Moltke

Gedichte Lilienthals

O, sieh' welche Wonne hier oben uns blüht,
Wenn kreisend wir schweben im blauen Zenith,
Und unter uns dehnt sich gebreitet
Die herrliche sonnenbeschienene Welt,
Umspannt vom erhabenen Himmelszelt,
An dem nur Dein Blick uns begleitet!

Uns trägt das Gefieder; gehoben vom Wind
Die breiten, gewölbten Fittige sind;
Der Flug macht uns keine Beschwerde;
Kein Flügelschlag stört die erhabene Ruh'.
O, Mensch dort im Staube, wann fliegest auch Du?
Wann löst sich Dein Fuß von der Erde?

Und senkt sich der Abend, und ruhet die Luft,
Dann steigen wir nieder im goldigen Duft,
verlassen die einsame Höhe.
Dann trägt uns der Flügelschlag ruhig und leicht
Dem Dorfe zu, ehe die Sonne entweicht;
Dann suchen wir auf Deine Nähe.

So siehst Du im niedrigen Fluge uns ziehn
im Abendrot über die Gärten dahin.
Zum Neste kehren wir wieder.
Auf heimischem Dache dann schlummern wir ein,
Und träumen von Wind und von Sonnenschein,
Und ruh'n die befiederten Glieder.

Doch treibt Dich die Sehnsucht, im Fluge uns gleich
Dahinzuschweben, im Lüftebereich
Die Wonnen des Flug's zu genießen,
So sieh' unsern Flügelbau, miß unsere Kraft,
Und such' aus dem Luftdruck, der Hebung uns schafft,
Auf Wirkung der Flügel zu schließen.

Dann forsche, was uns zu tragen vermag
Bei unserer Fittige mäßigem Schlag,
Bei Ausdauer unseres Zuges!
Was uns eine gütige Schöpfung verlieh'n.
Draus mögest Du richtige Schlüsse dann zieh'n,
Und lösen die Rätsel des Fluges.

Die Macht des Verstandes, o, wend' sie nur an,
Es darf Dich nicht hindern ein ewiger Bann,
Sie wird auch im Fluge Dich tragen!
Es kann Deines Schöpfers Wille nicht sein,
Dich, Ersten der Schöpfung, dem Staube zu weih'n,
Dir ewig den Flug zu versagen!

Auf einen plattdeutschen Brief des Onkels

Ik kreg de Sak denn in de Neeg
und as ick dor den Breif besseg,
dor müst mit't vel Vergnäugen maken;
denn plattdütsch har ick lang' nicht spraken.
Seit Gustav is in anner Städten,
mit den ick ümmer platt dee räden,
ick an den Nagel hüng dat Platt,
un in Hochdütsch vertellt mi wat.
Du hest mi tworst noch nich väl hürt,
wenn ick min Muddersprak hew spraken.
Doch hew ick sei noch nicht verliert
bi all de välen nigen Saken.
De Kenntnis irst recht Gaudes hett,
wenn man dat Olle nich vergett,
und dat is echte dütsche Ort,
wenn man sin dütsches Hart bewohrt.
In dütsche Sprak latinsch tau schriwen,
dat is all lang niks Niges mir.
En gauden Dütschen kann man bliwen,
uk wenn man schriwwt latinsche Wür.
Min Muddersprak de bliwwt mi wirt
bi noch so gaude nige Saken.
Und dat ick sei noch nich verliert,
dat wull ick di hüt dütlich maken.

Hermann Ganswindt

Hermann Ganswind (1856-1934) war Autodidakt. Schon als Gymnasiast entwickelte er die Idee eines Weltenfahrzeugs, das durch Rückstoß — die Explosion von Pulverpatronen — angetrieben werden sollte. Es war das erste Projekt dieser Art mit physikalisch möglichem Antrieb. Aus der Erkenntnis heraus, daß eine Wirtschaftlichkeit nur bei hohen Geschwindigkeiten erreicht wird, sah der Erfinder vor, als erste Antriebsstufe das Raumfahrzeug mit einem Hubschrauber bis an die Grenze der Atmosphäre zu schleppen. 1881 informierte er in Berlin darüber in einem öffentlichen Vortrag.

In den Jahren 1888 bis 1890 entwickelte Ganswindt das Modell eines eisernen Hubschraubers mit parabolisch gewölbten Flächen. Er gründete einen patriotischen Verein für Luftschiffahrt. Am 18. November 1889 spricht er ohne jedes positive Echo vor dem Deutschen Verein zur Förderung der Luftschiffahrt. Hier lernt ihn Otto Lilienthal kennen.

Marktschreierische Reklame, Selbstüberschätzung und viele unglückliche Versuche, zu Kapital zu kommen — so die öffentliche Zeichnung von Aktien unter fragwürdigen Ankündigungen —, isolierten ihn von anderen Flugpionieren. Eine Reihe seiner Erfindungen wurde patentiert bzw. fand auf den verschiedensten Gebieten Anwendung, so ein Tretmotorwagen bei der Berliner Feuerwehr.

Im Jahre 1891 hält Ganswindt einen Vortrag in der Berliner Philharmonie, den er zwei Jahre später wiederholt: »Über die wichtigsten Probleme der Menschheit«. Die »Zeitschrift für Luftschiffahrt und Physik der Atmosphäre« berichtet darüber in Heft 6/1893 (S. 145f.). Der Redner stellte seine Weltflugmaschine vor, deren Antriebsprinzip zu Unrecht nicht erst genommen wurde: »Der Umstand, dass ein Geschütz beim Abfeuern eine Rückwärtsbewegung macht, hatte Herrn Ganswindt die Idee eingegeben, sich auf diese Art mit einer Kanone rückwärts durch den Weltraum zu schiessen, indem zunächst fortwährend Schüsse gegen die Erde abgefeuert würden, bis das Geschütz selbst mit seinen Passagieren mit immer zunehmender Geschwindigkeit sich von der Erde entfernt. Diese Idee ist zwar nicht ganz neu: denn die Fliegenden Blätter verkündeten im letzten Winter, dass ein Trapper vor den verfolgenden Indianern sich dadurch rettete, dass er seinen Revolver senkrecht nach unten absteuerte und sich dadurch mit seinem Ross in die Luft erhob, aber dennoch muss man das Problem als ein verwegenes bezeichnen.

Herr Ganswindt schloss hieran eine physikalische Erklärung der Seelenwanderung und der Wiederauferstehung nach dem Tode, welche als nicht direct zur Flugtechnik gehörig hier nicht weiter besprochen werden soll.

Der zweite Teil des Vortrages handelte von den eigentlichen Flugmaschinen des Herrn Ganswindt. Man muss gestehen, dass man schwerlich etwas Grossartiges wahrgenommen hat und zwar grossartig in dem, was man den Berlinern ungestraft anzubieten sich erdreisten darf. Man stelle sich vor, dass eine Zuhörerschaft von fast tausend Männern versammelt ist, der die Intelligenz und das Interesse für schwierige mechanische Probleme aus den Augen leuchtet und der Vortragende auf dem Katheder leitet seine Rede damit ein, dass er sagt: ›Indem ich hiermit meine flugtechnischen Erfindungen bekannt mache, vollzieht sich ein historischer Moment.‹ Und wenn dann der Vortragende kleine hölzerne Flügelschrauben durch Drehen zwischen den Fingern auf einige Secunden zum Fliegen bringt, gerade so wie wir Alle es als Kinder gethan haben, und verlangt, dass man dieses Princip als seine Erfindung ansehen solle, so kann man sich ungefähr auch eine Vorstellung von den Stimmungen machen, welche Herr Ganswindt bei seiner Zuhörerschaft erzielt…

Schon bevor Herr Ganswindt öffentlich in Berlin sich zeigte, verkündeten Zeitungsannoncen, dass derselbe Geldsendungen für den Bau seiner Flugmaschinen entgegennimmt, indem er für jede 10 Mk. einen Gewinn von 1000 Mk. schriftlich garantirt. Bei dieser Ankündigung wurden die genauen Adressen aller derjenigen angegeben, welche zu der bereits nach Tausenden zählenden eingegangenen Summe beigetragen haben. Hieraus dürfte man den Schluss ziehen, dass Herr Ganswindt es wenigstens ehrlich meint, und nicht nur auf diejenigen speculirt, welche nicht alle werden.

Wir halten es aber dennoch für unsere Pflicht, zu erklären, dass Herr Ganswindt in seinem Vortrage über seine Flugmaschinen weder etwas wesentlich Neues, noch sonst etwas gebracht hat, was uns mit besonderer Hoffnung auf Erfolg erfüllen könnte, und dass es nur der Gutmüthigkeit seiner Berliner Zuhörer, welche ihn schliesslich von der humoristischen Seite auffassten, zu verdanken hatte, dass er seinen Vortrag überhaupt vollenden konnte.«

Es ist zu vermuten, daß Otto Lilienthal diesen redaktionellen Artikel schrieb oder an ihm beteiligt war.

Lilienthal und die Musik

Otto Lilienthal hatte tiefe Beziehungen zur Musik, die schon seine Mutter in den Kinderjahren weckte und ausprägte. Zahlreiche Zeitzeugnisse spiegeln das wider, so auch sein Schauspiel, dessen Held, der Möbelfabrikant Wilhelm Krüger, mit autobiografischen Zügen sehr musikliebend ist.

Krüger: Ich werde Euch doch endlich bei dieser Gelegenheit mein eigentliches Fabrikgeheimnis verraten, …schon damals, als ich noch bei Krause und Comp. in Stellung war und eifrig an meiner ersten Erfindung arbeitete, bat ich Dich fast jedesmal, wenn ich Euch abends besuchte, mir auf dem Klavier eine der Beethovenschen Sonaten vorzuspielen… Es war mir, als wenn mein Gedankenkreis sich erweiterte, und Ideen fielen mir ein, auf die ich sonst wahrscheinlich nicht gekommen wäre. Zu Hause habe ich dann, unter dem Eindruck dieser erhabenen Melodien stehend, oft noch stundenlang mit gutem Erfolge weiter gearbeitet.

Frau Müller (die Schwiegermutter – d. V.): Das klingt ja gerade so, als wenn Louise der eigentliche Erfinder wäre.

Louise (seine Braut – d. V.): Nein, Mutter, nicht ich, aber Beethoven. Wilhelm hat ganz recht, ich habe auch das Gefühl, als könnten derartige grosse Musikwerke Wunder wirken, nur verlege ich ihre Wirkung weniger auf das Gebiet der Erfindungen, sondern auf das Gebiet der Sittlichkeit und Humanität. Ich kann mir vorstellen, dass ein schlechter Mensch durch das Anhören dieser oft überirdischen Kompositionen in einen guten Menschen verwandelt werden kann.

Wilhelm: Gewiss, liebes Kind; das ist der höchste Wert, den diese grossen Tonschöpfungen besitzen, aber Ihr könnt mir glauben, auch dem über kunstgewerbliche Muster und sogar über rein technische Vervollkommnung grübelnden Erfinder können beim Anhören dieser erhabenen Tonwerke die leitenden Gedanken kommen. – Kein Wunder! – Die allgemeine Begeisterung, die uns bei jenen herrlichen Tonschöpfungen packt und durchglüht, steigert unsere Leistungsfähigkeit auf allen Gebieten.

Wie im Berliner Theaterleben begannen sich zu Lilienthals Zeit auch im Musikleben höfische Erstarrungen zu lösen. Die Meininger Hofkapelle unter dem Wagner- und Liszt-Schüler Hans v. Bülow ließ mit ihren Konzerten in der Berliner Singakademie, dem heutigen Maxim-Gorki-Theater, das kunstbegeisterte Publikum aufhorchen. In diesem Haus fühlte sich Otto als Mitglied des Chores heimisch. Unter Bülows Leitung spielte Johannes Brahms hier eines seiner ersten Klavierkonzerte, dirigierte dann auch selbst. Als das Berliner Philharmonische Orchester gegründet war, werden auch die Lilienthals zu denen gehört haben, die Komponisten wie Peter Tschaikowski, Edvard Gried und Richard Strauß am Dirigentenpult zujubelten.

Aufführungen der Freien Volksbühne im Ostend-/National-Theater

19. Oktober 1890:	Ibsen, Stützen der Gesellschaft
9. November 1890:	Hauptmann, Vor Sonnenaufgang
25. Dezember 1890:	Ibsen, Ein Volksfeind
25. Januar 1891:	Schiller, Kabale und Liebe
1. März 1891:	Pissemski, Leibeigne (Uraufführung)
29. März 1891:	Fulda, Das verlorene Paradies
24. Mai 1891:	Jahnke und Schirmer, Kein Hüsung (Uraufführung)
28. Juni 1891:	Schiller, Die Räuber
19. Juli 1891:	Anzengruber, Der Doppelselbstmord
20. November 1892:	Faber, Der freie Wille
22. Januar 1892:	Bader, Andere Zeiten
9. April 1893:	Goethe, Egmont
18. Juni 1893:	Calderon, Der Richter von Zalamea
3. Dezember 1893:	Hauptmann, Die Weber
11. Februar 1894:	Schiller, Kabale und Liebe Edgreen-Leffler, Wie man wohltut (Uraufführung)
15. April 1894:	Perrin, Mellesville-Duveyrier
3. Juni 1894:	Held, Das Fest auf der Bastille
7. Oktober 1894:	Hauptmann, Der Biberpelz
9. Dezember 1894:	Heyse, Ehrenschulden
20. Januar 1895:	Jahnke und Schirmer, Kein Hüsung
14. März 1895:	Augier, Der Pelikan
14. April 1895:	Anzengruber, Der Pfarrer von Kirchfeld

Es spielte das Ensemble des Theaters. Die Aufstellung enthält jeweils nur die erste Vorstellung für die Freie Volksbühne, nicht Wiederholungen für deren Mitglieder. Die Stücke befanden sich darüber hinaus im ständigen Repertoire des Hauses.

Spielplan des National-Theaters, Mai/Juni 1896

1. Mai	Die Moralisten, Schauspiel aus der Gegenwart von Friedrich Pastor
2. Mai	Die Königstochter als Bettlerin oder die Schule des Lebens, von Ernst Raupach
3. Mai	Nathan der Weise, von Gotthold Ephraim Lessing
4. Mai	Der Glöckner von Notre Dame, von Charlotte Birch-Pfeiffer
5. Mai	Faust, von Johann Wolfgang v. Goethe
6. Mai	Die Räuber, von Friedrich v. Schiller
7. Mai	Käthchen von Heilbronn
8. Mai	Kabale und Liebe, von Friedrich v. Schiller
9. Mai	Faust
10. Mai	Faust
11. Mai	Die Räuber
12. Mai	Die Grille, von Charlotte Birch-Pfeiffer

13. Mai bis 22. Mai	Moderne Raubritter, Geschichten aus dem Berliner Gewerbeleben in 5 Akten (8 Bilder) nach wahren Begebenheiten für die Bühne bearbeitet von Carl Pohle (Otto Lilienthal), Premiere (Uraufführung)
23. Mai bis 31. Mai	Die Reise durch die Gewerbeausstellung, Grosse Posse mit Gesang und Tanz in 3 Akten und 6 Bildern von Hugo Busse
2. Juni bis 10. Juni	Vor Sonnenaufgang, von Gerhard Hauptmann
11. Juni	Die Königstochter als Bettlerin
12. Juni	Die Räuber
13. Juni	Maria Stuart, von Friedrich v. Schiller
14. Juni	Die Waise von Lowood, von Charlotte Birch-Pfeiffer
15. Juni	Der Trompeter von Säckingen
16. Juni	Der Pfarrer von Kirchfeld, von Ludwig Anzengruber
17. Juni	Käthchen von Heilbronn
18. Juni	Die Grille
19. Juni	Des Meeres und der Liebe Wellen, von Franz Grillparzer
20. Juni	Der Glöckner von Notre Dame
21. Juni	Die Waise von Lowood
22. Juni	Die Ahnfrau, von Franz Grillparzer
23. Juni	Kabale und Liebe
24. Juni bis 28. Juni	Das neue Gebot, von Ernst von Wildenbruch
29. Juni	Don Carlos, von Friedrich v. Schiller
30. Juni	Die Königstochter als Bettlerin

Wissenschaftliche Luftschiffahrt

»Wissenschaftliche Luftfahrt« hieß in den neunziger Jahren die Zielstellung, mit der im Deutschen Verein zur Förderung der Luftschiffahrt Physiker und Meteorologen das Vereinsleben bestimmten. Einer der Akteure, Wladimir Peter Köppen, erinnert sich:

»Die Jahre 1893-1895 bildeten einen neuen Ausgangspunkt in der Meteorologie, eine wichtige Etappe in dem Übergang dieser Wissenschaft aus einer Kunde von der unteren Luftschicht in eine solche von der ganzen Atmosphäre. Diese Jahre brachten uns zwei neue Hilfsmittel von weitgehender Verwendbarkeit für dieses Studium: den Drachen und den unbemannten Freiballon (Registrierballon, ballon sonde), die beide dazu bestimmt sind, die gleichzeitig erfundenen leichten meteorologischen Registrierapparate in die freie Atmosphäre hinaufzutragen; und in denselben Jahren spielte sich auch der Hauptteil der großartigen Reihe der Berliner wissenschaftlich bemannten Freiballonfahrten ab, durch die unsere Auffassung von der vertikalen Temperaturverteilung in der freien Atmosphäre auf eine neue Grundlage gestellt wurde. Die Überzeugung von der Wichtigkeit des so eröffneten Arbeitsfeldes und der Wunsch mitzuwirken, wird wohl an allen meteorologischen Anstalten der Welt vertreten sein…«

Lilienthals Flugzeugkonstruktionen

Baujahr	Bezeichnung	Flügelfläche m²	Spannweite m	größte Flügelbreite m	Pfeilhöhe	Masse kg	Länge m
1889	Apparat mit breiter Flügelform	10	8	1,6		10—15	
1889	Apparat mit langgestreckter Flügelform	10	11	1,4		10—15	
1890	Gleit- und Flügelschlagapparat	14	11				
1891	Derwitzer Apparat	10 (8 nach Reparatur)	7,5	2	1/10	18	
1892	Großer Apparat	16				24	
1892	Kleiner Apparat (Strauß)	10	8	2			
1893	Modell 93	14	6,6 bzw. 7	2,5	verstellbar	20	4,35
1893	Großer Eindecker	17,5	8,7	2,75			
1893	Kleiner Schlagflügelapparat	8					
1894	Modell Stölln (auch Seilers Apparat genannt)	14	6,5				
1894	Normalsegelapparat (auch Modell Lambert genannt)	13					
1894	Sturmflügelmodell	9	6				
1895	Experimentiergerät						
1895	Kleiner Doppeldecker	18	5,5				
1895	Großer Doppeldecker	25	7				
1896	Großer Schlagflügelapparat	17,5	8				

Die Angaben sind ausnahmslos Veröffentlichungen oder Zeichnungen Otto Lilienthals entnommen, die dem Bau zugrunde lagen.

Bibliographie

Bisher bekanntgewordene Manuskripte, Aufsätze, Vorträge, Rezensionen und Mitteilungen Otto Lilienthals, geordnet nach Jahren.

1873 Theorie des Vogelfluges
Vortrag, gehalten im Gewerbeverein Potsdam
Manuskript DM HS 6252

1882 Schlangenrohrkessel Nr. O als Dampfquelle für eine Dampfmaschine unter verschiedenen Betriebsverhältnissen
Manuskript DM HS 1965−71

1883 Beschreibung eines gefahrlosen Schlangenrohrkessels zum Betrieb einer Wanddampfmaschine von Pferdekraft
Manuskript DM HS 1965−70

1886 Über die leichten Motoren und ihre Verwendung für die Luftschiffahrt
Vortrag, gehalten vor dem Deutschen Verein zur Förderung der Luftschiffahrt am 5. Juni 1886
In: Zeitschrift des Deutschen Vereins zur Förderung der Luftschiffahrt. − Berlin (1886). − S. 222−223

1888/89 Der Kraftaufwand beim Vogelflug
Vorträge, gehalten vor dem Deutschen Verein zur Förderung der Luftschiffahrt am 29. Oktober 1888/18. Februar 1889/15. April 1889
Manuskript DM HS 6252
Veröffentlicht in den Protokollen der Sitzungen des Vereins: Der Kraftaufwand beim Vogelfluge und sein Einfluß auf die Möglichkeit des freien Fluges
In: Zeitschrift für Luftschiffahrt (ZfL). Herausgegeben von dem Deutschen Verein zur Förderung der Luftschiffahrt in Berlin und dem Flugtechnischen Verein in Wien. − Berlin 7 (1888). − S. 349−352. − 8 (1889). − S. 122−123. − S. 244−246.

1889 Der Vogelflug als Grundlage der Fliegekunst
Ein Beitrag zur Systematik der Flugtechnik. Auf Grund zahlreicher von O. und G. Lilienthal ausgeführter Versuche bearbeitet von Otto Lilienthal, Ingenieur und Maschinenfabrikant in Berlin. − Berlin, 1889. − 187 Seiten (mit achtzig Holzschnitten, acht lithographierten Tafeln und einem Titelbild in Farbendruck)
Weitere Auflagen: 1910, 1938, 1944, 1982
Manuskript DM HS 6251
Russische Ausgabe: St. Petersburg, 1905
Englische Ausgabe: London, New York, Bombay and Calcutta, 1911

1890 Über die Möglichkeit des freien Fluges
Vortrag, gehalten in der Sitzung vom 2. Juni 1890 des Vereins zur Beförderung des Gewerbefleißes in Preußen
In: Verhandlungen des Vereins zur Beförderung des Gewerbefleißes in Preußen. − Berlin 69 (1890). − S. 114−127.

Das Nebelhorn
In: Prometheus. Illustrierte Wochenschrift über die Fortschritte der angewandten Naturwissenschaften. − Berlin (1890) 9. − S. 292−294 (mit drei Abbildungen)

August v. Parseval: Über die Mechanik des Vogelfluges. − Wiesbaden, 1889 (Rezension)
Manuskript DM HS 6257
In: Prometheus. − Berlin (1890) 11. − S. 175.

Josef Popper. Flugtechnik, 1. Heft, Berlin, 1889, (Rezension)
Manuskript DM HS 6258
In: Prometheus. − Berlin (1890) 19. − S. 303

1891 Ueber Theorie und Praxis des freien Fluges
Als Vortrag gehalten vor dem Verein zur Förderung der Luftschiffahrt am 16. März 1891
In: ZfL. − Berlin 10 (1891). − S. 153−164

Ueber meine diesjährigen Flugversuche
Als Vortrag gehalten vor dem Verein zur Förderung der Luftschiffahrt am 16. November 1891
In: ZfL. − Berlin 10 (1891). − S. 286−291

Der Flug der Vögel und des Menschen durch die Sonnenwärme
In: Prometheus. − Berlin (1891) 55. − S. 35−39 (mit vier Abbildungen)

Hermann Hoernes. Die Luftfahrzeuge der Zukunft für Personen- und Waarenverkehr und die Aussichten der Luftschiffahrt. Wien, 1890 (Rezension)
In: ZfL. − Berlin 10 (1891). − S. 55−56

S. P. Langley. Recherches expérimentales aérodynamiques et donneés d'experience
Veröffentlicht als Bericht der französischen Akademie der Wissenschaften (Rezension)
In: ZfL. − Berlin 10 (1891). − S. 231−243

Bemerkungen über Karl Steigers »Vogelflug und Flugmaschine«. − München, 1891 (Rezension)
In: ZfL. − Berlin 10 (1891). − S. 275−277

Hureau de Villeneuve. Sur les aéroplanes.
Veröffentlicht in L'Aeronaute. − Paris 24 (1891) 8 (Rezension)
In: ZfL. − Berlin 10 (1891). − S. 296−297

Modellbaukasten, Berlin. Wallstraße 12 (in dieser Form nicht gefunden) (Rezension)
In: Prometheus. − Berlin (1891) 61. − S. 143−144

1892 Ueber die Mechanik im Dienste der Flugtechnik
Vortrag gehalten vor dem Verein zur Förderung der Luftschiffahrt am 25. April 1892
In: ZfL. − Berlin 11 (1892). − S. 180−186

Ueber den Segelflug und seine Nachahmung In: ZfL. − Berlin 11 (1892). − S. 277−281.

Einiges aus meiner Fliegepraxis Vortrag, gehalten vor dem Verein zur Förderung der Luftschiffahrt am 17. Oktober 1892
In: ZfL. − Berlin 11 (1892). − S. 322

Das Flugproblem, die Flugtechnik und die Lenkbarkeit des Luftschiffes. − München, 1891 (Rezension)
In: ZfL. − Berlin 11 (1892). − S. 27−28

Die Muskelkraft des Menschen in Hinblick auf das Fliegen. (Mitteilung)
In: ZfL. − Berlin 11 (1892). − S. 113−114

Ernst Freiherr v. Wechmar. Zur Flugfrage. − Berlin, 1891 (Rezension)
In: ZfL. − Berlin 11 (1892). − S. 176

Entgegnung zu den Bemerkungen des Herrn Prof. L. Martin in Klausenburg über »Lilienthal's Vogelflug als Grundlage der Fliegekunst«. (Mitteilung)
In: ZfL. − Berlin 11 (1892). − S. 214−216

Ludwig Staby. Das Schweben und Kreisen der Vögel.
Prometheus Nr. 129, 1891 (Rezension)
In: ZfL. − Berlin 11 (1892). − S. 217

Ein vielseitiger Erfinder
In: ZfL. − Berlin 11 (1892). − S. 241−252

1893 Die Flugmaschine des Mr. Hargrave
In: ZfL. − Berlin 12 (1892). − S. 114−118

Die Tragfähigkeit gewölbter Flächen beim praktischen Segelfluge
In: ZfL. − Berlin 12 (1892). − S. 259−272 (mit zwei Flugbildern)

Ueber Kesselexplosionen
In: Prometheus. − Berlin (1893) 18l. − S. 395−397

Zur Flugfrage
In: Prometheus. − Berlin (1893) 204. − S. 753−756 und Nr. 205. − S. 769−774 (mit sechs Flugbildern)

Praktische Erfahrungen beim Segelfluge
In: Prometheus. − Berlin (1893) 219. − S. 161−162 und Nr. 220. − S. 182−186 (mit zwei Flugbildern)

Die gewölbten Flügelflächen vor dem oesterreichischen Ingenieur- und Architekten Verein (Mitteilung)
In: ZfL. — Berlin 12 (1893). — S. 88—90

Aeronautische Feuilletone in chilenischen Zeitungen (Mitteilung)
In: ZfL. — Berlin 12 (1893). — S. 94

Ein begeisterter Flugtechniker in Chile (Mitteilung)
In: ZfL. — Berlin 12 (1893). — S. 126

Zur zweiten Auflage von Buttenstedts »Flugprinzip« (Mitteilung)
In: ZfL. — Berlin 12 (1893). — S. 143—145

Über Schraubenflieger (Mitteilung)
In: ZfL. — Berlin 12 (1893). — S. 228—230

Victor Daltrop. Die Gesetze des Fluges. — Breslau, 1893 (Rezension)
In: ZfL. — Berlin 12 (1893). — S. 257

Carl Buttenstedt. Das Flugprinzip. — Rüdersdorf, 1892 (Rezension)
In: Prometheus. — Berlin (1893) 180. — S. 383—384

August Platte. Flugtechnische Betrachtungen. — Wien, 1893 (Rezension)
In: Prometheus. — Berlin (1893) 211. — S. 48
In: ZfL. — Berlin 12 (1893). — S. 257—258

The problem of flying
In: Smithsonian Institution. Report of the Board of Regents of the Smithsonian Institution for 1893. — Washington D.C. — S. 189—194 (mit sechs Flugbildern)

Practical experiments in soaring
In: Smithsonian Institution. Report of the Board of Regents of the Smithsonian Institution for 1893. — Washington D.C. — S. 195—199. (mit zwei Flugbildern)

Die Flugapparate
Berlin, 1894

Allgemeine Gesichtspunkte bei Herstellung und Anwendung von Flugapparaten
In: ZfL. — Berlin 13 (1894). — S. 143—155

Weshalb ist es so schwierig, das Fliegen zu erfinden?
In: Prometheus. — Berlin (1894) 261. — S. 7—10 (mit acht Flugbildern)

Essais de planement dans l'air
In: L'Aeronaute. — Paris 27 (1894) 1. — S. 10—19

The flying man. The carrying capacity of arched surfaces in sailing flight
In: Aeronautics New York 1 (1894) 7. — S. 92—96 (mit zwei Flugbildern)

Principes généraux a considérer dans la construction et l'emploi des appareils de vol
In: L'Aéronaute. — Paris 27 (1894) 12. — S. 270—273

Ueber die Grundlagen der Flugtechnik
Nach dem Vortrage des Hrn. Ing. Lilienthal im Architekten Verein zu Berlin.
Manuskript, ohne Jahr. DM HS 6254
In: Deutsche Bauzeitung. Verkündigungsblatt des Verbandes Deutscher Architekten und Ingenieur-Vereins. — Berlin 28 (1894). — S. 566—568.
In: Berliner Börsen-Zeitung vom 7. November 1894

Über die Geheimnisse des Vogelfluges.
Vortrag, gehalten am 15. November 1894 vor der Polytechnischen Gesellschaft in Berlin
Manuskript, ohne Jahr DM HS 6255
In: Polytechnischen Centralblatt. — Berlin 56 (1894) 5. — S. 59—62

Gesichtspunkte für die Veranstaltung von Segelflug-Versuchen
Vortrag, gehalten vor dem Deutschen Verein zur Förderung der Luftschiffahrt am 22. Januar 1894
In: ZfL. — Berlin 13 (1894). — S. 141—142

Professor Martin's neuere flugtechnischen Arbeiten (Mitteilung)
In: ZfL. — Berlin 13 (1894). — S. 53—54

L'Aeronaute, 1893 Nr. 5 und 6
Rezension der Zeitschrift (gemeinsam mit H. Moedebeck)
In: ZfL. — Berlin 13 (1894). — S. 55—57

Maxims Flugmaschine (Mitteilung)
In: ZfL. — Berlin 13 (1894). — S. 272—273

Wellner's weitere Luftschrauben-Versuche (Mitteilung)
In: ZfL. — Berlin 13 (1894). — S. 334—336

Praktische Flugversuche
Manuskript. DM HS 6255

Familienchronik
Die Chronik meiner Familie
Original im Privatbesitz, Kopie bei Verfassern
Manuskript. DM HS 1938-8, redigiert
In: Heimatkalender für den Kreis Anklam. — Anklam, 1940. — S. 59

1895   Der Kunstflug
In: Moedebeck's Taschenbuch zum praktischen Gebrauch für Flugtechniker und Luftschiffer. Herausgegeben unter Mitwirkung von Hauptmann H. Hoernis, Dr. V. Kremser, Ingenieur O. Lilienthal, Dr. A. Miethe, Prof. Dr. K. Müllenhoff u. a. — Berlin, 1895. — S. 313—321

Die Profile der Segelflächen und ihre Wirkung
In: ZfL. — Berlin 14 (1895). — S. 42—57

Über leichte und gefahrlose Dampferzeuger
Vortrag vor dem Berliner Techniker-Verein im Februar 1895
In: Berliner Börsen-Zeitung vom 17. Februar 1895. — I. Beilage. — S. 8

Ueber die Ermittlung der besten Flügelformen
Vortrag gehalten vor dem Verein zur Förderung der Luftschiffahrt am 26. Oktober 1895
In: ZfL. — Berlin 14 (1895). — S. 237—247 (mit vier Flugbildern) und ZfL. — Berlin 15 (1896). — S. 38

Unser Lehrmeister im Schwebeflug.
In: Prometheus. — Berlin 1893 (316). — S. 55—59 (mit vier Abbildungen)

Fliegesport und Fliegepraxis
In: Prometheus. Berlin (1895) 322. — S. 145—148 (mit zwei Flugbildern) und Nr. 323. — S. 169—173 (mit zehn Flugbildern)

Das Flugproblem
Manuskript, ohne Jahr. DM HS 6253
In: Naturwissenschaftlich-Technisch-Soziale Korrespondenz, Hrsg. A. Förster. — Berlin, 1895
In: Die Luftflotte. — Berlin 3 (1911). — S. 38—39

Die Fliegekunst als ein Zweig des Turnens
Nach einem Vortrag Otto Lilienthal's von A. H. Rhenaniae.
In: Akademische Turnzeitung. Zeitschrift des V. C., des Verbandes farbentragender akademischer Turnvereine auf deutschen Hochschulen. — Leipzig-Reudnitz. — 12 (1895). — S. 250—253

Ueber die Fortschritte in der Flugtechnik.
Manuskript. DM HS 6254

Resultate der praktischen Segelradversuche Prof. Wellner's (Mitteilung)
In: ZfL. — Berlin 14 (1895). — S. 25—26

Wilhelm Winter: Der Vogelflug. Erklärung der wichtigsten Flugarten der Vögel mit Einschluss des Segelns und Kreisens. — München, 1895 (Rezension)
In: ZfL. 32 — Berlin 14 (1895). — S. 32

Karl Milla: Die Flugbewegungen der Vögel. — Leipzig und Wien, 1895 (Rezension)
In: ZfL. — Berlin 14 (1895). — S. 232—234

Eduard Manfai: Das gelöste Problem der Aeronautik. — Wien, 1895 (Rezension)
In: ZfL. — Berlin 14 (1895). — S. 309

Wenzel Kotzauer: Die Luftschiffahrt und ihre Zukunft. — Wien, 1895 (Rezension)
In: ZfL. — Berlin 14 (1895). — S. 309—310

1896   Praktische Flugversuche
Vortrag, gehalten zur Gewerbe-Ausstellung 1896
In: Officielle Ausstellungs-Nachrichten. Organ der Berliner Gewerbe-Ausstellung 1896 vom 12. Juni 1896
In: Berliner Zeitung vom 12. Juni 1896

K voprasu c mechaniceskoi letanii
In: Inzenernyi Zurnal'. St. Petersburg (1896). — S. 122—134

Practical Experiments for the Development of Human Flight
In: James Means (Hrsg.): The Aeronautical Annual. — Boston, 1896

La découverte des meilleures Gorwes d'ailes
In: L'Aeronaute. — Paris 29 (1896) 1. — S. 5—18

1897   Quer Teachers in Sailing Flight. The Best Shapes for Wings. At Rhinow
In: James Means (Hrsg.): The Aeronautical Annual. — Boston, 1897

ohne Jahr   Der Segelflug
Manuskript. DM HS 6253

Beschreibung einer neuen Dampfstrahlmaschine Manuskript. DM HS 1965—65

Vortrag über Dampfkessel
Auszüge aus einem Vortrag
In: Gerhard Halle: Otto Lilienthal. Flugforscher und Flugpraktiker Ingenieur und Menschenfreund. — Düsseldorf, 1956. — S. 42—44

Quellen und Anmerkungen

Kinderjahre

1 Lilienthal, O.: Die Chronik meiner Familie. — In: Heimatkalender für den Kreis Anklam. — Anklam, 1940. — S. 59.
2 Ebenda. — S. 58.
3 »Pommersches Volks- und Anzeige-Blatt«. — Zweiter Jahrgang. — Anklam, Mittwoch den 19. April 1848. — S. 206.
4 Protokollband der Lehrerkonferenzen am Gymnasium Anclam 1855-1865. — Im Otto-Lilienthal-Museum Anklam (im folgenden Lilienthal-Museum genannt).
5 Lilienthal, O.: Die Chronik meiner Familie. — In: Heimatkalender für den Kreis Anklam. — S. 60.
6 Acta des König. Kreis Gerichts zu Anclam betreffend die Vormundschaft für die Kinder des hier am 8. April 1861 verstorbenen Kaufmanns Gustav Carl Friedr. Lilienthal. — S. 51—55. — Im Lilienthal-Museum.
7 Zeugnisbuch aus dem Gymnasium zu Anklam 1864. — Ebenda.
8 Acta des Königs. Kreis Gerichts zu Anklam betreffend die Vormundschaft für die Kinder des hier am 8. April 1861 verstorbenen Kaufmann Gustav Carl Friedr. Lilienthal. — S. 25 Rückseite. — Ebenda.

Studium und Praxis

1 Zeugnis der Provinzial-Gewerbeschule Potsdam. — Sammlung Kopfermann.
2 Lilienthal, O.: Der Vogelflug als Grundlage der Fliegekunst. — Berlin, 1889. — S. 65 f.
3 Gymnasium zu Anclam. »Schul-Nachrichten. Verfügungen und Bekanntmachungen von allgemeinem Interesse«. — Anklam, 1861. — S. 17.
4 Nekrolog für Louis Schwartzkopff. — In: Zeitschrift des Vereins Deutscher Ingenieure. — Berlin. XXXVI (1892). — S. 419
5 Marx, K.: Die Lage in Preußen — In: Marx, K.; Engels, F.: Werke Band 12. — 1961. — S. 686.
6 Halle, G.: Otto Lilienthal. Flugforscher und Flugpraktiker Ingenieur und Menschenfreund. — Düsseldorf, 1956. — S. 10.
7 Matschoss, C.: Preußens Gewerbebeförderung und ihre großen Männer. — Berlin, 1921. — S. 18.
8 Zentrales Staatsarchiv Merseburg. — Rep 76 Vb, Tit. VIII, Nr. 1, Bl. 117 RS.
9 Feldhaus, G.: Brief an Gustav Lilienthal vom 13. März 1926. — Feldhaus-Archiv im Museum für Verkehr und Technik Berlin.
10 Lilienthal, O.: Die Tragfähigkeit gewölbter Flächen beim praktischen Segelfluge. — Zeitschrift für Luftschiffahrt. — Berlin (1893) 11. — S. 261.
11 Abgangs-Zeugnis der Königlichen Gewerbe-Akademie zu Berlin. — Sammlung Kopfermann.
12 Lilienthal, O.: Feldpostkarte vom 29. September 1870. — In: Halle, G.: Otto Lilienthal, seine Teilnahme am Kriege 1870/71 (ein Bericht). — Im Lilienthal-Museum.
13 Kgl. Sächs. Patent Nr. 4771, G. Lilienthal, Verbesserung an Schrämmaschine mit Messerscheibe, 9. Februar 1877.
14 Seidel, H.: Leserbrief. — In: Prometheus. — Berlin (1887) 370. — S. 96.

Erforschung der Gesetze des Luftwiderstandes

1 Lilienthal, O.: Der Vogelflug als Grundlage der Fliegekunst. — Berlin, 1889. — S. 17.
2 Zentrales Staatsarchiv Merseburg. — Rep 76 Vc, Tit XI, Nr. 10, Bl. 102.
3 Ebenda. — Bl. 102.
4 Lilienthal, O.: Die Tragfähigkeit gewölbter Flächen beim praktischen Segelflug. — In: Zeitschrift für Luftschiffahrt und Physik der Atmospäre — Berlin (1893) 11. — S. 260.
5 Lilienthal, O.: Der Vogelflug als Grundlage der Fliegekunst. — Berlin, 1889. — S. 12.
6 Ebenda. — S. 4.
7 Ebenda. — S. IV.
8 Ebenda. — S. 33.
9 Ebenda. — S. 40.
10 Lilienthal, O.: Über die Möglichkeit des freien Fluges. — In: Verhandlungen des Vereins zur Beförderung des Gewerbefleißes in Preußen. — Berlin (1890) 69. — S. 119.
11 Lilienthal, O.: Der Vogelflug als Grundlage der Fliegekunst. — Berlin, 1889. — S. 44.
12 Ebenda. — S. 46.
13 Ebenda. — S. 42.
14 Stelzkammer, J. C.: Beschreibung einer neuen Flugmaschine von Jacob Degen, bürgerlichem Uhrmacher. — In: Jahresberichte des K. K. österreichischen Flugtechnischen Vereins. 1915/16. — Wien, 1917. — S. 134.
15 Lilienthal, O.: Feldpostbrief an Bruder Gustav vom 12. März 1871. — Sammlung Kopfermann.
16 Lilienthal, O.: Der Vogelflug als Grundlage der Fliegekunst. — Berlin, 1889. — S. I.

17 Nachtigall, W.: Geschichte der Erforschung des Vogelfluges von der Renaissance bis zur Gegenwart. — In: Journal für Ornithologie. — Bonn 114 (1973) 3. — S. 291—304.

18 Lilienthal, O.: Der Vogelflug als Grundlage der Fliegekunst. — Berlin, 1889. — S. 60.

19 Ebenda. — S. 60.

20 Schellbach, K. H.: Über einen Apparat zur Ermittlung der Gesetze des Luftwiderstandes. — Zentrales Staatsarchiv Merseburg. — Rep 76 Vc, Tit XI, Nr. 10, Bl. 185—192.

21 Prandtl, L.: Geleitwort zur III. Auflage. — In: Der Vogelflug als Grundlage der Fliegekunst. — München und Berlin, 1938. — S. III.

22 Lilienthal, O.: Der Vogelflug als Grundlage der Fliegekunst. — Berlin, 1889. — S. 69.

23 Ebenda. — S. 70.

24 Ebenda. — S. 74.

25 Ebenda. — S. 75.

26 Lilienthal, O.: Der Kraftaufwand beim Vogelflug. Vortragsmanuskript. Heft 6 (18. Februar 1889). — Deutsche Museum München, 6252. — S. 69, 70 und 75.

27 Lilienthal, O.: Der Vogelflug als Grundlage der Fliegekunst. — Berlin, 1889. — S. 99.

28 Ebenda. — S. 84 f.

29 Lilienthal, O.: Brief an Langhoff vom 13. November 1889. — Feldhaus-Archiv, Mappe Lilienthal-Briefe. Blatt 18 und 19. — Museum für Verkehr und Technik Berlin.

30 Grashof, F.: Über die seitherige Entwicklung der Luftschiffahrt. — In: Westermann's Illustrierte Deutsche Monatshefte. — Braunschweig (1878) 2. — S. 504.

31 Helmholtz, H. v.: Über ein Theorem, geometrisch ähnliche Bewegungen flüssiger Körper betreffend, nebst Anwendung auf das Problem, Luftballons zu lenken. — In: Monatsberichte der Königlich preußischen Akademie der Wissenschaften zu Berlin. — Berlin (1874). — S. 501—515.

32 Nr. 10, Bl. 145.

33 Helmholtz, H. v.: Über ein Theorem, geometrisch ähnliche Bewegungen flüssiger Körper betreffend, nebst Anwendung auf das Problem, Luftballons zu lenken. — In: Monatsberichten der Königlich preußischen Akademie der Wissenschaften zu Berlin. — Berlin (1874). — S. 509.

34 Zentrales Staatsarchiv Merseburg. — Rep 76 Vc, Tit XI, Nr. 10, Bl. 145.

35 Lilienthal, O.: Theorie des Vogelfluges. — Vortrag gehalten im Gewerbeverein Potsdam 1873. — Deutsches Museum München, 6256.

36 Lilienthal, O.: Der Vogelflug als Grundlage der Fliegekunst. — Berlin, 1889. — S. 110.

37 Ebenda. — S. 111.

38 Ebenda. — S. 129.

39 Ebenda. — S. 136.

Maschinenbauer und Fabrikant

1 Slaby, A.: Die Kleinmotorenfrage und ihr augenblicklicher Standpunkt. — In: Zeitschrift des Vereins Deutscher Ingenieure. — Berlin XXIV, (1880) 10. — S. 498 und 500.

2 Lilienthal, O.: Die Flugmaschine des Mr. Hargrave. — In: Zeitschrift für Luftschiffahrt und Physik der Atmosphäre. — Berlin (1893) 5. — S. 117 f.

3 Lilienthal, O.: Patentgesuch vom 23. Dezember 1875, Brief vom 27. Januar 1876, Brief der Königlichen technischen Deputation vom 4. März 1876 und Brief des Königlichen Ministeriums für Handel, Gewerbe und öffentliche Arbeiten vom 18. März 1876. — Feldhaus-Archiv. — Museum für Verkehr und Technik Berlin.

4 Lilienthal, O.: Vortrag über Dampfkessel. — In: Halle, G.: Otto Lilienthal: Flugforscher und Flugpraktiker Ingenieur und Menschenfreund. — Düsseldorf, 1956. — S. 42 ff.

5 Lilienthal, O.: Konstruktionstagebuch (Dampfmaschinen, Dampfkessel, Dampfstahlrad) — Deutsches Museum München, 1965—69 und Konstruktionstagebuch (Dampfkessel, Dampfstahlrad) — Ebenda, 1965—64.
G B.R.P. No 16103 (13) Neuerungen an Dampfkesseln, vom 9. April 1881; ausgegeben den 3. Januar 1882.

7 Neuerungen an Kleindampfmaschinen. — Stuttgart, 1882. — S. 315.

8 D.R.P. No. 18471 (60) Direkt wirkender Übertrager für Regulatoren, vom 20. Dezember 1881; ausgegeben den 14 Juni 1882.

9 Seidel, H.: Leserbrief. — In. Prometheus. — Berlin (1887) 370. — S. 96.

10 Broszus, J. E.: Der lenkbare Luftballon mit Dampfmaschine. — In: Zeitschrift des Deutschen Vereins zur Förderung der Luftschiffahrt. — Berlin (1882) 5. — S. 166 ff.

11 Werner, A.: Das projectierte lenkbare Luftschiff. — In: Ebenda. — Heft 9. — S. 268.

12 Brosszus, J. E.: Zu den »kritisirenden Bemerkungen« von Paul Haenlein. — In: Ebenda. — S. 284.

13 Haenlein, P. Die Dampfmaschine als Betriebsmotor für den Ballon. — In: Ebenda. — S. 277.

14 Schötter, R. Mitteilungen von der Ausstellung für Handwerkstechnik in Dresden. — In: Zeitschrift des Vereins Deutscher Ingenieure. — Berlin XXIX (1885) 2. — S. 30 f.

15 Brief des Reichskanzlers an den Minister für Handel und Gewerbe Fürst von Bismarck, vom 9. Oktober 1884. — Zentrales Staatsarchiv Potsdam. — 1501 RdI 6221, Bl. 13 und 14.

16 Allgemeine polizeiliche Bestimmungen über die Anlegung von Dampfkesseln. Vom 29. Mai 1871. — Ebenda. — Bl. 81 ff.

17 Lilienthal, O.: Briefe an ein Hohes Kaiserliches Reichskanzleramt vom 22. und 26. Mai 1883. — Ebenda. — Bl. 1, 2, 6 und 7.

18 Lilienthal, O.: Brief an das Handelsministerium vom 2. Juni 1890. — Ebenda. — Bl. 124 f.

19 D.R.P. No. 29080 (13) Schlangenrohrkessel, vom 30. April 1884; ausgegeben den 6. Oktober 1884.

20 Werner, R. R.: Neuerungen in der Construction und Ausrüstung von Dampfkesseln. — In: Zeitschrift des Vereins Deutscher Ingenieure. — Berlin XXIX (1885) 2. — S. 896.

21 Matschoss, C.: Die Geschichte der Dampfmaschine. Band II. — Berlin, 1908. — S. 233.

22 K.u.K. Priv. Archiv Nr. 34/1493, Otto Lilienthal, Schlangenrohrkessel, vom 28. Mai 1884.

23 D.R.P. No. 34389 (13) Schlangenrohr-Dampferzeuger, vom 12. April 1885; ausgegeben den 25. Januar 1886.

24 Britische Patente No. 8321 Verbesserung am Dampfmaschinenkessel für eine Speisewasserpumpe, Teil einer im allgemeinen auf Dampfmaschinen anwendbaren Verbesserung und No. 8322 Verbesserter Ringdampferzeuger, vom 23. Juni 1886.

25 D.R.P. No. 42698 (13) Schlangenrohrkessel, vom 21. September 1887; ausgegeben den 10. März 1888.

26 Britisches Patent No. 16.558 Verbesserter Röhrenkessel, vom 1. Dezember 1887.

27 Protokoll der Sitzung des Deutschen Vereins zur Förderung der Luftschiffahrt vom 13. März 1886. — In: Zeitschrift des Deutschen Vereins zur Förderung der Luftschiffahrt. — Berlin (1886) 4. — S. 126 ff.

28 Protokoll der Sitzung des Deutschen Vereins zur Förderung der Luftschiffahrt vom 5. Juni 1886. — In: Ebenda. — Heft 7. — S. 222 f.

29 Pisko, F. J.: Die Luftschiffahrt in der Neuzeit. — In: Ebenda. — (1885) 6. — S. 182 ff.

30 D.R.P. No. 30903 (80) Neuerungen an Maschinen mit rotierendem Tisch, von unten wirkenden Stempeln und auf- und zuklappenden Formdekkeln zum Pressen von Steinen, vom 7. August 1884; ausgegeben den 24. März 1885 (unter dem Namen Victor Lenglet, Paris).

31 Thonmaschinen. — In: Dingler's Polytechnisches Journal. Band 257. — 1885. — S. 137.

32 Lilienthal, O.: Brief an Bruder Gustav vom 25. Oktober 1886. — Archiv Gerhard Halle.

33 Schwipps, W.: Lilienthal. — Berlin, 1979. — S. 171.

34 Von der Deutschen Allgemeinen Ausstellung für Unfallverhütung in Berlin 1889. — In: Dingler's Polytechnisches Journal. Band 270. — Stuttgart, 1889. — S. 108 ff. und 117 ff.

35 Lilienthal, O.: Das Nebelhorn. — In: Prometheus. — Berlin (1980) 19. — S. 292 ff.

36 Zentrales Staatsarchiv Potsdam, 1501 RMI, Sign. 596, Band 1, Bl. 18 f.

37 D.R.P. No. 44700 (47) Schraubensicherung mit am Rande auszubiegendem Mutterteller, vom 14. Januar 1888; ausgegeben den 3. Oktober 1888.

38 D.R.P. No. 56476 (47) Riemenscheibe mit Zickzackspeichen und geteilter Nabe, vom 16. August 1890; ausgegeben den 12. Mai 1891.

39 D.R.P. No. 71479 (85) Verfahren zur Ueberführung von Abwässern in den Erdboden, vom 15. April 1893; ausgegeben den 16. Oktober 1893.

40 Matschoss, C.: Die Geschichte der Dampfmaschine. Band II. — Berlin, 1908. — S. 610 und 615.

41 Lilienthal, O.: Beschreibung einer neuen Dampfstrahlmaschine, Manuskript. — Deutsches Museum München, 1965-64 bis 66/1.

42 D.R.P. No. 54631 (14) Dampfstrahlrad mit offenen Hohlschaufeln und feststehenden Gegenschaufeln, vom 11. Januar 1890; ausgegeben den 5. Dezember 1890.

43 Kühnemann, F.; Felisch, B.; Goldberger; L. M. (Hrsg.): Berlin und seine Arbeit. Amtlicher Bericht der Berliner Gewerbe-Ausstellung 1896 zugleich eine Darstellung des gegenwärtigen Standes unseres gewerblichen Entwicklung. — Berlin, 1901. — S. 540.

44 Lilienthal, O.: Inventur Ostern 1884. — Deutsches Museum München, 6280.

45 Lilienthal, O.: Brief an Schwester Marie vom 7. Juni 1885. — Ebenda. — HS 1965-78.

46 Zeichnung für den Bau eines Fabrikgebäudes auf dem Grundstück Köpenicker Straße 110. — Berliner Stadtarchiv. — Rep 10—02, 3734.

47 Lilienthal, O.: Mitteilung an die Mitarbeiter über Gewinnbeteiligung vom 12. März 1890. — Sammlung Kopfermann

48 Kirchner, E.: Ingenieur Otto Lilienthal und sein Vogelflug. — In: Zeitschrift des Vereins Deutscher Ingenieure. — Berlin 53 (1909). — S. 548.

49 Notiz der Schutzhauptmannschaft vom 2. Mai 1891. — Berliner Stadtarchiv. — Rep 10—02, 3734.

50 Notiz der Schutzhauptmannschaft vom 20. März 1894. — Ebenda. — Rep 10—02, 3739, Bl. 68.

51 Lilienthal, O.: Antrag zur Aufstellung eines Dampfkessels vom 9. Juni 1891. — Ebenda. — Rep 10—02, 7367, Bl. 72—75.

52 Lilienthal, O.: Brief an Schwester Marie vom Frühjahr 1885. — Deutsches Museum München, HS 1965—78.

53 Minister für Handel und Gewerbe: Brief an Reichskanzler von Caprivi vom 5. Juni 1890. — Zentrales Staatsarchiv Potsdam. — 1501 RdI, 6221, Bl. 123.

54 »Berliner Börsen-Courier« vom 17. Februar 1895, I. Beilage. — S. 8.

55 Grundbuchamt Lichterfelde, Nr. 6223.

56 Lilienthal, O.: Erwiderung auf eine Kritik von Platte, 5. Mai 1890. — Deutsches Museum München, 6259. — S. 3.

Der Vogelflug als Grundlage der Fliegekunst

1 Nach in Fortsetzung veröffentlichten Übersichten über die Bibliothek des Deutschen Vereins zur Förderung der Luftschiffahrt: Nachweis aeronautischer Literatur. — In: Zeitschrift des Deutschen Vereins zur Förderung der Luftschiffahrt. — Berlin (1882 bis 1884).

2 Protokoll der Sitzung des Deutschen Vereins zur Förderung der Luftschiffahrt vom 5. Juni 1886. — In: Ebenda. — (1886) 7. — S. 222f.

3 Lilienthal, O.: Der Vogelflug als Grundlage der Fliegekunst. — Berlin, 1889. — S. 73f.

4 Ebenda. — S. 104.

5 Lilienthal, O.: Berechnungen der günstigsten Zeiteinteilung zwischen Auf- und Niederschlag. — Deutsches Museum München, 6265.

6 Lilienthal, O.: Der Kraftaufwand beim Vogelflug, Vortragsmanuskript. Heft 7 (15. April 1989). — S. 86. — Ebenda, 6252.

7 Lilienthal, O.: Protokolle von Messungen mit dem Rundlaufgerät 1888. — Ebenda, 6261 und Brief an Platte vom 5. Mai 1890. — Ebenda, 6259.

8 Lilienthal, O.: Der Vogelflug als Grundlage der Fliegekunst. — Berlin, 1889. — S. 94f.

9 Ebenda. — S. 96.

10 Lilienthal, O.: Der Kraftaufwand beim Vogelflug. Heft 4 (29. Oktober 1888). — S. 50f. — Deutsches Museum München, 6265.

11 Protokoll der Sitzung des Deutschen Vereins zur Förderung der Luftschiffahrt vom 29. Oktober 1888. — In: Zeitschrift für Luftschiffahrt. — Berlin (1888) 11. — S. 352.

12 Lilienthal, O.: Protokolle von Messungen im Wind 1889, u. a. vom 4. November. — Deutsches Museum München, 6262.

13 Lilienthal, O.: Der Kraftaufwand beim Vogelflug. Heft 7. — S. 89 und 96. — Ebenda, 6265 und Der Vogelflug als Grundlage der Fliegekunst. — Berlin, 1889. — S. 111ff.

14 Ebenda. — S. 114.

15 Protokoll der Sitzung des Deutschen Vereins zur Förderung der Luftschiffahrt vom 19. Januar 1889. — In: Zeitschrift für Luftschiffahrt. — Berlin (1889) 1. — S. 32.

16 Protokoll der Sitzung des Deutschen Vereins zur Förderung der Luftschiffahrt vom 18. Februar 1889. — In: Ebenda. — Heft 4. — S. 122ff.

17 Lilienthal, O.: Der Kraftaufwand beim Vogelflug. Heft 5 und 6 (18. Februar 1889). — Deutsches Museum München, 6265.

18 Protokoll der Sitzung des Deutschen Vereins zur Förderung der Luftschiffahrt vom 15. April 1889. — In: Zeitschrift für Luftschiffahrt. — Berlin (1889) 8. — S. 244ff.

19 Wirth, F.: Postkarte an Otto Lilienthal. — In: Briefe an Otto Lilienthal vom 16. Juli, 3. und 8. August 1889. — Feldhaus-Archiv, Mappe Lilienthal-Briefe, Blatt 1—9. — Museum für Verkehr und Technik Berlin.

20 Lilienthal, O.: Der Vogelflug als Grundlage der Fliegekunst. — Berlin, 1889. — S. 159ff.

21 Ebenda. — S. 175.

22 Ebenda. — S. 181f.

23 Schwipps, W.: Lilienthal. — Berlin, 1979. — S. 195.

24 Lilienthal. O.: Der Vogelflug als Grundlage der Fliegekunst. — Berlin 1889. — S. 183f.

25 Ebenda. — S. 121.

26 Ebenda. — S. 178ff.

27 Ebenda. — S. 185ff.

28 Lilienthal, O.: Brief an Platte vom 5. Mai 1890. — Deutsches Museum München, 6295. — S. 2.

29 Bücheranzeigen. — In: Dingler's Polytechnisches Journal. Band 276. — Stuttgart, 1890. — S. 432.

30 Protokoll der Sitzung des Deutschen Vereins zur Förderung der Luftschiffahrt vom 18. November 1889. — In: Zeitschrift für Luftschiffahrt. — Berlin (1889) 12. — S. 294.

31 Müllenhoff, K.: Litterarische Besprechungen. — In: Ebenda. — S. 286f.

32 Halle, F.: Otto Lilienthal. Flugforscher und Flugpraktiker Ingenieur und Menschenfreund. — Düsseldorf, 1956. — S. 196.

33 Lilienthal, O.: Brief an Platte vom 5. Mai 1890. — Deutsches Museum München, 6259.

34 Lilienthal, O.: Besprechung des Buches von A. von Parseval »Über die Mechanik des Vogelfluges«. — In: Prometheus. — Berlin (1890) 11. — S. 175.

35 Sitzungsberichte vom 2. Juni 1890. — In: Verhandlungen des Vereins zur Beförderung des Gewerbefleißes in Preußen. — Berlin 69 (1890). — S. 110.

36 Lilienthal. O.: Ueber die Möglichkeit des freien Fluges. — In: Ebenda. — S. 114f.

37 Matschoss, C.: Werner Siemens, Lebensbild und Briefe. Bd. 2 — Berlin, 1916.

38 Lilienthal, O.: Ueber die Möglichkeit des freien Fluges. — In: Verhandlungen des Vereins zur Beförderung des Gewerbefleißes in Preußen. — Berlin 69 (1890). — S. 115 und 117.

39 Ebenda. — S. 126f.

Auf dem Weg zu ersten Flügen

1 Parseval, A. v.: Graf Zeppelin und die deutsche Luftfahrt. — Berlin, o. J. (nach 1925). — S. 6.

2 Lilienthal, O.: Ueber Theorie und Praxis des freien Fluges. — In: Zeitschrift für Luftschiffahrt. — Berlin (1891) 7/8. — S. 160.

3 Koch, G.: Der freie menschliche Flug als Vorbedingung dynamischer Luftschiffahrt. — In: Zeitschrift für Luftschiffahrt und Physik der Atmosphäre. — Berlin (1892) 2. — S. 42ff.

4 Lilienthal, O.: Ueber meine diesjährigen Flugversuche. — In: Zeitschrift für Luftschiffahrt. — Berlin (1891) 12. — S. 288.

5 Lilienthal, O.: Ueber Theorie und Praxis des freien Fluges. — In: Ebenda. — S. 163.

6 Ebenda. — S. 161.

7 Lilienthal, O.: Versuchsergebnisse vom 1. Juli 1890. — Deutsches Museum München, 6273.

8 Lilienthal, O.: Ueber Theorie und Praxis des freien Fluges. — In: Zeitschrift für Luftschiffahrt. — Berlin (1891) 12. — S. 161f.

9 Lilienthal, O.: Skizzen und Berechnungen zu Schlagflügelapparaten. — Deutsches Museum München, 2090, 2189, 2087 und 2307.

10 Lilienthal, O.: Ueber Theorie und Praxis des freien Fluges. — In: Zeitschrift für Luftschiffahrt. — Berlin (1891) 12. — S. 156ff.

11 Protokoll der Sitzung des Deutschen Vereins zur Förderung der Luftschiffahrt vom 16. März 1891. — In: Ebenda. — Heft 7/8. — S. 199f.

12 Protokoll der Sitzung des Deutschen Vereins zur Förderung der Luftschiffahrt vom 19. Januar 1891. — In: Ebenda. — Heft 3/4. — S. 104.

13 Kremser, V.: Vorwort. — In: Ebenda. — Heft 1. — S. 1f.

14 Protokoll der Sitzung des Deutschen Vereins zur Förderung der Luftschiffahrt vom 20. April 1891. — In: Ebenda. — Heft 9. — S. 222f.

15 Lilienthal, O.: Litterarische Besprechungen und Notizen. — In: Ebenda. — Heft 10. — S. 241ff.

16 Lilienthal, O.: Bemerkungen über Steiger's »Vogelflug und Flugmaschine«. — In: Ebenda. — Heft 12. — S. 275ff.

17 Lilienthal, O.: Litterarische Besprechungen und Notizen. — In: Ebenda. — S. 296f.

18 Garitz, W.: Topographie der Flugstätten Lilienthals im Bezirk Potsdam. Manuskript. Vortrag am 14. Oktober 1989.

19 Schwach, H.: Bleibende teure Erinnerungen an den ersten Flieger Herrn Otto Lilienthal. Manuskript. — Deutsche Museum München, 1949/193.

20 Lilienthal, O.: Ueber meine diesjährigen Flugversuche In: Zeitschrift für Luftschiffahrt. — Berlin (1891) 12. — S. 388f.

21 Mündliche Aussagen von Hugo Eulitz gegenüber Gerhard Halle. — Brief von Halle an Karl-Dieter Seifert vom 23. Mai 1960.

22 Lilienthal, O.: Ueber den Segelflug und seine Nachahmung. — In: Zeitschrift für Luftschiffahrt und Physik der Atmosphäre. — Berlin (1892) 11. — S. 279.

23 Lilienthal, O.: Ueber meine diesjährigen Flugversuche. — In: Zeitschrift für Luftschiffahrt. — Berlin (1891) 12. — S. 289.

24 Lilienthal, O.: Ueber den Segelflug und seine Nachahmung. — In: Zeitschrift für Luftschiffahrt und Physik der Atmosphäre. — Berlin (1892) 11. — S. 279.

25 Schwach, H.: Bleibende teure Erinnerungen an den ersten Flieger Herrn Otto Lilienthal. Manuskript. — Deutsches Museum München, 1949/193.

26 Lilienthal, O.: Ueber meine diesjährigen Flugversuche. — In: Zeitschrift für Luftschiffahrt. — Berlin (1891) 12. — S. 286 und 290f.

27 Protokoll der Sitzung des Deutschen Vereins zur Förderung der Luftschiffahrt vom 16. November 1891. — In: Zeitschrift für Luftschiffahrt und Physik der Atmosphäre. — Berlin (1892) 1. — S. 30ff.

28 Lilienthal, O.: Ueber meine diesjährigen Flugversuche. — In: Zeitschrift für Luftschiffahrt. — Berlin (1891) 12. — S. 209.

29 Ferber, F.: Die Kunst zu fliegen. Ihre Anfänge — ihre Entwicklung. — Berlin, 1910. — S. 54.

Das Fliegejahr 1892

1 Lilienthal, O.: Ueber die Mechanik im Dienste der Flugtechnik. – In: Zeitschrift für Luftschiffahrt und Physik der Atmosphäre. – Berlin (1892) 7/8. – S. 181.

2 Protokolle der Sitzungen des Deutschen Vereins zur Förderung der Luftschiffahrt vom 18. Januar und 21. März 1892. – In: Ebenda. – Heft 4. – S. 118 f. und Heft 10. – S. 247 f.

3 Lilienthal, O.: Ueber die Mechanik im Dienste der Flugtechnik. – In: Ebenda. – Heft 7/8. – S. 182 ff.

4 Steiger, K.: Einige Zusätze zu meiner Broschüre »Vogelflug und Flugmaschine«. – In: Ebenda. – Heft 4. – S. 112.

5 Jarolimek, A.: Ueber die Möglichkeit des dynamischen Fluges mit Beziehung auf die Versuche Lilienthals. – In: Ebenda. – Heft 6. – S. 145 und 154.

6 Martin, L.: Bemerkungen zu Lilienthal's »Vogelflug…«. – In: Ebenda. – Heft 2. – S. 54 ff.

7 Mewes, R.: Ueber das Segeln und die Flugversuche Lilienthals. – In: Ebenda. – Heft 10. – S. 272 ff.

8 Buttenstedt, C.: Ueber fundamentale Irrthümer der Flugtechnik. – In Ebenda. – Heft 11. – S. 292 ff.

9 Wechmar, E. Freiherr v.: Offener Brief an Herrn O. Lilienthal. – In: Ebenda. – S. 297.

10 Ein vielseitiger Erfinder. – In: Ebenda. – Heft 9. – S. 241 f.

11 Lilienthal, O.: Ueber den Segelflug und seine Nachahmung. – In: Ebenda. – Heft 11. – S. 280.

12 Lilienthal, O.: Brief an Sigmund Strauss vom 8. November 1892. – Technisches Museum Wien.

13 Lilienthal, O.: Ueber Leergerüst gebauter Segelapparat. – Deutsches Museum München, 6158.

14 Lilienthal, O.: Ueber den Segelflug und seine Nachahmung. – In: Zeitschrift für Luftschiffahrt und Physik der Atmosphäre. – Berlin (1892) 11. – S. 280 f.

Von der Maihöhe in die Rhinower Berge

1 Müllenhoff, K.: Litterarische Besprechungen. – In: Zeitschrift für Luftschiffahrt und Physik der Atmosphäre. – Berlin (1896) 1. – S. 26.

2 Lilienthal, O.: Entwurf eines zusammenklappbaren Segelflugzeugs mit Vermerk »93 gändert«. – Deutsches Museum München, 2642.

3 Lilienthal, O.: Entwurf eines zusammenklappbaren Eindeckers. – Ebenda, 2007.

4 Lilienthal, O.: Zusammenklappbarer Flugapparat, 14 qm Tragfläche. – Ebenda, 8557.

5 Lilienthal, O.: Fliegesport und Fliegepraxis. – In: Prometheus. – Berlin (1895) 322. – S. 147.

6 Lilienthal, O.: Zur Flugfrage. – In: Ebenda. – (1893) 205. – S. 771 f.

7 Lilienthal, O.: Die Tragfähigkeit gewölbter Flächen beim praktischen Segelfluge. – In: Zeitschrift für Luftschiffahrt und Physik der Atmosphäre. – Berlin (1893) 11. – S. 263 ff.

8 Ebenda. – S. 265 ff.

9 Ebenda. – S. 265.

10 Ebenda. – S. 271.

11 Parseval, A. von: Carl Buttenstedt. Das Flug-Princip. Eine populärwissenschaftliche Natur-Studie als Grundlage zur Lösung des Flugproblems. – In: Ebenda. – (1892) 12. – S. 302 ff.

12 Lilienthal, O.: Die Tragfähigkeit gewölbter Flächen beim praktischen Segelfluge. – In: Ebenda. – (1893) 11. – S. 267.

13 Ebenda. – S. 269.

14 Lilienthal, O.: Praktische Erfahrungen beim Segelfluge. – In: Prometheus. – Berlin (1893) 220. – S. 185 f.

15 Lilienthal, O.: Die Tragfähigkeit gewölbter Flächen beim praktischen Segelfluge. – Zeitschrift für Luftschiffahrt und Physik der Atmosphäre. – Berlin (1893) 11. – S. 268.

16 Ebenda. – S. 270.

17 Wissmann, G.: Otto Lilienthal – erster Gleitflieger und Wegbereiter des Motor- und Segelfluges. – In: Technisch-ökonomische Informationen der zivilen Luftfahrt. – Berlin (1987) 4. – S. 161.

18 Lilienthal, O.: Die Tragfähigkeit gewölbter Flächen beim praktischen Segelfluge. – In: Zeitschrift für Luftschiffahrt und Physik der Atmosphäre. – Berlin (1893) 11. – S. 259.

19 Lilienthal, O.: Praktische Erfahrungen beim Segelfluge. – In: Prometheus. – Berlin (1893). – S. 186.

20 D.R.P. No. 77916 (77) Flugapparat, vom 3. September 1893; ausgegeben den 10. November 1894.

21 Lilienthal, O.: Großer Apparat von 17,5 qm Fläche für Flugübungen. – Deutsches Museum, 1786.

22 Lilienthal, O.: Tasche zur drehbaren Befestigung der neun Flügelrippen. – Ebenda, 1787.

23 Lilienthal, O.: Vor-Entwurf des ersten Motorflugzeuges mit Einzylinder-Kohlensäuremotor. – Ebenda, 6156.

24 Lilienthal, O.: Zweiter Entwurf des ersten Motorflugzeuges mit Einzylinder-Kohlensäuremotor und zwei Betriebsstoffbehältern. – Ebenda, 4787.

25 Lilienthal, O.: Die Tragfähigkeit gewölbter Flächen beim praktischen Segelfluge. – In: Zeitschrift für Luftschiffahrt und Physik der Atmosphäre. – Berlin (1893) 11. – S. 271.

26 Lilienthal, O.: Ueber Schraubenflieger. – In: Ebenda. – S. 230.

27 Lilienthal, O.: Die Flugmaschine des Mr. Hargrave. – In: Ebenda. – Heft 5. – S. 118.

28 Lilienthal, O.: Die Tragfähigkeit gewölbter Flächen beim praktischen Segelfluge. – In: Ebenda. – Heft 11. – S. 270.

29 Lilienthal, O.: The problem of flying. Smithonian Institution. Report of the Board of Regents of the Smithonian Institution for 1893. – Washington D.C., 1893. – S. 189-194 und Practical experiments in Soaring. – S. 195-199.

30 Kleinere Mitteilungen. – In: Verhandlungen des Vereins zur Beförderung des Gewerbefleißes in Preußen. – Berlin 72 (1983). – S. 319.

31 Kremser, V.: Der aeronautische Congress in Chicago. – In: Zeitschrift für Luftschiffahrt und Physik der Atmosphäre. – Berlin (1893) 11. – S. 284.

32 Chanute, O.: Brief an Otto Lilienthal, ohne Datum. – In: Schwipps, W.: Lilienthal und die Amerikaner. – München. 1985. – S. 97.

33 Lilienthal, O.: Brief an Carl Milla vom 9. Januar 1893. – Deutsches Museum München, HS 1979–20.

34 L. M.: Literarische Besprechungen. – In: Zeitschrift für Luftschiffahrt und Physik der Atmosphäre. – Berlin (1894) 2. – S. 57 und Hureau de Villeneuve, A.: Brief an Otto Lilienthal vom 2. November 1890. – Feldhaus-Archiv, Mappe Lilienthal-Briefe, Blatt 129 und 130. – Museum für Verkehr und Technik Berlin.

35 Lilienthal, O.: Zur zweiten Auflage von Buttenstedts »Flugprincip«. – In: Zeitschrift für Luftschiffahrt und Physik der Atmosphäre. – Berlin (1893) 6. – S. 145.

36 Lilienthal, O.: Brief an Eugen Kreiss vom 6. April 1893. – Deutsches Museum München, 1939/8.

37 Buttenstedt, C.: Brief an Otto Lilienthal vom 18. April 1891. – In: Feldhaus-Archiv, Mappe Lilienthal-Briefe, Blatt 113 und 115. – Museum für Verkehr und Technik, Berlin.

38 Buttenstedt, C.: Brief an Hermann Moedebeck vom 26. März 1893. – Verkehrsmuseum Dresden, Sammlung Moedebeck, Mappe 17.

39 Lilienthal, O.: Brief an Alois Wolfmüller vom 8. November 1893. – Deutsches Museum München, 1932–1/1.

40 Lilienthal, O.: Zur Flugfrage. – In: Prometheus. – Berlin (1893) 205. – S. 773 f.

41 Schwipps, W.: Lilienthal, – Berlin, 1979. – S. 266 f.

42 Lilienthal, O.: Brief an Hermann Moedebeck vom 7. Dezember 1893. – Verkehrsmuseum Dresden, Sammlung Moedebeck, Mappe 75.

Reformgedanken, Standpunkte und Taten

1 Reuleaux, F.: Die Maschine in der Arbeiterfrage. – Minden, 1885. – S. 16.

2 Reuleaux, F.: Wie sollen wir die deutsche Industrie heben? Briefe aus Berlin 1876/77. – Zitiert nach Braun, H.-J.: Ingenieur und soziale Frage, 1870-1920. – In: Technische Mitteilungen. – Berlin 73 (1980) 11/12. – S. 867.

3 Reuleaux. F.: Die Maschine in der Arbeiterfrage. – Minden, 1885. – S. 10.

4 Braun, H.-J.: Ingenieur und soziale Fragen, 1870-1920. – In: Technische Mitteilungen. – Berlin 73 (1980) 11/12. – S. 867.

5 Reuleaux, F.: Die Maschine in der Arbeiterfrage. – Minden, 1885. – S. 22.

6 Engelberg, E.: Deutschland von 1871-1897. – In: Deutsche Geschichte. Band 2. – Berlin, 1975. – S. 620.

7 Lilienthal, O.: Mitteilung an die Mitarbeiter über Gewinnbeteiligung vom 12. März 1890. – Sammlung Klopfermann.

8 Lilienthal, O.: Moderne Raubritter. Bilder aus dem Berliner Leben. Nach wahren Begebenheiten. – Berlin, 1896. – S. 93.

9 Dreifuss, A.: Deutsches Theater Berlin. – Berlin, 1987. – S. 100.

10 Fetting, H. (Hrsg.) Von der freien Bühne zum politischen Theater. Bd. 1 1889-1918. – Leipzig, 1897 – S. 7.

11 Freydank, R.: Theater in Berlin. Von den Anfängen bis 1945. – Berlin, 1988. – S. 342 f.

12 Selo, H.: Die Kunst dem Volke. Problematisches aus den Jugend- und Kampfjahren der Berliner Volksbühne. – Berlin, 1930. – S. 111.

13 Lilienthal, O.: Bescheinigung über den ordungsgemäßen Zustand von Maschinen- und Kesselanlagen. – Zentrales Staatsarchiv Potsdam, Th. 585.

14 Zentrales Staatsarchiv Potsdam, Th. 577, Bl. 155.

15 Meyer-Forster, W.: Vom Schreibtisch und aus dem Atelier. Aus den Rhinower Bergen. Eine Erinnerung an Otto Lilienthal. – In: Velhagen und Klasings Monatshefte. – Berlin XXIV (1909/1910) 3. – S. 544.

16 Schwipps, W.: Lilienthal. – Berlin, 1979. – S. 326.

17 Lilienthal, O.: Handschriftlicher Entwurf eines Briefes an das Königliche Ministerium der geistlichen Unterrichts- und Medicinal-Angelegenheiten in Berlin vom 17. Juli 1893 (Steno). – Staatsbibliothek Preußischer Kulturbesitz Berlin, Handschriftenabteilung, Sammlung Darmstädter, K 1890 (8).

18 Freydank, R.: Theater in Berlin. Von den Anfängen bis 1945. — Berlin, 1988. — S. 344.
19 Braunlich, H.: Die Volksbühne. Theater und Politik in der deutschen Volksbühnenbewegung. — Berlin, 1976. — S. 49 und 53 f.
20 Fetting, H. (Hrsg): Von der freien Bühne zum politischen Theater. Bd. 1 1889-1918. — Leipzig. — S. 121.
21 Ebenda. — S. 122.
22 Direktor Samst erzählt über Lilienthal, 8. Oktober 1928. — Feldhaus-Archiv, Mappe 452. — Museum für Verkehr und Technik Berlin.
23 Lilienthal, A. und G.: Die Lilienthals. — Stuttgart und Berlin, 1930. — S. 74 f.
24 »Volkszeitung«. Organ für Jedermann aus dem Volke. — Berlin, Jg. 1896.
25 Dreifuss, A.: Deutsches Theater Berlin. — Berlin, 1987. — S. 91.
26 »Vorwärts« vom 17. November 1895.
27 Lilienthal, A. und G.: Die Lilienthals. — Stuttgart und Berlin, 1930. — S. 79.
28 Lilienthal, O. (Pohle, C.): Moderne Raubritter. Bilder aus dem Berliner Leben. Nach wahren Begebenheiten. — Berlin, 1896. — S. 84.
29 Schwipps, W.: Lilienthal. — Berlin, 1986. — S. 325.
30 Antrag des National-Theaters an das Polizeipräsidium Berlin vom 6. Mai 1896. — Staatsarchiv Potsdam, Th. 585, Bl. 158.
31 Lilienthal, O.: Brief an Moritz v. Egidy (vor dem 15. Januar 1894). — Staatsbibliothek Preußischer Kulturbesitz Berlin, HS Nachlaß 224 (Otto Lilienthal) Nr. 52.
32 Herz, H.: Alleingang wider die Mächtigen. — Leipzig, 1970. — S. 47.
33 Lilienthal, O.: Brief an die Redaktion einer religiösen Zeitschrift vom 17. Februar 1895 (Abschrift). — Feldhaus-Archiv, Mappe Lilienthal-Briefe, Blatt 139—141. — Museum für Verkehr und Technik Berlin.
34 Herz, H.: Alleingang wider die Mächtigen. — Leipzig, 1970. — S. 89.
35 »Vorwärts« vom 30. Dezember 1898. — In: Ebenda. — S. 147.
36 Herz, H.: Alleingang wider die Mächtigen. — Leipzig, 1970. — S. 81.
37 Egidy, M. v.: Beseitigung der Klassengegensätze. — Hannover, 1895. — S. 6 f.
38 Lilienthal, O. (Pohle, C.): Moderne Raubritter. Bilder aus dem Berliner Leben. Nach wahren Begebenheiten. — Berlin, 1896.

Ein eigener Fliegeberg

1 Egidy, M. v.: Brief an Otto Lilienthal vom 15. Januar 1894. — Staatsbibliothek Preußischer Kulturbesitz Berlin, HS Nachlaß 224 (Otto Lilienthal) Nr. 51.
2 Lilienthal, O.: Dreiseitenriß eines Gleiters vom 19. Januar 1984. — Aus dem Besitz von Charles E. Brown, Baden/Schweiz. — Veröffentlicht in Schwipps, W.: Lilienthal. — Berlin, 1979. — S. 87.
3 Protokoll der 7. (144.) Sitzung des Deutschen Vereins zur Förderung der Luftschiffahrt vom 22. Januar 1894. — In: Zeitschrift für Luftschiffahrt und Physik der Atmosphäre. — Berlin (1894) 5. — S. 142 und Lilienthal, O.: Allgemeine Geschichtspunkte bei Herstellung und Anwendung von Flugapparaten. — In: Ebenda. — Heft 4. — S. 143—155.
4 Ebenda.
5 Lilienthal, O.: Brief an Eugen Kreiss vom 28. Juni 1893. — Deutsches Museum München, 1939/8—3.
6 Lilienthal, O.: Brief an Eugen Kreiss vom 16. März 1894. — Ebenda, 1939/8—7.
›7 Lilienthal, O.: Skizzen eines Hubschraubers mit Tretkurbelantrieb. — Ebenda, 6279.
8 Lilienthal, A. und G.: Die Lilienthals. — Stuttgart und Berlin, 1930. — S. 59.
9 Kopfermann, K.: Otto Lilienthal und sein Bruder, eine Untersuchung bisherigen Schrifttums. — München, 1983. — S. 40 und 108.
10 Schwipps, W.: Lilienthal. — Berlin, 1979. — S. 260.
11 Lilienthal, O.: Zeugnis für Hugo Eulitz vom 30. Januar 1894. — Feldhaus-Archiv, Mappe Lilienthal-Briefe, Blatt 138. — Museum für Verkehr und Technik Berlin.
12 Lilienthal, O.: Postkarte vom 23. September 1894 an unbekannten Empfänger. — In: Aufträge für Karl Ernst Henrici zur Versteigerung CXLVII: Autographen am 28. Januar 1929. — Feldhaus-Archiv, Mappe 452. — Museum für Verkehr und Technik Berlin.
13 »Vossische Zeitung« vom 14. August 1896.
14 Chanute, O.: Brief an Otto Lilienthal vom 12. März 1894. — In: Schwipps, W.: Lilienthal und die Amerikaner. — München, 1985. — S. 98.
15 Moedebeck, H.: Litterarische Besprechungen. — In: Zeitschrift für Luftschiffahrt und Physik der Atmosphäre. — Berlin (1894) 9. — S. 254.
16 Moedebeck, H.: Litterarische Besprechungen. — In: Ebenda. — Heft 11. — S. 304 ff. und Halle, G.: Otto Lilienthal. Flugforscher und Flugpraktiker Ingenieur und Menschenfreund. — Düsseldorf, 1956. — S. 123.
17 »Winterthurer Landbote«. März 1894.
18 du Bois-Reymond, A.: Otto Lilienthal's Versuche, das Fliegen zu erlernen. — In: Naturwissenschaftliche Rundschau. — Braunschweig 9 (1894) 5. — S. 53—57.
19 Lilienthal, O.: Die Profile der Segelflächen und ihre Wirkung. — In. Zeitschrift für Luftschiffahrt und Physik der Atmosphäre. — Berlin (1895) 2. — S. 54 ff.

20 Halle, G.: Otto Lilienthal. Flugforscher und Flugpraktiker Ingenieur und Menschenfreund. — Düsseldorf, 1956. — S. 113.
21 Lilienthal, O.: Die Profile der Segelflächen und ihre Wirkung. — In: Zeitschrift für Luftschiffahrt und Physik der Atmosphäre. — Berlin (1895) 2. — S. 56.
22 Lilienthal, O.: Brief an Octave Chanute vom 5. Mai 1894. — In: Schwipps, W.: Lilienthal und die Amerikaner. — München, 1985. — S. 99.
23 Lilienthal, O.: Weshalb ist es so schwierig, das Fliegen zu erfinden? — In: Prometheus. — Berlin (1894) 261. — S. 10.
24 Halle, G.: Die Flugapparate Otto Lilienthals. Studie für Charles H. Gibbs-Smith vom 10. Juni 1960. — Durchschrift im Besitz von Karl-Dieter Seifert.
25 Dienstbach, C.: Brief an Otto Lilienthal vom 13. August 1894 und Antwort Lilienthals vom 28. August 1894. — In: Schwipps, W.: Lilienthal und die Amerikaner. — München, 1985. — S. 86 ff.
26 Lilienthal, O.: United States Patent Office, No. 544.816 vom 20. August 1895, Flying-Machine, beantragt am 28. Februar 1894.
27 Supf, P.: Das Buch der deutschen Fluggeschichte. Vorzeit, Wendezeit, Werdezeit. — Berlin, 1935. — S. 83.
28 Brown, C. E. L.: Brief an das Deutsche Museum vom 15. Dezember 1904. — Deutsches Museum München.
29 Protokoll der 95. Voll-Versammlung des Flugtechnischen Vereins in Wien vom 12. Januar 1894. — In: Zeitschrift für Luftschiffahrt und Physik der Atmosphäre. — Berlin (1894) 5. — S. 140 f.
30 Protokoll der Versammlung des Flugtechnischen Vereins in Wien vom 16. November 1894. — In: Ebenda. — (1895) 3. — S. 81.
31 Franck, K.: Brief an Otto Lilienthal vom 4. November 1894. — In: 40 Jahre Segelfliegen in Karlsbad. — Karlsbad, 1934.
32 Lilienthal, O.: Brief an Dr. Kilian Franck vom 8. November 1894. — Deutsches Museum München, 1949/293.
33 40 Jahre Segelfliegen in Karlsbad. — Karlsbad, 1934.
34 Lilienthal, O.: Brief an Alois Wolfmüller vom 13. Dezember 1894. — Deutsches Museum München, 1932—1/5.
35 Lilienthal, O.: Weshalb ist es so schwierig, das Fliegen zu erfinden? — In: Prometheus. — Berlin (1894) 261. — S. 8.
36 Lilienthal, O.: Sturmflügelmodell 24. April 1894. — Deutsches Museum München, 2570.
37 Lilienthal, O.: Fliegesport und Fliegepraxis. — In: Promatheus. — Berlin (1985) 322. — S. 148.
38 Runkel, F.; Böcklin, C.: Neben meiner Kunst. Flugstudien, Briefe und Persönliches über und von Arnold Böcklin. — Berlin, 1909. — S. 283 ff.
39 Tschudi, G. von: Zum 80. Geburtstag Otto Lilienthals. — In: »Der Jungflieger« vom 15. Juni 1928 und Kehler, R. v.: Der Vater des Menschenfluges. — In: »Königsberg-Hartungsche Zeitung« vom 23. Mai 1928.
40 Lilienthal, O.: Weshalb ist es so schwierig, das Fliegen zur erfinden? — In: Prometheus. — Berlin (1894) 261. — S. 7 und 10.
41 Lilienthal, O.: Ueber die Grundlagen der Flugtechnik. Manuskript. — Deutsches Museum München, 6245. Die Berichte über den Vortrag in der »Berliner Börsen-Zeitung« vom 7. November 1894 sowie in der »Deutschen Bauzeitung« vom 17. November 1894 mit dem Hinweis auf das gleichlautende Thema erbrachte den Beweis, daß es sich um das Vortragsmanuskript handelt.
42 Grundbuchamt Berlin-Lichterfelde, Nr. 623.
43 Lilienthal, O.: Das Flugproblem. Manuskript. — Deutsches Museum München, 6253.
44 Boltzmann, L.: Ueber Luftschiffahrt. — In: Zeitschrift für Luftschiffahrt und Physik der Atmosphäre. — Berlin (1894) 11. — S. 292—298.

Flugsport

1 Tromp, J. van: Rundschau. — In: Prometheus. — Berlin (1894) 258. — S. 796.
2 Ebenda. — S. 797.
3 Ebenda. — (1894) 259. — S. 812.
4 Boltzmann, L.: Ueber Luftschiffahrt. — In: Zeitschrift für Luftschiffahrt und Physik der Atmosphäre. — Berlin (1894) 11. — S. 296.
5 Lilienthal, O.: Fliegesport und Fliegepraxis. — In: Prometheus. — Berlin (1895) 322. — S. 173.
6 Protokoll der 81. Voll-Versammlung des Flugtechnischen Vereins in Wien. — In: Zeitschrift für Luftschiffahrt und Physik der Atmosphäre. — Berlin (1892) 12. — S. 318.
7 Lilienthal, O.: Der Kunstflug. — In: Moedebeck's Taschenbuch für Flugtechniker und Luftschiffer. — 2. Auflage, 1904. — S. 313.
8 Ebenda. — S. 314.
9 Lilienthal, O.: Fliegesport und Fliegepraxis. — In: Prometheus. — Berlin (1895) 322. — S. 145 ff.
10 Ebenda. — S. 172 f.
11 »Akademische Turnzeitung«. — Leipzig 12 (1895/96). — S. 251 ff.
12 Lilienthal, O.: Allgemeine Gesichtspunkte bei Herstellung und Anwendung von Flugapparaten. — In: Zeitschrift für Luftschiffahrt und Physik der Atmosphäre. — Berlin (1894) 4. — S. 153 f.

13 Lilienthal, O.: Der Kunstflug. — In: Moedebeck's Taschenbuch für Flugtechniker und Luftschiffer. — 2. Auflage, 1904. — S. 319.

14 Lilienthal, O.: Das Flugproblem. Manuskript. — Deutsches Museum München, 6253.

15 Lilienthal, O.: Der Kunstflug. — In: Moedebeck's Taschenbuch für Flugtechniker und Luftschiffer. — 2. Auflage, 1904. — S. 319.

Die Gleichgewichtshaltung und der Doppeldecker

1 Lilienthal, O.: Fliegesport und Fliegepraxis. — In: Prometheus. — Berlin (1893) 205. — S. 145 f.

2 Lilienthal, O.: Zeichnungen zum rotierenden Versuchsapparat mit Cycloider Bewegung. — Deutsches Museum München, 41011, 41012, 41017, 41023 und 41024.

3 Lilienthal, O.: Schwingenflugzeug mit 1,6 m Spitzenausschlag. — Ebenda, 186.

4 Lilienthal, O.: Resultate der praktischen Segelradversuche Prof. Wellner's. — In: Zeitschrift für Luftschiffahrt und Physik der Atmosphäre. — Berlin (1895) 1. — S. 25 f.

5 Lilienthal, O.: Brief an Alois Wolfmüller von 9. März 1895. — Deutsches Museum München, 1932—1/7.

6 Lilienthal, O.: Brief an Heinrich Bolzani vom 13. Juni 1893. — Ebenda. 1969—4.

7 Lilienthal, O.: Brief an James Means vom 5. August 1895. — In: Schwipps, W.: Lilienthal und die Amerikaner. — München, 1985. — S. 110.

8 Lilienthal, O.: Brief an Alois Wolfmüller vom 3. Oktober 1895. — Deutsches Museum München, 1932—1/11.

9 Lilienthal, O.: Die Tragfähigkeit gewölbter Flächen beim praktischen Segelfluge. — In: Zeitschrift für Luftschiffahrt und Physik der Atmosphäre. — Berlin (1893) 11. — S. 271.

10 D.R.P. No. 84417 (77) Flugapparat, vom 29. Mai 1895.

11 Protokoll der 153. Sitzung des Deutschen Vereins zur Förderung der Luftschiffahrt und Physik der Atmosphäre. — Berlin (1895) 11. — S. 286.

12 »Leipziger Tageblatt« vom 30. Mai 1895. — Zitiert nach Supf, P.: Das Buch der deutschen Fluggeschichte. Vorzeit, Wendezeit, Werdezeit. — Berlin, 1935. — S. 102.

13 Protokoll der Versammlung des Flugtechnischen Vereins zu Wien am 4. Januar 1895. — In: Zeitschrift für Luftschiffahrt und Physik der Atmosphäre. — Berlin (1895) 4. — S. 112.

14 Lilienthal, O.: Brief an Alois Wolfmüller vom 22. August 1895. — Deutsches Museum München 1932—1/9.

15 Lilienthal, O.: Zeichnung für den Vorflügelapparat 1895. — Ebenda, 2068.

16 Halle, G.: Flugapparate von Otto Lilienthal nach dem Patent Nr. 84417. Studie. Juni 1961. — S. 5. — Durchschrift im Besitz von Karl-Dieter Seifert.

17 Halle, G.: Zeichnung nach einem Foto des im Wiener Technischen Museum ausgestellten Sturmflugzeugmodells. (Das Flugzeug wurde inzwischen aus der Ausstellung genommen.). — Museum für Verkehr und Technik Berlin.

18 Lilienthal, O.: Brief an Alois Wolfmüller vom 30. September 1895. — Deutsches Museum München, 1932—1/10.

19 Lilienthal, O.: Brief an Alois Wolfmüller vom 3. November 1895. — Ebenda, 1932—1/11.

20 Halle, G.: Die Flugapparate von Otto Lilienthal nach dem Patent Nr. 84417. Studie. Juni 1961. — S. 10. — Durchschrift im Besitz von Karl-Dieter Seifert.

Lilienthal, O.: Fliegesport und Fliegepraxis. — Ini Prometheus. — Berlin (1895) 322. — S. 147 f.

22 Lilienthal, O.: Ueber die Ermittlung der besten Flügelformen. — In: Zeitschrift für Luftschiffahrt und Physik der Atmosphäre. — Berlin (1895) 8/9. — S. 237.

23 Ebenda. — S. 238.

24 Ebenda. — S. 239.

25 Lilienthal, O.: Unsere Lehrmeister im Schwebeflug. — In: Prometheus. — Berlin (1895) 316. — S. 57.

26 Ebenda. — S. 58.

27 Lilienthal, O.: Ueber die Ermittlung der besten Flügelformen. — In: Zeitschrift für Luftschiffahrt und Physik der Atmosphäre. — Berlin (1895) 8/9. — S. 244.

28 Ebenda. — S. 238.

29 Lilienthal, O.: Brief an Rechnungsrat Keiper (ohne Datum). — Deutsches Museum München, 6260.

30 Lilienthal, O.: Skizzen zu Tandem-Flugapparaten. — Ebenda, 2007 und 41019.

31 Lilienthal, O.: Ueber die Ermittlung der besten Flügelformen. — In: Zeitschrift für Luftschiffahrt und Physik der Atmosphäre. — Berlin (1895) 8/9. — S. 240.

32 Ebenda. — S. 242.

33 Ebenda. — S. 241 f.

34 Langley, S. P.: Brief an Augustus M. Herring vom 6. August 1895. — In: Schwipps, W.: Lilienthal und die Amerikaner. — München, 1985. — S. 107 f.

35 Lilienthal, O.: Fliegesport und Fliegepraxis. — In: Prometheus. — Berlin (1895) 322. — S. 170.

36 Zeitschrift für den physikalischen und chemischen Unterricht. — Berlin 9 (1896).

37 Kamenev, V.: Ruskij elektrotechnik, Biograficeskij ocerk o N. A. Artjomov. — Moskva, 1972. — S. 14.

38 Zukovskij, N. E.: Der Flugapparat Otto Lilienthals. — In: Deutsche Flugtechnik. — Berlin (1961) 8. — S. 288 f.

39 Nach dem Briefwechsel zwischen Octave Chanute und Otto Lilienthal. — In: Schwipps, W.: Lilienthal und die Amerikaner. — München, 1985. — S. 97 ff.

40 Lilienthal, O.: Brief an James Means vom 5. August 1895. — In: Ebenda. — S. 110.

41 Lilienthal, O.: Brief an James Means vom 24. August 1895. — In: Ebenda. — S. 112 f.

42 Kremser, V.: Zum Abschied. — In: Zeitschrift für Luftschiffahrt und Physik der Atmosphäre. — Berlin (1895) 12. — S. 312.

Lilienthal und die flugtechnischen Zentren der Welt

1 Herz, M.: Ueber das Fliegen und insbesondere den Vogelflug. — In: Zeitschrift für Luftschiffahrt. — Berlin (1889) 8/9. — S. 191.

2 Cayley, G.: Aeronautical and Miscellaneous. Note-Book. (ca. 1799-1826). Published for THE NEWCOMEN SOCIETY by W. Heffer a. Sons Ltd. Cambridge, 1933. — S. 13.

3 Zukovskij, N. E.: Das aerodynamische Laboratorium beim Kabinett für angewandte Mechanik der Moskauer Universität. — In: Zukovskij, N. E.: Gesammelte Werke. Bd. IV. — Moskau/Leningrad, 1937. — S. 127—131. — (russ.).

4 Dombrovskaja, E. A.: Nikolai Egorovic Zukovskij 1847-1921. — Moskva/Leningrad, 1939. — S. 223 (russ.).

5 Zukovskij, N. E.: Zur Theorie des Fliegens. — In: Zukovskij, N. E.: Gesammelte Werke. Band IX. — Moskau/Leningrad, 1937. — S. 188. — (russ.).

6 Zukovskij, N. E.: Über den Gleitflug der Vögel. — In: Zukovskij, N. E.: Gesammelte Werke. Band V. — Moskau/Leningrad, 1937. — S. 10—14. (russ.).

7 Zukovskij, N. E.: Analogie zweier Rätsel der Mechanik. — In: Zukovskij, N. E.: Gesammelte Werke. Band 1. — Moskau, 1948. — S. 364 f. — (russ.).

8 Ebenda.

9 Arlasorov, M. S.: Ulica Radio 17. — In: Moskovskij rabocij. — Moskva, 1969. — S. 165.

10 Ebenda.

11 Zukovskij, N. E.: Der Flugapparat Otto Lilienthals. — In: Deutsche Flugtechnik. — Berlin (1961) 8. — S. 289 f.

12 Dombrovskaja, E. A.: Nikolai Egorovic Zukovskij 1847-1921. — Moskva/Leningrad, 1939. — S. 226 (russ.).

13 Lilienthal, O.: Zu Fragen der Flugmechanik. — In: Inzenierung Zurnal. (1896) 10. — S. 122—154 (russ.).

14 Arendt, N. A.: Über die Luftfahrt, auf dem Prinzip des Segelns der Vögel beruhend. — Simferopol, 1889. — (russ.).

15 Arlasorov, M. S.: Der Mensch auf Flügeln. — Moskau, 1950. — S. 56. — (russ.).

16 Unger, U.: Über die russische Ausgabe des Buches »Der Vogelflug als Grundlage der Fliegekunst« von Otto Lilienthal. — In: Technisch-ökonomische Informationen der zivilen Luftfahrt. — Berlin (1988) 4. — S. 152.

17 Protokoll der Sitzung des Deutschen Vereins zur Förderung der Luftschiffahrt vom 26. Januar 1884. — In: Zeitschrift des Deutschen Vereins zur Förderung der Luftschiffahrt. — Berlin (1884) 2. — S. 60.

18 Protokoll der Sitzung des Deutschen Vereins zur Förderung der Luftschiffahrt vom 14. November 1885. — In: Zeitschrift des Deutschen Vereins zur Förderung der Luftschiffahrt. — Berlin (1885) 12. — S. 352.

19 Unger, U.: Über die russische Ausgabe des Buches »Der Vogelflug als Grundlage der Fliegekunst« von Otto Lilienthal. — In: Technisch-ökonomische Informationen der zivilen Luftfahrt. — Berlin (1988) 4. — S. 152.

20 Fjodorov, E. S.: Vorwort des Übersetzers. — In: Lilienthal, O.: Der Vogelflug als Grundlage der Fliegekunst. — St. Petersburg, 1905. — (russ.).

21 Schirman, G.: Rezension zur russischen Ausgabe von Otto Lilienthal »Der Vogelflug als Grundlage de Fliegekunst«. — Zeitungsausschnitt ohne Quellenangabe, gefunden im Archiv des Moskauer Wissenschaftlichen Memorialmuseums »Prof. N. E. Zukovskij«.

22 Zimakov, B. L. und Sililov, I. F.: Die Luftflotte des Sowjetlandes. — Moskau, 1959. — S. 89. — (russ.).

23 Krylja rodinu. — Moskau (1989) 2. — S. 32.

24 Innere Arbeit des Windes (Rezension). — In: Meteorologische Zeitschrift. — Wien 11 (1894). — S. 119.

25 Müllenhoff, K.: Litterarische Besprechungen. — In: Zeitschrift für Luftschiffahrt und Physik der Atmosphäre. — Berlin (1894) 11. — S. 306 f.

26 Protokoll der ausserordentlichen Generalversammlung des Flugtechnischen Vereins zu Wien vom 20. April 1894. — In: Ebenda. — Heft 9. — S. 221.

27 Lilienthal, O.: Litterarische Besprechungen. — In: Zeitschrift für Luft-schiffahrt. — Berlin (1891) 10. — S. 241 ff.
28 Lilienthal, O.: Fliegesport und Fliegepraxis. — In: Prometheus. — Berlin (1895) 322. — S. 170.
29 Ahlborn, F.: Zur Mechanik des Vogelfluges. — Hamburg, 1895.
30 L. M.: Litterarische Besprechungen. — In: Zeitschrift für Luftschiffahrt und Physik der Atmosphäre. — Berlin (1894) 2. — S. 56.
31 Hildebrandt, A.: Die neuesten Versuche und Projecte mit Flugmaschinen. — In: Ebenda. — (1897) 5/6. — S. 133.
32 Langley, S. P.: Brief an Augustus M. Herring vom 6. August 1895. — In: Schwipps, W.: Lilienthal und die Amerikaner. — München, 1985. — S. 107 f.
33 Chanute, O.: Die Bedingungen des Erfolges beim Entwurf von Flugap-paraten. — In: Illustrierte Aeronautische Mitteilungen. — 3. Jg. 1899. — S. 41 f.
34 Chanute, O.: Briefe an Otto Lilienthal vom 10. Dezember 1894 und vom 17. Juli 1895. — In: Schwipps, W.: Lilienthal und die Amerikaner. — München, 1985. — S. 102.
35 Means, J.: Brief an Otto Lilienthal vom August 1895 (ohne Datum). — In: Ebenda. — S. 111.
36 Aufruf des Gründungsausschusses des Flugtechnischen Vereins zu Wien. — Zeitschrift des Deutschen Vereins zur Förderung der Luftschiff-fahrt. — Berlin (1887) 8. — S. 255 ff.
37 Flugtechnischer Verein in Wien. — In: Ebenda. — Heft 11. — S. 351.
38 Flugtechnischer Verein in Wien. — In: Zeitschrift für Luftschiffahrt. — Berlin (1891) 12. — S. 301.
39 Protokoll der Plenarversammlung des Flugtechnischen Vereins zu Wien vom 9. Februar 1894. — In: Zeitschrift für Luftschiffahrt und Physik der Atmosphäre. — Berlin (1894) 7. — S. 198.
40 Moedebeck, H.: Litterarische Besprechungen. — In: Ebenda. — Heft 11. — S. 340 ff.
41 Moedebeck, H.: Litterarische Besprechungen. — In: Ebenda. — Heft 8/9. — S. 233 ff.
42 Ferber, F.: Die Kunst zu fliegen. Ihre Anfänge — ihre Entwicklung. — Berlin, 1910. — S. 53.
43 Lilienthal, O.: Brief an Czeslaw Tanski vom 3. Februar 1896. — Kopie im Archiv der Verfasser.
44 Lilienthal, O.: Über die Fortschritte in der Flugtechnik. Manuskript. — Deutsches Museum München, 6254. — S. 1.

Ruhm und jähes Ende

1 Lilienthal, O.: Über die Fortschritte in der Flugtechnik. Manuskript. — Deutsches Museum München, 6254. — S. 2 f.
2 Zeppelin, Graf F. v.: Entwürfe für lenkbare Luftfahrzeuge. — In: Zeit-schrift des Vereins Deutscher Ingenieure. — 40 (1896). — S. 408.
3 Means, J.: Brief an Otto Lilienthal vom 30. Januar 1896. — In: Schwipps, W.: Lilienthal und die Amerikaner. — München, 1985. — S. 115 und Means, J. H.: James Means and the Problem of Manflight. During the Period 1882-1920. — Washington D.C., 1964. — S. 31 (engl.).
4 Lilienthal, O.: Brief an James Means vom 4. März 1896. — In: Schwipps, W.: Lilienthal und die Amerikaner. — München, 1985. — S. 117.
5 Means, J.: Brief an Otto Lilienthal vom 10. März 1896. — In: Ebenda, S. 117 f.
6 Means, J. H.: James Means and the Problems of Manflight. During the Period 1882-1920. — Washington D.C., 1964. — S. 62 (engl.).
7 Means, J.: Brief an Otto Lilienthal vom 20. März 1896. — In: Schwipps, W.: Lilienthal und die Amerikaner. — München, 1985. — S. 118 ff.
8 Schwipps, W.: Der Mensch fliegt. Lilienthals Flugversuche in histori-schen Aufnahmen. — Koblenz, 1988. — S. 131.
9 Chanute, O.: Brief an Hermann Moedebeck vom 30. September 1896. — Verkehrsmuseum Dresden. Sammlung Moedebeck, Mappe 24 (engl.).
10 Schauer, P.: Otto Lilienthal war auch der erste Motorflieger. — In: VDI-Nachrichten. — 9 (1929) 29. — S. 2.
11 Lilienthal, O.: Zeichnungen zu Schlagflügelapparaten. — Deutsches Museum München, 2005, 553, 2035, 41020, 41021 und 1965–73.
12 Lilienthal, O.: Brief an James Means vom 17. April 1896. — In: Schwipps, W.: Lilienthal und die Amerikaner. — München, 1985. — S. 121.
13 Halle, G.: Otto Lilienthal. Flugforscher und Flugpraktiker Ingenieur und Menschenfreund. — Düsseldorf, 1956. — S. 153.
14 Müllenhoff, K.: Zur Erinnerung an Otto Lilienthal. — Zeitschrift für Luft-schiffahrt und Physik der Atmosphäre. — Berlin (1896) 12. — S. 294.
15 Lilienthal, O.: Flügel mit zusammenklappbaren Gitterträgern und dop-pelt bespannter mittlerer Flügelteil. — Deutsches Museum München, 2682 und 1965 – 72 (b).
16 Lynder, F.: Kinder, wie die Zeit vergeht! Die neuesten Nachrichten aus den letzten 100 Jahren — präsentiert von der »BZ«, der größten Zeitung Berlins. Das Jahr 1896. — Berlin, 1977.
17 Berliner Gewerbe-Ausstellung 1896, Officieller Hauptkatalog. Illustrierte Prachtausgabe. — Berlin, 1896. — S. 141.

18 Officieller Spezial-Katalog VII. Gruppe XIII und XIV der Berliner Gewerbe-Ausstellung 1896. Maschinenbau, Schiffsbau und Transport-wesen, Elektrotechnik. — Berlin, 1896. — S. 14.
19 Berlin und seine Arbeit. Amtlicher Bericht der Berliner Gewerbe-Ausstel-lung 1896 zugleich eine Darstellung des gegenwärtigen Standes unserer gewerblichen Entwicklung. — Berlin, 1901. — S. 664.
20 Ebenda. — S. 539.
21 Brief der Maschinen- und Dampfkesselfabrik Otto Lilienthal vom 10. September 1896 an den Berliner Stadtausschuß. — Deutsches Museum München, 1965.
22 »Berliner Börsen-Zeitung« vom 11. August 1896. — Abendausgabe. — S. 3.
23 »Berliner Zeitung« vom 12. August 1896. — Erstes Beiblatt.
24 Berlin und seine Arbeit. Amtlicher Bericht der Berliner Gewerbe-Ausstel-lung 1896 zugleich eine Darstellung des gegenwärtigen Standes unserer gewerblichen Entwicklung. — Berlin, 1901. — S. 160.
25 Ebenda. — S. 160.
26 W. R.: Die Vorträge der Ausstellung. Praktische Flugversuche. — In: Offi-cielle Ausstellungs-Nachrichten. Organ der Berliner Gewerbe-Ausstel-lung 1896. Nr. 56 vom 12. Juni 1896. — S. 11 f.
27 Praktische Flugversuche. — In: »Berliner Zeitung« vom 12. Juni 1896. — Erstes Beiblatt. — S. 6.
28 Kühnemann, A. (Hrsg.): Groß-Berlin. Bilder von der Ausstellungsstadt. — Berlin, 1896/97. — S. 238.
29 Schauer, P.: Weitere Erinnerungen an Otto Lilienthal. — In: Nachrichten. — Berlin 9 (1929) 33. — S. 2.
30 Pilcher, P. — In: Epitome of the Aeronautical Annual. — Boston, 1910. — S. 120 (engl.).
31 Lilienthal, O.: Das Flugproblem. Manuskript. — Deutsches Museum München, 6253. — S. 4.
32 Schwipps, W.: Lilienthal und die Amerikaner. — München, 1985. — S. 82.
33 Kress, W.: Aviatik — Wie der Vogel fliegt und der Mensch fliegen wird. — Wien, 1905. — S. 22 und 70 f. und Chanute, O.: Recent experiments in gli-ding flight. — In: Aeronautical Annual. — Boston, 1897 (engl.).
34 Wood, R. W.: Lilienthal's last flights. — In: »Boston Evening Transcript« vom 31. Oktober 1896 (engl.).
35 Wissmann, G.: Geschichte des Segelfluges. — Berlin, 1988. — S. 96.
36 Schwipps, W.: Lilienthal. — Berlin, 1979. — S. 383 f.
37 Niendorf: So starb Lilienthal. — In: »Westhavelländische Tageszeitung/ Rathenower Zeitung« vom 8. August 1936.

Danach

1 »Braunschweiger Tageblatt« vom 20. August 1896.
2 »Berliner Zeitung« vom 13. August 1896. — Beiblatt und »Vossische Zei-tung« vom 13. August 1896. — Beiblatt.
3 Tagebuch des königlichen Leichenschauhauses Berlin 1896/97. — Im Gerichtsmedizinischen Institut der Charite, Berlin.
4 »Berliner Zeitung« vom 12. August 1896. — Erstes Beiblatt.
5 Müllenhoff, K.: Zur Erinnerung an Otto Lilienthal. — In: Zeitschrift für Luftschiffahrt und Physik der Atmosphäre. — Berlin (1896) 12. — S. 289–295.
6 Redactionelles. — In: Ebenda. — Heft 9. — S. 290.
7 Egidy, M. v. — In: Versöhnung. — Berlin (1896) 1. — S. 95. — Zitiert nach handschriftlichem Auszug von Gerhard Halle. — Im Besitz von Karl-Die-ter Seifert.
8 Zukovskij, N. E.: Über den Tod des Fliegers Otto Lilienthal. — In: Luft-schiffahrt und Erforschung der Atmosphäre. — Moskau (1897) 1. — (russ.).
9 Chanute, O.: Recent Experiments in Gliding flight. — In: Aeronautical Annual. — Boston, 1897. — S. 35 (engl.).
10 Nachruf der Redaktion. — Zeitschrift für Luftschiffahrt und Physik der Atmosphäre. — Berlin (1896) 7. — S. 161.
11 Ferber, F.: Die Kunst zu fliegen. Ihre Anfänge — ihre Entwicklung. — Ber-lin, 1910. — S. 11.
12 Ebenda. — S. 65.
13 Moedebeck. H.: Mitteilung als Fußnote zum Abdruck des Vortrages von Ernest Archdeakon über den Schwebeflug. — In: Illustrierte Aeronauti-sche Mitteilungen. — IX. Jg. 1905. — S. 342.
14 Moedebeck, H.: Fortschritte in der Luftschiffahrt, insbesondere im Luft-schiffahrt. — In: Zeitschrift des Vereins Deutscher Ingenieure. — Berlin 52 (1908). — S. 901.
15 Gleitflugversuche in Nordamerika. — In: Prometheus. — Berlin (1898) 458. — S. 664.
16 Means, J. H.: James Means and the Problem of Manflight. During the Period 1882-1920. — Washington D.C., 1964. — S. 25–29 (engl.).
17 Köppen, W.: Flug eines ungefesselten Hargrave-Drachens. — In: Promet-heus. — Berlin (1901) 590. — S. 274.
18 Altmann: Flug eines ungefesselten Hargrave-Drachens. — In: Illustrierte Aeronautische Mitteilungen. — Berlin (1901). — S. 109.

19 Stade, H.: Berliner Verein für Luftschiffahrt. Jahresbericht 1908. — In: Ebenda. — (1909). — S. 101 und Forkath, J.: Die Luftschiffahrt im Jahre 1907. — In: Prometheus. — (1908) 965. — S. 456.

20 Carmichael, L., Sekretär der Smithonion Institution: Einführung. Januar 1963. — In: Means, J. H.: James Means and the Problem of Manflight. During the Period 1882 — 1920. — Washington D.C., 1964. — S. v und vi (engl.).

21 McFarland, M. W. (Hrsg.): The Papers of Wilbur and Orville Wright. Vol. I. — New York, Toronto, London, 1953. — S. 100. (engl.).

22 Some Aeronautical Experiments by Wilbur Wright Dayton, O. Flugtechnischer Literaturbericht. — In: Illustrierte Aeronautische Mitteilungen. — Berlin (1902). — S. 94.

23 Wright, W.: Die wagerechte Lage während des Gleitfluges. — In: Ebenda. — (1901). — S. 108.

24 Some Aeronautical Experiments by Wilbur Wright Dayton, O. Flugtechnischer Literaturbericht. — In: Ebenda. — (1902). — S. 95.

25 Lochner, W.: Fliegen. Das große Abenteuer der Menschheit. — München, 1970. — S. 133.

26 Dienstbach, C.: Die Erfindung der Flugmaschine. — In: Illustrierte Aeronautische Mitteilungen. — Berlin (1904). — S. 97 f.

27 McFarland, M. W. (Hrsg.): The Papers of Wilbur and Orville Wright. Vol. I. — New York, Toronto, London, 1953. — S. 100 (engl.).

28 Moedebeck, H.: Neuere Flugmaschinen. — In: Prometheus. — Berlin (1901) 604. — S. 501.

29 Stade, H.: Berliner Verein für Luftschiffahrt. Jahresbericht 1908. — In: Illustrierte Aeronantische Mitteilungen. — Berlin (1909). — S. 100 f.

30 Assmann, R.: Gefahren der Luftschiffahrt und die Mittel, sie zu verringern. — In: Prometheus. — Berlin (1911) 1112. — S. 310.

31 Stade, H.: Berliner Verein für Luftschiffahrt. Jahresbericht 1908. — In: Illustrierte Aeronautische Mitteilungen. — Berlin (1909). — S. 100 f.

32 Schwipps, W.: Lilienthal. — München, 1986, — S. 54.

33 Zentrales Staatsarchiv Merseburg, Rep. 120, Tn. Nr. 1 Bd. 1, S. 15V.

34 Ebenda, Rep 76 Vc, Sekt 1, Tit 11, Nr. 10, Bd. V, S. 184.

35 Lilienthal, G.: Eintrag in ein Exemplar der zweiten Auflage von Otto Lilienthal: Der Vogelflug als Grundlage der Fliegekunst. — Im Lilienthal-Museum Anklam.

36 Zentrales Staatsarchiv Merseburg, Rep 76 Vc, Sekt 1, Tit 11, Nr. 10, Bd. V, S. 109V.

37 Ebenda. — S. 118V.

38 Produktivkräfte in Deutschland 1870 bis 1917/18. — Berlin, 1985. — S. 317.

Bildquellen

Amt für Patent- und Erfindungswesen der DDR (7); Archiv Dr. Klaus Kopfermann (7); Archiv Werner Schwipps (3); Archiv Karl-Dieter Seifert (74); Archiv Dr. Michael Waßermann (16); Berliner Stadtarchiv (3); Märkisches Museum Berlin (1); Museum für Verkehr und Technik Berlin (3); Stephan Nitsch (6); Otto-Lilienthal-Museum Anklam (4); Otto Lilienthal-Nachlaß im Deutschen Museum München (77); Sammlung Moedebeck im Verkehrsmuseum Dresden (2); Staatsarchiv Potsdam (1); Wiener Technisches Museum (1).

Zu Zitaten und Maßeinheiten

Alle Zitate werden in der originalen Schreibweise wiedergegeben, ebenso Maßeinheiten und ähnliches. So steht beispielsweise der von Otto Lilienthal beschriebene Luftwiderstand für die Luftkraftresultierende aus Auftrieb und Widerstand.

Lilienthals Patente

Bisher bekannte Patente Otto Lilienthals, die abgelehnt oder ausgegeben wurden, auch unter anderem Namen

Patentgesuch der Gebr. Lilienthal auf eine calorimotorische Maschine, vom 23. Dezember 1875 an ein Königliches Hohes Ministerium für Handel, Gewerbe und öffentliche Arbeiten; abgelehnt am 18. März 1876

Kgl. Sächs. Patent Nr. 4771, Verbesserungen an Schrämmaschinen mit Messerscheibe, vom 9. Februar 1877 — ausgestellt auf den Namen Gustav Lilienthal

DRP Nr. 16103 (13), Neuerungen an Dampfkesseln, vom 9. April 1881, ausgegeben am 3. Januar 1882

DRP Nr. 18471 (60), Direct wirkender Uebertrager von Regulatoren, vom 20. Dezember 1881, ausgegeben am 14. Juni 1882

K. K. Privil. Archiv Nr. 33/1285, Gefahrlose Dampfmaschine, vom 4. Mai 1883

DRP Nr. 29080 (13), Schlangenrohrkessel, vom 30. April 1884, ausgegeben am 6. Oktober 1884

K. K. Privil. Archiv Nr. 34/1493, Gefahrloser Schlangenkessel, vom 28. Mai 1884

DRP Nr. 30903 (80), Neuerung an Maschinen mit rotirendem Tisch, von unten wirkenden Stempeln und auf- und zuklappenden Formdeckeln zum Pressen von Steinen, vom 7. August 1884, ausgegeben am 24. März 1885 — ausgestellt auf den Namen Victor Lenglet, Paris

DRP Nr. 34389 (13), Schlangenrohr-Dampferzeuger, vom 12. August 1885, ausgegeben am 25. Januar 1886

Brit. Patent N° 8321, Improvments in Steam-engine-boiler-Feedpumpe, vom 23. Juni 1886

Brit. Patent N° 8322, An Improved Coil Steam Generator, vom 23. Juni 1886

DRP Nr. 42698 (13), Schlangenrohrkessel, vom 21. September 1887, ausgegeben am 10. März 1888

Brit. Patent N° 16555, An Improved Tubular Boiler, vom 1. Dezember 1887

DRP Nr. 44700 (47), Schraubensicherung mit am Ende auszubiegendem Mutterteller, vom 14. Januar 1888, ausgegeben am 3. Oktober 1888

DRP Nr. 46312 (77), Herstellung von Modellbauten aus Leisten verschiedener Länge, vom 8. April 1888, ausgegeben am 22. Februar 1889 — gemeinsam mit Gustav Lilienthal erarbeitet.

K. K. Privil. Archiv Nr. 38/2669, Vorrichtung und Verfahren zur Herstellung von Modellbauten, vom 24. Mai 1888 — gemeinsam mit Gustav Lilienthal erarbeitet

DRP Nr. 54631 (14), Dampfstrahlrad mit offenen Hohlschaufeln und feststehenden Gegenschaufeln, vom 11. Januar 1890, ausgegeben am 5. Dezember 1890

DRP Nr. 56476 (47), Riemenscheibe mit Zickzackspeichen und getheilter Nabe, vom 16. August 1890, ausgegeben am 12. Mai 1891

DRP Nr. 71479 (85), Verfahren zur Überführung von Abwässern in den Erdboden, vom 15. April 1893, ausgegeben am 16. Oktober 1893

DRP Nr. 77916 (77) Flugapparat, vom 3. September 1893, ausgegeben am 10. November 1894

Brit. Patent N° 2519, Flying Machine, vom 29. Mai 1895 — liegt den Autoren nicht vor

DRP Nr. 84417 (77), Flugapparat, vom 29. Mai 1895, ausgegeben am 7. Dezember 1895

Amerik. Patent N° 544816, Flying Machine, vom 20. August 1895, beantragt am 28. Februar 1895

Personenregister